Suicides

옮긴이 한명희

서울시립대학교를 졸업하고 동대학원에서 박사과정을 수료했습니다.
1992년에 『시와시학』으로 등단, 시집으로 『시집 읽기』 『두 번 쓸쓸한 전화』 등이 있고,
수필집과 여러 권의 번역서들을 냈습니다.
지금은 강원대학교에서 학생들을 가르치고 있습니다.

자살에 관한 모든 것

개정판 1쇄 발행 | 2022년 12월 5일

지은이 마르탱 모네스티에
옮긴이 한명희
발행인 한명선

편집 김수경 **마케팅** 김예진 **관리** 박미실 **디자인** 모리스

주소 서울시 종로구 평창길 329(우편번호 03003)
문의전화 02-394-1037(편집) 02-394-1047(마케팅)
팩스 02-394-1029
전자우편 saeum98@hanmail.net
블로그 blog.naver.com/saeumpub
페이스북 facebook.com/saeumbooks
인스타그램 instagram.com/saeumbooks

발행처 (주)새움출판사
출판등록 1998년 8월 28일(제10-1633호)

자살에 관한 모든 것
Suicides

마르탱 모네스티에

한명희 옮김

새움

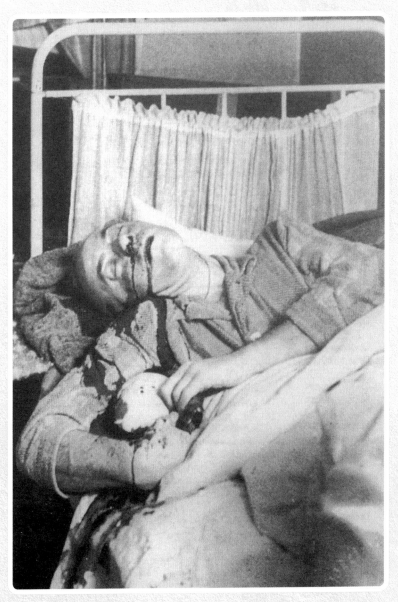

각 자살자들은 개인적인 흔적을 남긴다. 총기 사용자는 대부분 자기 집에서 일을 해치운다.

수없이 다양한 책(100여 개의 언어로 5,000여 종)이 자살을 얘기해왔고, 세계문학의 절반이 직접적이든 간접적이든 죽음을 다룬다. 이것이 놀라운 일일까? 삶과 사랑과 죽음은 끊임없이 조우를 거듭하는 운명 공동체 아니던가? 이럴진대 왜 자살에 대한 책이 또 필요한 것일까?

나는 어떤 과학적, 철학적, 종교적 가설이 아니라 개개인의 단순한 일상생활에 초점을 둔 책은 없었다는 생각을 했다. 가장 매혹적이면서도 이해할 수 없는 인간의 '그 행동'을 실질적으로 다루고, 그 안에 숨은 복잡한 감정을 그대로 내보이는 책은 없었던 것이다.

나는 정신분석가도, 사회학자나 인류학자나 철학자도, 신학자도 아니다. 그저 병적인 혹은 편집증적인 호기심에 사로잡힌 저널리스트일 뿐이다. 흔히 '사회면 기사'라고 폄하하는 '사소한 얘깃거리', '일화', '비화'들에 의미를 부여하면서 여러 시대에 걸친 자살의 역사를 기술했다고 하면, 과학적 엄밀성이 떨어진다는 비판을 받을 수도 있을 것이다. 하지만 나는 이런 작은 이야기들이 사실은 사람들의 진정한 관심거리를 더 정확히 반영해주는 거울과 같다고 생각했다.

혹자는 내가 자살을 역사적으로 고찰한 것에 대해, 자살을 규탄하는 게 아니라 오히려 호의적인 태도를 보였다며 질책할 수도 있다. 나는 이런 위험과 이로부터 예상되는 결과들도 받아들이겠다. 단지 내가 바라는 것은 이 책을 읽는 독자들 하나하나가 자신만의 금기, 관심사, 욕망을 들여다보는 것이다.

자살을 말할 때 자살자들을 빼놓을 수 없다. 그들의 자살에는 기질과 행위의 근원, 각자 처했던 극적인 상황의 흔적이 남아 있다. 보존 본능이 인류에게 가장 보편적이고 근본적인 감정 중 하나임을 떠올려본다면, 삶보다 죽음을 더 선호했던 인간들의 역사를 재조합하는 것은 매우 흥미로운 일이다.

광기의 경우를 제외하면, 어떤 작가가 썼듯이 "죽음을 대면하고, 잔혹함에 가까운 최후를 일찌감치 받아들이는 것은 자살에 대한 일반적인 경멸과 달리 모욕받기보다 오히려 칭송받을 만하다". 타르드가 말했듯이 삶이 가장 소중한 것이라면 그만큼 이 소중한 삶을 버리기 위해서도 많은 용기가 필요한 것이다.

어떤 이들은 인간이란 무한한 능력을 가진 자발적 존재라 한다. 그들은 인간은 언제나 '이성의 힘'으로 어떤 불가항력적인 힘에도 현명하게 대처하는 태도를 견지할 수 있다고 주장한다. 하지만 불행히도, 이 세계의 안녕을 담보하는 이 주장은 인류의 고유한 특성으로 인해 부정될 수밖에 없다. 모든 사람은 자신이 죽으리라는 것을 안다. 따라서 누구든 이 불안한 운명의 예감에서 고의적으로 이탈할 수 있으며, 특히 삶이 그를 지치게 할 때 그 욕망은 더욱 커진다. 돌아올 수 없는 세계를 향한 그 욕망은 무시무시한 만큼 달콤하고 매혹적이며, 그는 자신을 둘러싼 모든 상황과 사건을 그 욕망을 정당화시키는 표지로 특별하게 인식한다. 이것은 자살에도 사랑과 같이 엄청난 열정이 필요하다고 본 프로이트의 견해와 흡사하다.

자살은 해결책인가? 이것은 철학자, 사회학자, 문학가 들에 의해 세대와 세대를 거쳐 끊임없이 논의되어온 질문이다. 그렇다고 이 섬세한 정신의 소유자들이 자살의 정의에 대해 어떤 의견의 일치를 보았거나 다음 질문에 훌륭한 해답을 제시해준 것도 아니다. "자살은 피하고 배척해야 할 행위인가, 아니면 받아들이고 권장해야 할 행위인가?"

실제로 자살에 대한 입장은 두 가지로 나눠볼 수 있다. 원칙적으로 모든 자살행위를 반대하는 강경한 입장과 상황에 따라 자살의 의미를 다르게 보는 유연한 입장이다. 후자의 경우 자살자의 심적인 연약함과 과오, 사회의 동정심과 공감 등에 따라 자살의 의미는 조금씩 다르게 평가된다. 원시사회에서 산업사회에 이르기까지 각 사회는 자살을 평가하는 엄격한 사회법규와 윤리를 가지고 있었지만, 우리는 이러한 관념들이 유동적이라는 것을 잘 알고 있다.

그렇다면 우리는 "본성이 우리에게 준 가장 훌륭한 선물은 삶으로부터 도망치게 내버려둔다는 점이다"라고 한 몽테뉴의 말을 따라야 할까? 아니면 "왜 사람들은 내가 존재하는 것에 더 이상 동의하지 않는데도 그 사회를 위해 일을 하며 나의 의도와는 상관없이 정해진 사회규약들을 지키기를 바라는 것일까? 사회는 상호 이익에 근거를 두고 세워졌지만, 이 사회가 나에게 너무 짐이 될 때는 과연 누가 나로 하여금 이 사회를 스스로 포기하지 못하게 하는 것일까?"라고 말하는 몽테스키외의 삶의 계약에 대한 개념을 받아들여야 할까? (이와 같은 논리는 란츠베르크에 의해 다시 채택된다. "사회는 숙명을 넘어 온갖 종류의 물질적, 도덕적 불행을 낳는다. 그러므로 죽음으로써 사회의 지배로부터 벗어나려는 사람들을 처벌할 권리를 사회에 부여하는 것은 경솔한 일이다.")

반대로 "자살을 기도하는 사람이 보여주는 것은 영혼의 결단력이라 기보다는 정신의 쇠약 아닐까?"라고 말하는 샤토브리앙에 기대야 할 까? 아니면 "자살하는 모든 사람은 유죄"라고 평가하는 디드로에게 의 지해야 할까?

오늘날 모든 개별적인 죽음은 그 개인이 속한 사회에서 비난의 대상 이 된다. 왜냐하면 각 사회는 윤리규범을 정해놓고, 개개인의 행동을 이에 비추어 판단하기 때문이다. 사실 대중들에게 자발적 죽음이란 지 극히 개인적인 것이며, 용인될 수 있는 '사고'이다. 하지만 사회는 이를 비난할 수밖에 없다. 자살은 사회의 권위와 통제를 벗어나는 유일한 행 동이기 때문이다.

인간은 자살을 하게 될 수도 있지만 해서는 안 된다는 의견을 지지 하는 윤리적 입장은 다음과 같다. "개인은 자신에게 부과된 사회적 의 무를 인정해야 한다. 자신의 의지와 상관없이 태어나게 되었지만, 태어 난 순간 사회를 상대로 계약을 맺었기 때문이다. 한 사회에 편입되고 그 혜택을 입은 사람은 어쩔 수 없이 사회에 반환해야 할 빚을 지게 된 다. 그러므로 자살하는 것은 자신의 의무를 벗어나려 하거나 피해가는 것이며, 해당 사회와 자신을 맺어주는 계약을 깨는 것이다."

사회계약이라는 말이 나왔으니 말인데, 사회의 일차적인 의무는 살 맛나는 세상을 제공하는 것 아닌가? 사회는 구성원들을 향한 의무를 지키고 있는가? 많은 구성원들에게 인간세계는 우연과 과오에 의해 지 배되는 인정 없는 왕국이다. 만일 정의대로, 상호 이익에 기반한 사회계 약이 존재한다면 사회는 구성원들에게 삶을 강요하기보다는 정말로 필요한 삶을 제공해주어야 하는 것이다. 그렇지 않다면 자유와 자신을 되찾기 위한 최상의 표현 행위로 자신의 존재로부터 벗어나려는 한 인간의 선택을 사회가 무슨 권리로 빼앗을 수 있겠는가?

히포크라테스는 25세기 전쯤에 이미 "인생은 짧고 예술은 길며, 기회는 순간이고 경험은 흔들리며, 판단은 어렵다"고 했다. 하지만 이런 논쟁의 가운데로 들어가는 것이 사실 우리의 의도가 아닌가. 끝으로 자살자들의 묘비에 즐겨 쓰이는 아랍 속담 하나를 인용하겠다. "어떤 사람들에게는 서 있는 것보다 앉아 있는 것이 더 낫고, 앉아 있는 것보다 눕는 것이 더 낫다. 또 어떤 사람들에게는 앉아 있는 것보다 서 있는 것이 더 낫고, 사는 것보다 죽는 것이 더 낫다."

마르탱 모네스티에

자살이란 무엇인가?

자살은 착란 상태에 있는 인간이 자기 목숨을 끊는 행위이다. 자살하려는 사람은 모두 정신병자다. _에스키로르

희생자 자신이 결과를 알면서도 적극적, 소극적 행동에 의해 직접 또는 타인을 통해 행하는 죽음을 자살이라고 부른다. _에밀 뒤르켐

희생자 자신이 희생이 아니라 어떤 의도를 가지고, 혹은 죽음이라는 목적을 가지고 한 행위의 결과 일어나게 된 모든 죽음을 자살이라고 부른다. _알버크

자살은 삶을 선택할 수도 있었지만 모든 사회적 의무로부터 벗어나기 위해 죽음을 선택한 명석한 인간이 행한 행위를 말한다. _아킬 델마

자살은 죽음을 수단이나 결과로 간주하여, 자기 스스로 죽는 행위이다. _드에

자살은 실존에 관한 문제의 해결 방법을 주체의 자발적 죽음에서 구하고 발견하는 행동이다. _바에슐러

자살에 대한 이론이 처음 나오기 시작한 19세기 이후, 자살에 대한

자살에 관한 모든 것

학문적 연구는 광범위하고 다양하게 이어져왔다. 19세기 초, 정신의학 분야의 권위자였던 도미니크 에스키로르와 모로 드 토르 두 의사의 이론은 자살자들을 심신상실자로 보는 시각에 그 기초를 두고 있다. 뒤를 이은 모리스 하루왓치의 이론은 자살을 사회 정세를 반영하는 정신적인 트러블과 연결시켜 생각한 것이었다.

19세기 말에는 근대 사회학의 아버지 에밀 뒤르켐의 영향으로 건전한 정신을 가진 사람도 개인적인 이유로 자살할 수 있다고 생각하게 되었고, 자살을 사회적 측면과 관련된 현상으로 이해하게 되었다.

최근에는 철학과 정신분석학에 근거해 자살을 사회심리학적 현상으로 다루고 있다. 전문가들은 자살을 여러 범주로 나눈다. 다양한 학파의 이론을 종합해보면 자발적인 죽음은 심한 우울로 인한 자살, 병적 자살, 보복적 자살, 안정된 상태에서의 자살, 이기적 자살, 의무적이며 이타적인 자살, 편집광적 자살, 충동적 자살, 운명론적 자살, 영웅적 자살, 적극적 자살, 소극적 자살, 이론적 자살, 열광적 자살, 망상적 자살, 혼돈 상태에서의 자살, 살인 청부업자에 의한 자살, 희생적 자살, 유희로서의 자살, 전략적 자살, 경계반응적 자살 등으로 분류되고 있다.

　이처럼 자살은 매우 복잡하고 다양하기 때문에 정확히 판단하기가 어렵다. 위에 소개된 자살에 대한 정의들은 모두 사회의 변화를 반영하고 있다.

　자살 동향에 대해 전 세계적인 조사와 연구를 해온 세계보건기구는 1968년 자살에 대해 다음과 같이 정의를 내렸다.

　"자살이라는 것은 죽음에 대한 의지를 지니고 자신의 생명을 해쳐서 죽음이라는 결과에 이르는 자멸 행위다."

　또 자살미수에 대해서는 위장 자살, 실험 자살, 자살 실패의 세 가지로 분류했다.

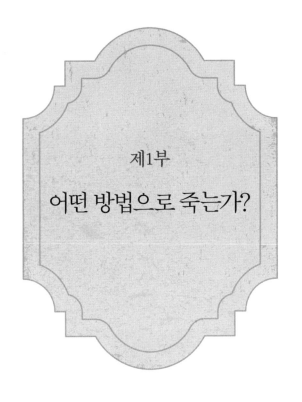

제1부

어떤 방법으로 죽는가?

낭만적 자살의 풍자

chapter 1

죽음도 기술이다

스칸디나비아 격언 중에 '사람이 죽는 방법까지 연구할 필요는 없다'는 말이 있다. 그러나 사람들이 자살을 실행한 방법은 자주 분석의 대상이 되어왔다. 1969년, 세계보건기구는 절망에 빠진 사람이 자주 사용하는 자살 방법과 동기에 대해 폭넓은 연구를 했다. 그 결과에 따르면, 자살에 이르게 된 동기는 989가지, 자살 방법은 83가지에 이른다. 기원전 1세기에 세네카는 "사람은 스스로 탈 배와 살 집을 고르듯 이 세상을 떠날 방법을 고를 수 있는 권리도 있다"고 말했다.

자살 방법을 고를 권리

환경, 도시화 등의 문화적 요인과 자살에 사용할 도구를 손에 넣기 쉬운가 어려운가 하는 물리적 요인이 자살자에게 커다란 영향을 미치는 것은 분명하다. 숲 근처에서는 목매어 자살하는 사람이 많고, 도시 한가운데에서는 투신자살하는 사람이 많다. 1982년의 통계에 따르면, 스톡홀름에서는 음독 자살이 많았던 반면, 로스앤젤레스에서는 자살자의 44%가 총기를 사용했다. 오스트리아에서는 총기를 입수하기 어렵기 때문에 수도 빈의 경우 총기로 자살한 사람은 전체 자살자의 4%에 지나지 않았다.

가스중독 자살의 경우, 빈에서는 1990년대 중반까지만 해도 전체 자살의 38%를 차지했다. 그러나 캘리포니아에서는 거의 제로에 가까웠다. 이곳의 가정용 가스는 치명적이지 않고 폭발력만 강하기 때문이다. 영국에서는 1960년대엔 가스 흡입으로 인한 질식사가 전체 자살의 60%를 차지했지만, 가정용 가스 설비가 달라진 요즈음 이 방법을 쓰는 사람은 거의 없다.

사모아제도에서는 1980년대에 자살이 경이적으로 급증했는데, 이는 사모아 사람들이 강력한 제초제를 쉽게 입수할 수 있었기 때문이라고 보웨스 교수는 지적하고 있다. 이 독약의 판매를 제한하자 자살률은 현저하게 떨어졌다. 또 인산燐酸으로 만든 살충제를 손쉽게 구할 수 있는 스리랑카에서는 자살자의 75%가 이것을 쓴다.

보통 자살자가 선택하는 방법은 자신을 죽음으로 몰고 간 원인과 직접적인 관계는 없지만, 간혹 이 두 가지가 결부되기도 한다. 예를 들어, 극도로 절망에 사로잡힌 나머지 자신을 절망에 빠뜨린 대상을 자살 도구로 받아들이는 경우도 있다. 기원전 5세기경의 철학자 엠페도클레스가 에트나 화구火口에 몸을 던진 것은 자신이 화산 활동에 대해 설명할 수 없다는 사실에 절망했기 때문이고, 아리스토텔레스가 에우로페 해협에서 투신자살한 것은 조수간만의 차에 대해 설명할 수 없었기 때문이다.

또한 어떤 것에서 강한 인상을 받고 그 인상에 따라 죽는 사람도 있다. 1911년에 발행된 한 의학총서에 따르면, 베네치아에서 구두 가게를 했던 마티유 로바트는 십자가에 못 박혔던 그리스도처럼 되려고 2년간을 준비했다. 모든 준비가 끝나자 그는 가시면류관을 쓰고 왼쪽 옆구리를 칼로 찌른 다음, 양손을 땅바닥에 대고 긴 대못을 박아 구멍을 낸 뒤, 스스로를 십자가에 매달았다. 물론 그 십자가도 자기가 직접 미리 만들어 놓은 것이었다. 그리고 밧줄을 사용해서 자기 집 창 바깥으로 그 십자가를 내걸어 마치 길에 매달린 듯한 상태로 죽었다.

성별에 따른 자살 방법

나이, 지위, 직업, 성별, 그리고 그 밖의 많은 상황이 삶을 버리고 가는 방법에 영향을 미친다. 1959년, 유명한 땅꾼의 미망인이 슬픔에 빠진 나머지 남편이 생전에 특별히 아끼던 독사가 들어 있는 통에 손을 넣어 죽으려 했던 일도 있다.

목숨을 끊기 위해서 남성은 총기 같은 절대적으로 확실한 방법을 사용하는 경우가 많은 데 반해 여성은 약이나 독을 더 선호한다. 자살하려는 여성의 4분의 3가량이 이 방법을 쓴다. 따라서 자살 성공률은 남성이 여성보다 세 배나 높다. 여성이 칼과 권총에 혐오감을 느낀다는 것은 충분히 이해할 수 있다. 그러나 여성도 54세를 넘어가면 약물보다는 목을 매거나 물에 뛰어들거나 높은 곳에서 뛰어내리는 등의 난폭한 방법을 많이 택한다. 특히 일정한 나이가 지나면 투신자살을 선호하게 되는데, 자살학자의 설명에 따르면, 이는 스스로 자신의 몸에 손을 댈 필요가 없기 때문이라고 한다. 여성이나 청소년은 자살 방법으로 투신을 택하는 경우가 성인 남자에 비해 세 배나 많다.

대체로 자살률이 가장 낮은 쪽은 기혼 여성이고, 반대로 가장 높은 쪽은 미망인, 그다음이 이혼 여성, 별거인 순이다.

민족에 따른 자살 방법

자살하는 방법은 지역과 나라에 상관없이 가지각색이지만, 민족의 전통 혹은 그 나라의 형편에 따라 지배적인 방법이 존재한다. 예를 들어, 스웨덴, 노르웨이, 덴마크에서는 상대적으로 익사하는 사람이 적다. 스페인과 이탈리아에서는 질식사가 많고, 독일과 프랑스에서는 목매 자살하는 경우가 많다. 영국에서는 수 세기 전부터 익사와 교사絞死는 감소하고 칼을 사용한 자살이 현저히 증가하고 있다. 이와는 다르게 아프리카에서는 무기를 사용하는 경우는 매우 드물고, 음식물을 거부하는 종교적인 의식에 따라 죽는 경우를 제외하면 목매 자살하는 경우가 가장 많다. 그다음으로 익사가 많지만 목매 자살하는 사람 수에는 미치지 못한다. 예를 들면 탄자니아, 우간다, 콩고, 가봉, 그리고 세네갈에서는 목매어 자살하는 것이 전체 자살의 53% 이상을 차지하고 있다. 아마도 아프리카 사람들이 피 흘리는 것을 꺼려하기 때문이거나 혹은 종교적 관념(나이지리아와 다호메이족들이 믿던 천둥과 번개의 신은 목을 매어 죽었다)이 그들의 의식에 깔려 있기 때문일 것이다.

전 세계를 통틀어 보면 총기류에 의한 자살, 목을 매는 자살, 음독 자살이 전체 자살의 40~60%를 차지하고 있다. 물론 이것은 세계보건기구에 자료를 제공한 나라만을 대상으로 한 것이다.

계절에 따른 자살 방법

자살이 계절과 관계가 있다는 점에 주목한 연구도 있다. 이에 따르면, 유럽에서 익사와 교사는 7월에 가장 많고 10월에도 강세를 보인다. 질식사는 3월과 4월에 특히 많다. 총기를 제일 많이 사용하는 것은 8월이고 투신, 음독, 칼에 의한 자살은 6월과 7월이 정점을 이룬다.

자살과 자살미수

자살이 미수에 그치는 경우, 그중 14%는 다시 자살을 실행한다. 특히 자살미수자의 약 5%는 세 번까지 자살을 시도한다. 두 번째부터 자살 방법을 바꾸는 것이 보통이다. 그러나 아무리 굳은 결심을 하고 자살을 시도해도 예기치 못한 일이 생겨서 자살에 성공하지 못할 수도 있다는 것을 자살하려는 사람은 누구나 알아두어야 한다.

그 적절한 예가 바로 오스트리아 빈의 힐다 스트라징거의 자살 실패다. 이 여자는 14세에 처음으로 자살을 시도했다. 부모가 댄스파티에 가지 못하게 한다는 이유로 음독 자살을 시도한 것이다. 목숨을 건진 그녀는 죽음에 대해 더 깊은 관심을 가지게 되었다고 한다. 하루는 창에서 뛰어내렸지만 다행히도(?) 우연히 창 아래에 펴져 있던 매트리스 위에 떨어졌다. 그다음에는 도나우 강에 뛰어들었지만 구조되었다. 그후, 면도칼로 동맥을 끊었지만 여러 차례에 걸친 수혈을 받고 살아났다. 그녀는 부모의 권유로 정신병원에 입원해서 치료를 받았지만, 퇴원해서 집으로 돌아오자마자 옷을 전부 벗은 채 동네 공터로 뛰어갔다. 그러곤 벌통을 몇 개 쓰러뜨렸다. 그녀는 벌에게 엄청나게 많이 쏘였지만 이번에도 죽지 않고 살아났다. 어느 날인가는 창에서 두 번째 투신 자살을 시도하기도 했다. 벽에 머리를 부딪쳐 죽으려고 한 적도 있었다. 1936년 4월 15일 자 〈노이에스 비너 저널〉에 의하면 '제정신이 돌아온 그녀는 자살병이 치료되었다'고 한다.

교사

어느 시대에나 유행하는 자살 방법이 있지만, 옛날부터 가장 많이 사용되었던 방법은 목매 죽는 것이다. 현대에도 자살자의 반가량은 이 방법을 쓴다. 예외적으로 미국에서는 총기류에 의한 자살이 가장 많은데 아마 다른 나라보다 총기류를 구입하기가 쉽기 때문일 것이다. 자살자들이 목매 죽는 방법을 가장 많이 택하는 이유는, 그것이 다양한 방식으로 가능하기 때문이라고 볼 수 있다.

19세기, 타르디외 교수는 목매 자살할 때의 자세를 254가지나 제시했다. 발을 바닥에 붙인 것이 168가지, 무릎을 바닥에 붙인 것이 42가지, 몸을 바닥에 누인 것이 22가지, 의자에 앉은 것이 19가지, 바닥에 쭈그리고 앉은 것이 3가지였다.

목매 자살하는 방법의 첫 번째 특징은 목을 매는 재료가 다양하다는 것이다. 가장 쉽

목매어 자살할 때의 자세는 254가지나 된다.

게 구할 수 있는 것은 당연히 밧줄이지만 그 외에도 넥타이, 손수건, 천 조각, 신발 끈, 허리띠, 철사, 멜빵 등이 이용된다. 물론 직업에 따라서도 선호하는 끈이 달라지는데, 전기공은 전선으로 목을 매는 경우가 많고, 20세기 초의 마부는 자기가 쓰던 채찍으로 자살하는 경우가 많았다. 끈을 묶는 방법에도 특징이 있다. 죽은 사람이 선원인가, 직물공

인가, 농민인가에 따라 묶는 방법이 각기 다르다.

목매 자살하려고 하는 사람은 우선 처음에 위쪽을 보고 끈을 고정시킬 수 있는 곳을 찾는다. 집 밖에서 선택할 수 있는 가장 좋은 곳은 나무인데, 볼로뉴 숲에서만도 130건 이상의 자살이 실행되었다. 그러나 대부분의 자살자들은 집 안에서 끈을 묶을 곳을 찾는다. 자살자들이 선호하는 곳은 주로 침대, 계단, 지붕이 있는 침대의 기둥, 계단의 손잡이, 사다리, 천장, 옷걸이 등이다.

익사

세계 어느 곳에서나 크든 작든 물줄기는 흐르고 있다. 그 물줄기가 절망에 빠진 사람들을 끌어들인다. 익사는 집 밖에서 자살하는 사람이 목매 죽는 것 다음으로 제일 많이 사용하는 방법이다. 익사를 선택하는 사람들은 바다보다는 큰 강과 호수를 선호한다. 수영장이나 욕조는 가장 인기가 없다.

투신과 익사를 병행하는 자살자는 둑보다는 다리에서 뛰어내리는 경우가 많다. 파리에서는 특히 퐁네프와 알마, 보자르 다리가 선호되어왔다. 프랑스에서 익사가 많이 일어나는 곳은 센 강, 생 마르탱 운하, 마른 강, 루아르 강이다.

자살하려는 결의가 굳은 사람이라도 막상 죽음의 순간이 되면 자기 보존본능이 발동해 자살을 그만두는 경우가 있다. 혹시 그런 일이 생길까 봐 무릎과 발을 묶고 손은 등 뒤로 묶은 채 물로 뛰어드는 사람도 있다. 더 심한 경우에는 주머니 속에 작은 돌멩이를 잔뜩 집어넣고 머리에 무거운 돌을 매달기도 한다.

여러 명이 한꺼번에 익사를 기도할 때는, 죽어서 따로따로 떨어질까 봐 서로의 몸을 묶고 물로 뛰어들기도 한다. 두 자살자가 몸과 몸이 서로 묶인 채 인양되는 것은 드문 일이 아니다. 비슷한 경우로 한 장의 담요에 둘둘 말린 연인 도 종종 발견된다.

이때 자살자는 자신의 몸에 묶인 대상도 동일하게 죽음을 결의했는지 반드시 확인해야 한다. 그렇지 않으면 1910년 1월 론 강에 몸을 던진 리옹의 보조재봉사처럼 계획이 실패로 돌아가기 십상이다. 이 여자는 행인들이 미처 말리지도 못할 정도로 순식간에 강물에 뛰어들어 물속으로 사라졌는데, 놀랍게도 금방 다시 수면 위로 떠올랐다. 투신하기전, 개를 자신의 머리에 묶어두었는데, 여자의 저승길 친구가 될 뻔한 불쌍한 개 두 마리는 강에 빠지자마자 본능적으로 미친 듯이 헤엄을 쳤다. 그 결과, 자살하려던 그 여자를 구할 수 있었던 것이다.

칼

자살하려는 사람들이 모두 목을 매거나 물에 뛰어드는 것은 아니다. 칼을 자살 도구로 선택하는 사람도 있다. 그런데 칼을 사용할 때는 일종의 요령과 정확함이 필요하다. 영국의 유명한 정치가의 아들 클리브 경은 책상 위에 있던 나이프를 집어 들어 자기 몸을 천 번 이상이나 찔렀다. 그래도 좀처럼 죽지 않자 결국에는 손으로 상처를 헤집어서 죽음을 재촉했다.

자살에 관한 모든 것

칼을 다루는 요령이 있는 사람이든 없는 사람이든, 자기 자신을 찌르는 자살자들은 칼에 대한 일종의 편애를 가지고 있는 것으로 보인다. 이들이 가장 편애하는 것은 나이프이고 그다음이 면도칼, 식칼, 외과용 메스, 가위, 검, 각종 금속을 연마한 것, 유리 파편, 그리고 직접 만든 칼 모양의 도구 순이다.

음독

독약을 신봉하는 사람은 아주 옛날부터 있어왔다. 그중 소크라테스에 의해 그 이름이 영원히 남게 된 독당근은 얼마 전까지도 유럽에서 적잖이 만들어졌다.

오늘날에는 현대 의학이 만들어낸 모든 의약품이 독약으로 사용되고 있다. 자살하려는 사람이 한 가지 약만을 마시는 일은 드물다. 음독 자살 네 건 중 세 건은 두세 종류의 독을 섞어서 마신다.

음독 자살의 중요한 특징 중 하나는 사용되는 약품이 시대에 따라 변화한다는 것이다. 고대에는 독당근, 신경계를 손상시키는 사리풀, 심장을 손상시키는 부자 또는 마전, 독버섯 추출물 등 주로 식물성 재료가 사용되었다. 중세에는 산화구리가 많이 사용되었는데, 독살범으로 유명했던 브랭빌리에 후작 부인이 주로 사용했던 것이 바로 이 산화구리다. 20세기 초에 의약품 이외에 주로 사용된 것은 순수한 비소화합물, 살충제, 각종 세제, 황산, 아편 등이다.

1950년대 이후에는 식물을 재료로 하는 독극물은 거의 만들어지지 않았고, 현대 의학의 수많은 발명품들이 그 자리를 채웠다. 이를테면 신경이완제, 청산가리, 인슐린, 칼륨 앰플, 각종 안정제, 항우울제, 수면제, 진통제 등인데, 이것들이 수많은 사람들을 저세상으로 보냈다. 그러나 아직까지도 고전적인 방법을 사용하는 사람도 있다. 샹젤리제와 노르망디 및 마리냥의 여러 건물을 건축한 유명 건축가 유젠 바이카는 1956년 독풀을 먹고 죽었다.

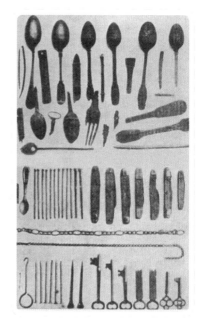
자살한 두 사람이 삼켰던 여러 가지 물건들

독극물의 가장 중요한 특징은 많은 사람을 한꺼번에 죽일 수 있다는 점이다. 가이아나에서 일어났던 끔찍한 집단 자살(뒤에서 상세히 다룸)에는 그런 목적을 위해 준비된 물약이 사용되었다.

섭취

음독이 그 자체로 치명적인 것이라면, 섭취는 생명 기능을 방해해서 간접적으로 죽음에 이르게 하는 것이다. 섭취자살로 유명한 사람은 스페인 왕국의 왕자였던 돈 카를로스다. 그는 가장 큰 다이아몬드를 삼키

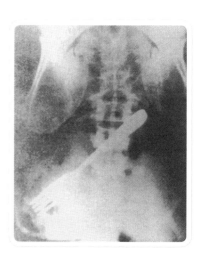
어떤 사람들은 손에 닿는 물건이면 주저하지 않고 모두 삼킨다.

자살에 관한 모든 것

고 난로에 뛰어들어 죽으려다 구조되었지만 나중에 부왕인 펠리페 2세가 준비한 약으로 서서히 죽어갔다. 200캐럿이나 되는 다이아몬드를 삼키기란 쉽지 않았을 것이다.

다이아몬드보다는 훨씬 소박하지만 값비싼 것을 삼키고 자살한 사람을 지켜본 의사도 있다. 의사 미뇽에게 실려 온 남자는 금메달 15개, 침실 테이블 바퀴 하나, 핀 1,500개, 칼 35개, 도미노 게임 한 판을 삼킨 상태였다. 그는 결국 죽었다. 브루클린가의 독일 병원 응급실에 긴급히 실려 온 영국인 선원은 금속 제품을 40개나 삼켰지만 죽지 않고 오랫동안 살았다.

종종 눈에 띄는 건 다 먹어버리는 사람들이 있다. 20세기 초 파시의 모자 가게 주인은 자신이 막 만든 비단 모자를 삼켰다.

1913년 의학연감에는, 직장에 돌을 넣은 남자의 자살이 기록되어 있다. 그의 직장에서 발견된 작은 돌들은 총 454개로 360세제곱센티미터 부피의 그릇 두 개분에 해당되며 "이것들은 강가에서 볼 수 있는 보통 자갈이고, 유리조각도 조금 섞여 있다"는 자세한 보고도 남아 있다. 그 일이 있기 1년 전에는 몸의 '은밀한 곳'에 금속으로 만든 커다란 스너퍼(촛불 끄기 도구)와 나무 기둥, 막대가 달린 유리구슬을 삽입해서 자살하려고 했던 여자 편집광이 치료를 받았다는 기록도 있다.

질식

질식을 선호하는 사람도 있다. 탄소가스를 사용해 자살하려고 시도한 사람은 과거에도 수없이 많았고, 오늘날에도 가스로 자살을 시도하다가 자신의 집과 빌딩을 날렸다는 기사가 간혹 신문 1면을 장식하고 있다. 사실 가정용 가스가 폭발성은 있지만 질식성은 없다는 것을 모르고 자살할 때 가스를 틀어놓는 사람이 많다.

가끔 차고를 닫아놓은 채 차의 시동을 걸어 이산화탄소에 질식해 죽으려는 괴짜도 있다. 이 방법은 시간이 오래 걸리고 고통스럽기도 하지만, 무엇보다도 효과가 불확실하다. 또 자동차 엔진의 배기량과 엔진의 제어장치에 따라 효과가 달라진다.

비닐봉지를 쓰고 죽은 자살자

1950년대 이후 널리 행해지고 있는 또 다른 질식 방법은 머리에 비닐봉지를 쓰고 봉지 끝을 묶어버리는 것이다.

총기

총기류에 의한 자살은 그것이 어떤 모양의 것이든, 어떤 구경의 것이든 가장 빠르고 확실한 방법이다. 그러나 이것은 일반적으로 많이 쓰이는 방법은 아니다. 유럽의 경우에는 총기류에 의한 자살자가 익사자나 교사자보다 적다. 그러나 미국을 비롯한 몇몇 나라에서는 이야기가 다르다. 미국에서는 일반 시민들이 믿기 어려울만치 많은 총기류를 소지하고 있기 때문에 자살할 때도 가장 많이 이용되는 것이 바로 총기다.

총기를 사용한 자살자의 75%는 머리, 입, 턱 밑에 총을 쏘고 나머지 25%는 배와 가슴에 총을 쏜다. 입속에 쏘는 경우 50% 이상이 총알을 입천장으로 향하게 한다. 목구멍 안으로 총알을 발사할 경우에는 죽을 만큼 치명적이지 않을 수도 있다. 몸을 상하지 않게 하기 위해 항문에

자살에 관한 모든 것

죽기 위해 뛰어내릴 때는 대부분 3층 높이면 충분하다.

발포했던 영국 사람도 있지만 이 방법은 한물간 것이 되었다. 시체가 발견될 때, 이들의 손가락은 그대로 방아쇠에 걸쳐져 있는 경우가 많다.

또 이들은 총구를 눈앞에 고정시키기 위해 이상한 장치를 만들어내기도 한다. 총을 가구에 고정시키고 자기의 발가락 끝과 밧줄을 사용해 발포하거나 가느다란 막대기를 사용하기도 한다.

1950년대, 한 우체국 직원은 총을 무릎 위에 세우고 총구는 입안에 넣은 채, 개에게 공을 던졌다. 개의 목에는 방아쇠를 당기게 묶여진 기다란 끈이 연결되어 있었다. 요컨대, 자살하는 사람이 무시무시한 장치를 개발해내는 것은 언제나 총기를 사용한 경우였다.

이들은 대부분 자기 집에서 일을 해치운다. 보통 가장 후미지거나 어두운 방을 이용한다. 또는 사람들 눈에 띄기 어려운 장소를 물색하는 경우도 있다. 이런 현상에 비추어볼 때 사람들은 밤에 많이 자살할 것 같지만 사실은 그렇지 않다. 해가 뜬 후에 머리를 날려버리는 자살자들이 적어도 두 배는 된다. 집 밖에서 자살하는 사람에게 가장 매력적인 곳은 묘지 또는 교회다. 공원도 해마다 지지자들이 늘어나고 있다.

투신

아주 오래 전부터 투신자살은 언제나 자살을 결심한 많은 사람들을 유혹해왔다. 잘 알고 있는 것처럼 수십 년 전부터 건축물이 점점 높아지면서 투신자살 또한 현저한 숫자로 증가하고 있다. 죽기 위해 몸을 던질 때는 대부분의 경우 3층 높이에서 뛰어내리는 것만으로도 충분하다. 그러나 이상하게도 대부분의 자살자들은 건물의 꼭대기로 가서 죽고 싶어 한다. 이런 고집스러운 편견을 막기 위해 얼마 전부터는 건물에 여닫이창을 없애고, 옥상도 열쇠가 없으면 들어가지 못하게 하고 있다. 투신자살자들이 아무 문제도 없이 들어갈 수 있는 공공건물을 자살 장소로 택하는 이유 중의 하나도 바로 이 때문이다.

이들은 기차나 지하철에서 뛰어내리거나 개인 비행기 또는 자동차를 탄 채로 침몰하기도 한다. 이처럼 탈것을 이용하는 것도 투신자살의 또 다른 특징이다.

분신

철학자 바슐라르가 강조했던 것처럼 불의 매력은 옛날부터 근본적으로 시적인 테마였다. 하지만 애초에 불이 자살에 사용된 것은 그 실제적인 효과 때문이었다. 불은 자신과 함께 자신이 좋아하는 모든 것들을 함께 태울 수도 있다. 아시리아 왕 사르다나팔은 분신자살하면서 왕비, 신하들과 모든 재산을 함께 불태웠다. 갑부로 유명했던 리디아 왕국의 마지막 왕 크로이소스 역시 분신자살에 딸들을 동행했다.

분신자살은 동양에서는 명예로운 것으로 간주되어 왔지만 서양에서는 1963년 이전까지는 드문 일이었다. 그런데 바로 그해 6월, 베트남에서 승려 틱꽝득이 독재와 불교 탄압에 대한 항거로 소신공양(燒身供養 깨달음을 얻기 위해 또는 세상을 구제하기 위해 스스로 몸을 불사르는 것_옮긴이)을 행했다. 이를 시작으로 수많은 승려들이 자기희생에 동참했으며, 이 사건은 유럽에 커다란 파문을 일으켰다. 이 사건이 있기 전까지 10년간 유럽 전체에서의 분신자살은 불과 5건에 지나지 않았다. 프랑스에서는 그 가운데 단 1건이 있었을 뿐이었다. 그러나 이후 10년간 유럽 전체의 분신자살은 117건, 프랑스에서도 91건까지 증가했다.

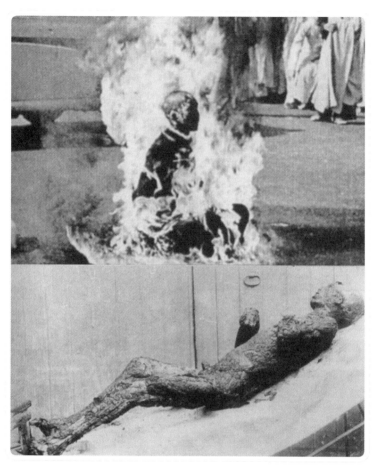

15년 전부터 서양에서는 불을 이용한 자살이 계속 증가했다.

이어 1969년 '프라하의 봄' 때 얀 팔라흐라는 대학생이 소련의 침공에 맞서 분신자살한 사건을 계기로 이 자살 방법은 더욱 널리 알려지게 되었다.

분신자살에서 주목할 만한 점은 위의 사례에서처럼 대개 사회나 국

자살에 관한 모든 것

가의 정의를 위해 행해진다는 점이다. 보통 몸에 가솔린을 끼얹고 불을 붙이는데, 연료용 알코올과 신나 등도 사용된다. 또한 몸에 불을 붙인 채 차 안으로 들어가 문을 닫기도 하고, 온몸에 합성섬유로 된 옷을 걸치고 가슴에 묶어두었던 짚단에 불을 붙이기도 한다.

중화상자 치료 센터에는 수년 전부터 많은 분신자살자들이 실려 온다고 한다. 포슈 병원에서는 중화상자 전용의 침대가 6개 있는데, 그중에 1개는 늘 분신자살을 하려고 했던 사람들이 차지하고 있다.

교통사고

이 방법은 특히 20세기 들어와서 고속 교통수단이 발달함에 따라 많이 사용되고 있다. 네 마리 말이 끄는 전차 밑으로 몸을 던지던 시대를 지나 합승마차나 삯마차 시대를 거쳐 오늘날에는 지하철과 기차가 이용된다. 프랑스에서는 기차의 인기가 높은데, 플룅역 선로에는 철도 담당자가 '자살 포인트'라고 부르는 지점이 있을 정도다. 1967년 한 해만 해도 이곳에서 10명이나 되는 자살자가 발생했다.

200킬로미터에 달하는 파리 지하철에 몸을 던지는 사람들도 매년 증가하고 있는데, 이 현상은 전 세계적으로 특히 모스크바와 뉴욕 같은 대도시에서 증가 추세를 보인다.

자살을 기도하는 사람에게
프랑스 국유 철도망(SNCF)은 아주 유용하다.

동물을 이용한 자살

전 세계 동물원에서는 우리 안으로 뛰어들어가 성난 동물에게 몸을 맡기는 불행한 인간들이 매년 나타난다. 몸을 맡기는 대상으로 가장 인기 있는 것은 호랑이와 곰이지만, 사람들은 보통 자기의 감성과 개성에 맞는 동물을 선택하곤 한다. 예컨대 나치 시대 그로스로젠 강제수용소의 고문기술자였던 의사 바버는 에티오피아 황실의 전속 의사가 되어 과거를 감추려 했지만, 끝내 유대인 인권단체인 시몬 비젠탈 센터에 의해 정체가 폭로되자 유서를 써놓은 뒤 자신이 극진히 아끼던 악어에게 몸을 던졌다.

충분한 준비 끝에 자살에 성공한 전형적인 예로는 루이 엘레메다 자작을 들 수 있다. 1960년, 도박으로 전 재산을 날린 그는 친구들을 모두 불러 모아 성대한 만찬을 베풀었는데, 그 만찬의 끝맺음이 전 세계에 뉴스거리가 되었다. 손님들이 한창 디저트를 먹고 있을 때, 그는 갑자기 세 마리의 사자가 들어 있는 우리를 들고 왔다. '구경거리'가 시작된다고 생각한 초대 손님들은 자작이 갑자기 사자 우리 안으로 들어가는 것을 보고 웃으며 박수를 보냈다. 그러나 우리 안에서 벌어지는 끔찍한 광경을 보면서 공포에 질려야 했다. 나중에 발견된 자작의 마지막 메시지에는 사체를 잘 모아서 선산에 매장해달라

루이 엘레메다 자작은
자신의 몸을 사자에게 주어 자살했다.

자살에 관한 모든 것

고 쓰여 있었다.

살인 기구

정신이 깊이 병든 사람들은 독특한, 보통 사람은 상상도 할 수 없는 기묘하고 7잔혹한 방법을 개발해내기도 한다. 1852년, 한 목수는 자신의 작업대와 날을 세운 호미를 이용해 단두대를 만들었다. 그 단두대는 확실한 성능을 발휘해서 그의 머리를 단숨에 날려버렸다. 그가 남긴 유서에는 '상테 교도소(프랑스에서 가장 살벌하기로 유명한 감옥_옮긴이)에서처럼 해보기 위해서'라고 쓰여 있었다.

또 어느 25세의 학생은 세련된 자살을 위해 여러 주에 걸쳐 각종 장비를 고안했다. 먼저 네 발의 총알이 동시에 발사되는 장치를 만들고, 그 장치의 정면에 발사 버튼을 만든 다음, 그 아래에는 피를 받아내기 위해서 왕겨를 가득 담은 통을 두었다. 이 장치의 핵심은 바로 이 통으로, 그는 오로지 바닥을 피로 물들이지 않기 위해 고심했다고 한다.

한 가지 예를 더 들어보자. 1960년 9월 6일 프랑스 통신사(AFP)에 보도된 사건인데, 전기 기사가 자신의 직업에 걸맞게 자살한 사건이다. 그는 전기의자에서 착상을 얻어서, 의자에 앉아 머리를 물로 적시고 역시 물로 적신 수건 위에

제분업자 앙브루와즈 타르디외는
삽을 이용한 단두대를 만들었다.

맨발을 올려놓은 채, 좌우의 관자놀이에 접착테이프로 동전을 붙이고 거기서부터 도선을 끌어내 직접 만든 변압기에 연결했다. 변압기에서 뽑아낸 두 번째 도선은 그의 손에 쥐어져 있었다. 그는 원하던 대로 타서 죽었다.

젊은 전파상 도미니크 헬트는 이것보다 더욱 놀라운 장치를 만들었는데, 그건 바로 피아노 단두대였다. 경찰이 손쉽게 재구성한 참극은 다음과 같다.

"커다란 사전 세 권을 놓은 다음 그 위에 피아노 앞다리를 올려 불안정하게 만든다. 바닥에서 약 30센티미터 정도가 떠 있는 상태가 되도록. 이렇게 되면 피아노는 차츰 뒤로 밀리게 되어 있다. 헬트 씨는 옆에 전기 코드를 두고 피아노 한가운데서 발을 벽 쪽으로 뻗고 드러누웠다.

폭약 자살

—

20세기 전반에는 다이너마이트와 TNT 화약에 의한 자살이 많았다. 자살하려는 사람 중에는 폭발하는 벨트를 만들어 매거나, 작으면서도 강력한 폭약을 치아 사이에 끼워 넣는 식의 기발한 상상력을 발휘하는 사람도 있었다. 1971년에 페르피냥에서 28세의 한 청년이 몸에 기폭 장치를 달고 귀에 걸친 도화선에 불을 붙여서 목숨을 끊었다. 그 죽음은 순간적인 것이었다. 그리고 몇 년 전에는 폭약 자살이 다시 뉴스의 주요 화제로 떠올랐다. 팔레스타인의 이슬람교도가 적대 국가에 엄청난 살육을 일으킬 목적으로 이 방법을 써서 자살했던 것이다.

자살에 관한 모든 것

한 사람이 화염방사기를 만들어
식사를 마친 후 자살하고 있다.

그러고는 코드를 잡아당겨 피아노 위쪽이 수직이 되게 했다. 계산했던 대로 피아노의 윗부분이 경추에 떨어져 그는 그 자리에서 즉사했다."

청부 자살

자살을 실행하는 데 다른 사람의 도움을 빌리는 일은 평범한 일이 아니다. 그러나 사람들이 보편적으로 생각하는 것처럼 굉장히 특이한 일은 아니고, 고대로부터 미미하게나마 반복적으로 일어나던 일이다. 기원전 7세기의 그리스 도시국가 코린토스의 참주僭主 페리안드로스는 부인을 발로 걷어차서 죽게 한 것으로 잘 알려져 있지만 독특한 자살 방법으로도 유명하다. 디오게네스에 따르면, 그는 자신의 묏자리를 비밀에 부치고 싶어서 자신에 대한 삼중 청부 살인을 했다. 먼저 두 남자에게 어느 밤 특정한 길목에서 만나는 첫 번째 남자를 죽여 매장하라고 지시했다. 그리고 다른 네 남자에게 이 둘을 뒤따라 죽이라고 했고, 또 다른 여덟에게 앞의 넷을 죽이도록 명했다. 그러고는 자기가 두 남자 앞에 나타나 죽임을 당하고, 연쇄적으로 여섯 명이 죽게 되었다. 결국 페리안드로스는 죽기 위해 14명의 남자가 필요했고, 그 중 6명의 목숨도 함께 앗아갔던 것이다.

앞의 이야기만큼이나 믿기 어려운 사건이 또 있었다. 1962년 3월 30일 일어났던 유명한 미국인 보석상 샘 레스닉의 최후가 바로 그것이다. 그는 자살하기 위해 조수를 네 명이나 고용했다. 그러나 조수의 수가 모자랐고 그들의 능력도 변변치 못해서 자살하려던 그의 계획은 거의 물거품이 될 지경에 이르렀다. 이 사건을 당시의 〈프랑스 수와르〉지에서는 이렇게 쓰고 있다.

"한 대의 차가 정지했다. 젊은 남자 다섯 명이 차에서 내렸다. 네 명은 흑인이고, 한 명은 백인이다. 흑인은 가지고 있던 밧줄로 고리 모양을 만들어 백인의 목에 묶었다. 백인은 저항도 하지 않고 그들이 하는 대로 몸을 맡겼다. 흑인들은 백인의 양쪽 끝에 서서 밧줄을 잡아당겼다. 밧줄은 곧 끊어졌다. 희생자는 '어떻게 하면 좋지'라고 나지막이 말했다. 그는 말을 마친 뒤 '자, 어서 해. 하지만 고통스럽지 않게'라고 재촉했다. 흑인들은 다시 밧줄을 끌어당겼다. 몇 분 후, 잡고 있던 손을 놓자 노인의 몸은 인형처럼 부서졌다."

이전에도 샘 레스닉은 여러 차례 실업자들을 불러 모아 보수를 줄 테니 죽여 줄 수 있겠냐는 말을 꺼냈었다. 겨우 찾아낸 한 사람의 지원자가 친구들을 데리고 왔다. 이 보석상 주인은 그들에게 "내가 집에서 나가면 차로 뒤를 쫓아와라. 길에 아무도 없는 것이 확인되면, 등 뒤에서 머리에 총을 쏴라"라고 설명했다. 그러나 네 사람의 흑인에게는 권총을 살 돈조차 없었다. 그들의 차 구석에 밧줄이 있는 것을 보곤, 그것으로 목을

한 남자가 무덤을 파고 누워
자살을 시도하고 있다.

자살에 관한 모든 것

조르라고 말한 것은 보석상이었다.

경찰은 2주 동안 추적한 끝에 4명의 범인을 찾아냈다. 판사는 처음에 이 이야기를 믿지 않았지만 그들의 상세한 진술과 자살자가 남긴 최후의 편지를 보고는 결국 납득하게 되었다. 그러나 이 4명의 흑인은 정상참작이 되었음에도 살인범으로 기소되어 유죄선고를 받았다.

1994년 프랑스 중죄재판소에서도 비슷한 사건이 있었다. 1993년 3월 15일, 부르앙브레스 근처에서 머리에 총을 맞고 죽은 남자의 사체가 발견되었다. 죽은 사람의 주머니에는 작은 수첩이 들어 있었는데 '티에리 디에릭스에게 5만 프랑, 자살'이라는 메모가 남겨져 있었다. 경찰관은 디에릭스라는 사람의 집에 가서 범죄에 사용되었던 무기와 죽은 자가 쓴 편지를 발견했다. 그 편지에는 이렇게 쓰여 있었다.

"아래에 서명한 다니엘 피티오레, 즉 본인은 이 편지를 통해 오늘, 1993년 3월 14일에 죽을 것임을 밝힌다. 자살에 사용한 무기는 본인의 것이며 모든 것이 본인의 뜻으로 이루어졌다."

경찰관은 이번에는 희생자의 집을 탐색하고 여기서도 '자살자'라는 메시지를 발견했다.

"오늘 나는 비로소 내 인생에 '완성'을 이룬다. 그러나 방아쇠를 당길 용기를 가진 것은 내가 아니라 티에리 디에릭스이다."

억만장자의 기행이라고 해야 할까 아

한 영국 청년이 단두대를 만들어 에테르를 마신 다음 자살하고 있다.

니면 정신병자의 미친 짓이라고 해야 할까? 그것은 알 수 없다. 이런 이야기들을 꽤 많이 전해져온다.

1921년, 방아쇠를 당길 용기를 가지지 못했던 어느 벨기에 청년은 여섯 살 난 남자아이에게 자기를 죽여달라고 했다. 1967년 4월, 뮌헨에 사는 열다섯 살 난 소년 데트레프 크레이머도 어머니가 죄의식을 조금이라도 가지지 않게 하기 위해서 자살을 피살로 위장하려고 했다. 그는 터널 안에서 가슴에 칼이 찔린 채로 발견되었는데, 병원으로 옮겨져 치료를 받고 살아나서 자신의 계획을 도와주기로 한 두 친구에게 2백 마르크를 주었다고 자백했다. 두 친구도 이 사실을 인정했다. 결국 그를 칼로 찌른 클라우스 네스와 그 친구 노르베르트는 소년재판소에서 금고 3년의 유죄 판결을 받았다. 그들에게는 '지시를 받고 살인을 기도'한 사실이 죄목으로 인정되었다.

페티시즘

자살을 결심한 사람은 그 생각을 실행에 옮길 때까지 끊임없이 머릿속으로 그 과정을 재현한다. 그러면서 하나하나의 요소를 선택하고 가다듬으면서 죽음을 준비한다. 어떤 사람은 죽음보다 죽는 데 사용되는 수단이나 방법에 더 마음을 쓰기도 하는 것 같다. 이것은 자살행위 자체보다도 자살을 준비하는 과정에서 만족감을 느끼는 것으로 사랑에 있어서의 성적 페티시즘과 통하는 것이다. 그 좋은 예가 영국인 카메라맨 조안 콜리의 경우다. 그는 독약을 마시고 침대에 드러누워 죽은 채 발견되었는데, 그 침대는 장미꽃으로 뒤덮여 있었으며 그의 손에는 '잊지 마세요Souviens-toi'라는 노래의 악보가 들려 있었다.

직업에 따른 죽음

—

각각의 직업에는 그에 어울리는 자살 방법이 있다. 릴 교수는 이것을 증명하기 위해 오랜 기간 동안 연구했다. 다음은 릴 교수의 연구 결과다.

- 양치기, 나무꾼, 광부는 목매달기를 선호한다.
- 매춘부, 거지, 부랑자는 익사나 투신자살, 음독자살을 선호한다.
- 노동자는 굴러 떨어져 죽는 것보다 목매달아 죽는 것을 좋아한다. 또 질식해 죽거나 칼을 사용해 죽는 것보다는 총을 사용하는 것을 좋아한다.
- 운송업자는 총으로 머리를 쏘거나 음독자살을 택하기보다는 익사, 교살, 질식사를 택한다. 가정부나 빵집을 하는 사람은 교사와 질식사보다는 익사하는 경우가 많고, 총을 사용하기도 한다. 또 독약을 마시기보다는 칼을 사용한다.
- 정육점에서 일하는 사람들은 물에 빠져 죽기보다는 목매달아 자살한다.
- 자유업을 가진 사람, 작가와 예술가는 목매달아 죽기보다는 총으로 머리를 쏘는 것을 선호한다.
- 경찰은 총을 사용하기보다는 목매달기를 선호한다. 19세기 말, 브리에르 드 부아몽은 8년간에 걸쳐 3만 5천 건의 자살 사례를 모두 비교 연구했다. 그는 극빈자, 부랑자, 매춘부, 거지, 실업자는 다른 직업을 가진 사람들보다 물에 빠져 죽거나 목매달아 죽는 경우가 많다고 결론지었다.

안락함과 나체

—

브리에르 드 부아몽은 자살에까지 이르는 광기에 대한 그의 책에서 4,500건의 죽음을 분석하고 죽음 직전의 상황을 다음과 같이 기록했다.

- 3,084명은 옷을 입는 것이 좋다고 판단했다.
- 291명은 바지와 셔츠만 입었다.
- 987명은 셔츠만 입었다.
- 64명은 아무 것도 입지 않았다.

전라였던 사람 가운데 반 정도가 옷을 깔끔히 개두었다. 특히 익사하는 사람들이 옷을 잘 정리해두었다. 옷을 몸에 걸치고 있던 사람은 가지고 있는 것 중에서 가장 화려한 옷을 입고 있는 경우가 많았다. 나체로 죽는 것을 싫어하는 여성들이 특히 좋은 옷을 입고 죽었는데 결혼예복을 입고 죽은 사람도 있었다. 머리에 총을 쏘아 관통시켜 쾌적함을 유지하려는 경우도 있다. 1946년, 파리 경찰청이 그 해 총포류에 의해 자살한 사람들을 조사한 결과 71명은 의자나 소파에 앉은 채, 29명은 침대에 누워서, 9명은 물이 담긴 욕조 안에서, 8명은 현관 매트 위에서 죽었다. 그밖에는 카펫에 싸여서 죽은 사람이 1명, 옷장 안에서 죽은 사람이 2명, 화장실에서 죽은 사람 2명, 그리고 침대 밑의 변기 위에 앉아서 죽은 사람이 1명 있었다. 비화로 제공되었던 이 자료는 오래된 것이기는 하지만, 그 이후로 내무부에서 그러한 조사가 더 이상 필요 없다고 판단하였다.

자살에 관한 모든 것

최초의 자살 사례들

—

최초의 마취제 자살

마취제에 의한 최초의 자살은 1851년, 오스트리아의 빈 왕립 병원 원장이었던 레이어에 의해 행해졌다. 자살하기 일주일 전, 그는 가장 손쉽게 죽을 수 있는 방법에 대해 동료와 의논했고 침실에서 사체로 발견되었을 때, 코와 입에 클로로포름을 가득 담은 봉지를 붙이고 있었다. 마취가 의학에 도입된 이후 마취제를 사용해서 자살한 사람은 수없이 많다.

최초의 코효균 자살

최초로 세균을 이용해서 자살한 사람은 의사였다. 앞의 의사와 비슷한 시대에 살았던 한 청년의사는 살아있는 코효균 유탁액을 정맥에 2센티리터 주입해서 자살했다. 그 다음 날에는 그의 동료가 자기 몸에 니코틴 농축액을 주사했다.

최초의 드릴 자살

1974년 2월 28일, 소쇼의 한 연금 생활자는 전기 드릴로 자신의 머리에 구멍을 뚫어 자살했다. 그는 드릴을 배수구에 고정시키고 테이블 위에 드러누웠다. 그리고 드릴이 머리 꼭대기에 정확히 놓인 것을 확인하고 나서 드릴을 작동시켰다. 그 일이 있기 2년 전에도 벨포르의 한 상인의 딸이 같은 방법으로 자살하려 했지만 그때는 그다지 잘 되지 않아서 머리에 구멍을 아홉 개나 뚫어야 했다.

최초의 생방송 자살

자신의 자살을 다른 사람들에게 알려야겠다고 생각한 사람도 있다. 1974년에 서른 살의 젊은 미국 여성 아나운서가 바로 그랬다. 그녀는 생방송으로 그 날의 뉴스를 해설하던 중 갑자기 기술상의 문제가 생겼다며 방송을 중단했다. 몇 분 후, 화면은 나왔지만 그녀는 방송을 재개하지 않고 다음과 같이 말했다. "피 흘리는 화면을 언제나 제일 먼저 칼라로 내보냈던 채널 40의 전통을 확고히 하기 위해 시청자 여러분께 자살하는 모습을 눈앞에 펼쳐 보여드리겠습니다." 그리고 그녀는 수만 명의 시청자가 지켜보는 가운데 권총을 꺼내어 자기 머리에 쏘았다.

최초의 못 자살

19세기, 빈에서 70세 노인이 무거운 쇠망치로 8센티미터 가량의 못 일곱 개를 머리에 박아 자살했다.

최초의 전기톱 자살

묘비 판매 회사의 독일인 경리 로버트 코트는 1985년, 공업용 전기톱으로 몸을 2등분하는 정말로 끔찍한 방법으로 자살했다.

최초의 방사선 물질 자살

1994년 3월, 샤랑트 해안 지방의 올레론 섬에서 40세의 남자가 백포도주에 방사성 물질을 타서 마시고 자살했다.

최초의 우주 자살

상상력이 풍부한 사람은 우주 정복에 대해서도 관심을 기울인다. 1969년 3월 21일, 아리조나주 데이비스 본탄 고도비행센터에서 최초의 우주 자살이 일어났다. 〈프랑스 수와르〉지의 엘리자베스 브르퀸 특파원이 본사에 전한 바에 따르면, 19세의 월터 무어가 실험실의 고도를

자살에 관한 모든 것

2만5천 미터로 올리고 산소마스크를 벗어버렸다고 한다. 즉시 피가 흘러나오고 몸이 팽창하여 그는 즉사했다. 무어는 미국 공군이 미래의 우주 비행에 대비해 고기압과 저기압이 인체에 미치는 영향을 조사하기 위해 실험 대상으로 선정했던 사람 중 한 사람이었다. 얼마 뒤에 한 로케트 조종사도 이와 비슷한 방식으로 죽었다. 그 조종사는 보호의를 벗어 던져버리고 고도 2만 5천 미터 지점에서 로케트를 떠났다.

최초의 다트 자살

1991년, 프랑스 릴에서 37세 주부가 관자놀이에 다트 화살을 꽂고 죽었다.

최초의 냉동고 자살

1983년 9월, 프랑스 스트라스부르의 한 주민이 자기 집 냉동고 안에 들어가서 자살했다.

최초의 재판소 자살

1982년 6월, 알렉산더 코트라는 사람은 위조지폐 은닉 혐의로 기소되어 재판을 받던 중, 치사량의 시안화물을 먹고 자살했다.

최초의 이원二元자살

1980년 6월, 신문은 이원 자살을 보도했다. 같은 날 로잔느라는 스위스 여성과 칸느라는 스위스 남성이 각각 프랑스와 스위스에서 자살했다. 이 두 사람은 우연히도 같은 시간에 똑같은 방법(두 사람 모두 시안화물을 마셨다)으로 죽었던 것이다. 프랑스와 스위스 양국의 조사관은 두 사람이 서로 텔레파시가 통했던 것 같다고 말했다.

chapter 2

자살도 전염된다

어떤 흥분 상태와 감정이 한데 모여 그 지역 모든 사람들에게 동시에 작용하는 경우가 있다. 이런 상황이 극한으로 치닫게 되면, 불안정한 심리 상태가 공공연하게 스며들어 사람들에게 정신적, 육체적 고통을 주게 된다. 집단 내 이런 분위기는 구성원들의 자살을 유발하기도 하며 자살 속도가 여타 통상적인 사회보다 빨라지는데, 이것이 자살 전염이다.

특히 집단 내 큰 재앙으로 인한 우울감이 만연해 있을 때는, 가까운 사람이 자살했다는 이유만으로 따라서 자살할 수도 있다. "그것 때문에 사람들이 자살하고 있어. 나도 죽어야겠어." 이런 식으로 생각하게 되는 것이다. 이 경우 다른 사람들이 자살을 선택하는 것에 공감을 하면서 자신의 개인적인 불행 역시 실제보다 훨씬 더 크게 느끼게 된다. 그렇지만 이처럼 자살이 전염된다 해도, 자살 시간과 장소 및 방법은 제각각이다. 공통점은 자살하려는 이유뿐이다.

과거의 경우를 살펴보면, 이러한 집단 자살 현상을 그치게 하기 위해 불명예스러운 형벌로 구성원들을 위협하곤 했다. 고대 로마의 왕 타르킨 시대에도 이런 일이 있었다. 타르킨은 로마 시민들을 동원해 하수구

극도로 추운 날씨도 자살을 전염병처럼 퍼지게 할 수 있다.
나폴레옹의 가장 큰 고민 중 하나가 자살 전염이었다.

를 파게 했는데, 장기간에 걸친 비위생적인 노동에 혐오감을 느낀 많은
사람들이 자살했다. 이 자살 유행을 멈추게 하기 위해 타르킨은 사체를
십자형으로 늘어놓고, 추운 곳에 방치한 채 야생동물과 맹수의 먹이가
되게 내버려두었다. 이 위협적인 정책의 효과는 즉각 나타나 전염을 탄
죽음은 곧 자취를 감췄다.

플루타르코스는 『모랄리아』에서 비슷한 방법으로 자살 전염 을 잠
재웠던 예를 기록하고 있다. 어느 날 갑자기 밀레투스의 모든 처녀들이
죽고 싶다는 열망에 사로잡히게 되었다. 이 열망이 워낙 강해서 단기간
내에 많은 처녀들이 목을 매서 죽었고, 어떤 감시도 소용이 없었다. 나
날이 목을 매는 처녀들의 수는 급증했지만, 이를 멈출 방도가 없었다.
그때 시의 한 현자가 당시 여성들의 약점을 이용해 위협을 가하자고 건
의했다. 그 건의에 따라 시의 통치자들은 목을 맨 채 발견된 처녀들은

자살에 사용했던 밧줄로 두 손을 묶고 나체로 매장하겠다고 선언했다. 마침내 끔찍한 유행은 종지부를 찍었다. 더 이상은 처녀들이 자살하지 않았다.

비슷한 일이 1845년 쿠바에서도 일어났다. 당시 흑인들은 설명할 수 없는 자살 풍조에 사로잡혀 있었다. 쿠바 당국은 처음에는 그 가공할 사태에 대해 무력했지만, 이윽고 잔혹한 방법으로 자살하려는 사람들을 위협했다. 자살한 자들의 머리 부분은 잘라 놓고 몸뚱이는 불에 태워버리라고 명령했던 것이다. 머리 부분은 한 달간 광장에 내걸렸고 몸뚱이를 태운 재는 바다에 뿌려졌다. 쿠바에서의 자살 풍조는 그렇게 해서 가라앉았다.

군대

자살 전염이 자주 일어나는 곳 중의 하나가 바로 군대. 나폴레옹 역시 이 문제로 골머리를 썩었던 것으로 유명하다. 가는 곳마다 승리를 거두었던 이 '전쟁의 신'은 이미 이탈리아 원정 때부터 사병들의 자살 문제에 직면했다. 이 전염병이 점점 퍼져나가던 어느 날, 결국 나폴레옹은 군인들을 모아놓고 엄포를 놓았다.

"제군들! 그대들 가운데 선량한 프랑스인으로서의 의무를 망각한 채, 자유의 옹호자가 되지 못하고 의욕을 상실하여 자살하는 자들이 있다는 보고가 들어오고 있다. 앞으로 그런 나약하고 수치스러운 모습을 보이는 군인이 있다면 그의 이름을 군의 문서에 기록해 둘 것이다. 그리하여 영원토록 비겁한 배신자로 경멸당하게 할 것이다."

슐레지엔 원정 때도 마찬가지였다. 뤼첸, 바우첸 등지에서 승리를 거둔 나폴레옹은 군의관 라레를 불러 통상적으로 하던 대로 사망자 수와 부상자 수를 물었다. 그런데 그 숫자가 다른 전투에 비해 2배나 많은 것이었다. 이에 놀란 나폴레옹이 원인을 묻자, 라레는 '이 수치는 놀랄 만한 것이 아닙니다. 많은 군인들이 자기 손으로 죽어가고 있기 때문입니다'라고 설명했다. 절망한 나폴레옹은 고심 끝에 자해나 자살을 기도하는 군인을 엄벌에 처하기로 하고, 이를 집행할 위원회를 만들었다. 그다음 자살을 기도했던 자들을 12개의 부대에서 4명씩 붙잡아 헌병사령관 앞에 끌고 가서 소속 부대원들이 보는 앞에서 총살하라고 명령했다. 그는 끔찍한 시범을 보임으로써 '전염병'의 지배하에 있는 군인들의 마음을 돌려놓고, 이 병을 퇴치할 수 있으리라 생각했던 것이다. 그러나 상해 및 사망이 적군에 의한 것인지 자기 자신에 의한 것인지 정확히 판별하는 것이 불가능했기에 결국 나폴레옹의 명령은 철회되었다.

이처럼 자살하려는 사람에게서 엿보이는 병적인 광기에 대처하는 데 위협이 아닌 다른 대응책이 필요한 경우도 있다. 이 경우, 모방의 매개체를 제거하는 것도 한 방법이다.

예를 들어 초소에서 보초병들이 차례차례 자살하는 경우, 해당 초소를 파괴해버리는 것이다. 1805년, 불로뉴 지방에 주둔한 나폴레옹군은 이 방법을 이용했다. 보초를 서던 사병이 연애 문제로 초소 안에서 자살하자 다른 사병들도 분명한 이유도 없이 그 초소 안에서 자살했다. 이 초소를 부숴버리자 자살은 즉시 중단되었다. 또한 당시 야전병원에서 며칠 만에 15명의 환자가 잇달아 창고에서 갈고리에 목매어 자살하자, 세루리에 장군이 창고로 통하는 문을 막아버린 후 자살 전염이 수습되었다.

1834년, 7월 왕정 때에도 이 문제가 불거졌다. 당시 육군 원수였던 술트는 징계 처분만으로는 자살을 막을 수 없으며 '집단의 생각을 바꾸는 방법'밖에는 달리 도리가 없다고 생각했다. 이에 자살자에게는 군인 자격으로 장례를 치를 권리가 없으며, 장례식에 군이 관여할 수 없음은 물론 부대원이나 동료도 절대로 참석할 수 없다고 못 박았다. 이 조치가 취해지자마자 부대 내에서의 자살은 순식간에 사라졌다. 이러한 예에서 알 수 있는 것처럼, 자살이 유행할 때 자살하려는 결의는 결코 단호한 것이 아니다. 단순한 위협만으로도 죽으려는 계획을 쉽게 포기한 것에 미루어볼 때 이것은 분명하다.

자살 전염은 현대의 군대에서도 심각한 문제로 다뤄져왔다. 70년대 자살의 광풍이 서독 군대를 휩쓸었는데, 5년간 800명 가까운 사병이 스스로 목숨을 끊었고, 자살미수도 1970년 560건, 1974년 819건, 1976년 940건이라는 높은 수치를 보였다. 이것은 사병 천 명당 두 사람이 자살을 기도했다는 의미다. 특히 함부르크의 해병과 코블렌츠의 보병들 사이에서 이 재앙이 심각하게 퍼졌다. 군의 총사령관은 절망에 빠진 사병들의 실태를 수시로 조사하고, 이들이 이성을 찾는 데 도움을 줄 책자를 비치했다. 또 주둔지에 전화를 통한 SOS 서비스를 개설했다.

최근 20년간 군대 내 자살 문제가 가장 심각한 곳은 러시아다. 정확한 숫자는 집계되지 않았지만 탈주병과 자살자의 수가 압도적으로 증가하고 있다.

자살에 관한 모든 것

질병과 경제적 위기

인간이 겪게 되는 비참함 중에서도 질병은 가장 공포스러운 것이다. 어느 시대에나 질병에 대한 치료법보다도 질병이 가져다주는 불행이 더 강한 인상을 남겼던 만큼, 질병은 사람들에게 엄청난 공포를 안겨주었다. 1890년경 인플루엔자가 한창 유행하던 시기에 뉴욕과 상트페테르부르크에서는 사람들이 잇따라 자살했으며, 프랑스의 브레스트에서는 자살자 수가 평소보다 5배나 증가했다.

1897년, 시칠리아에 콜레라가 급격하게 퍼졌을 때도 수백 명이 자살했다. 질병에 대한 공포 때문에 사람들은 절망한 나머지 창문에서 뛰어내리기도 하고 목을 매달기도 했다. 또는 총으로 머리를 쏘는 사람도 있었다. 천연두가 유행할 때도 마찬가지였다. 발병에 대한 두려움은 건강한 젊은이들까지 죽음으로 몰고 갔다.

물론 이런 질병들은 견디기 어려운 고통을 유발하지만, 실상 대부분의 사람들을 자살로 몰아넣은 것은 질병 자체가 아니라 그 질병이 가지고 있는 이미지였다. 19세기 매독 환자들 사이에 유행했던 자살도 이에 속한다. 이 환자들은 성병에 걸렸다는 수치심에 못 이겨 자살을 선택했다.

경제적, 금전적 위기 역시 사람들을 자살로 몰고 가는 원인이 될 수 있다. 오스트리아, 영국, 독일, 이탈리아, 프랑스 등 어느 나라나 예외 없이 그런 일들이 있어왔다. 사회학자 폴레스에 의하면, 그러한 위기에 직면했을 때 위험을 과대평가하는 경향이 있는 사람들은 위기에서 도저히 벗어날 수 없을 것이라고 생각해서 필요 이상의 걱정과 두려움에 떨게 되고 급기야는 공포에 사로잡혀 자살을 실행한다고 한다.

죽음의 후렴구

노래가 자살을 퍼뜨리기도 한다. 1933년, 헝가리 작곡가 레조 세레스는 시인인 라즐로 자보가 가사를 쓴 '우울한 일요일Gloomy Sunday'이라는 곡을 발표했는데, 그 멜랑콜리한 분위기는 수많은 이들의 자살을 유발시켰다. 이 곡을 듣고 권총 자살과 투신자살을 감행한 이들이 늘어남에 따라 이 곡은 점점 더 유명해져서 전 세계로 퍼져나갔다. 두 명의 젊은 창작자들은 그들의 노래가 자살자들 덕분에 유명해지고 성공을 거두게 되리라고는 상상도 못했을 것이다.

결국 1936년 부다페스트 경찰은 시의 모든 오케스트라에 이 불길한 노래를 연주 목록에서 빼달라고 요청했다. 그러나 오케스트라들은 몰래 연주를 계속했다. 이윽고 자살자의 수가 20명이 넘자, 경찰은 즉각 '요청'을 '공식명령'으로 변경해 통고했다. 사실 여러 주 전부터 많은 헝가리의 젊은이들은 '우울한 일요일'을 듣거나 그 노래의 가사를 베껴서 주머니에 넣어 다니면서 죽음에 대한 강한 욕망을 느끼고 있었다. "우울한 일요일, 그건 내 얘기야"와 같은 말들을 덧붙이면서. 경찰의 공식명령은 별 효과가 없었다. 젊은이들은 몰래몰래 이 노래를 계속 불렀고, 이 노래는 호기심 가득한 관광객들에게도 널리 퍼졌다.

1940년대 말, 이 곡은 상송가수 다미아에 의해 프랑스에도 소개되었다. 여전히 죽음의 전율이 감도는 분위기였지만, 헝가리판과는 달리 음울한 바이올린 연주가 빠져서였는지 프랑스에서는 자살 유행을 일으키지 않았다.

한편, 프랑스어 가사를 썼던 장 마제르와 헝가리 원곡자 레조 세레스는 모두 훗날 자살했다.

화성인 침공

예기치 못한 공포가 자살을 전염시키는 경우도 있다. 1938년 10월. 오손 웰즈는 유명한 H.G. 웰즈의 〈스타워즈〉를 라디오용으로 각색하면서 시간과 장소를 현대로 설정했다. 그런데 각색된 내용이 너무나도 생생해서 수천 명의 청취자들은 공포에 휩싸였다. 불사신인 화성인이 엄청난 무기를 지니고 뉴저지에 착륙해서는 미국의 구석구석을 사정없이 부수며 다니고 있다고 생각했던 것이다. 생각지 못한 대혼란이 일어났다. 사람들이 불안에 떨고 있는 그 순간에도 오손 웰즈는 사건의 경과를 실제 상황처럼 확신에 찬 어조로 시시각각 생방송으로 내보냈기 때문에 청취자들은 화성인의 침략에 속수무책으로 당하고 있다는 생각이 들었다.

청취자들은 너무나 큰 심리적 불안을 느꼈다. 수많은 미국인들이 시골로 피난 가거나 신경발작을 일으켰으며, 이러한 공포를 감당할 수 없었던 자들은 자살을 기도하기에 이르렀다. 방송이 끝난 뒤, 웰즈는 자신의 생방송 프로그램이 얼마나 큰 혼란을 일으켰는지는 꿈에도 모른 채 연극 연출 일을 하러 태연히 머큐리 극장으로 향했다. 그날, 그의 방송은 전 세계적으로 유명해졌지만 그는 방송국에서 쫓겨났다.

공산주의에 대한 공포

1945년 나치 독일이 패전하자, 수많은 독일 국민들이 자살하게 된다. 이 유형은 나치 권력자들이 승전국의 심판과 보복에서 벗어나기 위해서 자살했던 것과는 구별할 필요가 있다. 당시 독일 국민들의 자살은 국가에 의해 계획적으로 조작된 측면이 있기 때문이다.

나치 정부는 소비에트의 침공에 맞서는 한편, 국민들에게 온갖 정보 수단을 동원해서 '야만적인 공산주의 집단'이 나라를 점령하게 될 경우의 공포에 대해 선전했던 것이다. 이 공포가 패전 후 독일 국민들을 '공산주의보다는 죽음을' 택하게 했다.

수많은 가족들이 가스중독으로 동반자살을 감행했고, 오데르 강 유역에서는 한날 70가구가 물에 뛰어들었으며, 포메라니아 지방의 도시 스톨프에서는 소비에트군이 도착하기 전날 밤, 주민 5만 명 중에서 1천 명이 일제히 자살했다. 또한 로렌부르그에서 600명, 드로센에서 100명, 오데르베르그에서 100명이 자살하는 등 소비에트군이 지나가는 지역은 어디나 상황이 비슷했다. 일반적으로 전쟁은 특별히 불행한 일이라고들 생각하지만 전쟁이 계속되고 있는 중에는 자살이 감소한다. 특히 애국심이라는 집단 감정에 의해 자살이 억제된다. 하지만 전쟁 후에 이처럼 자살이 급증하기도 한다.

미디어의 실수

오늘날 TV, 라디오, 신문 등의 언론매체 역시 자살에 막대한 영향을 끼친다. 1963년, 베트남 승려들의 분신자살이 프랑스 언론에 연이어 보도되자 6명의 고등학생이 같은 방식으로 자살했다. 1971년, 프랑스 정부는 보도기관에 공문을 보내 이 사건을 다루지 말아달라고 했다. 한편, 같은 해 미국 디트로이트에서는 신문사가 268일간이나 파업을 계속하자 자살이 크게 감소했다.

TV의 폭력물이 자살을 야기하기도 한다. 1994년, 라인 강 상류의 알드리히 지역에서는 9세의 남자 어린이가 TV드라마 〈경찰〉의 자살 장면에서 강한 충격을 받고 탤런트가 했던 것과 똑같은 식으로 목을 매달아 자살한 일이 있다. 미국과 유럽에서 실시한 많은 조사를 보면, TV에서 자살을 포함한 폭력 장면이 점점 늘어나고 있다는 것을 확실히 알 수 있다. 1988년, 프랑스의 주간지 〈르 푸앵〉에서 일주일간의 TV 프로그램을 분석한 결과 살인 장면이 670건, 강간 15건, 폭력 850건, 총살 419건, 고문 27건, 자살이 8건이었다.

모방 현상

집단 내에서 공통의 이유 없이 자살 전염이 일어나기도 한다. 단순히 남이 죽는 것을 보고 따라 죽는 것이다. 자살 경향이 있거나 몸과 마음이 쇠약한 상태에 있는 사람은 자신과 아무 관계 없는 사람의 죽음에서도 강한 쇼크를 받고 자살을 기도한다.

생 퐁과 보네, 이 두 작가는 각각 프랑스 리옹의 집단 자살에 대해 기록했는데, 둘 다 이 집단 자살에는 모방 심리 외에 어떤 명백한 이유도 없다고 결론지었다. 1793년, 프랑스 베르사유에서도 단순 모방으로 100명이 자살했고, 1831년 영국의 맨스필드와 소련의 스탈린그라드에서도 유사한 현상이 목격되었다. 20세기 초에는 마르세유에서 처녀들이 잇따라 자살했고, 1940년대에는 이 현상이 프랑스 여러 지역으로 퍼져나갔다. 로리앙에서 이틀 만에 아무런 관계도 없는 다섯 사람이 마을 입구에 있는 커다란 배나무에 목을 매어 자살했다. 브레스트에서는 청년 한 사람이 나쇼날 다리에서 뛰어내린 후 15일 동안 5명이 같은 다리에서 투신자살했다. 이렇게 '촉발제가 되는 자살'의 반향이 크면 클수록 모방 현상도 더 많이 발생한다.

오스트리아 황태자 루돌프가 마리 베체라와 함께 자살했던 마이얼링의 비극이 신문에 보도되고 나서, 이 사건을 모방한 자살이 유럽 전역에서 잇따랐다. 프랑스와 이탈리아, 그리고 독일에서도 갑자기 많은 커플들이 자살했다. 보르도에서는 어떤 장교와 그 애인이 '루돌프 황태자가 자살했다. 나도 죽어야 한다'라는 메시지를 남기고 거울 앞에서 죽었다.

대개의 경우 '모방자'들은 자살의 행위를 그냥 흉내 내는 것만으로는 만족하지 못하고, 완벽히 동일하게 흉내 내길 원한다. 심지어 앞의 자살자가 자살한 장소까지 찾아가기도 한다. 어느 삼림감독관은 루드비히 2세가 자살했던 장소에서 똑같이 빠져 죽기 위해 부인과 함께 슈타른베르그 호수까지 여행 갔다.

1845년, 캐슬브레트 경은 베수비오 화산에 몸을 던졌다. 이 죽음은 자살 당사자의 지명도도 지명도지만 그가 택한 자살 방법 때문에 사람들을 아주 놀라게 했다. 그 일이 발생하고 며칠 만에 결국 여러 시민들이 차례차례 화산에 뛰어들었다.

최근에 일어났던 자살이 아닌 까마득한 옛날에 일어났던 죽음을 모방하는 경우도 있다. 뤼크레스의 시를 영역英譯한 것으로 유명한 토마스 크릭은 원고 여백에 다음과 같은 말을 써놓았다. "나의 책이 완성되는 순간, 나는 죽어야만 한다." 그러곤 자기가 제일 좋아하는 시인과 똑같은 최후를 맞이했다.

하지만 보통 심신이 허약한 상태에 놓여 있는 사람들에게 결정적인 충격을 촉발시키는 것은 동시대의 사건들이다. 노트르담 성당이나 에펠 탑, 런던 탑, 엠파이어스테이트 빌딩에서 자살한 사건이 보도되고

자살에 관한 모든 것

나면, 거의 항상 48시간 내에 동일한 자살 사건이 잇따른다.

오스트리아의 소네라는 의사는 자살에 대해 10년간 연구한 끝에, 빈의 지하철에서 일어나는 자살은 신문이 자살 사건을 중점적으로 다루면 다룰수록 늘어난다고 보고했다. 매스컴의 영향력이 크고 광범위한 오늘날에는 자살에 대한 보도 역시 확대되었다. 그러면서 대중이 아무런 직접적 관련이 없는 사람들의 자살 보도를 접하고, 이를 모방하는 것이다. 할리우드 스타였던 진 할로우와 마릴린 먼로가 자살했을 때에도, 전 세계의 매스컴이 앞다투어 이를 보도했고, 수많은 젊은이들의 모방 자살이 이어졌다.

chapter 3

집단 자살은 왜?

집단 자살은 분명히 가장 복잡하고도 주목할 만한 기이한 현상이다. 이 광기에 휩싸인 행위가 과거에 종종 일어났다고 해서, 이 행위가 아예 과거의 것이라고 여기는 것은 옳지 않다. 집단 자살은 분명히 현대에도 목격되는 현상이다. 또한 '집단 자살'은 '자살 전염'과 비슷한 점이 많아서 종종 혼동되거나 같은 것으로 취급되기도 하지만 둘은 확실히 구별된다.

항상 전쟁 같구나!

앞 장에서 살펴본 것처럼 자살이 전염되기 시작하면 사람들이 똑같은 이유로 죽거나, 다른 사람이 죽는 것을 보고 따라 죽거나, 또는 가능한 모든 방법을 동원해 여러 사람이 각자 다른 장소에서 죽음의 길로 들어서는 데 서슴지 않는다. 그러나 집단 자살의 경우에는 '죽음의 협정'을 구성하는 네 가지 요소가 명확히 정해져 있다. 그 첫 번째 요소는, 근본적으로 어떤 이유에서건 한 가지 이상의 확실한 자살 동기가 있다는 것이다. 두 번째는 문제를 해결할 방법을 찾다가 죽음만이 유일한 해결책이라는 인식에 도달한다는 것이다. 세 번째는 문제 해결 방법을 찾은 후에 죽을 장소를 정하고 유언을 남긴다는 것이다. 이것은 일종의 의식화로서의 성격을 지닌다. 마지막으로 네 번째는 다른 사람과의 일체화인데, 이것은 같은 방법으로 여러 사람이 한꺼번에 죽기 때문에 이루어지게 되는 것이다. 이 네 가지 요소가 갖추어져서 일어나게 되는 집단 자살은 그 하나하나마다 고유한 특징을 지니고 있다.

집단 자살과 자살 전염을 구별하는 기준은 과거의 유명한 사건들을 비교해보면 더욱 확실히 드러난다. 다음에 설명할 사건에는 집단 자살과 자살 전염 이라는 두 가지 현상이 포함되어 있다.

진시황은 만리장성같이 거대한 건축물을 지어놓으면 자기의 이름이 역사에 길이 남을 것이라고 생각했다. 그러나 그 당시의 진나라 사람들은 진시황의 그런 행동이 전통을 짓밟는 행위라고 생각해서 못마땅하게 여겼고 급기야 비판하기에 이르렀다. 그러자 진시황은 정승 이사의 조언에 따라 조상들의 업적을 모두 없애버리기로 했다. 이 편집증적인 꿈을 실현하기 위해서 진시황은 지방의 총독들에게 건축과 의학, 농업 관련 책만 제외하고 모든 책들을 불살라버리라는 명령을 내렸다. 그래서 반체제파의 지식인들은 더 이상 진시황 이전의 왕들의 업적에 관해서 읽을 수 없게 되었을 뿐만 아니라 진시황이 하고 있는 개혁이 전통에 어긋나는 것이라는 점을 증명할 수도 지적할 수도 없게 되었다.

진시황의 명령은 엄격히 시행되었다. 그러나 그 엄격함은 수천 명의 예술가와 학자, 철학자, 작가를 자살로 내몰았다. 그들에게는 작품을 만들고 연구하는 것이 유일한 존재 이유였으므로 창작이나 연구를 하지 않고는 살 수 없었기 때문이다. 그래서 그들은 서로 다른 장소에서, 각자 자기가 생각한 방법으로 목숨을 끊었다. 그들의 자살에서 유일한

가이아나의 비극 "우리들은 부활할 것이다. 모두 함께 부활할 것이다."

공통점은 자살하게 된 동기였다.

책을 여러 권 가지고 있었던 학자들, 특히 공자의 책을 가지고 있었던 사람들은 즉석에서 처형되었다. 이러한 상황 속에서 공자를 신봉하고 따르는 사람들 6백여 명이 모여들었고, 이들은 함께 죽기로 결의를 하고 차례차례 바다에 몸을 던졌다.

앞의 경우가 바로 자살 전염인데, 자살 전염에서는 죽음을 결정하는 것이 각 개인이며 그 방법도 사람마다 다르다. 뒤의 경우는 '집단 자살'인데, 이때는 이름 그대로 집단이 죽음을 결정한다. 집단 내부의 사람들이 약속에 동의한 후에야 자살이 이루어지는 것이다. 집단 자살의 또 다른 특징은 시간과 장소, 사건의 일치라는 고전 비극의 3요소가 그대로 적용된다는 것이다. 집단 자살은 언제나 같은 시간에, 같은 장소에서, 같은 동기로, 집단 내의 모든 구성원이 인정한 방법으로 이루어진다.

집단 자살은 다른 모든 집단 행위와 마찬가지로 사회적 의미를 지닌다. 신에게의 봉헌이나 영적 교제, 현세로부터의 도주, 속죄를 의미하거나 공동체적 이상인 자유·존엄·명예를 위한 희생을 의미하기도 한다. 집단 자살은 기본적으로 종교적·군사적·국가적 이상에 대한 부응이라고도 할 수 있다. 그렇기 때문에 집단 자살자들은 때때로 조상들의 대열에 들어가 산 자들의 경의를 받는 것이다. 이들의 행위는 집단에 헌신하고, 우월한 가치에 도달하려는 노력으로 비쳐진다. 그러나 당연히 이는 집단 외부인들에게는 이해되지 않는 것이다. 예를 들어, 일본의 가미카제 특공대나 가이아나 또는 웨이코의 비극은 유럽인들에게 경악을 불러일으켰다.

집단 자살은 극한의 상황을 드러내는 사례가 되기도 한다. 특히 전쟁이 끝난 뒤, 패전국의 시민들은 새로운 정복자 치하에서 불확실한 운명에 처하는 것보다는 차라리 죽음을 택하는 경우가 많다. 이러한 죽음은 '자유'를 위한 죽음이라는 의미를 지닌다. 스키피오 장군이 이끄는 로마군에 포위된, 아프리카의 옛 왕국 누미디아 사람들은 바로 그런 이유로 아내와 자식들을 죽이고 자신도 죽으려고 했다. 그들은 옷을 모두 벗고 로마인이 있는 곳으로 가서 목을 매었다.

가족 동반자살

일가족이 동반 자살한 예는 수없이 많다. 고대 샹스인들은 로마의 아피아누스군에 패배한 후, 목을 찔러 동반 자살했다. 아르타크세르크세스에 패한 시돈 시민들도 같은 방식으로 최후를 맞이했다. 그리고 알렉산더 대왕에게 정복된 페니키아의 티르군은 가문의 명령에 따라 검에 몸을 던졌다. 롤랜드 사람들은 페르클루스에 마을을 빼앗기게 되자 일제히 사원에 모여 자살했다. 승리자 메텔리우스는 여러 명의 젊은 아카이아인을 포로로 잡았을 뿐, 다른 아카이아인들이 자살하는 것을 막을 수는 없었다. 포세아에의 킴브리족도 가족들과 함께 자살했다. 스페인의 한 역사가에 의하면 서인도 정복시대에 스페인 사람들은 4천 명이나 집단 자살했다고 한다. 남녀노소 할 것 없이 높은 절벽에서 뛰어내렸던 것이다.

신념

몇 세기를 건너뛰어, 20세기에 일어났던 주목할 만한 집단 자살의 하나는 '군인 정신'이 원인이 된 것이다. 군대 안에서의 개인적인 자살이 부대원들에게 미치는 영향에 대해서는 이미 앞 장에서 얘기한 그대로다.

"수치심을 아는 사람이라면 어떤 경우라도 반드시 조국의 명예를 지켜야 하며, 조국이 요구하는 것을 실천하려고 노력해야만 한다. 포로가 되는 치욕을 당하는 것보다는 차라리 이름을 더럽히지 않기 위해 죽어야 한다."

이것은 일본군의 규정이다. 일본군은 포로가 되는 것에 대해 대단한 혐오감을 느끼기 때문에 오스트레일리아의 포로수용소에서 생환된 사람이 전하는 다음과 같은 실화도 일어날 수 있었다.

1944년 오스트레일리아 포로수용소에는 1,100명의 포로가 수용되어 있었는데, 그들은 모두 오스트레일리아의 람세이 소좌가 관할하고 있었다. 몇 주 전부터 수용소의 사병들 사이에는 일본이 패배할 것이라는 소리가 돌았다. 사이판에서의 일본군의 참패로 인해 그 소문은 더욱 심각한 것이 되었다. 드디어 봉기를 일으키고 자살하자는 계획이 세워졌다. 그 날짜는 8월 5일, 시간은 오전 2시로 정해졌다.

"우리들은 나뭇잎이 떨어지는 것처럼 다 같이 죽는 것이다"라고 일본 하사는 말했다.

차라리 기관총 세례를 받고 죽는 것이 포로라는 치욕을 당하는 것보다는 낫다는 생각이 일본 군인들의 마음을 사로잡았다. 그들은 죽음으로써 자신들의 명예를 되찾으려고 했던 것이다. 수용소 안에 열광적인 분위기가 흘렀다. 오스트레일리아 측도 이 흥분 상태를 감지하고는 있었지만, 무장도 하지 않은 포로들이 기관총 앞에 그대로 몸을 드러내리라고는 생각지 못했다.

일본군 포로들은 포크, 나이프, 쇠몽둥이, 침대 스프링 등을 콘크리트 바닥에 갈아서 앞을 뾰족하고 날카롭게 만들었다. 한밤중의 구령 소리를 신호로 하기로 했고, 또 다시는 돌아오지 않겠다는 단호한 결의를 보이기 위해 돌진할 때는 수용소 건물에 불을 지르기로 결정했다. 그러나 수용소 담을 넘어가서는 어떻게 할 것인지에 대해서는 아무것도 결정하지 않았다. 아무도 살아남는 것에 대해서는 생각지 않았던 것이다.

매트리스와 수용소 건물에 불이 나자 감시탑의 투광기와 기관총이 수용소 쪽으로 향했다. 신호가 있자 일본군 포로들이 함성을 지르며 사방팔방으로 돌격했고 기관총의 사격이 시작되었다. 봉기한 포로들은 계속되는 사격을 받고는 천황과 어머니, 친구의 이름을 부르면서 죽어갔다. 탈주한 사람들의 절반이 죽거나 부상당했는데 거기에 걸린 시간은 7분에 불과했다. 마침내 포로들의 탈주를 알리는 불이 올라가고 수용소 일대가 대낮처럼 밝아졌다. 일본군 포로들이 오스트레일리아군에 대항하여 새로운 결사의 임무를 완수한 것은 바로 그때였다. 즉시 모든 사람의 눈앞에 무시무시한 광경이 펼쳐졌다. 죽은 포로들이 살아남은 포로들의 기세를 더 한층 높였다. 그 와중에도 수용소의 담을 넘는 사람이 있었다. "이젠 총알이 몸에 박혀도 좋다. 어쨌든 대원들 앞에서 죽자"라고 주모자가 명령했다. 많은 사람들은 자신의 의무를 죽음으로써 다하지 못했기 때문에 눈물을 흘렸다. 탈주한 사람 가운데 어떤 사람은 새로 찾은 자유를 어떻게 해야 할지 몰라서 열차에 뛰어들거나 목을 매기도 했다.

오스트레일리아 당국의 명령에 따라, 죽은 일본군들은 수용소 근처

자살에 관한 모든 것

의 언덕 위에 묻혔다. 급조한 이 묘지에는 354개의 십자가가 세워졌다. 부상자는 350명에 달했다.

폭동에 가담한 사람은 모두 총살될 것이라고―일본이라면 그럴 것이라고― 일본인들은 생각했지만, 실제로 그들은 2개월의 금고형밖에 받지 않았다. 군사재판에서 스위스 영사는 "이것은 오스트레일리아 정부에 대한 도발 행위가 아니라 그들 스스로 죽을 기회를 만든 것이다. 즉 집단 자살을 하려고 한 것이다. 살아남은 사람들이 기뻐하기는커녕 수치심을 느끼고 있다는 사실은 일본인이 아니고는 절대로 이해할 수 없는 것이다"라고 선언했다. 그리고 최종적으로 "정말로 얼마나 야만스러운 민족인가!"라고 말했다. 이 무례한 말에 대해 피고인의 한 사람이 반론을 폈다.

"야만스러운 것이 아니다. 우리들은 명령의 가치를 매우 중요시한다. 명령을 헛되게 하지 않기 위해 우리들은 죽음을 선택한 것이다. 우리들의 자살 동기를 이해하는 것이 그렇게 어려운 일인가."

오늘날은 패배한 군인들이 유일한 해결책으로 집단 자살을 택한다는 것은 아주 우스운 일로 생각된다. 그러나 그것은 지금도 엄연히 계속되고 있는 현실이다. 1974년 초, 산속으로 피난한 이라크의 크루드인 3백 명이 바그다드군에 항복하지 않고 모두 자살했다.

한 집단 자살에 대한 관찰

전쟁 외에 종교도 집단 자살을 야기한다. 예를 들면, 20세기 중국에서는 어떤 예언자가 신흥 종교를 포교하고 수천 명의 신자를 모은 일이 있었다. 결국은 중앙권력층에서 압력을 가하게 되었다. 포위되어 궁지

에 몰린 그는 성채에 불을 피우고 "나는 하늘나라로 간다. 나의 지복至
福을 이해하고 거기에 함께하고 싶은 사람은 누구든지 나를 따르라"라
는 말을 남기고 불꽃 속으로 뛰어들었다. 윤회를 믿는 모든 사람이 그
를 따랐다. 이것이 바로 '도피자살'이다. 이 논리는 집단의 존속 문제와
관련해 피해를 받았던 교파에서 행한 집단 자살과 같은데 그들로서는
죽는 것 말고는 다른 어떤 해결 방법도 없었다. 1978년의 남미 가이아
나에서의 집단 자살, 1993년 웨이코의 집단 자살도 그런 예로 볼 수
있다.

일반적으로 자살, 특히 평상시에 일어나는 자살은 극히 개인적인 행
위로 받아들여진다. 그것은 일종의 '사고'다. 그러나 집단적인 자살이
일어나면 반응이 달라진다.

가이아나와 웨이코에서의 집단 자살이 일어난 다음 날, 신문은 일제
히 '자연을 반역한 죄', '정신 착란', '비인도적 행위', '사상 최대의 죄악'
이라고 보도했다. 사실 이 두 가지 사건을 놓고 전 세계가 곤혹스러워
했다. 수백 명의 사람이 자살했고, 부모가 자식을 죽였다. 어떤 사람은
할 수 없이 신비적인 교주에게 말려들게 되었고 그래서 그 교주를 따라
서 그대로 죽었다. 왜 이렇게까지 '광신적'으로 된 것일까?

'인민사원'에서 천 명에 가까운 사람들이 집단적으로 죽어 있는 광경
이 전 세계의 신문에 게재되자 모든 사람들은 공포를 느끼는 한편, 당
혹해했다. 누구도 개인적인 이유로 죽지 않았다는 것에 대한 공포감과,
보통 사람들로서는 도저히 이해할 수 없는 광경이 펼쳐지고 있는 것에
대한 당혹감이었다.

왜 그 사람들은 인간이면 당연히 가지고 있는 자기 보존 본능을 포

기하고 다른 사람의 죽음은 물론이고 자기 자신의 죽음까지도 감수할 수 있었던 것일까? 이 문제에 대한 해답을 얻기 위해서 많은 사람들은 성급하게 이론적인—이론적이라고 믿고 있는— 결론을 내린다. '그것은 불시의 재난이다!'라고. 그러나 미친 사람이 가이아나에 9백 명, 웨이코에 80명이나 있었다고 보기는 어렵다. 그렇다면 그들은 광신자란 말일까? 한편으로는 이 말이 맞을 수도 있겠지만, 광신자란 말로 모든 것을 다 설명할 수는 없다. 사실 이 두 가지 사례를 통해 볼 때, 그들은 이성적인 확신을 가지고 심사숙고한 끝에 자살이라는 해결 방법에 이르렀다는 것을 알 수 있다.

"종파는 거기에 끌어들인 사람에게 죽음에 대한 의미를 부여해 안심시킨다"라고 페난스테르는 〈렉스프레스〉지에 쓰고 있다. 사람들은 종파의 도구가 되어 개인의 고민은 집단에 맡긴다. 또 집단적인 고양에 의해 개인의 계획이 변경되기도 한다. 실제 그것이 '종교적 교파'와 관계가 있는 것인지 아닌지는 이차적인 문제인 것 같다. 종교적 교파는 특별한 상황 또는 특정 단체로의 극단적인 예속을 나타내는 데에 불과하다고 말하는 경우는 얼마든지 있다. 역사상 이미 수십 건도 넘게 발생했던 것처럼 앞으로도 이런 드라마는 계속될지도 모른다.

각 집단에는 높낮이가 다른 문턱이 있고, 그것을 넘게 되면 유일한 해결 방법으로 죽음이 남게 된다. 때에 따라서 이 문턱까지 도달하는 경우가 있지만, '쉽게 받아들이기 어려운' 압력을 받고 있는 집단에 동화되지 않은 사람은 어째서 그렇게 됐는지 이해하기 어려울 경우가 많다.

신자가 심사숙고하거나 비판적 판단을 할 수 있는 능력을 상실한 경우에 있어서 최대의 죄는 신자를 어떤 방법으로 예속 상태에 두는가

하는 것이다. 해결 방법으로서의 죽음은 인간만이 가지는 가능성의 하나로 존재해온 것이 아닐까?

도덕, 사회, 종교상의 규율을 결정해온 것은 인간이 존재하면서부터 지속적으로 이어져온 여러 가지 문화다. 그렇기는 하지만 모든 문화가 집단의 특수한 문제에 직면했을 때 '자살 전염'과 '집단 자살'을 경험하지 않았을 리는 없다. 각각의 사회마다 집단 자살은 다른 양상으로 나타나지만, 어떤 경우에서나 '자살'을 '필연적'인 해결책이라고 생각하는 점은 같다. 자살을 논하는 것, 자살을 절대적으로 비난하는 것, 또 이성적으로 자살의 필요성을 납득하는 것은 가능하지만, 어떤 의미에서는 다른 선택의 여지가 없는 이상, 자살에 의한 문제 해결은 언제나 적절한 것이 된다.

가이아나와 웨이코는 까마득한 옛날과는 다른 양상을 보이고 있다. 모범적이며, 틀에 박힌 생활 규범을 실천하는 지도자, 포괄적인 신비적 세계, 집단의 독자성에 대한 강한 의식, '압제자'와는 비교가 불가능한 교주의 삶, 외부에서 일어난 사건에 대한 감지. 그래서 드라마가 연출된다. 보통의 이성을 가진 사람으로서는 도저히 이해할 수 없는 드라마가.

죽음을 사랑해야 한다

1978년 11월 18일 토요일 오후 5시. 교주 짐 존스는 캠프 지역 내에 흩어져 있던 신자들을 불러 모았다. 적도 부근의 삼림 가운데에서 버섯같이 성장했던 주거지 곳곳에 급히 파브리옹에 집합하라는 교주의 명령이 스피커로 전해졌다. 짐 존스는 캠프 지역 내에서 제일 큰 건물에 있었다. 그곳은 교주 짐 존스가 밤을 새우면서 사회주의적이고 반인종

차별적인 참신한 교리를 설파하고 또 모든 신자들에게 자기를 사랑하라고, 오직 짐 존스 자신만을 사랑하고 믿으라고 설교했던 장소이다. 교주 짐 존스는 마이크를 사용해 그의 최후의 집회가 어떤 것이 될지에 대해서 설명했다.

"여러분 한 사람 한 사람이 난감한 문제에 처해 있다는 사실을 알아야만 할 것이다."

그는 신자들에게 어제 있었던 일에 대해 설명했다.

"종단 측으로서는 어제 왔던 방문객을 처치하지 않을 수 없었다. 그러나 살아서 돌아간 사람도 있다. 따라서 이미 여러 번 얘기한 것처럼 혁명적인 집단 자살을 실행할 때가 왔다."

그러면 짐 존스를 곤경에 빠트린 '어제의 방문객'은 누구인가? 그것은 가이아나의 수도 조지타운에 있는 이 시설에 대해서 조사를 하기 위해 거기로 갔던, 미국의 국회의원 레오 라이언과 약 열 명의 저널리스트였다.

짐 존스는 캘리포니아에서 도주한 후 베네수엘라 가까운 원시림에 들어가 이 시설을 만들었다. 라이언 의원은 여러 달 전부터 불안한 증언을 접하고 있었기 때문에 현지 조사에 착수하기로 결심했다. 그는 기자 8명, 교단 변호사 2명과 함께 그곳에 도착했다. 이 방문객들은 처음에는 교묘하게 펼쳐진 표면적인 모습에 잠자코 있었지만, 신자들의 생활 실태를 즉시 간파했다. 특히 커다란 목조 건물에서 7, 80세가 넘는 노인들이 조잡한 침대에서 서로 껴안고 쓰러지듯이 잠들어 있는 것을 발견하고는 경악했다. 구타당한 흔적이 있는 사람도 여러 명 있었다. "완전히 노예 매매를 했던 선창 같았다"라고 같이 갔던 한 기자는 전하고 있다.

그래서 방문객 일행은 공포에 떨고 있는 여러 명의 신자들을 자신들과 함께 태우고 돌아가려고 몰래 준비를 했다. 국회의원 라이언과 기자들, 그리고 열여섯 명의 '탈퇴자'가 흙을 메워 다진 조악한 활주로에서 대기하고 있던 두 대의 소형 비행기에 나누어 타기로 했다. 그러나 바로 그 순간, 교주가 보낸 레리 레이튼이라는 사람이 살인청부업자 그루스를 데리고 나타났다.

발포가 시작되었다. 라이언 의원, 카메라맨, 기자, 비디오 카메라맨 각 한 명, 탈퇴자 두 명이 연달아 쏘아대는 총을 맞고 쓰러졌다. 비행기한 대는 뜨지 않았지만, 다른 한 대는 죽은 사람과 일부 부상자를 남겨 놓은 채 이륙할 수 있었다. 지금까지 그 이유는 밝혀지지 않았지만, 존스가 보낸 돌격대원은 모두 죽이라는 임무를 완수하지 않고 몇 사람을 살려서 보냈다.

돌격대원의 공격을 피해 살아남은 사람과 부상자들은 정글 속에 몸을 숨기고 있었다. 24시간 후에 가이아나군이 왔고 몇 시간 후 미군도 와서 그들을 구조했다.

교주에게로 돌아간 돌격대원은 임무가 반은 실패로 돌아갔다는 사실을 보고했다. 교주는 그 말을 듣고는 신자들을 소집했다. 그는 이제 자신의 전능한 나날들이 앞으로 조금밖에 남지 않았다는 것을 알았다. 기도를 통해 예언의 능력이 있다고 주장해온 그는 또한 자신이 불치의 말기 암에 걸려 있다는 것도 알았다. 자기가 신자들을 지배할 날에 종말이 다가오고 있다는 사실을 느끼고 있었으므로 신자에 대한 영향력과 적어도 자신의 교리에 대한 확신은 한층 더 커졌다.

"나는 죽어야만 한다. 여러분도 죽지 않으면 안 된다. 내가 여러분을 사랑하는 것처럼 여러분도 나를 사랑한다면 모두 함께 죽도록 하자."

사이렌 소리를 듣고 신자들이 모두 모였다. 그들은 여러 달 전부터 외부와는 차단된 생활을 해왔기 때문에—우편물은 검열, 라디오와 신문은 금지된 상태였다—언제나 혼돈된 의식 상태였다. 신자들은 약간의 판단도 내리지 못할 만큼 자주성을 완전히 상실하고 있었다.

몇 년 전부터 짐 존스는 미국이 파시즘에 위협당하고 있다는 말을 되풀이하고 있었다. "가이아나에서는 나치에 의한 워싱턴 점거를 알리기 위해 벌써 여러 차례 사이렌을 울렸다. 나치가 미국을 정복하기 위해 외인 용병대대를 보냈다"라고 말해왔던 것이다.

짐 존스는 신도들에게 레몬레이드를 한 잔씩 돌리고, "한 시간 후에 보다 좋은 세상에서 만나자"라고 말했다. 시간이 흘렀지만 어느 누구도 죽지 않았다. '아버지'는 신자들을 시험해본 것이라고 말했다.

죽음의 행사

많은 전문가들은 가이아나의 삼림에 고립되어 있었던 짐 존스의 신도들이 유토피아적인 사회를 건설했다고 생각하고 있다. 그들은 이상理想을 지키고 그 이상과 규율에 따라 살아갈 수 없다면 차라리 죽는 것이 낫다는 폐쇄적인 협정을 맺고 있었다. 특히 그들은 죽음의 동작을 반복해서 연습함으로써 집단 자살을 하나의 가능성만으로 생각하는 것이 아니라 확정적인 것으로 생각하게 되었던 것이다.

정글 속에서 인민사원의 신자들은 새로운 생활 규범을 만들었다. 그 규범은 집단 자살이 궁극적인 목적이었고, 어떤 문제에 대한 유일한 해결책이 집단 자살이라는 것을 전제로 하는 것이었다. 혹시 이러한 환경 속에 있는 사람들에게는 바깥 세계에 대한 적의와 바깥 세계가 가져오는 위험성에 대한 짐 존스의 말이 일단은 진실성을 띠고 있는 것으로 여겨졌는지도 모른다. 사실 대부분의 신자들은 만약 미국에 돌아갔다가는 살해되거나 고문을 당할 것이라고 확신하고 있었다.

교육과 20세기의 과학 덕분에 '광기'에는 면역이 되어 있다고 생각하는 교양이 넘치는 미국 성인들이 자기의 아이들, 자기의 배우자, 자기 친구들이 입에 거품을 물고 죽은 모습을 보게 되리라고는 생각지 못했다. 그러나 정신과 의사들이 한결같이 인정하고 있는 것처럼, 한정된 공간 안에서 전달 수단이 완전히 차단된 집단이 자기비판과 끊임없는 고백에 의해 상황이 조작된 경우에는 정신적인 복종이 얼마든지 일어날 수 있다.

1978년 11월 18일. 이날, 존스는 신자들에게 머지않아 종단 건물 전체가 포위될 것이라고 설명하고 자살하자고 했다. 자살할 수밖에 없다고. 죽음뿐이라고. 모든 신자들을 눈앞에 닥친 위험으로부터 구해주겠다고. 그는 "적들이 매우 가까이까지 왔다. 가이아나군이 우리들을 습격하고 있다"고 말했다. 그리고 마사다의 요새를 지키던 유태인 장군처럼 이렇게 호소했다.

"모두 함께 모여 저세상에 가기 위해서는 자기 손으로 죽어야만 한다. 모두들 약속을 충실히 지키도록 하자. 독약을 가지고 오라."

독이 들어 있는 액체가 운반되어 왔다. 그것은 레리 샤슈트라는 의사가 만든 것이었다. 서른 살의 이 의사는 산부인과 중에서도 분만 전문의였다. 그는 시안화물과 염화칼륨의 혼합액을 섞은 것에다 대량의 신경안정제를 넣었다.

독약이 든 커다란 통이 놓인 '제단' 앞에서 환상적인 광경이 펼쳐지기 시작했다. 생존자의 증언에 의하면 유일하게, 여성 한 명이 항의했다고 한다. 물론 대세에 따르기로 한 다른 신자들이 그 여성을 저지시켰다. 그들은 죽음을 향해서 차례대로 나아갔다. 처음부터 그들은 '아버지'와 보조를 맞추어왔기 때문에 죽어야만 한다는 우울한 당위성에 도달했다.

존스는 설교를 중단하지 않았다. 바로 얼마 전까지는 생명의 아름다움을 찬양하던 그가 이제는 죽음의 존엄함에 대해 축복하고 있었다. "죽음만이 우리를 해방시켜 준다. 죽음은 어머니다." 넋을 잃고 독약이 든 통 앞에 정연히 서서 죽음을 기다리고 있던 모든 사람들이 계속해서 절규했다. "어머니, 어머니"라고 그들은 노래했다.

드디어 죽음의 행사가 시작되었다. 유아와 어린이들부터 독약을 마시게 했다. 부모에게 살해된 15세 미만의 어린이들만도 180명이나 된다. 네 살 난 남자 어린이를 데리고 있던 한 어머니가 제일 먼저 샤슈트 의사에게로 다가갔다. 그리고 샤슈트 의사가 독약을 가득 채운 컵을 들고서 아이에게 먹이는 것을 지켜보았다. 그리고 나서 어머니들 전부가 차례대로 자신의 아이들에게 이 독약을 마시게 했다.

그사이 존스는 위엄을 지닌 채 죽게 하기 위해서 신자들을 무조건 재촉하고 있었다. 스피커에서는 귀청을 울리는 말이 흘러나왔다.

"죽음을 사랑해야지 혐오해서는 안 된다. 죽음을 사랑해야만 한다."

"정말 우리들은 죽음을 사랑하고 있다"고 젊은 여자가 소리치며 나섰다.

"모레, 우리들은 부활할 것이다. 오늘 저녁 모두 잠들게 되더라도 모두 함께 부활하게 될 것이다."

그리고 그 여자는 컵을 들어 마셨다. 그녀의 말과 행동에 갈채가 쏟아졌다.

"확실히 존스의 친위대는 몇 사람인가에게는 독을 마시게 설득했었지만, 대부분의 사람들은 자발적으로 죽었다고 단언할 수 있다"라고 생존자 중의 한 사람인 오델로 로스는 단호하게 말한다. 사람들은 키스를 하면서 작별 인사를 했다. 처음에는 혼란스러웠던 분위기도 있었지만 차차 질서가 잡혔다.

젖먹이와 어린아이들 다음에는 어른들과 청년들이 한 줄로 늘어서서 차례차례 음료수를 마셨다. 침착하게 명상을 하면서. 이내 상자 속의 컵이 모자라게 되었다. 컵이 없는 사람은 종이를 둥글게 말아서 마시거나 손을 오므려서 그릇처럼 만들어서 마셨다. 모든 사람들이 먼저 죽은 가족들 곁으로 갔다.

최후의 아침

액체가 효과를 발휘하기까지는 4, 5분이 걸렸다. 먼저 눈이 감겼고 다음으로는 격렬한 경련이 일어났다. 구토와 계속되는 발작으로 죽은 사람도 있었다.

한 시간이 지나자 수백 명의 시체가 생겼다. 대부분의 사람들은 존스의 친위대가 명령하는 대로 기다란 줄을 만든 채 열을 지어 엎드렸다. 친위대는 누구도 도망갈 수 없도록 커다란 건물을 포위하고 있었다. 사실, 교단을 하나로 모아놓은 공포스러운 '죽음의 약속'을 피하려는 사람이 있었다. 친위대는 그런 사람들은 손발을 묶어놓고 강제로 독약을 마시게 했다.

늙은 사람도, 젊은 사람도, 어린이도, 백인도, 흑인도, 아시아인도, 멕시코인도 모두 얽혀서 하나가 되어 죽었다. 어떤 사람은 사랑하는 사람과 손을 묶은 채로 이 세상을 떠났다. 어린이뿐만 아니라 개와 고양이, 그리고 원숭이도 저세상으로 갔다. 살아남은 것은 두 마리의 앵무새뿐이었다.

수용소 땅 전체가 시체로 가득하게 되었다. 교주 짐 존스도 죽고, 그의 친위대원도 대부분이 죽었다. 그러나 살아남은 대원에게는 살아야 할 의무가 있었다고 한다. 사실 교주와 일부 신자 사이에는 불행을 피할 수 없는 경우에 대비한 제2의 협정이 맺어져 있었다는 것이 FBI의 조사로 밝혀졌다. 그 협정은 죽지 않고 '복수'를 하는 것이었다. 존스 타운에서의 집단 자살을 통솔하는 임무를 완수한 후, 친위대원들은 미국으로 잠입해 들어가 종단에 적대적이었던 인물과 정치가들을 살해하거나 유괴하기로 했던 것이다. 실제로 그렇게 했던 것은 나중에 명백하게 밝혀졌다.

어쨌든 이 비극적인 사건이 일어난 다음 날, 라이언 의원을 죽게 했던 비행장 습격 때 기적적으로 살았던 〈워싱턴 포스트〉지의 기자가, 기자로서는 처음으로 존스 타운에 들어갔다. 그때의 악몽 같은 광경은 결코 잊을 수 없다고 그는 말하고 있다. 적도 기후의 숨이 막힐 듯한 더위 때문에 뒤집어 놓은 천 명가량의 사체(정확히는 918명) 위로 수천 마리의 파리떼가 더운 공기 속에서 날아다니고 있었다. 그는 셔츠가 반 이상 찢어져 배를 드러내고 있는 교주 존스의 사체를 보았다. 존스는 관자놀이에 총알을 맞고 죽어 있었다. 그의 옆에는 인민사원의 '임원'들의 시체가 즐비했다. 그들은 지상에서의 지도자와 함께 죽을 수 있는 명예를 얻은 자들이었다. 제단에 이어진 계단 위에서 젊은 흑인이 무릎을 꿇은 채 경직되어 있는 것을 기자가 발견했다.

미군은 건물의 한 곳에서 쓰다가 만 한 통의 편지를 발견했다.

"물론 나는 좋았던 시절의 일들을 그리워합니다. 그렇지만 이렇게까지 행복하지는 않았습니다. 우리들은 당연히 축복받고 있습니다."

교단의 마레 레스 변호사는 인민사원에서 일어난 살육의 죄를 져야 할 사람은 인민사원 신자들이 하고 있던 공동생활의 균형을 깨뜨림으로써 짐 존스의 잠재적인 망상광을 일깨웠던 사람일 것이라고 말했다. 그는 또 "인민사원에 사는 사람의 90%는 아무리 학대해도 거기를 떠나지 않았을 것이다"라고 했다.

인민사원의 참극은 외부 사람들의 눈에는 타락한 종교의 피할 수 없는 운명으로 보인다. 대개의 사람들은 여러 가지 정황을 고려하지 않고 "어쨌든 있을 수 없는 일"이라고 말한다. 원시림에 들어가 살았던 천여 명의 정신병자 혹은 마약 중독자는 미국인들뿐이었다고 주장하는 것은 약간은 한가한 소리다. 프랑스의 국외 영토 담당관 올리비에 스테르가 프랑스령 가이아나로의 이주 문제에 관해서 이야기하면서, 2개월 남짓한 기간 동안 2만 5천 건의 이주 신청이 청사에 접수되었다는 것을 생각해주었으면 좋겠다.

150년 전부터 계속, 자살은 제일 비판을 받아야 할 일이었다. 삶을 강요하는 사회에 대해 고상한 마음을 가진 사람은 신앙의 상실, 풍속의 퇴폐, 성과를 낼 수 없는 교육, 공업화, 소비 사회 등등의 이런저런 비난을 퍼붓는다. 유럽 평의회에 속한 각 나라의 환경 담당관들의 회의에서도 자살과 공해의 관계가 분명하게 밝혀졌다.

가이아나의 참극이 일어나기 전까지는 미국의 제국주의는 이러한 죄를 지려고 하지 않았다. 그것이 현실이 되자, 소련의 타스 통신ITAR-TASS은 이런 정도의 '유혈 참사'의 원인은 수천 명이 비인간적인 사회의 희생이 되고 있는 미국의 현실에 있다고 했다. 소련 공산당 기관지 〈프라우다〉는 이렇게 쓰고 있다.

"짐 존스는 미국의 정글에서 살아가는 반체제인사였다. 그런데 미국이 그의 신자들에게 제재를 가하자 그곳까지도 공습당할지 모른다는 두려움에 싸이게 되었다. 미국 사회의 특징은 모든 이견을 억압하는 것이다. 그것이 인민사원의 신도들을 죽게 한 원인이다."

바탕이 소련으로 이동함

유감스럽게도 인민사원의 참극이 일어나게 만든 것은 인민사원에 대한 박해가 아니고, 반대로 일종의 관대주의다. 미국에서는 종교단체를 표방하는 모든 조직이 세금을 면제받을 뿐만 아니라, 특별한 법적 지위를 가지고 있다. 1976년, 당국이 인민사원에 대한 '우려할 만한' 증언을 계속해서 접했을 때, 경찰은 "이것은 우리들 관할이 아니다. 이 사원은 헌법에 의해 보호되고 있기 때문이다"라고 했다. 인민사원의 비극이 일어난 후에도 인민사원은 종교 조직으로 인정되고 있어서 조사관은 법적인 문제를 안고 있었다.

헌법은 원칙적으로 신앙의 자유에 대해 간섭하는 것을 금지하고 있다. 종교단체와 미국의 법률이 대립하는 것은, 종교단체의 신앙의 실천과 공동체의 사회 규범이 일치하지 않는 경우밖에 없었다. 그런 대립의 전형적인 예는 본래 일부다처제를 실시했던 몰몬교와의 사이에서 일어났다.

잘 알려지지는 않았지만, 캘리포니아는 종교단체와 교회를 포함, 모든 종류의 아웃사이더에 대해서 세계에서 가장 관대한 곳이다. 그러나 인민사원이 적도 지대의 정글을 떠나 '약속의 땅' 소비에트로 가려고 했던 것은 확실하다. 조지 타운의 소비에트 대사와의 교섭은 이미 상당히 진전되어 있었다. 금전 거래에 관해 주간지 〈뉴스위크〉가 보도했던 것에 따르면 러시아에 50만 달러를 건네주기로 했었다고 한다. 그러나 이것은 가이아나 정부가 압수한 것 같다.

그 4년간, 언제나 불온한 공기가 맴돌았음에도 불구하고 가이아나 정부도, 가족으로부터 연락을 받았던 미국의 의원들도 실제로는 아무도 조지 타운에 발을 들여놓지 않았다. 그래서 사회주의자들이 공동으로 이 문제를 다루었을 때는 모든 사람들이 감사하지 않을 수 없었다.

존스 교파는 쿠바와 유고슬라비아를 모델로 해서 새로운 땅을 개발하려고 했다. 모두들 이 새로운 개척자적인 단체를 두 손 들어 환영했다. 가이아나 정부는 짐 존스를 열렬히 추천한 미국 거물급의 문서를 포함, 방대한 양의 서류를 공개했다. 그 서명 중에는 현직 보건부 장관, 부통령, 민주당 상원의원, 그 밖의 미국 공식기관의 주요 인물들의 것이 포함되어 있다. 그중에서 부통령은 인민사원이 보도의 자유를 지키고, 마약과 전쟁, 사회복지, 특히 장애아 시설에 원조를 해준 일에 대해 감사의 뜻을 표하고 있다. 카터 대통령 부인도 서류의 문서에 서명했다. 영부인은 1976년에 남편의 선거전에 지지를 보내주었던 일에 대해 짐 존스에게 감사했다.

이쯤 되면 이데올로기적 박해라는 설명이 어리석게 느껴지는 것을 알 수 있다. 마찬가지로 인민사원은 교파의 멤버를 조직적으로 만들려고 했다고 생각하는 것도 어리석다. 대규모 사기라고는 하나 그것도 이유에 맞지 않는 신념이 강요된 것이라는 의미에서만 그렇다. 그에 대해서 재산의 증여는 신자의 눈에서 보면 일종의 사회주의적 논리에 따르고 있다. 마찬가지로 인민사원이 교파의 회원들을 조직적으로 무일푼이 되게 했다고 보는 것도 어리석은 판단이다. 대규모 사기라고는 하지만 그것은 이치에 맞지 않는 신념이 강요된 것이라는 의미에서 그러하다. 신자의 입장에서 보면, 인민사원에 대한 재산 증여는 일종의 사회주의적, 공산주의적 이론에 따라서 이루어진 것이다. 만약 10여 년의 활동 기간 중, 횡령이 인민사원의 공공연하고도 유일한 목적이었다면, 그것을 자각한 신도가 결국은 조직을 무너뜨렸을 것이다.

그러나 가이아나에서 100달러와 450만 프랑에 해당하는 보석, 현금, 수표가 발견되었던 것도 사실이다. 사실 이것은 숨겨놓은 돈의 일부에 지나지 않는다. 매월 존스는 고령의 신자들에게 지급해야 할 6만 5천 달러를 횡령했다. 그는 그렇게 밝혀진 것 말고도 몇 개의 은행 계좌에 천만 달러내지 천오백만 달러를 넣어둔 것으로 추정되고 있다.

이것을 도둑놈의 사기라고 보아야 할 것인가? 그런 면이 있는 것은 확실하지만 존스가 죽기 직전, 이 자금의 대부분을 소비에트 나치 전당 해방기구에 양도할 것을 검토하고 있었던 것 또한 사실이다. 횡령은 인민사원의 목적이 아니라 수단에 지나지 않았다. 그렇지 않다면 횡령 피해자 천 명을 설득해서 그들을 데리고 문명을 피해서 가이아나로 피난시키는 일이 어떻게 가능했겠는가?

　내가 아는 한 짐 존스의 사후에도 캘리포니아의 신자들은 그를 비난하지 않는다. 대부분의 신자들은 모든 어려움을 물리치고 교단과 죽은 교주에 대해 충성을 보이고 있다. 가이아나의 어떤 신자는 라이언 의원을 포함한 대표단이 교단의 이미지를 실추시키기 위해 도발행위를 했던 것이라고 믿고 있다. 그는 이렇게 말한다.

　"파시스트가 우리들을 죽이려 하고 있다. 우리 형제들이 죽는다고 해도 인민사원은 죽지 않는다. 우리들은 모두가 전처럼 다시 시작할 것이다."

종교 지도자의 초상

사람들은 교주 짐 존스라는 인물을 권력의 꿈에 사로잡힌 정신병자, 양심이 없는 사람, 착각에 빠진 범죄자, 또는 망상에 빠진 구세주일 뿐이라고 생각한다. 그것은 모두 사실이기는 하지만, 짐 존스에게 꼭 그런 면만 있었던 것은 아니다. 이 신비주의자—악마와 죄 속에서 적을 찾는 것이 아니라 사회와 테크놀로지 속에서 적을 찾는 자—는 자기 자신을 그리스도, 레닌, 모택동이 재림한 것이라고 부르기에 이르렀지만 적어도 인생의 4분의 3은 사람들로부터 열광적인 찬사를 받았다는 것을 부정할 수는 없다. 짐 존스가 가이아나로 이주하려고 했을 때 이것을 후원하기 위해서 미국의 중요 인물들이 썼던 문서를 상기해주었으면 좋겠다. 안젤라 데이비스도 소외된 사람들을 위해서 벌였던 그의 활동을 지지하고 있다. 존스는 수년 간 인종차별, 마약과 싸웠고 노인들을 위한 운동을 벌이는 한편, 극빈자들에게 무료로 식사를 제공하기도 했다. 메슬린 부인과의 사이에서 낳은 아들 한 명 외에도 유색인종 네 명을 포함해 모두 일곱 명의 아이들을 양자로 삼았다. 그것도 그런 행동을 하기 위해서는 용기가 필요했던 시대에. 그는 또한 법에서 인종 차별을 금지하기 이전부터 극장과 레스토랑 주인들에게 흑인도 출입할 수 있게 해달라고 설득했다. 분명히 그의 당초의 계획에는 사회 정의를 실현하려는 의도가 들어 있었다.

1960년, 30세가 되던 해. 그는 4년 전에 자신이 설립한 교회를 최종 적으로 '인민사원의 완전한 복음'이라고 이름 붙였다. 존스는 흑인과 소 외된 사람들을 위해 벌였던 일들이 크게 화제가 되어서 인디아나 폴 리스의 인권옹호위원 회장에 임명되었다. 그는 일시적으로 인민사원의 활동을 중단하고 해외선교사로서 브라질로 갔다. 거기서 선교원 한 곳 과 고아원 두 곳을 세웠다.

2년간의 선교 활동 후, 미국으로 돌아오자 그의 평판은 급속도로 좋아졌다. 신문지상에서는 그에 대한 찬사를 아끼지 않았다. 그러나 1966년 12월에 발행된 〈에스콰이어〉지의 기사가 나간 후, 존스는 처음 으로 종말론적인 전망에 사로잡힌 것 같다. 그는 브라질의 베로 오리존 테와 샌프란시스코에서 169킬로미터 떨어진 유키아가 원자폭탄이 떨 어졌을 때 가장 안전한 장소라고 확신했다. 그의 투시능력에 의하면 그 날이 얼마 남지 않았다. 그는 신자들을 계속 유키아로 이주하게 하는 한편, 자신은 암을 치료했다고 주장했다.

그 일은 시민들이 그를 캘리포니아주 멘돌리노의 배심원장에 임명 하려는 노력을 기울이게 하는 계기가 되었다. 신자들은 매주, 존스의 교의를 보급하고 자금을 조달하기 위해서 차로 로스앤젤레스와 샌프란시스코를 오갔다. 매주 인민사원의 금고에 3만 달러 이상이 모였다는 증언도 있다. 아무튼 존스의 평판과 교회의 영향력은 명백했다.

1971년, 그는 신자들과 함께 샌프란시스코로 이주했다. 이때가 그의 전성기였다. 인민사원은 교회를 사들였고 엄청난 수의 사람들이 새로 신자가 되었다. 신자들 중에는 슬럼가의 흑인도 있었고 인민사원의 활약상에 마음이 끌린 백인도 있었다. 이 무렵의 인민사원은 진료실은 물론이고 탁아소, 목재소, 인쇄소 등을 갖추는 한편, 매일 수백 명에게 무료로 식사를 나누어주기 위한 식당까지 가지고 있었다. 그 당시의 신자는 약 3만 명으로 추정된다.

"인민사원에 들어가는 순간부터 황홀했습니다. 나는 서른 살 때 재산 분쟁에 휘말려 견딜 수 없는 고통을 당했었습니다. '아버지'는 우리들에게 순수함과 화합을 지닌 사회, 그리고 증오와 폭력을 추방한 사회에 대해서 말씀하셨습니다. 그의 옆에서 나는 황홀한 꿈을 꾸었습니다"라고 잔느 밀즈는 말했다. 또 다른 여성은 "그분은 나의 부모들을 매료시켰습니다"라고 했다.

존스를 신봉하는 사람들은 당연히 '문제가 있는 사람들'이다. 그렇지 않다면 사회를 떠나 새로운 기반 위에서 생활할 수가 없었을 것이다. 신자들은 유색인종이 70%로 압도적으로 많았지만 태생은 정말로 다양했다. 흑인, 장애자, 극빈자 등 대부분의 신자들은 집단과 교주에게 자신을 맡기기로 한 약자들이 대부분이었지만 이상주의자와 전형적인 미국 지식인들도 포함되어 있었다. 주민권을 따기 위해 투쟁하는 사람, 베트남 전쟁의 생존자, 자기 나라에서는 찾아볼 수 없는 이상적인 사회를 열망하는 몽상가 등도 그의 신도가 되었다.

자살에 관한 모든 것

짐 존스의 강력한 매력을 잘 이해하기 위해서는 그가 그런 뛰어난 지성으로 말미암아 인도주의를 열망하는 마음을 기술적으로 가지고 있었다는 것을 알아야 한다. 그는 흑인에게는 사회 정의를 호소했고, 물질주의에 혐오감을 느끼고 있는 백인에게는 보다 공평한 사회를 약속했다. 그의 말은 마르크스주의의 원리와 종교적인 주술을 교묘히 혼합시킨 것이었다. 신앙심이 깊은 사람에게는 종교를 베풀고 이데올로기를 믿는 사람에게는 정치를 베풀었다. 단순한 사람이나 무식한 사람에게는 기적을 보여주었다. 그리고 모든 사람에게 희망을 주었다.

그러던 그였지만, 처음으로 그의 명성을 어지럽히는 사건이 발생했다. 할리우드의 한 극장에서 상대에게 품행이 단정치 못한 행위를 했다는 이유로 체포되었던 것이다. 상대는 경관이었다. 이 사건은 적당히 무마되었다.

1974년이 되자 짐 존스는 미개척지의 일부에 1만 4천 헥타르의 주거지를 건축하는 문제로 가이아나 당국과 교섭을 벌이기 시작했다. 여러 달이 지나자 인민사원은, 지역 사회의 사람들이 보기에는 사회에 대한 환원이라는 측면에서 모범적인 단체였다. 가난한 사람을 도와주는 존스의 활동이 차차 신문을 통해 알려지게 되었다. 그는 여러 종파를 합한 종교 협의회에서 선택한 제일 우수한 미국의 성직자 중의 한 사람에 뽑혔다. 6개월 후에는 〈로스앤젤레스 헤럴드〉가 선정한 올해의 '인도적 인물'이 되었다. 2개월이 지나서는 샌프란시스코의 주택건설위원회의 위원으로 지명되었다.

종교의 노예가 되다

두 번째의 불협화음이 일어났다. 인민사원의 일원이었던 보와 휴스톤이, 탈퇴 의사를 밝힌 바로 그날 저녁 철로 옆에서 손발이 잘려나간 참혹한 형상의 시체로 발견되었던 것이다. 이 사건이 있었음에도 불구하고, 인민사원은 1977년 1월, 매년 한 번씩 그해의 인권 운동에 공이 큰 단체에 주는 '마틴 루터 킹 상'을 수상했다. 그리고 짐 존스는 샌프란시스코의 주택건설국위원회 회장이 되었다. 그에게 있어 가장 유감스러운 일은 신도들이 교단의 보호막을 떠나겠다는 말을 하는 것이었다.

1977년 8월, 문제가 생겼다. 〈뉴스위크〉지가 인민사원의 신도였던 신자의 증언을 게재해 인민사원을 그대로 유지하기 어렵다는 것이 명백해졌던 것이다. 존스는 모든 공적인 직책을 사임하지 않으면 안 되었다. 신문의 보도가 나가고 교단의 모든 활동에 대해서 조사가 계속되었지만 어떤 결론도 끌어내지 못했다. 9월에 밀즈 가족은 교단에서 구타를 가하고 재산을 몰수했다는 이유로 인민사원을 고소해서 100만 달러의 손해 배상을 청구했다.

도대체 어떻게 된 것일까? 짐 존스가 여러 해 동안 내세웠던 선의의 목적들은 모두 취소되었다. 목표로 하고 있었던 사회 변화도, 신자들 모두가 민주적인 생활에 적극 참가하는 일도 잊혀졌다. 대신 짐 존스의 전제적인 강압만이 남아 있었다. 도덕적, 사회적인 테마에 대한 숙고와 활동은 이미 과거의 추억에 지나지 않았다. 그가 강요한 것에 이의를 제기하는 것은 배신행위로 간주되었다. 이후 인민사원에서는 윗사람의 '주먹'이 전체 의견을 결정하게 되었다.

'아버지'는 신도들을 영원히 구원해주는 대신에 종단에 완전히 몸을 바치라고 요구했다. 인민사원의 신도들은 점점 정신적으로 고립되어 존스의 마리오네트 인형처럼 되었다. 그는 효력을 발휘할 수 있는 모든 방법을 동원해 이 조종인형들을 자신에게 예속시켰다. 노동에 따른 피로, 수면 부족, 식료품 부족, 가난, 이것들은 노예화 작전의 1단계에 불과했다. 최종적으로는 교단의 모든 신자들이 정말로 종교적인 노예가 되었다.

푸른 눈의 악마

신도들을 예속시키기 위해 존스가 사용한 전략 중에서는 섹스도 커다란 역할을 했다. 섹스는 신도들이 가질 수 있는 것 중에서 유일하고도 정당한 욕망이었다. 존스는 자신의 성기가 다른 어떤 남자의 것보다도 뛰어나다고 주장했다. 그러곤 여성 신자는 물론 남성 신자에게도 상으로서 '사랑의 섹스'를 베풀어주었다. 또 존스는 곧잘 남자 신도들에게 다른 남자와 성관계를 가지도록 명령했다. 그러한 행위를 강요함으로써 신자들을 한층 더 잘 다룰 수 있었고 또 자기 마음대로 할 수 있었다.

신이며 예언자이자 흔들리지 않는 최고의 지도자로 군림하기 위해서 짐 존스는 예언의 능력이 있음을 보여주지 않으면 안 되었다. 그래서 그는 인민사원에 꼭 끌어들이려고 노리고 있었던 사람의 집에 자신의 신자를 잠입시켰다. 존스는 불가사의한 계시가 일어난 것처럼 보이게 하기 위해서 사전에 미리 충분한 정보를 수집해 두었던 것이다. 존스는 자기가 마치 모든 운명의 장난을 피하게 할 수 있는 능력을 지닌 듯이 보이게 하기 위해 그 사람의 집에 자기의 사진을 남겼다.

존스는 또 치료의 능력을 신도들에게 보여주어야만 했다. 그는 가시적인 치료 효과를 신도들이 직접 보게 함으로써 그의 신성을 믿게 해야겠다고 생각한 것이다. 존스는 무슨 병이든지 치료할 수 있다고 공언했다. 설교 도중에 그는 신자들을 향해서 혹시 불치의 병에 걸린 사람이 있으면 나오라고 했다. 이 말을 듣고 희망에 가득 찬 환자가 앞으로 나섰다. 교주는 환자의 목구멍으로 손을 집어넣어 신체 어딘가에 붙어 있던 암세포 덩어리를 끄집어냈다. 존스가 꺼내어 보여준 것은 사실은 메슬린 부인에게 미리 준비하게 한 것으로 닭의 내장과 간을 3일간 햇빛에 말린 것이었다. 존스는 피투성이의 끈적끈적한 가짜 암세포 덩어리를 손수건에 싸서 신도들에게 보여주었다. 환자는 "나는 이제 다 나았다!"라고 소리치며 교주에게 감사해야만 했다.

교단에서는 매주 2, 3회 집회를 열었다. 집회에는 보통 5, 6백 명이 모였다. 그 집회 때 존스는 남녀를 불문하고 '희생자'를 지명했다. 그들은 대개 사소한 잘못을 저지른 사람이거나, 교리의 일부에 의문을 가진 사람이었다. 존스에게 지명된 희생자는 복싱시합을 해야 했다. 3, 4명의 건강한 청년들에게 밤새도록 죽지 않을 만큼 얻어맞아야 했다. 더러는 채찍질이 가해지는 일도 있었다. 그 일은 루비라고 하는 120킬로그램의 괴물 같은 여자가 담당했다. 채찍질 당하는 사람이 미성년자일 경우에는, 부모에게 인민사원 측에는 아무 책임이 없다는 서류에 사인을 하게 했다. 어린이들에게는 어린이용의 특별한 벌이 부과되었다. '푸른 눈의 악마'라는 이름의 이 벌은 사실은 전기 쇼크를 변형한 전기 침이었다. 어른들과 마찬가지로 어린이들도 징벌을 받은 후에는 자기의 고통의 절규 소리를 내보냈던 바로 그 마이크를 통해서 교주에게 감사한다는 말을 하지 않으면 안 되었다.

교단에 대한 비난 기사가 신문에 난 후 교단이 조사를 받게 됨에 따라 짐 존스는 신자들에 대한 압력을 한층 강화하고, 자신에 대한 서약과 복종을 확고히 하려 했다. 신도들에 대한 육체적인 폭력과 강제 노동을 정당화하기 위해서 그는 "조만간 핵이 미국을 습격해 대학살이 일어날 것이다. 또 파시스트들이 전제정치를 시작할 것이다. 그때에 대비해서 미리 준비해야만 한다"라고 정기적으로 이야기했다.

신자들이 불안을 느끼면 느낄수록 존스에 대한 서약과 예속은 더 강화되었다. 활동의 긴박성을 납득시키고 커다란 위험 속에 놓여 있는 것처럼 느껴지게 하기 위해서 존스는 흑인들에게는, "나치는 권력을 잡든 잡지 않든 여러분을 가스실로 보낼 것"이라고 선언했다. 백인들에게는 "베트남 전쟁 반대 운동을 했다는 이유로 미국중앙정보국이 여러분의 이름을 블랙리스트에 올려놓고 있다"라고 말했다. 그래서 추적당하고, 투옥당하고, 고문을 당하고, 결국에는 살해될 것이라고 말했다.

그러나 존스의 설득의 비법은 사실은 당근과 채찍 두 가지를 적절히 병용한 데에 있었다. 그는 '아버지'인 자기만이 신자들을 구할 수 있다고 설득했다. 그리고 자신은 신자들을 사랑하기 때문에 설혹 핵전쟁이 모든 사람들을 죽일지라도 신자들을 구할 수 있다고 말해서 그들을 안심시켰다.

점차 교단 전체의 사람들이 외부 세계에서 자기들에게 품고 있는 적의를 회피하는 것은 인민사원과 교주를 따르지 않는 것이라고 확신하기에 이르렀다. 이런 상황 속에서 그는 약속의 땅이며 성전이 보이는 평화로운 땅인 가이아나로의 여행을 계획하게 되었던 것이다.

웨이코의 재앙

집단 자살이 일어난 웨이코의 비극은 다소라도 정도를 벗어난 2백 개 이상의 이런 저런 교회와 종파가 존재하고 있는 텍사스 주의 조그만 마을로부터 그 이름이 유래하고 있다.

이 비극의 특수한 점은 매스컴에서 이 사건을 처음부터 끝까지 완전히 보도했다는 것이다. 전 세계에서 5백 명이 넘는 기자들이 몰려들어서 35개의 TV 방송국을 통해 사상 처음으로 집단 자살을 생방송했다. 이것은 걸프전쟁을 제외하면 세계 최대의 실황 방송이었다.

몇몇 개의 TV 방송국은 웨이코에서 일어나는 상황을 매일, 24시간 보도하기 위해 30명 이상의 스태프으로 구성된 강력한 팀을 보내는 것도 마다하지 않았다. 케이블, 방향을 타지 않는 전선, 발전 장치, 위성 방송국, 공중전화부스, 텐트, 캐러밴, 트럭, 자동차, 이런 것들이 모두 그곳에 모여 마치 하나의 도시를 방불케 했다.

약삭빠른 상인은 가판대를 세우고 마실 것과 먹을 것, 교단을 상징하는 색깔의 티셔츠를 팔았다. TV 방송국은 서로가 영상 화면을 사고 팔았는데 30초 화면에 6천 달러의 가격이 책정되었다.

이렇게 뒤숭숭한 가운데, 사건 관계자뿐만 아니라 수천 명의 구경꾼들이 전국에서 몰려들었다. 그래서 경찰과 군인이 수백 명 파견되었는데, 이들을 위해서 매일 수백만 달러가 필요했다.

51일간 계속된 연속 드라마의 불길한 주인공은 데이비드 코리쉬라는 사람이었다. 그는 자기 스스로를 그리스도의 재림이며 신의 아들이라고 주장했다. 때로는 '신' 자체로서 '야훼'라고 부르게 했다. 실제 이름은 베르논 호웰인 이 교주는 달라스에서 작은 목공소를 하는 아버지와 초등학교 선생님인 어머니 사이에서 태어났다. 사건 당시에 그는 34세였다.

종말론을 신봉하는 이 교주는 1980년 웨이코에 정착, 찾고 있던 곳을 거기서 발견했다. 프로테스탄트의 한 종파인 그리스도 재림파가 분열하자, 1934년 로스앤젤레스의 불가리아인 호텔 경영자가 설립한 다비데 신봉자가 공동생활을 하는 조그만 교단이 바로 그것이었다.

암살미수로 무죄 판결을 받은 후 베르논 호웰은 1987년, 웨이코에서 다시 힘을 얻었다. 그는 자신의 종교상의 이름으로 데이비드 코리쉬라는 이름을 지었다. 데이비드는 성경에서 따온 것이고 코리쉬는 잡혔던 유대 사람을 이스라엘로 돌아오게 했던 히브리 왕 키루스에서 연유한 것으로 히브리어 이름을 영어로 번역한 것이다. 농장 자체에도 '카르멜산(유명한 수도원이 있는 팔레스티나의 산)'이라는 새로운 이름을 붙였다.

이 교주는 신도들을 물질적인 풍요함에 무관심하게 만들기 위해서 소유 재산을 모두 포기하게 했다. FBI의 발표에 따르면 그의 개인 재산은 백만 달러가 넘는 것으로 추정됐다.

세상의 종말

그전까지는 평화로웠던 그 교단이 데이비드 코리쉬의 손에 들어감에 따라 근본적인 변화가 일어났다. 그 후로는 교단에서의 생활이 지옥처럼 되었다. 교주가 신도를 예속시키기 위해 사용한 방법은 다른 광신적, 노예적 단체에서 상투적으로 사용하는 수단과 다를 바 없었다. 우선 제일 먼저 가혹한 육체노동을 하게 했다. 아침 다섯 시에 일어나서 체조를 한 후, 밭일과 가사 노동을 한다. 엄격한 수도자와 같은 이런 생활을 잠시 중단할 수 있는 순간은 성경 연구 시간과 기도 시간, 그리고 15시간 계속해도 끝나지 않는 설교 시간뿐이었다. 교주에게 교화당하고 정복당한 신도들은 가이아나의 경우에서와 마찬가지로 정신적으로나 육체적으로 종속 상태에 놓여 있었다.

그의 설교의 두 가지 중심 이념은 자신에 대한 복종과 임박한 이 세상의 종말이었다. 끝나지 않는 이 세상에서의 고문 같은 고통을 피하는 길은 오직 그를 위해서 죽음으로써 천국에 직접 들어가는 것뿐이었다. 그는 그렇게 하는 사람만이 영원한 천국에 들어갈 수 있게 된다고 설교했다. 신자들의 정신적인 혼란을 막고 그가 내세운 '구원의 이론'을 믿게 하기 위해서 데이비드 코리쉬는 자주 한밤중에 신자들을 깨워서 '세뇌' 시간을 갖게 했다.

데이비드 교도들은 엄격한 채식주의를 지키고 각자 여러 지역에 흩어져서 살고 있었다. 부부간의 성관계는 금지되어 있었지만 데이비드 코리쉬만은 예외였다. 그는 미성년인 소녀들과도 관계를 맺었으며, 여성들에 대해 초야권을 갖기도 했다. 그는 이미 1984년에 15세 소녀와 결혼했지만, '카르멜산' 안에서도 그가 마음대로 할 수 있는 여자가 20명 정도 있었다. 그중의 15명은 어린이였다.

이 교주에게 복종과 충성을 맹세했던 수많은 미국인,

87명의 신도들과 17명의 어린이들이 타오르는 불 속에서 순교했다.

자살에 관한 모든 것

영국인, 캐나다인, 이스라엘인들이 교양도 없고 어리석은 사람들이었던 것만은 아니다. 그들 중에는 변호사였던 사람도 있었고 기술자 혹은 교사였던 사람도 있었다. 예를 들면 42세의 더글라스 웨인 마틴은 뉴욕대학에서 역사를 전공했으며 하버드대학 법학부를 졸업하고 사우스캐롤라이나대학에서 법률학을 가르쳤다. 또 스티브 슈나이더는 하와이대학의 신학 박사였다.

무기고

교주보다도 지적으로 뛰어난 사람들이 많이 있었음에도 불구하고 신자들은 모두 이 '구세주'의 절대적인 영향력에 따라 움직였다. 신을 지키는 군인이었던 데이비드의 신도들은 정신적인 무기만을 신봉한 것이 아니라 총과 대포까지도 신봉했다. 바로 그것이 사건의 발단이 되었다.

세계의 종말이 오기 전에 일어날 '바빌로니아인'과의 전쟁에 대비해서 데이비드 코리쉬는 스스로 대장이 되었다. 신자들은 모두 전투복을 입고 무기와 폭탄을 사용하는 법을 배웠다. 그 2년간 교주는 중기관총과 척탄발사통을 포함해서 모든 무기를 누구나 다룰 수 있게 했다. 엄청난 양의 무기가 들어 있었던 이 무기고는 나중에 15만 달러 이상의 가치가 있는 것으로 밝혀졌다. '카르멜 산'에는 핵 대피호, 지하 통신망, 24시간 감시탑이 마련되어 있었다.

이처럼 군대 같은 시설을 갖춘 것에 대해 미국 BATF(Bureau of Alcohol, Tobacco and Firearms, 알콜·마약·총기국)가 묵과하고 있었을 리가 없다. BATF 직원들이 오프로드 차와 헬리콥터로 데이비드 코리쉬와 어린이 17명을 포함해서 95명의 신자들이 모여 있던 건물을 포위하고 무기고를 점거하려고 했다. 그러나 치열한 전투가 벌어져 기동대 측에 사망 4명, 부상 16명, 신도 측에 사망 6명을 내는 결과를 가져왔다. 전혀 예상치 못한 이 참담한 결과에 경찰 측은 공격을 중지했다.

결국 FBI는 심리학자 걸프의 도움을 받아서 교섭을 하기로 결정하고 데이비드 코리쉬와 접촉을 시도했지만, 그는 성경 구절을 큰소리로 외면서 지치지도 않고 반론을 되풀이할 뿐이었다. 말이 통하지 않는 사람과의 대화는 31일간이나 계속되었다.

상대방이 결코 대화에 응하지 않아 교섭이 진전될 수 없다는 것을 깨달은 FBI는 공격에 착수하기로 결정했다. 전차의 트랩 해머를 사용해 담에 돌파구를 만드는 한편, 경찰과 군인들이 대량의 최루가스를 쏘았다. 이것과 더불어 자동 총기를 발사했다. 12시 반쯤, 목조건물에서 연기가 자욱이 피어올랐고 잠시 후, 건물은 완전히 불길에 휩싸였다.

데이비드 코리쉬는 집단 자살을 실행에 옮겼다. 불길 속으로 몇 사람의 그림자가 보였다. 그들은 즉시 병원으로 옮겨졌다. 그러나 피어오르는 불길 속에 남아 있던 87명의 신도들은 항복하기보다는 차라리 목숨을 바치고 싶어했다. 그 옆에서 17명의 어린이도 순교했다. 학살을 피해 살아남은 11명의 사람들—남성 10명과 여성 1명—은 법정에 서게 되었는데, 그들은 교단에 대한 공격이 시작되었을 때 경찰을 죽인 죄로 유죄 판결을 받았다. 데이비드 코리쉬의 변호를 맡았던 변호사는 재판정 안의 사람들을 향해 "지금까지 방위 수단도 가지지 않은 사람들과 어린이에 대해 이렇게까지 공격을 한 적은 없었다"라고 당당히 말했다. 피고 자신은 '세뇌'했던 사실을 인정하고 그것은 단순한 정당방위라고 주장했다.

세계 전역에 퍼져 있는 종교집단

15년 정도 전부터 종교단체와 신비 종교적 사상을 지닌 결사 단체가 늘어나는 경향을 보이고 있다. 그러한 단체들은 모두 조직화되어 있으며 통솔, 이데올로기, 예속이라는 동일한 법칙을 적용하고 있다. 또 대부분이 균질화된 사회와는 다른 점을 지니고 여러 가지 초인간적인 권력을 지닌 교주가 신도들을 지배하고 있다. 그 교주는 신을 자칭하거나 자기 자신을 메시아, 구세주, 예언자라고 선언한다. 그는 '계략'을 지니고 있으며 그가 지닌 권력은 절대적이다. 그런 지도자들 중에는 무기를 지니고 이 세상에서의 최후의 1년을 보낸 사람도 있다.

신자들이 집단 자살함으로써 그런 교주에게 맞서는 경우도 있다. 최근의 예를 몇 가지 들어보자. 1968년, 일본의 와카야마에서는 '진실의 벗 교회' 신자 70명이 함께 자살했다. 그 전해에는 필리핀의 인다나오 섬에서 '성직자의 교회' 신자 60명이 집단 자살했다. 1987년, 한국의 서울에서는 '여신 박순자의 사원' 신자 32명이 극적인 상황 속에서 집단 자살했다(1987년 8월에 벌어졌던 오대양 집단 자살 사건을 말한다. '한국판 인민 사원'으로 불리기도 했던 이 사건은 대전의 민속공예품 회사인 오대양 대표 박순자와 가족, 종업원 등 32명이 용인의 회사공장 천장에서 손이 묶인 채 사체로 발견되면서 베일을 벗었다. _옮긴이).

미국에서는 총을 자유롭게 사용할 수 있기 때문에 다른 나라보다도 사태가 한층 심각하다. 1985년 필라델피아의 한 종교단체의 신도 11명이 국가경찰에 55일간 포위된 후 스스로 목숨을 끊었다. 미국은 종교단체와 교회의 숫자가 수만 개가 넘는데, 그 대다수가 당국의 우려를 사고 있다. 예를 들면 몬타나 주에 있는 한 교단은 엘리자베스 클레어프로페라는 여자가 5천 명의 신자를 거느리고 있다. 이 여자는 1천 명을 수용할 수 있는 거대한 지하 참호를 팠다. 그리고 '공격적이고 부정적인 외부세계에 대항하기 위해' 엄청난 양의 무기를 묻어놓았다.

미국이 종파의 천국같이 보이지만 사실은 미국뿐 아니라 서양의 여러 나라들도 자기 나라의 종파를 모방해서 외국의 대종교 단체를 본거지로 하는 활발한 집단까지도 위협하고 있다. 이를테면 프랑스에는 합법적, 비합법적인 그러한 '종파'가 수백 군데 있는데 그 '종파'들의 신도를 모두 합하면 5천 명 이상에 달한다. 그러한 종파 중에는 엄청난 재력을 지니고 있는 데도 많다.

오늘날에도 대규모의 집단 자살이 일어날 수 있을까? 틀림없이 그럴 것이다. 모든 지도자들이 극단적으로 교만해져서 일상적인 궤도를 벗어날 정도의 편집광은 아닌 만큼 더욱더 그렇게 될 것이다. 오리 교수는 그들을 편집광과 결부시키는 것은 지나치게 단순화한 생각이라고 말하고 있다.

"교주들이 현실과의 관련을 완전히 잃어버린 것은 아니다. 교묘함, 웅변가로서의 재능, 종파의 조직화 등이 그들이 얼마나 현실적인지를 잘 보여주고 있다. 그런 종교에 빠진 사람들에게는 교주가 믿을 만한 인물로 비치지만, 외부 사람들 눈에는 단순한 사기꾼으로밖에 보이지 않는 경우가 많다."

1994년에 스위스와 캐나다에서 일어났던 '태양의 사원' 사건 때도 교주였던 유사요법론자 루크 주레를 포함한 50명 이상의 사망자를 냈던 것으로 미루어 이 말은 증명된다.

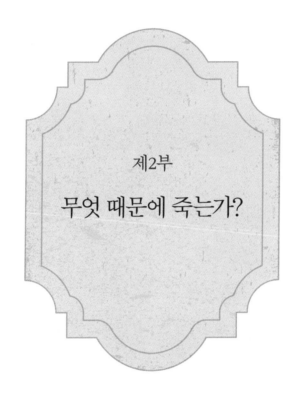

제2부

무엇 때문에 죽는가?

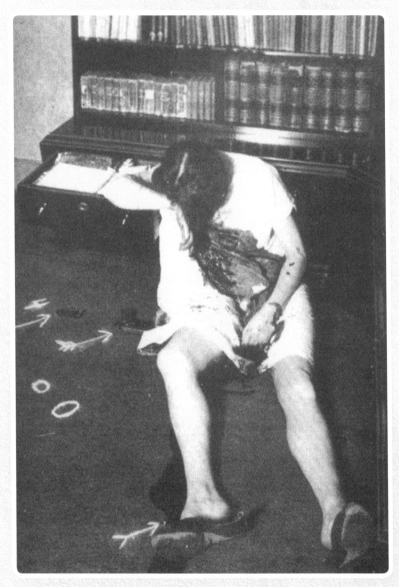

사랑으로 인한 자살은 가장 흔하게 일어난다. "모든 일의 시작에는 여자가 있다."

chapter 1

이루어질 수 없는 사랑

사랑이 사람을 죽인다. "모든 일의 시작에는 여자가 있다"라고 시인 라마르틴은 말했다. 이 말이 연애에 적용될 때보다 더 적절한 경우는 없을 것이다. 사랑은 나이도 국경도 초월한다. 사랑 때문에 죽는 사람들은 대부분의 경우, 자살이야말로 사랑의 진실을 증명하는 최후의 방법이라고 믿는다. 자살하는 이유의 가장 큰 부분을 차지하는 것 중의 하나가 바로 이 '연애'다. 여왕에서부터 인생의 낙오자에 이르기까지 많은 사람들이 사랑 때문에 자살하려고 했었다.

사랑하는 사람 없이 혼자 살아남을 수는 없다

어떤 사람은 사랑하는 사람이 죽으면 저승에서나마 하나가 되기 위해 자살한다. 인류의 역사가 시작된 이래 이러한 자살은 수없이 일어났지만 그중에서도 '고대의 가장 유명한 커플' 안토니우스와 클레오파트라의 자살만큼 그 스케일이 큰 것은 흔치 않다.

참담한 결과로 끝난 악티움 해전 후, 클레오파트라는 함대를 재집결해서 알렉산드리아로 도망쳤다. 그녀는 해전에서 패배한 남편 안토니우스를 만나지 않으려고 했다. 모든 것이 싫어진 그녀의 남편은 잠시 동안 퇴각해 있다가 알렉산드리아로 그녀를 찾아갔다. 멋진 향연을 베풀고 연회를 즐긴 후 두 사람은 화해했다.

한편, 클레오파트라는 이런저런 독들을 조금씩 모아서 사형수들에게 시험해보고 있었다. 그녀는 퍼지는 속도가 빠르고 효과가 확실한 독은 고통이 크다는 사실, 또 고통이 덜한 독으로는 완전히 죽게 할 수 없다는 사실을 확인했다. 그다음에는 사형수들을 여러 종류의 파충류에 물리게 해서 어떤 파충류의 독이 가장 치명적인지 알아보았다. 여러 날에 걸친 실험 결과, 이집트 코브라에 물린 경우가 가장 효과가 큰 것으로 밝혀졌는데, 코브라 독은 가벼운 두통을 일으키면서도 죽고 싶다는 강한 욕구를 느끼게 하여 얼굴에 약간의 땀을 흘리며 죽음에 이르게 하는 것이 확인되었다.

악티움 해전의 승자 옥타비아누스는 안토니우스와 클레오파트라의 간절한 소망을 모두 거절했다. 그래서 클레오파트라는 자신의 영묘를 만들어 소장하고 있던 귀중품들, 이를테면 가구, 금, 진주, 에메랄드, 그리고 커다란 관솔불과 잔디 같은 것을 모두 그곳에 옮겨놓았다. 군대를 통솔하여 알렉산드리아 부근에 와 있던 옥타비아누스는 이런 귀중품들이 연기 속으로 사라질지도 모른다는 사실 때문에 속을 끓이고 있었다.

클레오파트라는 영묘를 닫고 안토니우스에게 자기가 죽었다고 알리게 했다. 그녀가 죽었다는 잘못된 소문을 전해 들은 안토니우스는 "안토니우스! 이제 네게 남은 것은 무엇인가?"라고 부르짖고는 칼로 자기의 배를 찔렀다. 그러나 쉽게 목숨이 끊어지지 않았다. 그는 마침 그 자리에 있던 사람들에게 숨통을 끊어달라고 부탁했다. 그러나 그 부탁을 받은 사람들은 모두 도망쳐버렸다. 그때, 클레오파트라의 영묘로 안토니우스를 데리고 오라는 명령을 받은 디오메테스라는 사람이 와서, 사실은 그녀가 아직 살아 있다고 전해주었다. 그래서 안토니우스는 그녀에게로 갔다. 그때까지 영묘 입구에 바리케이드를 치고 있던 클레오파트라는 그녀와 함께 죽으려고 남은 두 명의 시녀 샤르미온, 이라스와 함께 밧줄을 이용해서 안토니우스를 영묘 안으로 끌어들였다. 그러나 그의 죽음을 막을 수는 없었다.

옥타비아누스는 안토니우스가 죽었다는 소식을 전해 듣자마자 클레오파트라를 생포하려고 했다. 그녀의 재산이 사라지는 것이 아까웠기 때문이다. 이집트 총독 갈라스는 안토니우스가 들어갔던 것과 같은 방법으로 창문을 통해 영묘 안으로 들어갔다. 시녀 이라스가 영묘에 갈라스가 들어왔음을 알아차리고 클레오파트라에게 곧 잡히게 될 거라고 말했다.

클레오파트라는 단도로 자결하려고 했지만 보초에 의해 저지당했다. 옥타비아누스는 그녀가 또다시 자살하지 못하도록 에파프로디테라는 노예를 그녀 곁에 보초로 세워두었다. 슬픔과 우울에 가득 찬 클레오파트라는 음식을 거부했다. 굶어죽으려 했던 것이다. 그러나 옥타비아누스는 식사를 거부하면 그녀의 아이들을 죽이겠다고 그녀를 협박했다. 그래서 그녀는 굶어죽을 수도 없었다.

옥타비아누스의 신하 중 한 사람인 코르넬리우스 도루벨라라는 사람이 클레오파트라에게 옥타비아누스가 시리아에서 로마로 들어갈 때, 그녀를 승리의 상징으로 개선식에 끌고 다닐 것이라는 사실을 전했다. 이 말을 전해 들은 클레오파트라는 또다시 죽을 결심을 했다. 그날 그녀는 시녀들에게 욕실과 화려한 만찬을 준비하게 했다. 식사 전에 백성 한 사람이 바구니를 가져왔다. 그 속에는 그녀가 부탁한 이집트 코브라가 들어 있었다. 클레오파트라는 옥타비아누스에게 글을 남겼다. 옥타비아누스가 그곳에 당도했을 때, 그녀는 여왕의 복장을 입고, 프톨레마이오스 왕조의 왕관을 쓴 채 금으로 된 침대 위에서 죽어 있었다. 그녀의 발밑에는 시녀 이라스도, 샤르미온도 죽어 있었다. 옥타비아누스는 즉각, 뱀에게 마법을 걸어 상처를 치료하는 데 일가견이 있는 아프리카인 땅꾼을 불러왔다. 코브라에게 물린 자리를 입으로 빨아 독을 빼내기도 했지만 아무런 소용이 없었다.

영국에서는 '최고의 미인'으로 알려진 에디트의 최후가 유명하다. 헤이스팅 전투는 해럴드 왕의 패배로 끝났다. 전투가 끝난 후, 해럴드 왕에게서 큰 은혜를 입고 있던 두 명의 수도사가 전쟁의 승자인 윌리엄 왕에게 요청하여, 해럴드 왕의 시체를 찾아서 위잠의 수도원으로 이장하고 싶다고 간청했다. 그 간청은 받아들여졌지만 전쟁이 워낙 처참한 대학살이었기 때문에 피와 진흙투성이가 된 시체들 속에서 왕을 찾아내는 것은 불가능했다. 그래서 그 수도사들은 해럴드 왕의 애인 에디트를 찾아가 그녀에게 왕의 유해를 찾아줄 것을 부탁했다. 그녀는 사랑했던 남자의 유해를 쉽게 찾아냈다. 그러곤 바로 강으로 달려가 투신자살했다. 또 믿을 만한 한 역사가에 의하면, 영국의 엘리자베스 1세는 자신이 임명한 총신 에섹스가 죽은 후 따라 죽으려고 단식을 했다고 한다.

프랑스에서는 프랑스혁명 때, 연애로 인해 일어났던 자살 중에서 널리 알려진 사건이 몇 가지 있다. 그중 하나는 파리에 소문이 파다하게 번졌던 것으로 미라보와의 파란만장했던 관계로 유명한 소피 모니에의 자살이다. 애인이 죽자 그녀는 마지막 연애가 끝났으므로 자기의 앞날은 무의미하다고 생각했다. 미라보의 장례에 참석한 후, 그녀는 애매한 구실을 만들어서 친구들을 돌려보내고 혼자 집으로 돌아왔다. 집에 오자마자 미라보의 편지를 태우고, 냉정하고 확고한 동작으로 유언장을 쓴 뒤, 침실에 틀어박혀 문을 꼭 잠갔다. 그러곤 석탄에 불을 붙였다. 그녀가 발견되었을 때는 이미 죽은 상태였는데, 손에는 대웅변가 미라보의 초상을 쥐고 있었다. 자살 도중 혹시라도 마음이 변할까 봐 그랬는지 두 발을 쇠사슬로 침대 기둥에 매어둔 상태였다.

혼란기에 남편이 처형된 후에 자살한 여성은 수도 없이 많다. 입헌의회 의원 클라비에르의 처, 남편에게 사형선고를 내린 탈리앙 앞에서 자살한 베르나르라고 하는 미망인 등이 그런 경우다.

묘지 앞에서 자살한 장군

프랑스에서 치안과 질서 유지를 위해 꼭 필요하다고 생각되었던 인물 조르주 에르네스트 장 마리 블랑제를 이 세상에서 빼앗아 간 것도 바로 연애였다. 그는 랭느 가문 출신의 활동적이고 지적인 장교로, 일찍이 육군장성이 되었던 인물이다. 1889년 1월 무렵에는 그의 영향력이 절정에 달해 있었으며 거리에서는 군중들이, "블랑제! 엘리제궁으로! 엘리제궁으로"를 연호하고 있었다. 그러나 법을 존중하는 블랑제는 흔들리지 않았다. 어쩌면 권력을 잡는 것이 그에게는 제일의 관심사가 아니었는지도 모른다.

이 무렵 블랑제 장군은 어떤 여성에게 매료되어 있었다. 그를 매혹시킨 여성은 몇 년 전부터 별거하고 있던 그의 아내가 아니라, 2년 전에 우연히 만난 마르그리트 본느맹이라는 여성이었다. 30세의 이 아름다운 해군장교의 딸은 자작과 이혼하고, 호렌졸던 왕자의 품을 떠나, 많은 애인을 두고 있는 블랑제 장군의 품안으로 날아들었다. 두 사람은 열렬한 연애를 하였다. 그다음 일은 매우 유명하다. 붙잡힐 것을 두려워한 블랑제는 1889년 4월 1일, 마르그리트와 함께 벨기에로 도망쳤다. 2년 후, 마르그리트는 중병에 걸려 7월 16일

사람들은 종종 고인의 무덤 앞에서 자살하곤 한다.

에 사망하였고 익셀의 묘지에 묻혔다. 장례식 날 아침, 검은 상복에 레지옹도뇌르 훈장만을 가슴에 단 블랑제는 동료 한 사람에게 "나는 이 묘에 목숨을 바쳐야만 한다"라고 말했다. 그는 또 "나는 사는 데까지는 살아보겠지만, 살기를 그만두더라도 비난받을 일은 아닐 것이다"라고 써놓기도 했다.

"그녀는 이미 존재하지 않는다. 그녀와 함께했던 지난 몇 년간이 내 인생에서 유일하게 행복한 순간이었다. 그녀는 가버렸다. 나를 남겨두고, 나 하나만을 남겨두고."

9월 30일 그는 사랑하는 사람의 곁으로 가기 위해 자살했다. 블랑제와 함께 벨기에로 망명했던 조카딸의 남편 뒤텐스는 블랑제의 노년과 죽음을 지켜본 증인이다. 그는 10월 11일 자 〈저널 일러스트〉지의 인

터뷰에 응해서, 이 사랑 때문에 일어난 자살에 대해서 자세히 이야기하였다. "나는 장군이 힘들게 시작한 인생을 끝낼 결심을 하고 있다는 것을 알고는 있었지만, 이러한 상황에까지 이르리라고는 생각하지 않았다. 그는 자주 나와 내 아내에게 '나는 태엽을 없앤 시계나 마찬가지다. 이 태엽은 이제 결코 감기지 않는다'라고 말했었다. 그러나 그가 묘지에서 자살할 줄은 정말로 몰랐다. 혹시 그런 계획을 실행에 옮긴다면 그것은 침실에서, 그러니까 그가 죽을 때까지 애도해 마지않았던 본느맹의 초상 앞에서 할 줄 알았다. 그래서 그가 여느 때와 달리 아침부터 묘지에 간다고 했을 때도 그렇게 불안한 생각은 들지 않았었다. 그래도 혹시나 해서 묘지까지 뒤따라 가보았다. 묘지 문 앞에서 마부와 하인을 보았는데, 그들이 매우 여유 있는 모습이었기 때문에 나는 일단은 안심했다. 나는 '그가 죽을 생각이라면 벌써 죽어 있겠지'라고 생각했다. 이윽고 묘지에 다가가자 비석 옆에 그가 서 있는 것이 보였다. 여느 때와 마찬가지로 양손을 주머니에 넣고 있었지만, 가끔 꽃을 바로 꽂거나 화환을 바로 세우기도 했다. 그는 내가 그를 보고 있다는 것을 눈치챘지만 화도 내지 않고 그냥 나를 쳐다보았다. 아마도 내가 우연히 그곳에 간 것으로 생각하는 것 같았다. 나는 우리 모두가 무엇을 걱정하고 있는지 말하지 않을 수가 없었다. 내 말을 듣자 그는 싱긋 웃으며 내 팔을 잡고 이렇게 말했다. '이보게. 자네들은 모두 바보들이군. 자살하려면 침실에서 해야지. 여기서는 안 한다네. 여기는 주변에 노동자와 조문객들이 있어서 가라앉은 기분에는 어울리지 않는다네. 여기서는 간단히, 또, 급히 매장을 해버리지 않는가. 자살하려면 차분하지 않으면 안 된다네. 만일 오늘 아침 정말로 자살하려고 생각했다면 내가 그렇게까지 주의해서 마차에 말을 매거나 하지는 않았겠지. 맨발로 뛰어나와 마차에 올라타 여기까지 와서는, 그리고 매듭을 지었어야 옳지'라고. 우리는 특별히 정답게 대화를 나누었다. 장군은 돌연 '자, 시간이 지나버렸네. 돌아가게. 부인이 걱정하고 있으니까. 나는 좀 더 있다 먼저 가버린 사람에게 마지막 작별 인사를 하고 나서 돌아가겠네'라고 했다."

뒤르텐은 묘지의 출구 쪽을 향하여 가로질러 걸어가고 있었지만, 웬일인지 가슴이 두근거려 돌아가려고 했다. 마침 그때 총성이 들려왔다. 그는 묘지 쪽으로 급히 뛰어갔다. 장군은 머리를 가슴 쪽으로 숙이고 땅에 쓰러져 있었다. 머리 양쪽에서 피가 뿜어져 나오고 있었다. 그는 가볍게 경련을 일으키더니 이내 숨을 거두었다.

블랑제 장군의 계획은 얼마 전부터 확실하게 세워져 있었다. 목숨을 끊고 사랑하는 사람 곁으로 가는 것은 그의 마음속에 이미 고정관념처럼 굳어져 있었던 것이다. 그는 매일 익셀의 묘지로 가서 가로수 길의 세 번째에 있는 묘지 옆에서 오랫동안 명상에 잠겨 있었다. 대석臺石 위 깨진 묘비에는 다음과 같이 쓰여 있었다. '마르그리트, 1855년 12월 16일 ~1891년 7월 16일'.

자살에 대한 생각이 그를 사로잡고 있었다. 주변 사람은 그의 운명적인 최후를 우려해왔다. 게다가 3주 전에도 그는 자살을 시도했었다. 그때는 하녀 덕분에 자살을 막을 수 있었다. 그 이후 장군은 조카딸의 감시하에 소위 자살에 사용될 만한 모든 무기를 압수당했다. 자살에 사용한 총을 어떻게 손에 넣었는지는 알 수 없다.

블랑제 장군은 유서를 2통 남겼다. 한 통은 개인적인 것이고, 또 한 통은 정치적인 것으로 브뤼셀 달롱 가의 공증인 루콕크에게 남긴 것이었다. 그의 사무용 책상 위에는 신문사 정치부의 친구에게 부친 전보가 여러 통 놓여 있었다. 그 전보에는 '블랑제 장군이 자살함'이라고 간단히 적혀 있었다. 브뤼셀에서 함께 생활하였던, 정신이 약간 흐릿한 자신의 어머니에게는 자신의 자살에 대해 충격을 받지 않게 하기 위해 여러 날 동안 집을 비운다는 편지를 써놓았다. 그리고 편지 끝에서 자신의 마지막 소망을 확실하게 남겼다. 사랑하는 마르그리트를 위해서 그가 만든 무덤에 자신을 묻어줄 것, 시체는 중앙 칸막이를 두고 그녀 바로 위에 놓아줄 것, 죽을 때 가지고 있는 사진과 머리카락 뭉치는 관의 중간에 넣어줄 것. 그리고 묘비에 '조르쥬, 1837년 8월 29일~1891년 9월 30일. 그대 없이 어떻게 2개월 반이나 살 수 있었을까'라고 새겨줄 것.

블랑제 장군의 옷을 벗기자 셔츠와 조끼 사이에서 야회복을 입은 본느맹 부인의 초상화가 나왔다. 그림 뒤에는 "그대를 사랑합니다. 당신의 마르그리트"라고 쓰여 있었다.

헤어져 사느니 차라리 함께 죽는 것이 낫다

사람들은 치욕을 견디며 살 수 없기 때문에 사랑하는 사람과 함께 자살하기도 한다. 또 어떤 사람은 사랑하는 사람과 함께 사랑의 도피행각을 벌이는 것이 싫어서 함께 죽을 것을 결의한다. 또 마음껏 만나지 못해서 죽는 사람, 피할 수 없는 이별 때문에 죽는 사람, 애인이 없이 사는 것보다는 죽는 것이 차라리 덜 참혹해서 죽음으로 향하는 사람도 있다.

커플의 자살은 최소 형태로서의 소위 '집단 자살'이다. 서양에서는 이러한 종류의 자살이 매년 평균 60건에 이르는 것으로 보아 매우 흔한 일이라고 할 수 있다. 벤 사이드 박사는 최근 조사에서, 영국에서 1년 동안에 이러한 종류의 자살을 시도한 것이 58건이라고 분석하였다. 특히 자살을 시도한 사람이 병에 걸려 고통 받고 있다거나 특별히 심신이 쇠약한 사람이 아니라는 결과가 나와 주목된다. 이러한 자살의 특징은 외부와의 접촉을 피하고 오로지 자신들의 내부로 도망쳐 둘만의 사회를 형성한다는 점이다.

커플의 자살이 가장 많이 일어나는 곳은 일본이다. 연인이 함께 죽는 커플 자살에는 '정사情死'라는 특별한 이름까지 붙어 있다. 일본에서 연인들의 자살 무대로 가장 많이 이용되는 곳은 연기를 내뿜는 화산의 분화구다.

세계에서 연애 때문에 일어나는 자살만큼 흔한 것은 없다. 사랑하는 사람과 죽어서 하나로 맺어지겠다는 소망은 예로부터 지금까지 계속 이어지고 있는 하나의 '절규'다. 전설뿐만 아니라 역사에서도 서로 간의 사랑을 멈출 수 없었던 연인들에 관한 추억들이 많이 남아 있다. 그들은 행복하게 살아야 했지만 불행이 찾아왔고, 결국은 죽음으로 사랑을 승화시키려 했던 것이다. 이러한 연인들은 무덤에서 하나가 된다고 생각하는 것만으로도 위안을 얻는다. 뿐만 아니라, 자신들은 상대방과 멀어지는 것보다 죽음을 선택할 만큼 서로를 사랑하고 있다고 믿고, 보다 더 행복을 느끼는 것이다.

운명의 결단은 두 연인의 머릿속에 들어앉으면 고정관념이 된다. 그렇게 되면 두 사람은 죽는 것 말고는 아무것도 생각할 수 없게 된다. 그러나 그렇게 되도록 한쪽이 제안하고, 유도하는 경우도 있다. 정사를 생각하는 것은 대부분 여자 쪽이다. 연상의 여자인 경우, 사랑을 잃을까 봐 정사하자는 말을 먼저 꺼내는 경우가 많다. 라마르틴과 그가 사랑했던 우델로이 부인의 유명한 자살미수 사건이 바로 이러한 경우이다. 그녀는 병이 들었고, 남편보다 자신이 연상이어서 머지않아 사랑받지 못하게 될 거라고 생각해서 라마르틴에게 동반자살을 하자고 했던 것이다.

메이얼링의 비극

'메이얼링의 비극'은 이루어질 수 없는 사랑에 대한 유일한 해결책으로 자살을 택한 '죽음의 상징'으로 여겨지고 있다.

1858년 8월 21일, 역사에는 시시라는 이름으로 알려져 있는 오스트리아 황후가 아들 루돌프를 낳았다. 루돌프는 유럽에서 가장 전통 있는 두 가문의 후손이었다. 루돌프를 낳아 팔에 안고 황후는 이 아들이 어떻게 하면 비에이 집안에 계속되고 있는 저주를 피할 수 있을지를 생각했을 것이다. 그 가문은 살인, 범죄, 자살 등의 저주를 받고 있었다. 황후의 누이동생은 산 채로 불에 타 죽었고, 사촌 형제도 화재로 죽었으며, 동서 맥시밀리안 1세는 총살되었고, 의자매 샤를로테는 미쳐버렸으며, 사촌 형제인 루이스 2세와 트레인 백작은 자살하였다. 그녀는 자기 아들도 그런 불길한 운명을 피할 수는 없다는 것, 또 그녀 자신도 제네바에서 무정부주의자들에게 처참하게 살해당하게 되리라는 것은 까맣게 모르고 있었다.

어떤 기록에는 루돌프가 정말로 여자에 관심을 가진 것은 20세가 넘어서라고 쓰여 있다. 그의 연애 경력이 화려했을 리는 없다. 그러나 그는 애인과 만난 날짜, 밀회한 횟수, 그 밖의 은밀한 내용 등 자신의 연애 행각을 수첩에 빠짐없이 기록해 두었다.

그즈음, 황제는 루돌프를 벨기에의 레오폴드 2세의 딸 스테파니와 결혼시키려 하고 있었다. 그러나 루돌프는 이미 빠져나올 수 없는 고독에 휩싸여 있었다. 죽음에 깊은 관심을 가지고 있었던 그는 식구들과 대화를 할 때도 주로 죽음에 대해서 이야기하였다.

1888년, 미치 카스파르라는 창녀는 루돌프가 묄딩의 이자르 사원에서 자기와 함께 죽자고 했다고 경찰에 신고했다. 또 루돌프가 2명의 장교 친구에게도 같은 제안을 했다는 것이 알려졌다.

옛 애인의 딸 마리 벳세라가 그의 인생에 끼어들었을 때는 이미 그는 거의 정상적인 상태가 아니었던 것 같다. 루돌프와 마리의 사랑은 매우 정열적이었다. 그가 그녀에게 준 다이아몬드 반지에는 '죽을 때까지 사랑으로 맺어진다'라는 의미를 나타내는 단어의 머리글자가 작게 새겨져 있었다. 알 수 없는 괴로움에 시달리고 있었던 루돌프는 자주 죽음에 대해 말했다. 마리 벳세라는 애인의 피가 묻은 천 조각을 작은 메달 사진 액자에 넣어왔다. 루돌프는 그녀에게 둘의 사랑을 위해서는 죽는 것이 유일한 해결책이라는 것을 미리 인식시켜왔던 것일까? 어쨌든 간에 그의 애인이 된 지 5일 만에 이 18세의 젊은 여자는 유언을 작성해 둔 상태였다.

프란츠 요셉 황제는 아들 루돌프에게 마리와의 관계를 청산하겠다는 약속을 받았다. 그러나 루돌프는 아버지와의 대화를 마치고는 자살을 결심했다.

1월 28일, 두 사람은 메이얼링의 마을에서 조금 떨어진 사냥 관저로

자살에 관한 모든 것

갔다. 마리에게는 아무런 문제도 없었고, 상황은 이미 분명했다. 두 사람의 사랑은 너무 강해서 죽음으로밖에는 다시 꽃피울 수 없었다. 루돌프는 어머니와 누이동생, 부인에게는 편지를 썼지만 아버지에게는 아무것도 남기지 않았다.

사냥터의 경비원은 밤에 루돌프가 애인을 살해하리라고는 생각지도 못했다. 마리는 사랑의 증표로서 용기를 가지고 자기에게 총을 쏘라고 했다. 루돌프는 사랑하는 여인의 피 흘리는 머리를 베개에 올려놓고, 온몸을 꽃으로 덮었다. 그리고 그 옆에 누워서 자기도 총으로 머리를 쏘아 자살했다.

황실에서는 이 사건이 크게 보도되어 시끄러워지는 것을 원치 않았다. 황제는 기자들에게 공식적인 자리에서 루돌프가 혈전으로 죽었다고 설명했다. 마리의 시체는 비밀리에 태워졌다. 마리의 어머니 헬렌 벳세라조차 사건이 일어난 지 20일이 지나서야 딸의 죽음을 알았다. 오스트리아 당국은 그다음 날로 조용히 그녀를 국외로 내보냈다. 마리의 사체는 해질 무렵 숙부 두 사람이 확인하는 가운데 옮겨졌다. 경찰의 요구에 따라 숙부들은 마리에게 옷을 입혀 마치 아직 살아 있는 것처럼 해서 묘지로 옮겼다. 꼿꼿하게 보이게 하기 위해 등에는 지팡이를 묶어두었다. 숙부들은 마리의 시체를 하이리겐클로이츠 묘지로 운반하여 그곳에 매장했다.

마리와 같이 묻히기를 그토록 원했던 루돌프의 시체는 이미 빈의 카푸친 교회 납골당에 안치되어 있었다. 이 연인은 함께 묻어달라는 자기들의 뜻이 제대로 이루어지지 않았다는 걸 알고 있을까?

프란츠 요셉 황제는 이러한 사실이 새어나가지 않게 하려고 무던히

아르키 루돌프는 이룰 수 없는 사랑으로 애인 마리 벳세라와 함께 자살하였다.

애를 썼지만 루돌프가 혈전으로 죽었다는 사실을 계속 주장하는 것은 무리였다. 1월 31일, 황제 계승자인 황태자의 죽음은 자살이라는 것이 공식적으로 발표되었다. 문제는 루돌프를 종교 의식에 따라 매장해도 좋다는 허가를 바티칸으로부터 얻는 것이었다. 바티칸은 그 문제를 쉽게 해결해주었다. '자살이라도 관계없다. 정신이 병들어 있었다면.' 이것이 바티칸의 설명이었다. 이렇게 되어 황태자의 장례를 국장으로 치를 수 있었다.

면도날을 대다

루돌프의 어머니인 황후는 아들의 자살 동기 때문에 몹시 괴로워하였다. 미신에 심취한 그녀는 아들을 출산하기 전날, 룩셈부르크성에 선명하게 떠올랐던 커다란 빛을 생각해냈다. 또 1878년 3월 6일, 포츠담에서 루돌프가 흰사슴을 죽인 것을 떠올렸다. 그 사슴을 죽인 사람은 비명횡사하게 된다고 알려져 있었다. 그녀는 또 자기 아들이 배 뒤에서 헤엄치고 있는 고래를 쏜 것이 맘에 걸렸다. 배를 타는 사람들은 그런 짓을 하면 반드시 비극적인 최후를 맞게 된다고 여기고 있었다.

한편, 프란츠 요셉 황제가 그 무서운 비극을 비밀에 부치도록 했기 때문에 사건의 전말에 대해서 구구한 억측이 퍼지게 되었다. 유럽 전역에서 황태자 루돌프의 자살에 대해서 말이 오갔고, 정확한 정보원을 갖고 있다고 주장하는 사람들이 사교 모임에서 과장된 루머들을 흘리고 다녔다.

라포리 남작 부인은, 루돌프가 관계를 청산하고 싶어 한다는 것을 안 마리가 루돌프가 잠든 사이에 면도칼로 그를 죽이려 했는데 루돌프에게는 아직 힘이 남아 있어서 마리의 목을 졸랐고, 그 후 루돌프 자신은 사냥총으로 자살하였을 것이라고 추측했다. 사냥터 감시인이 자기 처와 함께 있는 루돌프를 발견하고 질투심에 불타 그를 도끼로 살해한 것이라는 설도 있다.

또 다른 소문에 의하면, 이 사건은 헝가리가 유럽으로부터 독립하는 것을 저지하려고 황제가 계획적으로 저지른 살인으로, 정치적인 의도가 숨어 있다는 것이다. 어느 저명한 역사가는 "황제가 루돌프에게 마리 벳세라는 자신의 딸, 즉 루돌프의 누이동생이라는 사실을 밝혔기 때문에 루돌프가 절망해서 자살한 것"이라고 했다. 정말 메이얼링의 비극은 근친상간 때문이었을까?

루돌프와 마리는 살아서 외국으로 도망갔다는 루머도 있다. 다른 사람의 시체를 자기들 것으로 꾸며놓고, 자신들은 루돌프의 마부 브라드 피취의 도움을 받아 국외로 갔다는 것이다. 그들은 그리스에서 평화롭게 살면서 3명의 아이까지 낳았다고 한다. 물론 얼굴은 변장을 하고서.

또 다른 소문에 의하면 루돌프가 두 사람의 관계를 청산하려고 했을 때, 마리의 임신 사실을 알게 되어 그녀를 죽였을 것이라고 한다. 파리에서 루돌프는 마리의 목을 졸랐고 자신은 마리에게 사랑을 고백하며 접근하고 있던 다른 남자에게 살해되었다는 것이다. 루돌프가 결투 끝에 죽었다는 소문도 있다.

황제의 애인 중 한 사람인 슈라트 부인은 아주 은밀한 내용을 공개하였다. 황제는 아내의 부정을 알게 되었고, 그의 후계자인 루돌프가 자신의 아들이 아니라고 생각해서 루돌프를 미워했다는 것이다. 루돌프는 사슴 사냥을 나갔을 때 마치 실수인 척하면서 황제를 쏘려고 한 적이 있는데 화살이 약간 빗나가 실패로 끝나고 말았지만 어쨌든 두 사람 모두 기분은 좋지 않았을 것이다. 슈라트 부인의 말을 믿는다면, 루돌프는 유부녀들을 좋아해서 그것 때문에 궁중에서 일하는 사람들에게 살해되었다고 한다. 한 사람은 마부고 또 한 사람은 사냥터 감독인데 그 두 사람은 사건이 일어나기 전에 황제를 만났다. 특히 사냥터 감독관은 많이 분개한 상태였다.

"만일 제가 신분이 높은 사람이었다면 복수할 수도 있었을 텐데요"라고 황제에게 말하자 황제는 "그것이 사회적 지위의 문제라고는 생각지 않네"라고 대답했다는 것이다. 그리고 슈라트 부인은 "몇 주일 후 두 남자는 메이얼링 사택의 열려 있는 창문을 통해 루돌프의 머리에 총을 쏘아 살해했던 것입니다"라고 끝을 맺고 있다. 마리 벳세라는 사랑하는 사람을 지키려고 자신을 내던져 살해되었던 것이고 그들을 죽인 사람들은 황제에게 많은 금을 받아서 유럽으로 떠났다고 한다.

결국 남자들은!

'죽음의 협정'이 절망에 빠졌을 때만 일어나는 것은 아니다. 너무 행복할 때도 일어난다. 너무너무 행복하기 때문에 죽거나, 앞으로는 나쁜 일밖에 남아 있지 않다고 생각하기 때문에 죽기도 하는 것이다. 이것은 현실적으로는 불가능해 보이며 또 철학적 가설이 지나치다고 생각될 수도 있겠지만, 독일의 천재 시인 하인리히 폰 클라이스트가 자살한 이유의 일부는 그러한 '행복' 때문이라고 한다.

16세가 되었을 때, 클라이스트는 자신의 인생에 무언가 비참한 일이 있다는 것을 알았다. 그것은 바로 여성을 취하는 일이 불가능하다는 사실이었다. 그는 많은 여성들을 만났지만 여성과 관계를 갖는 데는 실패했다. 그의 재능과 정열도 성적 본능에 대해서는 무력했다.

연인의 죽음 "안녕 내 사랑, 나도 곧 가겠소."

몇 주 후, 클라이스트는 무엇을 어떻게 해볼 생각도 않고 죽으려고만 했다. 지금까지 두 사람이 함께하는 쾌락이라고 하는 불가능한 것을 추구하고 있던 그였기에 동반자살이 최고의 방법으로 생각되었던 것이다. 여러 명의 여성, 심지어 누나까지 동반자살에 끌어들이려 했지만 모두 거부당했다. 그러나 클라이스트는 계속 그러한 생각에 집착하고 있었다. 혼자서 사는 것이 너무나 괴로웠기 때문에 혼자서 죽는 것도 불가능했다. 군대에서 알게 된 젊은 친구에게 사랑의 고백을 하고 정열적으로 긴 편지를 쓴 후 동반자살 이야기를 꺼냈다. 물론 그 청년은 도망가버렸다.

절망하고 있던 클라이스트는 친구 집에서 아름답고 우아한 유부녀를 한 사람 만났다. 나이는 서른 살, 이름은 앙리에트 보젤. 이 여성은 마치 긴 휴가를 보내고 있는 것 같은 여유로운 나날을 보내고 있었다. 마음에 드는 작가의 책을 읽으며 시간을 보내고 있었던 것이다. 그녀가 즐겨 읽은 책은 『혼브르크의 왕자』, 『미카엘 콜라스의 역사』, 『슈로펭슈타인 가家의 거지 로카르노』 등이었고 작가는 하인리히 폰 클라이스트였다. 두 사람은 곧 서로에게 끌려 다시 만났고 죽음으로 사랑을 완성하자고 굳게 약속하기에 이르렀다. 독약을 마시거나 강물에 빠져 죽는 것이 아니라 총으로 죽으려고 하였다. 이렇게 결정한 두 사람은 행복한 마음으로 헤어졌고, 그날 밤 서로에게 긴 편지를 썼다. 그다음에는 함께 정원을 산책하면서 죽기에 적당한 장소를 의논했다. 포츠담 근처에 있는 호숫가에서 마지막 밤을 보낼 여관을 정했다. 부근에 바람 때문에 송두리째 쓰러진 나무가 있었다. 그 나무에는 이끼가 끼어 있었다. 이끼가 덮고 있는 커다란 공간이 그들의 무덤이 될 것이었다. 그 마지막 날 밤에 기적이 일어났다. 클라이스트가 결국 그 여자를 자기 것으로 만든 것이다.

앙리에트 보젤은 남편에게 3장의 긴 편지를 썼고, 유언의 조언자에게도 편지를 썼다.

"우리, 하인리히 폰 클라이스트와 나는 스틴밍이라는 여관에서 조금은 유감스러운 상태에 있습니다. 그러나 우리는 총을 쏴서 죽을 생각입니다. 인정 많은 친구로서의 호의를 베풀어 우리의 시체를 흙으로 돌려

보내주십시오"

클라이스트도 편지를 썼다. 일이 그럭저럭 처리되자 두 사람은 냅킨에 싸인 2발의 총알을 집어들었다. 뿌리가 뽑힌 나무 근처까지 가자, 클라이스트는 사랑하는 사람을 두 손으로 감싸 안아서 마지막으로 키스를 하고 "안녕 내 사랑, 나도 곧 가겠소"라고 말했다. 그리고 그녀를 쏘았다. 그녀는 외마디 비명도 없이 쓰러졌다. 그는 이번에는 자신의 목구멍 속으로 총을 쏘고 애인 위에 무너지듯 쓰러졌다.

애증

드물지만 원한 때문에 동반자살을 하는 경우도 있다. 그러나 사랑과 증오는 종이 한 장 차이라고 한다. 또 증오는 애정의 지나친 표현이다.

영화사에 이름을 남긴 막스 렌더는 대중에게 인기가 있었고, 채플린이 유일한 스승으로 인정한 인물이지만, 원한 때문에 동반자살을 했다. 1925년, 호텔방 침대에서 4개월 전에 결혼한 18세의 젊은 아내 잔느 피터의 곁에 누워 있는 그가 발견되었다. 두 사람 모두 손목의 동맥이 끊어져 있었다. 책상 위에는 여러 종류의 인감도장이 놓여 있었다. 친구들이 보기에 두 사람은 서로 이해하고 사랑하는 부부였다. 두 사람 사이를 잘 알고 있다고 믿고 있던 가까운 사람들은 자신들에게 전달된 최후의 메시지를 받아 보고 놀랐다. 거기에는 다음과 같이 쓰여 있었다.

"정말로 이제는 지겹다. 이런 괴물과 더 이상 살 수는 없다. 같이 산다는 것은 불가능하다. 오늘밤 나는 아내에게 화가 치밀어 올라 소리쳤고, 아내는 같이 죽자고 말했다. 나는 그러자고 했다."

애인에게 해를 끼치지 않음

많은 연구 보고서에 따르면 동반자살의 경우 상대로 하여금 죽음을 결심하도록 만든 사람이 스스로와 상대를 직접 죽이는 경우는 드물다고 한다. 사회학자 시게에 의하면, 사랑하는 이를 죽이고 자기도 죽는 사람은 먼저 죽음을 원했을 뿐만 아니라 극단적인 상황까지 끌려간 나약한 성격의 소유자이다.

범죄사를 보면, 동반자살에 있어서 여성이 애인을 죽인 후에 자살하는 예는 극히 드물다는 것을 알 수 있다. 동반자살을 실행에 옮기는 것은 거의 대부분 남성인데, 특히 총기류를 이용해서 자살하는 경우에는 남성 쪽이 더욱 두드러진다. 그러나 이런 복잡한 딜레마에 대한 해결책을 찾아낸 사람도 있다. 1770년 폴도니라는 펜싱 교사와 그가 지극히 사랑한, 또그의 마음을 한꺼번에 사로잡은 여성이 일으킨 동반자살이 그 좋은 예이다. 사브르 시합에서 중상을 입은 폴도니는 얼마 되지 않은 남은 날을 세고 있었다. 그에게 정열의 답례를 한 그 애인의 소망은 오직 그와 함께 그의 팔에 안겨 같이 죽는 것뿐이었다. 그래서 펜싱 교사는 하나의 밧줄로 서로의 가슴에 권총을 묶어서 두 사람이 동시에 죽도록 하는 장치를 고안했다. 준비를 마치고 마지막으로 영원한 사랑을 맹세한 후 펜싱 교사는 밧줄을 당겼다. 두 발의 탄알이 동시에 발

채플린의 스승 막스 랜더

자살에 관한 모든 것

무덤에서의 연합

연애의 세계에서는 사랑하는 사람을 따라 죽거나 사랑하는 사람과 함께 죽고자 하는 경우, 자살자의 대부분이 죽은 후에 보다 깊은 관계를 맺기 위해서 같은 무덤에 묻히기를 원한다. 연인들의 이런 희망은 매우 강렬하고 집요해서 온갖 비극적인 연애, 뜻대로 안 되는 사랑, 저주받은 사랑은 언제 어디서나 이러한 최후를 장식해왔다.

클레오파트라는 옥타비아누스에게 자신을 사랑하는 사람 바로 옆에 묻어달라고 간청했다.

"안토니우스 곁에 함께 묻힐 수 있도록 해주세요. 저승의 신 하데스 아래에서, 그와 함께 살 수 있도록."

아베라르는 종교의 길로 들어가면서 로이즈에게 편지를 써서 그녀와 함께 무덤에 들어가고 싶다는 뜻을 전했다.

국민공회 의원으로 로베스피에르의 친구로도 유명한 루바는 처형일이 가까워진 것을 알자, 아내에게 다음과 같이 말했다.

"만일 죄가 안 된다면 당신의 머리에 총을 쏠 텐데. 그러면 적어도 우리는 같이 죽어서 함께 묻히겠지."

임신 중이던 잔느 에뷰텔느는 모딜리아니가 죽은 다음 날, 너무나 사랑했던 사람이 죽은 것을 슬퍼하여 5층 창문에서 뛰어내렸다. 남겨 놓은 것은 사랑하는 사람 곁에 묻어달라는 짧은 메모뿐이었다.

사되었고 두 사람은 그들이 원했던 것처럼 동시에 죽었다. 이것을 흉내내어 많은 연인들이 이 방법으로 자살했다.

동반자살에서 여자가 애인을 직접 죽이는 일은 드물지만, 여자가 먼저 자신을 자해하여 남자에게 본을 보임으로써 자기의 동반자살 의지가 얼마나 강한지를 확인시켜주는 경우는 많다. 몇 가지 사례가 있는데, 그중에서도 로마 귀족 레시나의 죽음은 유명하다. 그녀의 남편 바에투스가 클라우디스 황제에 대해 역모를 꾀한 죄로 유죄 판결을 받고 투옥되었고 그녀 또한 같은 처지가 되었다. 그녀는 감옥에 있는 남편을 면회하러 가서는 옷 속에 숨겨온 단도를 꺼내들고 남편에게 자살하라고 했다. 남편이 용기가 없어서 망설이자 그녀는 자기 몸을 칼로 찔렀다. 죽기 직전까지도 의연했던 그녀는 자기 가슴에 박힌 단도를 빼내어 남편에게 보여주면서 이렇게 말했다. "이렇게 하는 거예요. 당신도. 하나도 아프지 않아요."

사법부와 서투른 연인들

많은 연인들은 동반자살할 때, 애인을 자기가 직접 죽이고 자기도 따라 죽는 것이 아니라 동시에 같이 죽는다. 질식사, 음독사, 익사, 교사 등의 방법으로 같이 죽는 것이다. 한쪽이 살아남는 경우는 문제가 한층 복잡해진다. 사랑하는 여자를 죽일 때는 의연했던 남자가 자기 자신의 차례가 되면 망설이게 된다. 그래서 자기는 죽지 못한다. 결국에는 애인의 죽음에 대해 해명하기 위해 법정에 끌려나가게 된다. 이런 예는 심심찮게 볼 수 있다.

자신은 남자에 의해 죽어가고 있음에도 불구하고 죽을 차례가 된 남

자살에 관한 모든 것

자가 마지막 순간에 발을 빼려고 하는 것을 알게 된 여자가, 그 남자에게 칼을 꽂거나 황산을 뿌린 경우는 부지기수다.

동반자살을 기도했다가 한쪽만 살아남은 경우라도 법정에서는 당연히 살아남은 사람을 구속한다. 냉정하고 치밀하게 동반자살을 준비했음에도 불구하고 살아남은 의사 방칼이 바로 그러한 경우다. 다음은 그가 파리 법원에서 진술한 것이다.

"밤에 루이즈가 '시작해야만 해요'라고 말하곤, 자기를 죽이라고 했습니다. 나는 아직 10분간 시간이 있다고 말했지만 그녀는 집요했습니다. '조금 오래 걸릴지도 모르니까 시작해야 한다고 자기도 말했으면서 그새 잊어버렸어요?'라고 말하는 것이었습니다. 나는 그녀의 양쪽 발에서 피를 뽑아냈습니다. 그녀는 피를 너무 많이 흘려서 기절했습니다.

얼싸안고 허공에 뛰어들다.

의식을 되찾은 그녀에게 나는 살고 싶지 않냐고 물어보았습니다. 그녀는 여전히 죽겠다고 했습니다. 그래서 나는 내 수술칼을 사용하는 것이 어떻겠냐고 했습니다만 그녀는 자신의 심장에 쇠 같은 것이 들어가는 것은 싫다고 했습니다. 그래서 가지고 있던 초산 몰핀을 마시기로 했습니다. 그것을 둘이 나누어 마시고 나서 나는 다시 한 번 살고 싶지 않느냐고 물었습니다만 그녀는 끝내고 싶다고 말했습니다. '아까 말한 방법을 사용해주세요. 만약 끝이 안 나면, 끝이 안 나면……'이라고 그녀는 말했습니다.

　처음에 메스로 찌를 때는 살살 찔렀습니다. 나는 나도 그렇게 찔렀습니다. 우리는 마지막 시간이 다가온다고 생각하면서 몇 분 동안 그대로 있었습니다. 그래도 그녀는 이렇게 말했습니다. '죽은 느낌이 아니에요. 한 번 더 찔러줘요.' 나는 메스로 다시 한 번 찔렀습니다. 그러자 그녀는 '아아, 이번에는 좋아요'라고 하면서 내 손을 잡았습니다. 그때부터 그녀는 더 이상 움직이지 않았습니다. 그리고 나는 메스로 나를 3번 찔렀습니다. 피가 나오기는 했지만 죽지는 않더군요. 또다시 상처를 3번 찔렀습니다. 메스를 돌리기도 하고 상처를 후비기도 했지만 그 이상은 뜻대로 되지 않았습니다."

산 사람을 절망에 빠뜨리기 위한 자살

사랑 때문에 자살하는 것에는 자기에게 죽고 싶을 정도의 고통을 안겨준 사람을 후회하게 하려고 죽는 경우도 있다. 아나톨 프랑스는 그의 작품에서 끌레롱 부인의 실화를 다루고 있다. 그녀의 애인은 그녀의 눈앞에서 자살했던 것이다. 그녀는 애인의 죽음 때문에 몇 년 동안이나 고통을 받았고 다른 남자와 있어도 죽은 옛 애인의 환영에 시달렸다고 한다.

　외무장관 필립 베르틀로의 양자 빅토르 퓸의 자살도 이런 이유의 것이었다. 그는 자신이 책임자의 한 사람이었던 유명한 '아시아 횡단 여행'에서 돌아오자마자 코트다쥐리(리비에라 해안)에 있는 여배우 아리스 코세아를 만나러 갔다. 그녀는 라 로슈프코 백작과 이혼한 후 빅토르 퓸과 사귀어왔다. 그런데 빅토르가 아시아로 떠난 후 그녀는 빅토르에게서 온 편지에 대해 일체 답장을 보내지 않았었다. 자유로워졌다고 생각한 그녀는 한 재력가의 유혹에 넘어갔던 것이다. 빅토르가 아시아 횡단 여행에서 돌아와 그녀를 만나러 가자 그녀는 새로 생긴 애인을 그저 평범한 친구일 뿐이라고 빅토르에게 소개했다.

1933년 8월 8일, 세 사람이 바다로 뱃놀이를 하러 갔을 때, 빅토르는 배에 오르자 갑자기 그 재력가가 아리스에게 보낸 사랑의 편지를 소리 높여 읽기 시작했다. 그 편지는 두 사람의 관계를 적나라하게 보여주는 것이었다. 빅토르는 "당신은 나를 속였어"라고 말하고 즉시 권총을 꺼내들었다. 아리스는 겁이 나서 "아니에요, 아니에요!"하고 소리쳤다. 빅토르는 총을 내리고 한 번 더 아리스를 쳐다보곤, 재빠르게 총구를 자기 입에 넣었다. 그리고 두 번 쐈았다. 마침내 그는 바다에 빠져서 죽었다. 아리스는 배 위에서 실신했고, 평생토록 이 충격적인 비극의 후유증에 시달렸다. 파리 사람들은 이 여배우를 여러 해 동안 원망했으며, 그녀가 나올 때마다 '퓽! 퓽! 퓽!'이라는 소리를 냈다.

이런 식으로 죽는 것은 주로 남성이다. 여성들은 이런 경우 주로 뜻하지 않는 사람과 결혼해버린다. 사랑하는 남자가 자기의 결혼 사실을 알고 가슴 아파할 것이라고 생각하는 것이다.

사랑, 왕가의 재난

남자든 여자든 '나 때문에 죽은 사람이 있다'라고 말할 수 있는 사람이 있을 것이다. 그러나 그 사람 때문에 다른 사람이 겪게 되는 상처는 치명적이다. 이런 사람들은 자기는 새로운 사랑, 심심풀이용 불장난을 찾는 것이지만 그 사람의 유혹의 덫에 걸린 상대는 빠져나올 수 없는 정열에 휘말리게 된다. 그래서 그런 사람에게서 버림을 받으면 더 이상 살 수 없다고 생각하여 죽음을 선택하게 된다.

프랑스의 왕 앙리 4세가 바로 그런 경우다. 그의 첫 번째 애인(적어도 역사에 이름을 남긴 최초의 여성)은 네락크 정원사의 딸 플렛트였다. 앙리 4세가 마르그리트 드 발루아와 결혼했을 때, 앙리 4세의 아이를 임신하고 있었던 플렛트는 네락크의 생-장 연못에 몸을 던져 자살했다. 1572년 6월의 일로 그때 그녀는 17세, 앙리 4세는 18세였다.

'내 사랑 앙리'를 잃기보다는 차라리 죽는 것이 낫다고 생각한 두 번째 여인은 까뜨리느 드 뤄였다. 그녀는 아이를 임신하고 있었는데도 몸 생각은 하지 않고 몇 주일이나 음식은 전혀 입에도 대지 않은 채 굶어 죽었다. 그 후에도 앙리는 광부의 아내와 몬테규 후작 부인을 유혹

연인 앞에서 자살하다. 내 사랑을 잃으니 차라리 죽는 게 낫다.

하였는가 하면 안네 드 캉브포르도 유혹했다. 이 바람둥이는 팔에 여자를 안고 있을 동안만 그녀들을 사랑했을 뿐 곧 잊어버리고 말았다. 이들 세 명의 불행한 여자 외에도, 프랑스에서 가장 매력적인 왕 중 한 사람인 앙리 4세에 빠져서 자살을 기도한 사람은 수없이 많다.

연애주의자였던 앙리 4세는 여성을 유달리 좋아했다. 여성들 사이에서 인기도 좋았고 너무도 매력적이었기 때문에 버림받는 여인들이 절망에 빠져 비참한 최후를 선택한 것은 이해할 만하다.

히틀러의 연인들

독일 총통 히틀러의 생애에 의미를 갖는 세 명의 여성도 사랑 때문에 자살했다. 첫 번째 여성은 게리 라우발이다. 히틀러는 어린 시절 잠깐 밖에 본 적이 없는 자신의 조카딸에게 첫눈에 반했다. 그러나 히틀러 총통은 카메라맨 이아니 호프만의 작업실에서 근무하는 에바 브라운 이라는 여성과 친해지게 되었다. 게리는 질투심에 불탔던 것 같다. 그녀 는 1931년 9월 17일, 숙부의 권총 월터 6.35 구경을 가슴에 쏘아서 자 살했다. 그녀의 침실 책상 위에는 에바 브라운이 히틀러에게 쓴 편지가 놓여 있었다.

두 번째 여성은 유니티 미트포드였다. 영국 장교의 딸인 그녀는 큰 키의 금발 미인으로 나치 독일의 국가 사회주의에 호의적인 감정으로 정치적 전시회의 일을 맡고 있었다. 그녀는 히틀러와의 결혼을 결심하 고 독일로 이주했다. 히틀러가 그녀를 처음 만난 것은 어느 레스토랑에 서였고, 그녀를 소개받은 후 히틀러는 부관에게 자주 그녀에 대해 얘 기했다고 한다. 그녀는 베르히테스가덴으로 갈 수 있는 특권을 가진 사 람 중의 한 사람이 되자 자신이 대단한 정치적 숙명을 가지고 있다고 생각하게 되었다. 독일과 영국을 하나의 제국으로 묶어 영국의 유니온 잭(영국 국기) 중앙에 하겐크로스(독일 십자)를 그린 하나의 국가 아래 놓 이는 숙명 말이다. 이 젊은 영국 여성은 자신을 총통의 약혼자로까지 생각하게 되었다.

그러나 전쟁이 임박해서 영국과 독일은 그녀와 히틀러 같은 관계를 맺을 수는 없었다. 이렇게 되자 그녀는 한 가지 해결책밖에 없다고 생 각하게 되었다. 히틀러와 몇 번인가 만난 뮌헨의 영국 정원으로 가서 자살하는 것이었다. 그녀는 머리에 권총 두 발을 쏘았지만 자살에는 실패했고, 결국 전신 마비가 되어 1948년 5월 20일에 사망했다.

히틀러의 마지막 여인은 에바 브라운이다. 그녀는 질투 때문에 여러 차례 자살미수 사건을 일으켰다. 한 번은 게리 라우발, 또 한 번은 유니트 미트포드가 원인이었다. 에바는 그 후에 베를린의 지하호에서 사망했다. 에바가 다음과 같은 편지를 히틀러에게 보낸 것은 어쩌면 자살미수 사건을 일으킨 후였는지도 모른다.

"당신에게 늘 얘기했던 것처럼, 만약 무슨 일이 생긴다면 나는 살아 있지 않을 것입니다. 처음 만난 순간부터 언제까지나, 죽어서라도 당신 곁에 있겠다고 맹세했습니다. 오직 당신을 사랑하기 위해서만 내가 살아 있다는 것을 알아주세요. 당신의 에바."

자살의 인어

여자가 남자를 돌이킬 수 없는 불행으로 내모는 경우도 있다. 갑부들과 유명인사들로부터 사랑의 호소를 한 몸에 받았던 오테로 후작 부인에게 당시의 신문들은 '자살의 인어'라는 별명을 붙여주었다.

그녀는 1922년, 45세 되던 해에 2백만 달러의 재산을 가지고 은퇴하였지만 1927년, 전 재산을 도박장에서 탕진하고 몬테카를로의 카지노에서 연금으로 연명했다.

그녀는 14세 때, 이탈리아인 남편 오테로 후작에게 노래를 배워 무대에 진출했다. 몬테카를로의 룰렛 도박장에서 재산을 날린 남편이 남은 10리라를 그녀에게 주었는데, 처음으로 룰렛을 한 그녀는 그날 밤 1,500만 리라를 벌었다. 그날은 정말 특별한 날이었다. 많은 남자들이

'자살의 인어'라고 불린 오테로의 생전 모습

그녀 주변에 몰려들었다. 그것이 그녀의 전성기의 시작이었다. 그 후 몇 년 동안 왕, 왕자, 은행가, 억만 장자 들이 그녀의 환심을 사기 위해 앞을 다투었다.

기타와 캐스터네츠를 들고 스페인을 떠난 조그만 세빌리아의 집시가, 자기에게 접근한 남자 여러 명이 자살까지 하도록 자극했다. 미국 순회공연 후, 그녀와 헤어지기 싫었던 흥행주는 그녀 곁에 있기 위해 5만 달러를 횡령했다. 그리고 몬테카를로에 도착했지만 오테로에게는 자신이 너무도 하찮은 존재라는 것을 알고 목을 매었다. 대 모험가 장 파이앙은 열심히 그녀에게 구애를 했지만 번번이 거절당하자 이에 절망하여 자살했다. 경마 클럽의 유명한 멤버 중 한 사람이었던 셰니 백작은 그녀의 환심을 사려고 카지노에서 200만 리라를 날리기도 했다. 그러나 그녀는 이미 스케일이 훨씬 큰 남자들에게 익숙해져 있었기 때문에(예를 들면 독일의 어느 남작은 몇 주일 동안이나 매일 밤마다 그녀에게 값비싼 보석에 명함을 붙여서 보냈다) 백작의 이러한 행위는 그녀에게는 아무런 효과도 없었다. 결국 백작은 자기 머리에 총을 쏘았다.

그녀는 사람의 목숨이 걸린 이러한 에피소드를 자신의 회상록에 거리낌 없이 밝히고 있다.

"셰니와 재회했지만 아무런 느낌도 없었습니다. 내게는 그에 대한 감정이 조금도 남아 있지 않았기 때문입니다. 그는 아직도 나를 사랑한다고 말했고 나의 냉담한 태도에도 불구하고 집요하게 나를 유혹하려고 했습니다. 내가 저항하는 것조차 그를 자극했던 것 같습니다. 언젠가는 정신을 차리겠지 하고 생각했습니다만 유감스럽게도 그렇게 안 되더군요. 그는 도박장으로 가서 미친 듯이 돈을 걸었고 모든 것을 잃자 클레베르 가에 있던 내 호텔 계단에서 총으로 자살했던 것입니다. 나는 클레베르 가의 호텔을 나와 앙리 마르탱 가로 옮겼습니다."

아름다운 창녀 오테로의 마음을 얻지 못하고, 자신이 그녀의 생애에 있어 너무나도 짧은 휴식의 순간밖에 차지할 수 없다는 사실에 절망한 사람은 그 밖에도 수없이 많다.

정절, 순결의 어머니

정절도 사랑과 결부된 감정이다. 옛말에 "여자에게 있어서 정절은 남자의 용기와 같은 것이다. 여자는 주위의 모든 것을 극복하고 정절을 지킴으로써 모든 사람의 존경을 받고, 순결한 여자로 인정 받는다"는 말이 있다. 자신의 순결을 증명하기 위해서 자살한 여자는 수도 없이 많다.

타퀸 콜라틴의 아내 루크리스는 용기와 정절의 상징으로 역사에 이름을 남기고 있다. 기원전 510년 알디아를 공격 중, 왕가의 왕자들은 자신들이 없는 사이에 아내가 어떻게 하고 있는지를 알아보려고 말을 타고 밤에 로마에 도착했다. 그때 아내들은 쾌락에 빠져 있었다. 유일하게 루크리스만이 하녀와 함께 양모를 뽑고 있었다.

그녀의 아름다움에 깊이 감동되었던 타퀸은 며칠 후 로마로 돌아와 루크리스의 집으로 가서 하룻밤 묵을 것을 청했다. 그날 밤 그는 몰래 그녀의 침실로 숨어 들어가 만약 저항하면 그녀를 죽이고 남편을 배신하여 죽였다고 소문을 내겠다고 위협했다. 그녀는 하는 수 없이 굴복했다. 그러나 다음날 그녀는 아버지와 남편에게 밤사이 자신이 당한 굴욕에 대해서 얘기하고 그 자리에서 칼로 자결했다.

남자들의 동정

정절 때문에 자살하는 것은 대부분 여성들이지만, 남성들도 가끔 이런 일로 자살한다. 타키투스의 「연대기(아우구스투스의 죽음으로부터 네로의 죽음까지 치세를 그린 로마의 역사서_옮긴이)」에는 텔 식스트가 어머니의 애무를 거부하고 자살한 것으로 되어 있다. 또 아테네에서 미남으로 이름이 높았던 파피니우스와 데모클레스도 이와 비슷한 일로 자살했다. 데모클레스는 알렉산더의 후계자인 폴리오카르트 때문에 죽음을 택했다. 어느 날 폴리오카르트는 데모클레스의 욕조에 몰래 숨어 들어가 데모클레스를 기다렸다. 주변에는 아무도 도와줄 사람이 없어서 폴리오카르트로부터 겁탈당하리라는 것을 직감한 데모클레스는 욕조의 보일러 덮개를 열고 뜨거운 물속으로 뛰어들어 자살했다.

예측할 수 없는 운명의 힘 때문에 자살로 치닫는 경우도 있다. 니농은 애인인 빌라시우와의 사이에 두 명의 아이가 있었다. 아버지 손에 큰 장남은 어느 날 어머니를 만난 순간 사랑에 빠져 고백을 하게 되었다. 니농은 자신이 그의 어머니라는 것을 밝히지 않을 수 없었고 이 말을 들은 장남은 집으로 돌아와 머리에 총을 쏘아 자살했다.

이루어질 수 없는 사랑

1995년 1월, 스트라스부르그 역에서 한 여행자가 역장에게 2대의 객차 사이에 피 묻은 옷이 있다고 알렸다. 잠시 후, 프랑스 국철 직원은 루네빌에서 4킬로미터 떨어진 곳의 선로변에서 갈기갈기 찢긴 2구의 시체를 발견했다. 그것은 13세 소녀 아망디느와 그녀가 사랑한 24세 학생 패트릭의 시체였다. 두 사람은 허락받지 못한 사랑 때문에 오리엔탈 익스프레스 호에 투신했던 것이다. 패트릭은 아망디느와 결혼하기 위해 모든 방법을 동원했었다. 검사에게 편지를 쓰고 의사, 변호사, 행정 담당관과 상담도 하였다. 비극이 일어나기 바로 전날, 그는 낭시의 검찰로부터 부정적인 회답을 받았다. 두 연인의 부모는 "법률이 이 아이들을 죽일 것"이

절망한 사람이 무고한 희생자를
죽음으로 끌어들이는 것은 흔히 있는 일이다.

라고 말했다. 소녀의 어머니는 "사랑은 강한 인내력을 필요로 한다"는 말도 덧붙였다.

연애 때문에 자살하는 것을 모든 사람들이 안타까워하는 것은 아니다. 물론 많은 사람들이 그런 자살을 인정하고 있고 또 실제로 사랑 때문에 자살하는 일이 수없이 일어나지만 아직까지도 다음과 같이 말하는 사람도 있다. "여자를 지키지 못하고 사랑 때문에 자살한다면 이보다 바보스럽고 멍청한 짓이 어디 있나. 이 정도로 바보스럽지 않은 사람이라면 어쨌든 괜찮은 사람이다." 나폴레옹의 한 근위병의 말이다.

자살에 관한 모든 것

삼각관계

—

남편의 친구

시나투스와 시노렉스는 친구이면서 모두 갈라디아 최대의 영주였다. 시노렉스는 시나투스의 아내인 가마에게 반해서 사랑을 이루기 위해 그녀의 남편을 암살한 뒤, 이제는 완전히 자유가 된 그녀에게 프로포즈를 했다. 가마는 고민 끝에 결혼 날짜를 정했다.

결혼식 날, 그녀는 마실 것을 준비해서 남편 될 사람에게 주었다. 그리고 초대한 손님들을 향해 이렇게 말했다. "여러분, 사람들 가운데 저희같이 가장 속이 검은 사람을 위해 첫날밤의 잠자리 대신 무덤을 준비해 주십시오." 그러고는 두 사람은 온몸에 독이 퍼져 함께 죽었다.

애인과 남편

1994년 3월 오를레앙에서 벌어진 기묘한 사건이다. 한 여자 때문에 남편과 애인이 동시에 자살한 것이다. 애인은 여자가 헤어지려고 단단히 결심하고 있다는 것을 알고는 그녀의 별장 정원에서 리볼버 357 매그넘으로 심장을 쏜 뒤 그녀의 발밑에 쓰러졌다. 그 총소리에 객실에서 자고 있던 남편이 잠을 깼다. 그는 급히 밖으로 나와 총을 집어 들고 미친 듯이 소리 지르던 아내 앞에서 자살해버렸다.

로마시대의 자살

—

아내를 따라 죽은 남편

로마군 최대의 장군 중 한 사람이었던 코넬리우스는 시인이기도 했다. 그는 옥타비아누스에게 임명되어 초대 이집트 총독을 지냈다. 총독 자리에 있는 동안, 그는 연애에 대한 책을 4권이나 써서 아내에게 헌사했다. 아내가 죽자 그는 너무나 비통해한 나머지 44세에 자살했다.

원수가 된 형제

황제의 아내가 되리라는 신의 계시를 받고 결혼했다고 전해지는 셉티마 세베르의 아내 줄리아 도나에게는 카라칼라와 게타라고 하는 두 명의 자식이 있었다. 이 두 명은 아버지인 황제가 죽고 나서 서로 반목하다 게타는 형에게 죽임을 당하고 카라칼라는 마크린에게 피살되었다. 이 살인 사건 후, 줄리아 도나는 슬픔에 빠진 나머지 자살했다.

동굴 속에서 보낸 9년

서기 70년, 갈리아의 수장 율리우스 사비누스는 봉기에 실패한 후 부부가 함께 동굴에서 9년을 보냈다. 남편이 밀고당해 황제에게 잡혀가자 남편을 구하려고 온갖 노력을 하던 에포니네는 남편이 처형되자 자살했다.

자살에 관한 모든 것

부르투스의 아내

케사르를 죽인 부르투스의 아내는 남편의 암살 계획을 알고 나서 허벅지에 깊은 상처를 낸 채 남편에게 말했다. "당신이 하려는 일이 실패로 끝날 경우 내가 어느 정도로 의연하게 죽음을 맞아들일 수 있는지를 알아보기 위해 이렇게 미리 상처를 내 본 거예요." 부르투스가 마케도니아의 필립 전투에서 패하고 죽자 그녀는 남편을 저승에서 다시 만나고 싶다며 목숨을 끊었다. 언제까지 탄식만 할 거냐고 사람들이 물었을 때 그녀는 "사는 것을 그만둘 때까지"라고 대답했다고 한다. 혹시 자살할지 몰라 자살에 사용될 만한 모든 것을 빼앗자 그녀는 불타는 석탄을 먹어버렸다.

chapter 2

치욕 혹은 수치

치욕이나 명예훼손 또는 중상모략 등이 사람들에게 결정적인 영향을 미치는 경우가 있다. 때로는 단순한 진실이 그런 영향을 미치기도 한다. 이런 것들로부터 자기 자신을 지키고 마음의 상처를 치료하기 위해서는 '특별한 한 가지 방법'을 사용해야 한다고 생각하는 사람이 많다. 그 한 가지 방법이란 바로 자살인데, 자살이야말로 자신에게 주어진 모든 불명예를 씻어준다고 생각하는 것이다.

그랜드 콩데 호텔의 사장 바텔의 죽음은 전형적인 수치심에 의한 자살이었다. 그의 이름이 지금까지 남아 있는 것은 그가 지닌 강한 직업의식 때문이기도 하다. 그는 사소한 관리상의 문제로 자신의 가슴에 칼을 꽂았던 것이다. 사건의 발단은 1671년 4월 26일, 플랑드르로 향하는 루이 14세와 6천 명의 일행이 회식을 하기 위해 샹티이에 있는 그랜드 콩데 호텔에 도착했을 때 일어났다. 세비네 부인은 그날 바텔의 곤경을 이렇게 적고 있다.

"많은 테이블에서 랍스터가 부족했던 거예요. 해산물을 가지러 부두에 간 사람은 돌아오지 않았고, 그는 그랜드 콩데의 집사 구빌에게 '내 체면이 땅에 떨어졌어. 참을 수 없는 치욕이야. 내 얼굴에 먹칠을 했어'

라고 자꾸만 되뇌었습니다. 구빌은 바텔을 상대하지 않았죠. 바텔은 자기 방으로 올라가 문 옆에 있던 칼로 심장을 찔렀던 겁니다. 처음 두 번은 치명적인 것이 아니었지만, 세 번째는 죽음에 이를 만큼 치명적인 것이었죠. 그때 마침 굴을 비롯한 해산물이 각지에서 도착했습니다. 사람들은 이것을 조리하기 위해 바텔을 찾았습니다. 바텔의 침실은 잠겨 있었는데, 문을 부수자 그는 이미 피로 범벅이 되어 있었습니다. 경찰서장의 아들인 공작은 눈물을 흘렸습니다. 그가 부르고뉴 지방으로 여행했을 때는 바텔이 모든 것을 관리했을 정도로 공작과 바텔은 각별한 사이였습니다. 그런 상황에서도 구빌은 바텔의 빈자리를 채우려고 애썼습니다. 그 덕분에 다행스럽게도 사람들은 식사를 끝낼 수 있었죠."

대부분의 사람들은 자신이 비웃음거리가 되었다고 죽기까지 할 필요가 있겠는가라고 생각하지만, 60년대의 그리스 과학자 지시스는 이러한 주장을 비웃기라도 하듯 자살해버렸다. 그는 납을 원료로 한 도료를 사용하여 파르테논 신전을 보수하자는 제안을 했지만 신문에서 그 제안을 비웃었기 때문에 자살했던 것이다. 그러나 그의 제안은 정확한 것이었고 오늘날 전문가들은 그가 제안했던 방법을 사용하고 있다. 1994년, 사찰의 전통을 계승해온 일본인 다다 유코는 요트로 세계 일주를 하려던 꿈이 좌절되자 자살해버렸다.

아버지의 불명예, 아들의 자살

주변 사람의 잘못 때문에 자신이 치욕을 느끼는 경우도 있다. 키에 푸앙이라는 15세 소년의 경우가 바로 그렇다. 행정관인 아버지가 무언가 직무상의 잘못을 저질러 참수형을 선고받았다. 이 사실을 안 푸앙은 곧장 군

과거의 수치심으로 인한 자살 사건들

—

도움을 거절당하고 죽어버린 안탈키다스

레우크트라 전투에서 패배한 후 기세가 꺾인 스파르타는 페르시아 왕 알타크레르 크세스에게 도움을 요청하기 위해 안탈키다스를 특사로 파견했다. 그러나 페르시아 왕은 쇠망한 도시의 특사를 무시하고 그의 간절한 요청을 모두 거절했다. 자신이 바보 취급당했다고 생각한 안탈키다스는 스파르타로 돌아와서 음독자살했다.

자기 이름이 유행어가 되자 자살한 티마르크

아테네의 정치가이자 웅변가인 티마르크의 이름은 오늘날까지 전해진다. 마케도니아의 필리포스 왕 휘하에서 그가 대사로 부임해 있을 때의 일이다. 법정에서 아이네키네스가 그를 배신자의 이미지로 비난했기 때문에 티마르크의 이름은 그리스에서 부끄럽게 여겨야 할 이름으로 소문이 났다. 티마르크는 이에 절망해서 목을 매었다.

근친상간으로 고소당한 실라니우스

최고 법무관이자 클라우디우스 황제의 총애를 받은 신하로서 황제의 딸 옥타비아와 약혼한 실라니우스는 아그리피네로부터 근친상간 죄로 고소당했다. 아그리피네는 그렇게 함으로써 혹시 사위가 될지도 모를 사람을 제거하고 네로의 왕위를 공고히 하려고 했던 것이다. 원로원에 추방된 실라니우스는 클라우디우스 황제와 자기를 고발한 아그리피네가 결혼하는 날 단도로 자살했다.

당나귀 성기 속의 무화과

많은 사람들이 집단적인 굴욕감을 함께 느끼는 경우도 있다. 1156년 베아트리스 드 브르고뉴는 남편 프리드리히 1세가 로마를 공략했을 때 그를 따라갔다. 역사가에 의하면 자유를 빼앗겨 초조했던 밀라노 사람들은 왕비가 마을을 지나갈 때 암탕나귀 위에서 얼굴을 꼬리 쪽으로 향하여 올라타고 그대로 마을 쪽으로 달렸다고 한다.

미친 듯이 화가 난 프리드리히 1세는 밀라노로 진군하여 3개의 교회를 제외하곤 전 마을을 완전히 파괴했다. 그러고는 살아남은 사람들을 모아서 암탕나귀의 성기에 들어 있는 무화과를 이로 뽑아내는 사람은 목숨만은 살려주겠다고 했다. 그러나 수십 명의 사람들이 이러한 굴욕보다는 차라리 죽음을 선택했다.

아버지한테 얻어맞고 자살한 아들

제노바 태생의 이탈리아 화가 바키치오는 엘리제 드 지저스 성당의 원형 천장을 꾸민 것으로 유명하다. 전 세계적인 찬사를 불러 모은 작품 『성 프란시스코 자비에르』는 구도와 원근법에 있어 완전한 걸작으로 알려져 있다. 바키치오는 로마에서 베르니니를 사랑하게 되었는데 그의 과격한 기질은 아들의 목숨을 빼앗았다. 어느 날 그는 많은 친구들 앞에서 아들을 매우 심하게 야단치고 손바닥으로 때렸다. 이러한 굴욕에 깊이 상처를 받은 아들은 티베르 강에 몸을 던져 자살했다.

주에게 달려가 아버지 대신 자기를 죽여달라고 애원했다. 사람들은 이 소년의 진의를 의심하였으나, 그것이 누가 시킨 것이 아니고 자기 스스로 결정한 것임을 알게 되었다. 이에 황제는 아버지를 사면해주고 푸앙에게는 효행상을 주었다. 그런데 푸앙은 얼마 후 목을 매어 자살했다. 그가 남긴 유서를 보면 그가 왜 이런 선택을 할 수밖에 없었는지 잘 드러난다. "황제한테 받은 상을 볼 때마다 끊임없이 아버지의 과오가 떠오릅니다."

실질적인 감정

1957년 9월 29일 〈저널 드 디망쉬〉지는 샤토루의 한 보석상이 자기가 만든 정조대를 처녀에게 강요하고 있는 것이 알려져 창피한 나머지 질식사한 사건을 보도하고 있다.

1978년에는 영국의 헨리 베슨 교수가 자살했다. 세계보건기구의 천연두 박멸 선언 3년 후에 천연두 증세가 다시 발발하였는데, 천연두에 걸린 사람이 바로 이 병을 연구하는 연구소 내의 헨리 벳슨이 지도하는 기술팀 중의 한 사람이었던 것이다. 여기에 깊은 비탄을 느낀 벳슨 교수는 자살을 택했던 것이다.

"치욕과 불명예보다는 차라리 죽음을." 이것은 블렝 노동 장관과 베레고부 수상의 좌우명이었다. 이들 두 훌륭한 인물은 모함과 비난이라는 가장 효과적인 무기에 의해 허물어졌다. 별 문제가 없는 것으로 보였던 두 사람은 모두 정적과 일부 반대파의 보도에 휘말려 과장된 이야기와 터무니없는 소문에 의해 죽음으로 내몰렸던 것이다. 앙드레 말로의 표현을 빌리자면 두 사람은 "결국은 자신들을 궁지로 내몬 하찮은 비밀"을 갖고 있었을 뿐이었다.

chapter 3

명예와 군법

불명예스럽게 도망치거나 포로가 되는 치욕을 당하기보다는 차라리 죽는 것이 낫다고 생각하는 것이 군인의 특성이다. 유사 이래 전쟁에서 패배한 후에 자살하는 것은 군인들 특유의 것이었다. 적의 손에 놀아 나는 것을 군인으로서는 용납할 수 없기 때문에, 또는 패자가 되는 참혹함에서 벗어나기 위해 자살하는 것이다.

과거 영웅들의 자살

역사가 발레르 막심, 플루타르크, 플린느, 타키투스, 디오도레와 케사르를 비롯한 고대의 저술가들은 모두 사령관이나 당대의 명사 또는 부대원 전부가 이러한 이유 때문에 자살한 내용을 다루고 있다. 또 켈트인, 게르만인, 아시아인, 아프리카인 등 전 세계 어느 민족, 어느 시대에서도 이러한 일은 일어나고 있다. 평소에는 그럴 생각이 없는 것처럼 보이던 사람일지라도 때에 따라서는 '자살'이라는 방법으로 '명예 회복'을 한다. 기원전 836년의 사르다나팔루스가 바로 그런 예이다.

그러나 용감하게 싸우다 전사하는 사람도 있다. 그리스 침공을 계획한 페르시아 왕 크세르크세스로부터 텟살리아와 보이오티아 지방을 연결하는 협로를 지키라는 임무를 부여받은 스파르타의 왕 레오니다스와 3백 명의 스파르타 시민이 그런 경우다.

테르모퓨라이에 도착한 레오니다스는 아무에게도 알려지지 않은 이 협로를 대충대충 감시했다. 이 사실을 전해 들은 크세르크세스는 밤에 그곳을 빼앗아버렸다. 과오를 범해놓고도 목숨을 부지할 수는 없다고 생각한 레오니다스는 자살하기로 했다. 그는 자기를 따라온 동맹국 보초병을 돌려보내고 남겠다는 스파르타 병사만을 자기 옆에 두었다. 그리고 이렇게 말했다.

"오늘 밤 우리들은 저승의 신 플루토 옆에서 저녁을 먹을 것이다."

그날 밤, 그들은 일제히 크세르크세스의 진영으로 돌격하여 그들이 원하던 대로 모두 죽임을 당했다. 후세 사람들은 이 영웅적인 희생을 기념하여 바위에 이렇게 새겼다.

"여기를 지나가는 분이여! 스파르타로 가서 우리들은 법에 따라 여기서 죽었다고 전해주구려."

켈트인 중에서도 패배 후 살아남는 것은 씻어낼 수 없는 치욕이라고 생각한 사람이 있었다. 갈리아의 위대한 지도자 중에서 카티볼리우스, 브렌노스, 빈덱스, 사크로비르, 플로루스 등이 군사적 패배의 치욕을 씻기 위해 가까운 사람과 함께 자살했다. 갈리아의 일부 부족인 베네치족의 해군이 패배했을 때, 갈리아의 수병들은 생포되지 않기 위해서 배 위에서 죽었다.

이렇게 역사상에 기록되어 있는 일들은 수없이 많다. 프레시에스토의 공격 후, 실라의 손에서 도망가기 위해 머리에 칼을 꽂았던 선원의 아들도 있다. 케사르의 해군을 지휘하던 원로 재무관 그라니우스 페트

자살에 관한 모든 것

로니우스는 아프리카의 해안에서 스키피오에 붙잡혔다. 그러나 그는 "케사르의 용병은 목숨을 부지하려 하지 않는다. 그러나 남에게 목숨을 바칠 수는 있다"라고 선언하고는 자기 몸에 칼을 꽂았다.

자기 자신은 용기가 없어서 자살을 망설이지만 친척이나 친구 또는 동료가 명예와 혈통에 대한 의무를 상기시켜주어 자살하게 되는 경우도 있다. 기원전 196년, 스키피오에 의한 카르타고 점거 후 하스트루발은 승자의 발밑에 꿇어 엎드려 자비를 베풀어달라고 간청했다. 아내 알비는 남편의 이러한 비굴한 행동에 분개하여 에스클라데스 신전에 불을 지르고 가지고 있던 제일 아름다운 장식품을 몸에 지닌 채 두 명의 아들과 함께 불 속으로 뛰어들었다. 카르타고에 피난해 있던 9백 명의 로마 탈주병들도 불에 뛰어들었다. 역사가들이 전하는 바에 따르면 이러한 일들에 마음이 동요된 하스트루발도 자살했다고 한다.

이것보다 더 유명한 것은 주니어스 부르투스의 최후이다. 그는 순수한 스토아학파의 전통에 따라 패전에서 자살하여 생을 마감하였다. 그의 죽음은 카토의 가르침을 받은 것이었는지도 모른다.

안토니우스와 옥타비아누스가 거느리는 케사르파와 부르투스와 캇시우스가 거느리는 공화파와의 싸움이 일어나기 몇 시간 전부터 공화파의 두 사람은 극도로 지쳐 있었다. 캇시우스가 부르투스에게 물었다.

"부르투스, 오늘 우리가 이 싸움에서 이기면 좋겠지만 알 수 없는 일이네. 여기서 최후를 맞는 것이 우리가 바라는 바는 아니지 않는가. 자네는 어쩔 셈인가, 죽는 것보다는 차라리 도망을 치는 것이 어떤가?"

캇시우스의 물음에 대해 부르투스는 이렇게 답했다.

"내가 아직 젊고 이 세상에 대한 경험이 부족했다면 아마도 카토를 비난했겠지. 그는 철학을 논하고 자기 철학에 따라 자살했으니까. 그러나 위험에 처해 있는 지금의 나는 카토를 비난할 수만은 없네. 죽음으로써 세상의 비참함에서 해방될 수 있겠지."

싸움이 시작되자 캇시우스는 아군이 패하는 것을 보고, 또 친구 티오니우스가 죽은 것을 보고 한탄했다.

"삶을 너무 사랑한 나머지 내가 너무 오래 살아서 가장 친한 친구의 죽음을 보고야 말았구나."

그러고는 케사르를 찔렀던 칼로 자신을 찔렀다.

군의 다른 부대를 지휘하고 있던 부르투스는 캇시우스의 자살 소식을 듣자 "그는 최후의 로마인이었다"라고 말하며 눈물을 흘렸다. 부르투스는 일부러 위험한 전투에 뛰어들었지만 전쟁에서 죽는 것도 쉽지 않았다. 저녁 무렵 죽은 캇시우스와 패배한 동료를 직접 보고 슬퍼하고 있는 그에게 친구가 피하라고 하자 그가 말했다.

"물론 피해야겠지. 그러나 발을 사용해서가 아니라 손을 사용해야겠어."

그러곤 칼을 집어 들고 바위를 향해 달려나가 에우리피데스의 시를 두 소절 읊었다.

"오오, 주피터여. 이러한 말, 미덕, 가치 없는 명성, 행운의 노예. 그 장본인을 지켜봐주오. 아아, 나는 그대를 믿고 있소."

그러고는 들어 올린 칼끝으로 자신을 찌르자 스트라톤이라는 친구가 옆에서 이를 거들었다. 칼이 몸을 관통하여 부르투스는 그 자리에서 죽었다.

전기 작가 에토니우스에 의하면 옥타비아누스는 부르투스의 머리를 잘라 로마로 보내 케사르 동상 아래에 던지게 했다고 한다.

"케사르 암살 음모에 가담하여 조언이나 행동을 한 사람 중에서 벌받지 않은 사람은 한 사람도 없다"라고 플루타르크는 전하고 있다.

총기를 사용한 군인들의 자살

전쟁에서 패배한 후, 더 이상 살 수 없다고 생각해 자살하는 일은 시대를 초월해 존재한다. 그다지 널리 알려진 이야기는 아니지만, 간통죄로 걸려 알몸에 콜타르를 칠하고 날뛰는 말에 묶여서 폴란드에서 우크라이나까지 끌려가는 형벌을 받은 것으로 유명한 마제파도 그러한 전통에 따라 자살했다. 그의 본명은 이반 스테야노비치인데 마제파라는 이름은 그가 살았던 지역의 이름에서 유래한 것이다. 코샤크에게 발탁된 마제파는 아타망, 즉 최고의 수장이 되었다. 처음에는 피요토르 대제를 섬겼지만, 나중엔 그를 배신하고 스웨덴 왕 찰스 7세와 손을 잡았다. 그는 폰타바에서 피요토르 대제의 군대에게 패하자 음독 자살했다.

전 세계가 '용감한 함장'이라 칭하는 이반 단 함장.

나폴레옹마저도 제국 붕괴의 불행한 시기에는 죽으려고 했었다. 연합군이 파리를 향해 진군했을 때, 워털루에서 패배했을 때, 많은 장교들이 말을 죽이고 자기의 머리에 총을 겨누어 자살했을 때, 피로에 지친 병사와 부상당해서 걸을 수 없는 병사가 수백 명이나 총에 맞았을 때, 나폴레옹은 "죽으려고" 온갖 짓을 다했다고 한다. 사실 그는 총도 없이 전투에 뛰어들어 미친 듯이 적진으로 돌격하기도 했다. 또 자기 자식이 오스트리아의 손에 넘어갔을 때, 음험한 탈레랑이 부르봉 왕가의 부활을 주장했을 때, 자신이 부와 명예를 안겨주었던 군사령관이 피도 눈물도 없이 배반했을 때는 음독 자살하려 했었다.

　나폴레옹은 그 유명한 러시아 원정을 떠나야 했을 때, 패배할 것 같다는 예감이 들어서 자신이 적에게 잡힐지도 모른다는 두려움에 사로잡혔다. 그래서 외과의사 이반 남작을 자기 방으로 조용히 불렀다. 그러곤 그다지 고통스럽지 않게, 그러나 쉽게 죽을 수 있는 효과가 확실한 독약을 구해오라고 했다. 어쩔 수 없는 극한 상황에 몰렸을 때 사용하기 위해서 그 독약을 주머니에 넣고 다니려고 했던 것이다. 의사는 조제한 독약을 작은 주머니에 넣어 나폴레옹에게 주었다. 참담한 결과를 가져왔던 러시아 원정이 한창이었을 때, 나폴레옹은 그 주머니를 잃어버렸다. 파리로 돌아와서 그는 의사에게 똑같은 것을 다시 하나 더 만들어달라고 했다. 나폴레옹은 이번에는 그 독약을 시중을 드는 보석상이 만든 작은 상자 안에 담아 가지고 조끼 주머니에 넣고 다녔다. 그리고 1814년 3월 12일, 자정이 넘어 그는 작은 상자 안의 독을 먹었다. 그것이 굳게 믿어왔던 사람들에게 함락된 패배

마다가스카르 정복시 한 반역자의 자살

　　　　　　　　　　　　　자살에 관한 모든 것

감을 깨끗이 씻어버릴 수 있는 유일한 방법이라고 생각했던 것이다.

"죽음은 나를 원하지 않아"

즉시 중독 증상이 나타났다. 혼수상태에서 깨어나자 경련이 일어났다. 발작적 호흡이 증가하고, 사지는 경직되고, 위와 몸통이 뒤틀렸다. 나폴레옹은 금방이라도 죽을 것처럼 보였다. 물을 한 모금 마시게 하자 증상이 조금 나아지더니 독을 조금 토해냈다. 옆방에 있던 의사 이반을 불러서 말했다. "이봐, 이반. 당신이 준 독은 별 효과가 없나 봐"라고. 오후 늦게 위험한 고비를 넘기자 나폴레옹은 "모든 것이 나를 배신하는구나. 죽음마저도"라고 탄식했다. 그리고 "살아야만 한다. 죽음의 침대에서의 나보다 전쟁터에서의 나를 요구하는 이상, 나는 살아야 한다. 이런 일을 치르고 나면 인생을 끝까지 감당해낼 용기가 솟아오른다"라고 덧붙였다. 그 후 나폴레옹의 기력은 굉장할 정도로 빠르게 회복되었다. 나폴레옹은 자살미수 사건에 대해 이렇게 쓰고 있다.

"내 목숨은 이제 조국의 것이 아니다. 왜 이렇게 고통받아야만 하는가 하고 나는 생각했다. 아마 내가 죽어도 제왕의 자리가 아들의 것이 될 수는 없을 것이다. 프랑스는 구원받아야 한다. 나는 앞뒤 생각지 않고 침대에 몸을 눕히고 독을 녹여 알 수 없는 행복한 기대감에 젖어 그것을 마셨다. 그러나 시간이 너무 지나서 독의 효력이 상실되어 있었다. 너무나 고통스러워서 신음소리를 내자 그 소리를 들은 사람들이 나를 살리러 왔다. 신은 아직 내가 죽기를 바라지 않는다. 세인트헬레나 섬이 나의 운명이었다."

나치 고관들의 자살

독일군의 최고 지휘자 히틀러도 "나와 내 아내는 패배와 항복의 치욕을 씻기 위해 죽음을 선택한다"라는 유언장을 남기고 자살했다. 그는 자신의 명예를 지키기 위해 자살한 것이다. 자살하기 바로 전날 밤. 괴벨스가 히틀러를 위해 읽어준 책의 한 구절에는 "7년 전쟁의 암담했던 나날들에 실망했던 프리드리히 대왕은 행운이 찾아오지 않으면 음독 자살하겠다고 각료들에게 선언했다"라고 쓰여 있었다.

1945년 4월 28일에서 29일로 넘어가는 밤. 히틀러는 자신의 결의를 실행하였다. 5월 1일 오후 10시. 독일의 라디오는 베토벤의 7번 교향곡을 중단하고, 히틀러가 부인 에바 브라운과 함께 자살했다고 보도했다.

보도가 있기 이틀 전 보르만, 괴벨스 등 여러 사람이 히틀러의 침실로 들어가자 히틀러는 피로 얼룩진 소파에 누워 있었다. 그는 총을 입에 넣고 자살하였던 것이다. 바닥에는 2자루의 권총이 놓여 있었다. 한 자루는 에바 브라운의 옆에 있었지만 그녀는 총을 사용하지 않고 음독 자살하였다. 링게라는 비서와 한 사람의 수행 병사가 두 사람의 유해를 군용 모포로 쌌다. 히틀러의 발만이 모포 밖으로 나와 있었다. 보르만은 시체가 손상되지 않도록 히틀러의 운전수인 켐프카에게 히틀러의 유해를 직접 건네주었다. 켐프카는 시체를 친위대원 균센에게 인도하였다. 마침 뜰에 있던 두 명의 나치 친위대 보안계가 그 광경을 우연히 목격했다. 두 사람의 사체는 포탄 구멍 속에 넣어졌다. 2백 리터의 가솔린을 쏟아부었으므로 검은 연기 기둥이 치솟았고 지독한 냄새가 났다. 타오르는 불길에 켐프카가 가끔 가솔린을 더 끼얹었었다. 사체는 저녁 늦게까지 타올랐다.

히틀러는 자살하지 않고 항복하는 전투지휘관을 항상 경멸했었다. 스탈린그라드에서의 패배 후, 히틀러는 참모에게 말했다.

"그놈들은 자기들의 의지로 항복한 거야. 그게 아니라면 어떤 어려움이 있었다 해도 마지막 한 발로 자살했어야지. 모든 것을 잃은 것을 알고 칼로 자기 가슴을 찔렀던 옛날의 위대한 지휘관들을 본받았어야 마땅하지. 그놈들은 어째서 그렇게 비열한 짓을 한 거야? 나로서는 도저히 이해가 되지 않아. 목숨이라는 게 도대체 뭐야? 항복은 다른 수십만 명의 영웅적 행위를 더럽히는 짓이지. 이 세상의 비애로부터 해방되어 영원한 명성을 얻을 수도 있었는데……."

히틀러는 항복하느니 차라리 일본군처럼 죽음을 선택하라고 부하들에게 이야기했던 것이다.

실제로 히틀러의 말처럼 행동했던 사람도 있다. 육군 원수 웰터 모델은 휘하의 장군 30명이 독일의 루르 지방에서 러시아군에 포위되자 독약을 마시고 자살했다. 크레브스 장군과 부르그데르프 장군 외에도 많은 지휘관이 자살했다.

최고 간부로 자살한 사람도 있지만 최고지휘관이 자살하자 따라 죽은 군인들도 있다. 독일군의 제2인자였던 힘러가 바로 그러한 경우다. 에두아르드 카리크에 의하면 1945년 5월 23일, 힘러는 유르체나슈트라세 형무소 독방에서 특무 중사 에드윈 오스틴의 감시를 받고 있었다고 한다. 그곳에서 힘러는 두 번이나 정밀한 신체검사를 받았다. 그는 모든 것을 압수당한 상태였지만 의사가 입을 벌리라고 명령하자 검은 캡슐을 입에 집어넣었다. 영국인 의사가 캡슐을 삼키지 못하게 하려고 손가락 두 개를 넣어 토하게 했지만 힘러는 피가 나도록 손가락을 깨물었다. 사람들이 달려들어서 힘러를 엎어놓고 토하게 하기도 했다. 인공호흡도 해보고 위세척도 해보았지만 그 어느 것도 효과가 없었다. 시안화물이 온몸으로 퍼진 힘러는 죽었다.

특무 중사 오스틴은 자살 이틀 후, 힘러를 매장하라고 명령했다. 힘러의 시체는 모포에 싸인 채 전화선으로 묶였다. 전쟁이 끝난 후 오스틴에게 힘러가 묻힌 곳이 어딘지 몇 번인가 물어보았지만 오스틴은 결코 그곳을 밝히지 않았다.

보다 중대한 임무를 완수한 국가적 영웅인 독일 원수 괴링은 한때 히틀러가 후계자로 지명했던 인물이다. 그는 유럽에서 훔친 미술품을 60대의 트럭에 싣고 베를린으로 간 후에 체포되었다. 그는 다른 나치 고관에 비해 비교적 품격이 있었고 인격도 좋았다고 뉘른베르크의 국제군사재판소 사람들은 인정하고 있다. 하여튼, 나치 전범에 대한 교수형은 1946년 10월 16일 오전으로 예정되어 준비가 착착 진행되고 있었다. 처형식이 있기 약 2시간 전에 앤드류스 대령은 취재 허가를 받는 8명의 기자들에게 "유감스럽게도 괴링은 자살했다"고 말했다. 괴링의 죽음에 대해서는 아무것도 정확히 밝혀지지 않았다.

그가 마신 앰플이 어디서 어떻게 입수한 것인가에 대해서 온갖 추측이 나돌았다. 괴링의 부인이 독약이 든 앰플을 입안에 몰래넣어 가지고 가서 작별의 키스를 할 때 남편에게 주었을 수도 있다. 체포되었을 때, 앰플을 위장 부분에 난 상처 구멍에 몰래 숨기고 있었다는 설도 있지만 자세한 내막은 지금까지 밝혀지지 않았고 그가 책상에 남겨두었다는 세 통의 편지 내용 역시 전혀 밝혀지지 않았다.

히틀러는 정말 자살한 것일까?

—

1945년 5월 2일 소련군 사령관은 "최종적으로 히틀러의 것으로 확인할 수 있는 사체는 발견되지 않았다"라고 선언하였다. 또 다른 소련 사람은 히틀러의 부인 에바 브라운의 검게 그을린 시체를 확인했다고 발표했다. 사체 부검 조사에 서명한 것은 법의학 감정사 슈카라프스키였다. 그 후 27년간 히틀러의 자살에 많은 사람들의 관심이 모아졌다.

물론 온갖 구구한 억측들이 난무했다. 이를테면 히틀러가 부에노스아이레스에 있다든가 파라과이에 있다는 얘기부터 콧수염을 깎고 금발로 변장해 살아가고 있다는 등이다.

1972년 9월 29일 제 6회 국제법의학회에서 두 명의 치과 의사가 히틀러의 주변 사람 40명이 증언한 내용을 토대로 하여 히틀러와 그의 아내의 자살이 사실이라는 것을 증명하였다. 소각된 사체가 히틀러와 똑같이 생긴 가짜 히틀러가 아니라 틀림없는 진짜 히틀러라는 결정적인 증거는 바로 사체의 치아였다. 치열은 사람마다 모두 다르며 또 불에 타지도 않기 때문이다. 치열에 의한 히틀러의 사체 확인은 전쟁 이후에 정식으로 이루어졌다.

히틀러의 병원 진료 카드를 가지고 있는 의사가 어딘가에 살아있을 것이라는 판단이 그런 확인을 가능케 했다. 치아가 좋지 않았던 히틀러는 치과 치료를 받아야 했고 1934년부터 45년까지 치과 의사 브라슈케의 치료를 받았다. 이 의사의 주소를 알아냈지만 그가 모든 자료를 가지고 있었던 것은 아니다. 히틀러가 자살했던 지하호에는 브라슈케 외에도 다른 의사들이 있었다는 것이 비서에 의해 밝혀져서 러시아군은 그 의사들도 찾아냈다.

그들이 내부 기밀 자료를 갖고 있었다는 사실을 인정한 것은 1968년이었다. 죽은 사람의 치아와 지하에서 발견된 브라슈케의 사진 자료를 과학적으로 연구한 결과, 매장한 것은 틀림없는 히틀러의 유해라는 것이 밝혀졌다.

그러나 1972년 9월 25일 〈렉스프레스〉지에서 쉠라는 다음과 같이 기록하고 있다. "이 보고서의 발표로 논쟁의 종지부를 찍을 수는 없다. 서독의 신문은 러시아 군이 시체의 나머지 부분을 찾아내지 못했다고 단언하고 있다.

레프 베지멘스키의 자료에는 히틀러의 것으로 볼 수 있는 턱 사진이 포함되어 있기는 하지만, 히틀러의 치과 의사의 조수가 대충 선을 그려낸 내용은 히틀러가 생전에 촬영한 치아의 X선 사진과는 일치하지 않았다. 그렇지만 보고서에서는 소련의 군사 전문가가 지하호에서 어떻게 해서 증거 자료를 수집했는가에 대해서도 자세히 기재하고 있다. 그 자료는 서류 파일에는 첨부되지 않았다. 그것이 혹시 절대적인 자료가 될 수 있을지도 모른다."

자살에 관한 모든 것

동방의 자살

중국에서도 군사적으로 패배했기 때문에 자살하는 일은 놀라우리만치 많이 일어났다. 호우코우, 리체오우틴, 리이옌, 리창오우 등 유명한 장군과 군사령관, 총사령관이 자살하는가 하면 황제가 자살한 경우도 있다. 자살한 것으로 알려진 황제만도 6명이나 된다.

송나라의 마지막 황제의 최후는 특이했다. 매우 어렸던 황제는 국정의 대부분을 승상의 판단에 의존하고 있었다. 원나라 군대의 해군 함대가 송의 최후의 병력을 광동 앞바다에서 무너뜨리자 육군 승상은 이제 더 이상 가망이 없다는 것을 알고 어린 황제를 팔에 안은 채 "수치스럽게 항복해서 선조의 명예를 더럽히느니 차라리 죽는 것이 낫습니다"라고 하면서 바다에 뛰어들었다.

중국의 역사에서는 번창했던 명나라가 멸망했을 때 황제 의종이 자살한 것을 중요하게 다루고 있다. 적이 북경으로 들어오자 의종은 승리자에게 혈서를 써서 가신을 구해달라고 요청했다. 그러고는 딸을 불러 칼로 찌른 후, 자신은 나무에 목을 매었다. 왕비와 수상, 총신도 황제의 뒤를 따랐다. 황제가 34세 때의 일이다.

20세기 초 중일 전쟁시 중국군이 패배하여 상처를 받고 있었던 황제는 일본군이 북경으로 진군한다는 소식에 견딜 수가 없어서 명나라 의종의 뒤를 따르려고 했다. 그는 주변 사람들에게 "나는 내가 해야 할 일을 잘 알고 있다. 명나라 마지막 황제가 목을 맨 공원의 나무에는 아직 가지가 남아 있다"라고 말했다.

일본인 대살육

서양에서는 전투에서의 패배가 불명예스러운 것만은 아니라고 생각하지만 동양의 일부에서는 패배를 절망적인 것으로 여기는 것 같다. 군지휘관뿐만 아니라 군 전체가 집단 자살하는, 어찌 보면 시대착오적인 상황도 발생하고 있는 것이다.

버나드 밀롯은 미국의 군사관계 서류에 근거하여 다음과 같은 일을 전하고 있다. 1945년 6월, 오크 만에서 일본군의 진지에 백기가 올라갔다. 일본에서는 백기를 내건 적이 거의 없었기 때문에 미국 측에서는 이것이 항복의 의미일 것이라고 생각했다. 그러나 상황은 전혀 그렇지가 않았다. 일본 군인들이 미군 앞에 나타나서 일본의 용감한 사병들이 조용히 자살할 수 있게 발포를 중단해달라고 요청했던 것이다. 미군은 너무나 놀라서 이 사태에 어떻게 대처해야 할지 망설였지만 결국은 그들의 청을 받아들였다.

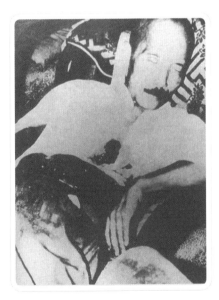

토요는 할복이라는 전통적 방법과는 달리
권총으로 자살했다.

몇 시간이 지난 후 미군이 조심스럽게 일본군 진지로 다가가자, 수백 명의 일본 사병들이 자살해 있는 것이 눈에 띄었다. 그들은 서로 총을 쏘거나 폭탄, 유탄을 사용해 자살했던 것이다. 자살에 실패한 3백 명가량의 부상자들은 일본인 의사의 치료를 받고 있었다. 이 광기 어린 자살 광경을 목격한 일부 시민들마저 군인들에게 죽여달라고 하기에

자살에 관한 모든 것

이르렀다. 일부 시민들은 손에 손을 잡고 깎아지른 절벽 끝에서 뛰어내렸다. 어떤 아버지는 아들의 목을 자르기도 했고, 목을 매는 사람도 있었다. 이 무시무시한 집단살육은 이틀간이나 계속되었다.

1945년 6월 10일, 미군이 절벽 끝으로 가보았을 땐, 절벽 아래쪽에 수백 구의 시체가 나뒹굴고 있었다. 미국 측에서는 이러한 광기를 막아보려고 갖은 애를 썼지만 그들이 구해낼 수 있는 것은 아주 어린아이들 뿐이었다. 어른들은 포로로 사로잡는 것조차 불가능했다.

이 경우에서 볼 수 있는 것처럼 태평양전쟁에서 일본은 집요하고 강인한 저항 의지를 보여주었다. 인류사에서 미개인종을 제외하면 어떤 민족, 어떤 군대도 이 정도의 대규모 집단 자살을 감행한 경우는 없다. 일본군은 정신상태가 특수한 경우였다는 점은 확실히 해둘 필요가 있겠다. 그런 용감성, 자기희생, 영웅적 행위는 죽고 나서가 아니면 어떠한 훈장으로도 보상받을 수 없는 것이다. 특수한 정신상태를 가진 사람이 아니라면 이러한 일을 당연한 것으로는 생각할 수 없기 때문이다.

흔들리지 않는 관계

제2차 세계대전 이후 25년간 수백 명의 일본 군인이 정글에서 전사했다. 전쟁은 끝났고 신생 일본이 탄생했다는 사실을 4반세기 동안이나 모르고 있던 사람도 있었다. 항복을 알리는 히로히토 천황의 목소리가 라디오를 통해 들려오자 일본은 울음바다로 변했다. 많은 군인들이 할복자살했다. 일본 무사의 전통에 따른 것이다.

육군 대장 아나미 고레치카阿南惟幾는 부친의 기일이었던 8월 14일, 다음 날 있을 천황의 항복 성명을 듣지 않기 위해서 자살했다. 그는 조상 대대로 전해 내려온 두 자루의 칼을 꺼내 한 자루는 이복동생에게 주고 다른 한 자루로 할복자살했다.

아나미는 미리 옷을 갈아입고 있었다. 천황에게 하사 받은 와이셔츠로 갈아입고 군복을 입은 후 훈장을 모두 달아서 복장을 완전히 갖추었다. 그러고는 조끼를 벗어서 죽고 나면 입혀달라고 가족들에게 말했다. 와이셔츠 소매 끝에 죽은 아들의 사진을 넣었다. 그런 다음 툇마루에서 천황이 있는 곳을 향해 무릎을 꿇고 왼쪽 옆구리 깊숙이 칼을 찔렀다. 이복동생이 들어왔을 때는 경동맥을 끊으려는 찰나였다. 이때, 전화벨이 울렸다. 육군 차관이 아나미와 통화를 하려고 했던 것이다. 동생이 할복했다고 말하자 차관은 전화를 끊었다. 아나미는 또다시 호흡을 했다. 이복동생은 몇 시간 전에 아나미에게서 받은 칼로 그의 마지막 숨통을 끊어주었다. 아나미의 책상에는 "일본의 불멸을 확신하며"라는 간단한 메모가 남아 있었다.

2차 대전 후 몇 년 동안 일본의 자살자 수는 놀라울 정도로 늘었다. 1945년부터 55년 사이에 일본에서 자살한 사람이 세계 총 자살자 수의 7~8%를 차지할 정도였다.

오늘날의 현실

전투에서 패배한 것에 대한 유일한 해결책이 죽는 것이라고 생각해서 군인들이 자살하는 것을 옛날에나 있었던 것으로 생각하거나, 이성을 잃은 인간의 몰지각한 행위로 생각해서는 안 된다. 종교를 인정하지 않는 인간의 야만적인 행위로 생각해서도 안 된다. 그러한 자살은 자살 당사자로서는 고민에 고민을 거듭한 끝에 하게 되는 것이고 또 오늘날

자살에 관한 모든 것

에도 엄연히 일어나고 있는 일이기 때문이다.

1954년 베트남의 디엔 비엔 프에서의 필로트 대령의 자살도 그런 류의 것이었다. 방어진지의 포병대 지휘관이었던 그는 베트콩이 비행장에 접근하는 것을 더 이상 막을 수 없다고 판단했다. 베트콩의 포병대는 항상 움푹하게 패인 땅으로 내려가는 경사면에 진영을 배치했으므로 필로트 대령은 베트콩 진지를 쉽게 찾아낼 수 있을 것이라고 생각했다. 그래서 그는 베트콩을 이틀 만에 전멸시키려는 작전을 세웠다.

5월 15일, 공격 개시 이틀 후 그는 자신의 판단이 잘못되었음을 알게 되었다. 자기가 확신했던 것들을 다시 곰곰이 되새기면서 그는 패배가 다가왔음을 깨달았다. 이미 수도 없이 널려 있는 시체도 자신의 책임이었다. 그는 대피소로 달려가 벨트에 있던 수류탄을 집어들어 안전핀을 뽑고 발밑에 놓았다. 세네갈의 병사가 가슴과 머리가 파열된 대령의 사체를 발견했다. 진영의 사령관이었던 카스트리 대령은 "필로트 대령 전장에서 죽다"라는 전보를 하노이로 보냈다.

1974년 초, 산속에 피난해 있던 이라크의 쿠르드족 3백 명은 바그다드군에 항복하기보다는 차라리 자기들 손으로 죽는 길을 택했다. 다음 해인 1975년, 공산주의자가 사이공에 들어가자 남南 베트남의 14명의 장군이 총으로 자신들의 머리를 쏘아 자살했다. 많은 군인들이 따라 죽었다.

chapter 4

희생적 자살

자기희생은 '무언가를 위해서', '자신의 목숨을 바치는 것'이다. 듀우틴, 베이에, 란스베르그, 도우에 등의 위대한 사회학자, 모랄리스트, 철학자는 자살과 자기희생을 같은 것으로 보았다. 그러나 할위치와 에스킬로르 등과 같은 사람은 자살과 자기희생을 별개의 것으로 생각했다. 현대의 사회과학에서도 이렇게 양쪽 의견이 대립하고 있다.

그것이 자살이냐 자기희생이냐 하는 것은 대부분의 경우 사회가 가지고 있는 가치판단에 의해 구별된다. 그 행위가 사회를 위한 것인지 아닌지를 판단하는 것도 사회다. 사회가 그 행위를 인정할 경우, 사회는 그러한 자기 파괴를 자살과 동일시하지 않고 이것을 승화시켜 자기희생이라고 한다. 예를 들어, 1942년에 촬영된 나치의 초대작超大作 영화의 마지막 장면은 여주인공이 "나는 조국을 너무나 사랑했습니다. 그래서 죽어야만 합니다"라고 말하고 자살하는 것으로 되어 있다. 이것은 괴벨스가 독일 제국의 위대함을 선전하기 위해 의도적으로 집어넣은 것이다.

자살이라고 하든 자기희생이라고 하든 그 행위의 근본은 같다. 다만 그러한 행위에 미치는 감정적, 정열적, 그리고 이성적 성격이 다를 뿐이다. 여기서 우리는 가치 체계를 결부시키지 않는 것까지는 설명할 필요가 없고, '희생적 자살'이라는 특별한 '자기 죽음'에 대해서만 이야기하려고 한다.

앞서 다루었던 방식과 마찬가지로 여기서도 일반론으로서의 '희생적 자살'이 아니라 구체적인 사례들을 들 것이다. 그 사례들은 형태도 상황도 가지각색이고 사례 하나 하나가 특별하고 명확한 목적을 갖는다. 따라서 '희생적 자살'을 한마디로 정의한다는 것 자체가 어려운 일이다. 그러나 그 보편적인 특징을 들자면 그것은 '희생적 자살'이 갖는 이익을 들 수 있다. 즉 자살하는 사람은 자신의 죽음으로 인해 남아 있는 다른 사람들에게 도움이 되기를 바라거나 상황이 변화되기를 원한다. '보다 나은 상태'를 누리는 대상은 공동체 전체일 수도 있고, 한정된 사회 집단일 수도 있고, 단지 한 개인일 수도 있다.

더 많은 사람들을 위한 자기희생

희생적 자살을 하는 사람이 남에게 주고자 하는 '이익'이 불확실한 경우도 있다. 이런 자살은 보다 많은 사람들을 위해, 또는 일반적인 이익을 위해 헌신하려는 경우가 대부분이다. 그러한 행위를 하려는 자가 기대하는 것은 자기희생이 이후의 상황을 변하게 하는 데 영향을 미치는 것이다.

목숨을 바친 최고의 희생자라면 쿠르티우스를 제일 먼저 거론하지 않을 수 없다. 특별한 헌신을 의미하는 '쿠르티우스의 틈새'라는 표현은 바로 그 사람의 이름에서 유래된 것이다.

기원전 4세기 로마의 광장 앞에 커다란 틈새가 하나 생겼다. 마을에서 가장 활력이 되고 있는 것을 꽂지 않으면 닫히지 않는다는 신의 계시가 내렸다. 그 당시는 모든 신분 중에서 전사戰士가 가장 높게 존중받고 있었다. 따라서 로마 시민이라면 누구나 군인이 마을에서 가장 활력이 되고 있다는 사실을 믿어 의심치 않았다. 그때 마르쿠스 쿠르티우스라는 젊은 귀족이 완전무장한 채 말을 타고 갈라진 틈새 앞에 나타났다. 그러곤 광장에 모여 있던 로마 사람들이 지켜보는 가운데 그 갈라진 틈으로 몸을 던졌다. 그러자 틈새가 닫혔다고 한다.

집정관 데시우스 뮤즈의 최후도 이와 비슷한 성질의 것이었다. 기원전 4세기. 뮤즈는 파르테스군과 대결하는 로마군을 지휘하고 있었다. 그때 한 무녀가 자기는 신에게 산 제물을 바치고 계시를 받았다면서 지휘관이 목숨을 바치는 쪽의 군대가 이길 것이라고 했다. 이 말을 들은 데시우스 뮤즈는 아테네의 왕 코드로스가 자신의 군대에게 승리를 안겨주기 위해 자살했던 것처럼 자기도 자살했다. 뒤에 그의 두 아들도 신의 계시를 받아 한 명은 갈리아로부터 승리를 얻기 위해, 또 한 명은 에피로스의 왕 피루스를 무찌르기 위해 자살했다.

위의 경우와는 달리 희생적 자살을 하는 사람이 바라는 이익이 매우 얻기 힘들다거나 너무 추상적인 것일 수도 있다. 1760년에 일어났던 프랑스 지휘관 루이 아사스의 죽음은 효과가 불확실한 유형의 희생적 자살이었다. 오베르뉴의 연대장이었던 아사스는 그 비극의 날에 겨우 17세였다. 그날 그는 혼자서 야영장 옆에 있는 숲으로 가서 적의 기습을 피하기 위해 탐색을 하고 있다가 적군 병사들에게 포위되었다. 적군 병사들은 이 프랑스 지휘관을 생포하여 자신들의 진영으로 돌아가려 했다. 그러나 그들은 곧 다저스가 자해하는 모습을 보아야만 했다. 다저스는 자기편에게 위험을 알리기 위해 "오베르뉴인이여, 여기 적이 있다!"라고 소리를 지른 후, 자기를 겨누고 있는 총칼을 배로 당겨 자살했던 것이다.

또 다른 유명한 예는 3백여 명의 카르타고인들이 모두 자살한 사건이다. 그들은 시칠리아 왕 아가토클레스가 공격을 해오자 이에 위협을 느껴 농사의 신 사투르누스에게 모두 몸을 바쳤다.

뭐니뭐니 해도 희생적 자살 중에서 가장 유명한 것은 로마 황제 오토의 죽음일 것이다. 전기 작가 수에토니우스의 표현대로 그는 한 사람을 위해 모두가 죽는 꼴을 보는 것보다는 모두를 위해 한 사람이 죽는 쪽을 택했다.

오토의 부대는 베드리악에서 로마 원로원이 보낸 마르쿠스의 군대와 대항하여 싸우다가 패배했다. 그러나 오토의 병사들은 마지막 피 한 방울까지 오토에게 바칠 것을 맹세했다. 플루타르크의 기록에 따르면 용감한 병사 한 명이 황제 앞으로 나아가 "우리들은 모두 황제를 위해 죽을 각오가 되어 있습니다"라고 말하고 자살했다. 그러나 전쟁을 계속할 생각이 없었던 오토는 "이 싸움은 한니발하고 하는 것도 피로스 왕과 하는 것도 아니다. 로마인하고 하는 것이다. 승리하나 패배하나 조국을 욕보이는 건 마찬가지다. 내 나라 사람들의 평화, 단결, 화합을 위해, 그리고 이탈리아에 이러한 날이 두 번 다시 오지 않도록 하기 위해……. 나는 목숨을 바침으로써 진정 강한 사람이 되고 싶다"라고 했다.

전투에 패배한 그날 밤. 오토는 내전에 대한 혐오감에 사로잡혀 자살을 결심했던 것이다. 부대원을 모아놓고 연설 대신 자신의 의지를 밝혔다.

"자신의 최후에 대해 지나치게 말을 많이 하는 것은 그것 자체가 비열한 짓이다." 말을 마치고 텐트로 들어간 그는 단도를 베개 밑에 두고 잠이 들었다. 새벽녘에 눈을 뜨자 단도를 손에 쥐고 왼쪽 가슴 아래를 깊숙이 찔렀다.

항의를 위한 희생과 자살

—

반공산주의

1977년 2월, 알렌 에스코피에르라는 청년은 에어로플로드 소련 항공의 파리 사무소에서 분신자살했다. 공산주의 국가에서 만연한 인권 침해에 항의하기 위해서였다.

출판사에 대한 항의

1979년, 유엔 역사상 처음으로 뉴욕의 국제연합 건물에 있던 수천 명이 건물 밖으로 도피하는 소동이 벌어졌다. 로버트 보던이라는 사람이 소형 세스너 비행기를 조종하여 국제연합 건물에 충돌하겠다고 협박했던 것이다.

61세의 이 호주인은 자기가 쓴 『사랑의 위증자의 고백』이라는 책을 출판하면서, H&B 출판사가 충분한 광고를 해주지 않았기 때문에 자폭할 것이라며 세 시간 이상 국제연합 건물 위를 돌면서 협박을 계속했다. 당국은 만약의 사태에 대비해 국제연합 건물 가까운 곳에 수백 명을 수용할 수 있는 가설 병원을 2군데 설치했다. 그러나 연료가 떨어지자 이 '자폭기'는 가디아 공항의 활주로에 얌전히 착륙했다.

운하의 특권을 위해

스톡홀름의 북미 대사관 앞에서 망명 기자 레오폴드 아라곤이 분신 자살했다. 파나마 운하에 대한 '역사적 배반'인 카르터트리포스 조약에 대해 항의하기 위해서였다.

한국 학생의 미문화원 점거

1985년, 약 백 명의 한국 학생이 미국 문화원을 점거했다. 그들의 점거는 군부독재체제에 있는 한국 정부를 미국 정부가 지원하는 데 항의하기 위한 것이었다. 그들은 경찰이 폭동을 진압하기 위해 건물을 습격하면 자살하겠다고 했다. 한국인이라면 충분히 그렇게 할 수 있다고 이해하고 있었던 한국과 미국 정부는 학생들의 위협을 가볍게 받아들이지 않고 공권력의 개입보다는 교섭 방법을 찾았다.

집단적 희생

일부 철학자들에 의하면 강한 정열이 승화된 '자기희생'에는 여러 사람이 한 가지 목적을 위해 목숨을 바치는 경우도 있다고 한다. 마을을 구하기 위해 죽음을 결의한 6명의 칼레 시민들을 그 대표적인 예로 들 수 있다.

1347년, 영국 왕 에드워드 3세는 칼레 시를 기근으로 몰아넣었다. 일 년 동안이나 계속된 칼레 시민의 저항에 군의 정예부대를 잃은 왕은 주동 인물 여섯 명을 가려내라고 했다. 칼레의 시민들은 두려움에 떨면서 불안한 눈으로 서로를 쳐다보았다. 그때 시민들 속에서 유스탓슈드 생 피에르라는 사람이 앞으로 나섰다. 그러곤 이렇게 말했다.

"귀족 여러분, 칼레의 시민 여러분. 내가 여러분을 위해 죽을 수 있도록 신께서 허락해주시리라 믿습니다. 내가 그 첫 번째 사람이 되겠습니다."

유스탓슈의 뒤를 이어 그의 사촌이 자진해서 앞으로 나왔다. 다음에 쟈크와 피에르라고 하는 위산 형제가 나왔다. 그리고 역사에는 이름이 남아 있지 않은 2명의 인물이 다섯 번째와 여섯 번째 희생자가 되기로 했다.

에드워드 3세는 즉시 그들을 고문 장소로 끌고 가라고 명령했다.

칼레의 부르주아들

자살에 관한 모든 것

"교수대로 보내지 마세요!"

유명한 희생적 행위가 실행되려는 순간, 황태자와 함께 있던 왕비가 나섰다. 칼레 시민을 대표해서 '희생'하려고 했던 여섯 사람은 왕비의 호소를 받아들인 에드워드 3세에게 사면을 받게 되었다.

희생적 자살이 반드시 공적인 이익을 위해서만 이루어지는 것은 아니다. 자살자의 개인적이고 한정된 테두리 안에서 이루어지는 경우도 있다. 남을 위해 희생하려는 생각이 과장된 헌신으로 드러나는 경우도 있지만 어쨌든 이러한 행위는 고결한 마음, 남을 사랑하는 마음에서 나오는 것이다.

1855년, 아내와 몇 명의 자녀를 둔 베네치아인 회계원은 가족의 생활비를 마련할 수 없게 되자 자살했다. 그에게는 법률관계 일을 하는 형이 있었다. 그는 형에게 몇 번이나 도와달라고 부탁했지만 형은 "네가 없다면 그때 가족을 돌봐주겠다"라는 답장만을 보내왔다. 이 편지를 받고 상심한 그 남자는 조용히 준비를 마치고 목을 매었다. 그의 시체 옆에는 형에게 보내는 편지가 있었다.

"내가 없어진 지금, 나의 가족을 돌봐주시겠지요."

너무나 성급히 목숨을 버렸던 그 회계원은 후회의 말도, 비난의 말도 일체 남기지 않았다.

희생적 자살이 가져다주는 '이익'이 죽는 그 자리에서 바로 얻어지는 수도 있다. 조국을 위해 몸을 바친 '피레네 형제'가 바로 그런 경우였다. 카르타고와 시리아는 오랫동안 계속된 전쟁을 끝내기 위해 각각 자기 편의 사람을 두 사람씩 같은 시각에 출발하게 해 그들이 만나는 곳을 서로의 영토의 경계로 하기로 했다. 출발 시간을 어긴 쪽은 죽인다는 것도 정했다. 카르타고에서는 피레네 형제가 나가기로 하였다. 그들은 저간의 사정을 충분히 알고 있었지만 약속 시간보다도 조금 빨리 출발하였고 덕분에 시리아 쪽에 가까운 곳에서 시리아에서 출발한 사람들을 만나게 되었다. 따라서 카르타고는 시리아보다 많은 영토를 가지게 되었다.

나중에 피레네 형제는 약속대로 생매장되었다. 카르타고인들은 조국의 발전을 위해 목숨을 바친 두 사람의 유해를 그들이 시리아인들을 만난 곳에 묻어주고 제단을 세워주었다. 이 제단은 나중에 두 나라 영토의 경계를 표시하는 이정표가 되었다.

목숨과 목숨의 교환

희생적 자살 중에는 단순히 '목숨의 교환'이 이루어지는 것도 있다. 이 경우 서로가 원하는 '이익'은 다른 사람의 목숨이다. 역사가 발레르 막심에 따르면 시라쿠스의 군주 게론왕의 일가족은 반란을 일으킨 폭도들에 의해 살해되었다. 폭도들은 도망친 왕의 딸 하르메니를 찾고 있었다. 공주와 같은 나이의 딸이 있었던 공주의 유모는 자기 딸에게 공주의 옷을 입혀 몹시 흥분되어 있는 반란자들에게 보냈다. 사실을 밝히지 않으면 유모의 딸은 사형에 처해질 운명이었다. 그러나 그녀는 공주가 아니라는 사실을 자백하기보다는 죽음을 선택했다. 유모 딸의 이러한 영웅적 태도에 감동한 공주는 자기가 공주라는 사실을 밝혔다. 그리고 유모의 딸과 운명을 같이했다.

1936년에 있었던 오카다 마츠오의 죽음도 이런 종류의 것이었다. 마츠오는 당시의 일본 수상 오카다 게르수께의 매부였는데 이 두 사람은 놀라우리만큼 닮았었다. 어느 날 밤 반란을 일으킨 폭도들이 오카다 수상의 관저로 침입하였다. 중국에 병력을 확대하려는 정부에 대항해 반란을 일으킨 폭도들은 '서양의 불가사의한 힘'에 예속되는 정부를 비난하면서 일격을 가해왔던 것이다. 이미 고타로 대장은 총을 맞고 쓰러진 채 이불 위에서 목이 베였고 여러 명의 정부 각료가 총을 맞은 상태였다. 사태가 급박해지자 마츠오는 자기가 수상이라고 말했고, 그 자리에서 즉각 살해되었다. 그때 수상은 벽장에 숨어 있었고 24시간 후에는 거기서 나와 다시 정부의 최고 자리에 복귀했다.

매우 드문 일이지만 한 사람의 목숨을 구하기 위해 여러 사람의 목숨이 희생되는 경우도 있다. 살라미스 해전에서 패배한 크세르크세스 왕이 흑해를 건너가던 중에 갑자기 심한 폭풍우를 만났다. 선장은 왕에게 나아가서 짐들을 당장 배 밖으로 던져버리지 않으면 왕의 목숨이 위태롭다고 말했다. 그러자 페르시아의 귀족들이 모두 차례차례 왕 앞으로 나가 무릎을 꿇고 하직 인사를 하고는 바다로 몸을 던졌다.

단식 자살

단식 자살은 고대에는 특히 종교적 문제와 관련되어 흔히 있어왔지만 현대에도 자주 발생하고 있다. 1995년 초, 프랑스에서는 교도소에서 배식을 거부한 채식주의자 4명이 죽는 것을 방치한 죄로 교도관이 유죄 판결을 받은 적이 있다. 현대에 와서는 단식이 위협 수단으로 자주 이용되고 있는 셈이다.

단식 자살을 하는 사람들은 대부분이 국수주의 투사들이다. 자살을 막기 위해 교도소 측이 강제로 음식을 먹이는 경우도 있지만 정치권력과 결부된 경우에는 단식으로 죽음에 이르는 경우도 있다. 이를테면 IRA(아일랜드 공화국군)는 항상 단식투쟁을 무기로 삼았다. IRA의 수많은 지도자들이 내전 중에 투옥되어 단식 투쟁으로 사람들의 이목을 끌면서 죽어갔다. 그중에서도 프랑시스 휴즈, 보비 상드, 프라이즈 자매 등이 이름을 남겼다.

어떤 경우에건 단식 투쟁을 하는 사람들의 목적은 비극적인 방법을 사용해 사람들의 이목을 집중시키고, 죽겠다고 위협하여 자신들의 이념을 알리는 것, 그리고 해결책이 보이지 않던 상황을 변화시키는 것이다.

고위 성직자들의 '단식 투쟁에 의한 자살'에 대한 의견은 크게 두 가지로 분류된다. 프랑스의 유력한 성직자들 대부분과 웨스트민스터 사원 대주교는 '죽음에 이르는 단식투쟁은 폭력이다. 이것을 신의 의지에 부합된다고 볼 수 없다'라고 생각하고 있지만, 교황청 내의 일부에서는 단식투쟁에 대해 얼마간의 종교적 정당성을 인정하고 있다. 그러나 단식에 의한 자살과 희생은 구별할 필요가 있다. 희생은 '신에게의 경의', '영혼의 구제', '동포에 대한 봉사' 같은 대의를 위해서 누군가 목숨을 버리거나 그 지경에 이르는 것이다.

단식투쟁이 정당화되려면 적어도 세 가지 조건이 갖추어져야 한다. 정당한 이유가 있을 것, 최후의 유일한 수단일 것, 성공 가능성이 있을 것.

알랭 우드로는 〈르 몽드〉지에 다음과 같이 썼다.

"단식 투쟁은 다른 사람을 위해서 해야지 자기 자신을 위해서 하는 것은 안 된다. 자신의 목숨을 다른 사람을 위해 버리려는 각오로 앞에서 말한 조건에 따라 벌이는 단식투쟁은 최고의 이타주의라 할 수 있다."

자살에 관한 모든 것

이성적인 측면

죽음이 눈앞에 닥쳤을 때 미리 자살해버리는 종류의 희생적 자살은 이성적 자살 혹은 이성적 요소를 지닌 자기 파괴라 할 수 있다. 레지스탕스 운동을 한 사람들 중에는 고문을 당하지 않기 위해 자살하거나, 자백하게 될지도 모른다는 두려움 때문에 자살한 사람도 있다. 또 적에게 약한 모습을 보이기 싫어서 자살한 사람도 있다. 이들은 모두 이성적인 자살을 했다고 할 수 있다.

제2차 세계대전 때 레지스탕스의 최고 간부였던 피에르 브로솔레트는 동료들을 지키기 위해 용기 있게 자살을 택함으로써 이러한 종류의 자살의 본보기가 되었다. 여러 날 계속되는 고문을 받아서 그는 너무나 지쳐 있었고 참기 어려운 고통에 시달리고 있었다. 고문실에는 책상과 욕조, 그리고 여러 가지 고문용 도구들이 놓여 있었다. 그는 스스로에게 "약한 모습을 보이지 않고, 부인하지도 않고, 동지들의 이름을 밝히지 않고, 배신하지도 않으면서 얼마나 오랫동안 이런 폭력을 견딜 수 있을 것인가?"라는 질문을 던졌다. 잠깐 간수가 보이지 않았을 때, 그는 팔꿈치로 기어서 창문까지 갔다. 창 바로 아래에는 발코니가 있었고 거기서 떨어지면 그대로 끝장이었다. 그는 거의 필사적인 노력으로 물받이 홈통을 통해 그 발코니로 미끄러졌다. 유리창 너머로 이 광경을 본 간수가 놀라서 뛰어갔지만 이미 때는 늦은 뒤였다.

어떤 희생적 자살은, 자살하는 사람이 심사숙고한 끝에 순전히 자기의 의지로 최후를 맞는 경우도 있다. 자살자가 적극적이고 직접적으로 자살을 실현하는 이런 종류의 희생적 자살은 어떤 확실한 목적을 이루기 위해 이성적 수단으로 자살을 이용하는 경우이다. 일종의 손익계산을 해본 후 죽는다는 것이다. 수단으로서의 자살을 이용한 예로 가장 완벽한 것은 각 개인의 자살을 전체 전략의 일부로 짜 넣은 가미카제 특공대이다. 가미카제 특공대에 대해서는 뒤에서 다시 이야기하기로 하자.

비이성적 자살도 표면적으로는 같은 논리로 비칠 수 있다는 점도 염두에 두어야겠다. 예를 들면 파스퇴르 덕분에 광견병에서 벗어날 수 있었던 알자스 사람 요셉 메이스터는 자기가 독일인의 통역을 맡은 것에 혐오감을 느껴서 목을 매었다. 이것을 영웅적 희생이라고 해야 할까, 아니면 사소한 일에 목숨을 건 비이성적인 죽음이라고 해야 할까?

다시 가미카제에 대해 얘기하자면, 그들의 희생적 자살은 그런 행위를 통해 전쟁에서 이길 수 있으리라고 생각했다는 점에서는 완전히 이성적인 것이었다. 그러나 미군이 가미카제식 공격에 대처하는 방법을 알아내자 가미카제 효과는 조금씩 떨어졌다. 그 후로는 자살기를 몰고 가는 비행사들이 자기들의 행동이 전혀 소용없는 전략이라는 것을 알면서도 자살했다. 이 경우, 그들의 자살은 비이성적인 것이 된다. 그럼에도 불구하고 가미카제식 자살이 전쟁이 끝나는 날까지 계속되었던 것은 가미카제 대원들이 불명예스럽게 패배하고는 살아남고 싶지 않다는 생각, 또 기왕 죽을 바엔 가능한 한 많은 적을 죽이고 나서 죽겠다는 생각을 했기 때문이다. 그때는 이미 자살 동기가 공동의 이익을 위한 것이 아니라 개인적인 것이 되어 있었던 것이다.

가미카제 서사시
가미카제는 신도神道와 불교의 영향을 많이 받은 일본 사람들의 독특한 사고방식 때문에 가능했다. 일본 역사를 살펴보면 일본인들은 오랫동안 신도와 불교의 영향을 받았기 때문에 자기희생에 대한 저항이 적었다는 것을 알 수 있다. 죽은 사람은 항상 존경받고 죽어서도 완전히 잊히는 것이 아니라는 확신. 그것에 의해 생기는 죽음에 대한 경시. 헌신과 자기희생이라는 일본인의 대원칙. 육체의 미덕이 정신적 미덕과 동일시되는 현실. 이러한 모든 것들이 정신력과 어우러져 가미카제라는 전술상의 무기가 만들어졌던 것이다. 가미카제의 최종 목적은 인간 폭탄으로서 목표물에 몸을 던지는 것이었는데 이 일은 갑자기 행해지는 것이 아니라 며칠 전, 혹은 몇 주 전부터 준비된다.

서양 사람들도 최악의 경우에는 개인적으로 충동적인 자기희생을 하기는 하지만 계획적으로, 흥분 상태에서 하는 집단 자살에는 부정적이다. 따라서 가미카제가 나타났을 때, 국제 여론은 일본의 공군을 흥분한 변태 내지는 광신적인 로봇이라고 생각했다.

가미카제가 일본의 무사들에게서 배운 것은 고통을 이겨내는 것과 칼 다루는 법, 자기희생, 헌신, 천황에 대한 충성심 등이었지만, 그중에서도 특히 중요한 것은 명예로운 죽음을 기꺼이 받아들이는 자세였다. 가미카제의 어떤 교관은 전쟁이 끝나고 나서 이렇게 말했다.

"무사도武士道는 우리에게 언제나 죽음을 각오하고 있으라고 가르치고 있지만, 그것이 하찮은 이유로 죽으라는 말은 아니다. 무사도의 전통이 가르쳐주는 것은 죽음 앞에서 어떤 후회나 원망도 갖지 않도록 살아가려는 것이다."

1944년 무렵에는 공격 목표에 도달할 수 있는 일본의 전투기와 비행소대의 숫자가 현격히 감소하고 있었다. 이전의 공격으로는 효과가 없다는 사실을 안 몇몇 조종사들이 대처 방법을 생각해냈다. '죽더라도 보다 효과적으로 죽자'. 미군의 엄청난 병력에 대항할 유일한 방법은 자살밖에 없었다. 일본의 많은 공군들은 정신력으로 군사력의 차이를 제압하려고 했다. 희생적인 자살을 통해 미군을 당혹케 하며, 혼란시켜야겠다는 생각을 한 것이다. 그리고 실제로 그렇게 했다.

1944년 10월, 다키이로大四瀧治郎 사령관은 제1항공함대를 지휘하고 있었다. 이어서 제2, 제3함대도 여기에 합류할 예정이었다. 다키이로는 미군의 필리핀에 대한 대규모 공격이 거의 확실해지자 부하에게 "미군을 저지할 확실한 방법은 전투기에 250킬로그램의 폭탄을 싣고 목표지점으로 가서 거기에 투하하는 것밖에 없다. 제군들의 생각은 어떤가?" 하고 물었다. 제9기의 젊은 항공병들은 한 사람도 빠짐없이 희생을 맹세했다. 그 후 특공대 지원자는 수백 명이 넘어서 사용 가능한 전투기 수보다 지원자가 더 많았다.

최고사령부는 사병들의 희생심을 지속적으로 부추겼다. 이 새로운 항공전략은 '신의 바람神風', 즉 '가미카제'라고 불렸다. 이노구치 제독이 1281년 8월 14일에 쿠빌라이 칸의 침략으로부터 일본열도를 구한 그 성스러운 바람의 이름을 따서 이노구치 제독이 붙인 이름이었다. 불었던 태풍의 이름을 따서 '가미카제'라고 이름 붙였던 것이다. 그 태풍은 침략한 함대를 물리치고 쿠빌라이 칸이 이끄는 무리로부터 일본 열도를 구했었다.

역사적 회담 이후 일본 참모진은 처음으로 자살 비행 부대를 편성했다. 이렇게 되자 '가미카제'는 더 이상 특별한 행위가 아니라 하나의 전략이 되어버렸다. 가미카제가 처음으로 임무를 완수한 것은 1944년 10

월 25일, 오키나와 해상에서였다. 미군에게는 일본군 주둔지 정복의 첫 단계가 되는 곳이었고, 일본군으로서도 반드시 사수해야만 할 곳이었다. 일본 안에서는 가미카제에 자원한 영웅들이 일본을 위협으로부터 구했다고 생각했다. 그때 일본 사람들은 정신적인 우월감을 가지고 있었고 또 광신적인 애국심에 불타서 자기들의 승리를 확신하고 있었다. 따라서 기꺼이 자기를 희생하려는 지원자들과 사회 사이에는 자살을 승인했다는 공범 관계에 놓여 있었다.

개인의 자살은 대부분의 경우, 하나하나의 죽음에 확실한 의미를 부여하기가 어렵지만, 자살이 '조직적'으로 일어난 경우에는 사회 구성원 누구나 그것이 무엇을 의미하는지 금방 알게 된다. 가미카제라는 집단적 자살행위는 '모든 사람을 위한 선한 해결 방법'이었던 것이다.

최초의 특공대 지원자는 일본인들의 숭배 대상이 되었고 그 유족은 연금을 받았다. 그들은 흰색이나 검은색 의식용 옷을 입었고 머리를 깎았으며 사람들에게서 마음으로부터의 존경을 받는, 특별한 사람들이었다. 많은 군인들이 가미카제 특공대에 들어가고 싶어 했고 지원자들 대부분이 제일 먼저 비행기에 타려고 적극적으로 행동했다. 그들이 서두른 이유는 자신들이 '자살기'를 타기 전에 전쟁이 끝나버릴지도 모른다고 생각했기 때문이다.

이렇게 자살 임무가 조직화된 결과 모든 다른 조직들과 마찬가지로 자살 임무도 의식을 가지게 되었다. 임무가 의식화됨으로써 행동은 매우 세세한 것 하나까지 거의 모든 형식을 갖추게 되었다. 지원병들은 집단 자살을 하기 전에 특정 상황 아래에서 자신이 취해야만 하는 행동을 정확히 익혀야만 했다. 모든 것이 미리 정해져 있기 때문에 가미카제 대원은 아무것도 생각할 필요가 없었다. 유일하게 자유재량에 맡겨진 '결정적 사항'은 누가 어디에 충돌할 것인가 하는 것이었다.

마지막 임무를 수행하기 위해 비행기를 타기 전에 그들은 자신의 주변을 정리하고 가지고 있는 물건을 남은 사람들에게 나누어 주었다. 그리고 대부분의 사람들은 유서 봉투에 머리카락 한 줌과 손톱을 함께 넣어두었다. 더러 가족들에게 소포를 남긴 사람도 있었는데 그들은 소포 꾸러미 포장지에 주소와 함께 자신의 계급보다 한 계급 높게 자신의 계급을 써넣었다. 전사한 군인들에게는 사후에 승급이 인정되는 것을 미리 알고 있었기 때문이다. 가미카제 대원은 출발 시간이 가까워지면 깨끗한 속옷으로 갈아입고 천황이 사는 곳을 향해 절을 하고 일 분간 묵념한 후, 각자 태어난 고향 방향을 향한다. 그리고 동료들로부터 작은 꽃다발을 받고 이별의 술잔을 주고받은 후 전투기에 오른다.

특별기

일본사람들은 가미카제 같은 자살 집단을 위해 이전까지의 전투기와는 다른 특별기를 만들기로 했다. 이렇게 하여 만들어진 전투기에는 벚꽃이라는 이름이 붙었다. 그러나 미군은 이것을 광기를 의미하는 '바카'라고 불렀다. 이 1인승 특별기는 세 개의 로케트 엔진으로 날며, 비행기 앞부분에 1톤의 고성능 폭탄이 실려 있었다. 일단 이 자살 장치에 오르면 조종사는 내릴 수도 없고 마음을 바꿔먹을 수도 없다. 급하강 시에 시속 천 킬로미터에 달하는 이 고속 자살 기계는 단 3, 4개의 간단한 장치만으로 조종하도록 되어 있기 때문이다.

미군은 이 특별기에 대항하기 위해 대공포막이라는 방법을 개발했

가미카제 의식. 앵화의 조종사는 속성으로 육성되었다.

는데, 이것은 적의 접근을 방해하는 것으로 일본군에게는 파괴적인 힘을 발휘했다. 일본의 최고사령부는 이 포막을 뚫기 위해 오키나와 등에서 많은 양의 자동 추진탄을 탑재한 특공기를 띄우려고 했다. 이 포탄은 그 숫자가 엄청나서 적의 대공포막을 피할 수 있을 것이라고 생각했다. 미군의 포병을 교란시키면 위험을 제거할 수 있다고 생각한 것이다. 일본은 특공기 3백 대를 투입하기로 했다.

일본은 조종사를 속성으로 육성했다. 초보자라도 단 1, 2주 만에 가미카제 비행을 할 수 있는 항공병이 되었다. 지원자들은 모두 적극적으로 훈련에 참가했지만 사실 훈련은 기본적인 사항에 대해서만 이루어졌다. 돌아오지 않는 이 비행은 매일 최소한 한 번씩은 행해졌다. 전쟁이 끝나는 순간까지 한순간도 특공대원들이 의기소침해지거나 사기가 떨어진 적이 없었다. 그렇게 되기는커녕, 오히려 조국의 패배가 출발 순서를 기다리고 있는 특공대원들의 결의를 고무시켰다.

1945년 초, 미군이 오키나와를 점령하면, 일본 본토도 같은 운명에 처하게 되리라고 판단한 일본 최고사령부는 특공대가 대성공을 거두는 것을 보고 이런 식의 공격을 계속하면 아무리 병력이 많은 미군이라 할지라도 퇴각하지 않을 수 없을 것이라고 판단했다.

자살 조종사를 대량으로 잃게 될 사태를 눈앞에 두고 일본군은 학생들 중에서도 지원자를 모집했는데, 이 모집에 수많은 학생들이 응했다. 일본군 측은, 기술자로 이미 공장에 보낸 이공계 학생은 국내에 남게 하고, 문학과 법률을 전공한 학생들은 모두 특공대원으로 선발했다. 학생들이 받은 훈련은 한결 더 짧고 간단했지만 이전까지와 마찬가지로 전투기를 타고 목표를 향하여 돌진할 수 있게 훈련시켰다. 그들은 선배들과 마찬가지로 용기를 가지고 사명을 완수했다.

많은 미군들이 일본군의 이런 맹신적인 애국심이 언제까지 이어질 것인가를 생각했고, 또 자신들이 언제까지 이것을 막을 수 있을까를 생각했다. 대부분의 미군들은 단호히 싸움을 계속했지만 공포에 휩싸인 사람도 있었다. 전쟁이 시작되고 나서 처음으로 미군 함대는 예상했던 것보다 훨씬 큰 피해를 입었다. 미군은 일본의 이런 공격이 2주간 더 지속된다면 함대를 전면 철수할 것을 검토했다.

최후의 임무

그러나 전투기의 수가 충분하지 않았으므로 특공대 조종사들의 영웅적인 행위에도 불구하고 미군 함대를 철수시킬 수는 없었다. 결국 일본군은 전쟁에서 패배했다.

가미카제의 마지막 임무를 완수한 것은 가미카제의 원리를 정점까지 끌어올린 해군 중장 우가키였다. 1945년 8월 15일, 그는 전투기 5대를 대기시키라고 명령했다. 특공기가 대형기용 착륙장치의 기둥 사이로 활주해 왔다. 우가키는 유언을 받아쓰게 한 후, 계급장을 달지도 않고 활주로로 향했다. 모든 준비가 다 되어 있었다. 약 천 명의 사람이 전투기를 둘러싸고 벼랑에 파인 계단을 물끄러미 주시하고 있었다. 사령관 2명이 천천히 계단을 내려갔다. 그때가 바로 11시였다. 우가키는 전투기가 11대나 준비되어 있는 것을 보고 놀랐다. 11대의 전투기 앞에는 2명씩의 조종사들이 나란히 서 있었다. 그들은 사용 가능한 전투기를 모두 준비해서 사령관과 함께 임무를 완수할 작정이었다.

우가키 중장은 조종사에게 다가가서 "제군들, 나와 함께 가주겠는가?"하고 부드럽게 물었다. 정렬해 있던 22명의 청년은 확실한 목소리로 "예"라고 대답했다. 곧 전투기는 이륙했다. 비행장의 무선기에서는 우가키 사령관의 목소리가 들려왔다.

"과거 반년에 걸쳐 예하 각 부대가 분전했음에도 불구하고, 적을 쳐부수어 신주 수호의 대 임무를 완수하지 못한 것은 본분을 다하지 못한 소치다. 우리의 본분은 황국의 무궁함과 항공부대의 특공정신의 고양을 확신하고, 부대원들이 벚꽃와 함께 흩어져 오키나와에 진공해서, 황국 무인의 전통을 발휘하여 미군 함대를 격침시키는 것이다. 예하 각 부대는 본인의 뜻을 명심하고, 다가올 고난을 극복하여 정신력이 강한 황군을 재건하여 황국을 영원무궁토록 보존하라. 천황 폐하 만세."

잠시 후에 "적진이 보인다" 이어서 "우리는 반드시 명중하여 충돌한다"는 말이 흘러나온 뒤 교신이 끊겼다.

가미카제 작전의 항공 총사령관 마사카즈 가와베는 미국의 조사위원회에서 이렇게 말했다.

"가미카제 작전을 자살 공격으로 생각하지 않았으면 좋겠다. 임무를 띠고 적진으로 돌격했던 비행사들은 자신을 적의 함대를 파괴시킬 폭탄이라고 생각했다. 그것은 본인에게는 명예였다. 더욱이 이 때문에 우리가 패배했다고는 생각지 않는다. 우리는 미국의 경제력과 과학의 힘에 신념과 정신력으로 맞설 수 있다고 생각했다. 가미카제에 관하여 어떻게 생각하건 특공대원은 모두 자신의 희생이 천황의 승리의 밑거름이 된다고 확신하고 행복하게 죽었다는 점을 믿고 싶다."

일본의 자료에 의하면 태평양 전쟁에서 자발적으로 죽은 특공대원은 4,615명이라고 한다. 오카무라 해군 대령은 특공대의 임무를, 침을 쏘고 바로 죽는다는 뜻으로 밀봉단蜜蜂團이라고 했다.

그 밖의 자살기

믿기 어려운 결의를 보인 것은 일본군의 항공병뿐만이 아니다. 일본군은 소형 잠수함도 시험 중이었다. 20~30미터 크기의 잠수함 수백 척이 일본의 공장에서 제작되었다. 뾰족한 앞면에 폭약이 숨겨진 이 잠수함은 가미카제와 마찬가지로 적의 배로 달려들었다.

자살 잠수함뿐만이 아니었다. 결사 공격을 하기 위해 특별한 어뢰도 고안했다. '하늘로부터의 회귀'를 의미하는 회천回天이라는 이름을 붙인 이 어뢰는 세계에서 '인간어뢰'로 불리었다. 비행기, 잠수함, 폭탄, 자폭어뢰 외에도 일인용 자폭 모터보트도 제작했다. 전체 길이가 5미터인 이 보트는 1,500킬로그램의 TNT 화약 위에 지원자를 싣고 시속 50킬로미터 이상으로 달려갔던 것이다. 일본인은 이 보트를 6천 대나 제작했다.

독일의 자폭기

자폭항공기로 적을 공격하려고 했던 것은 일본뿐만이 아니다. 잘 알려져 있지는 않지만 독일에서도 이런 방법을 진지하게 고려했었다. 이 방법을 쓸 것인지를 결정해야 했을 때 히틀러는, 독일의 상황은 그런 군사 행동을 정당화할 만큼 절망적이지 않다고 생각하고 포기했다.

그러나 이 방법은 뒤에 다시 거론되었고 유명한 무인 장거리 로케트탄 V-1호에 사람이 탑승하기로 결정했다. 독일 최초의 자폭기에는 보복 무기라는 이름을 붙였다. 보복무기 1호기는 행동반경이 300킬로미터, 최고 속도는 시간당 600킬로미터였다. 이 비행기에 임시로 착륙 장치를 설치한 채 유명한 여성 시험 비행사 안나 레이치가 시험비행을 하였다.

그 후 얼마 지나지 않아서 독일인 기술자가 두 명의 자살 조종사가 같이 탈 수 있게 두 개의 조종 장치를 장착한 제 2형 자폭기를 제작했다. 그러나 최종적으로는 탁상 위에서 고안된 일인승의 제 3형으로 결정했다. 이 로케트탄에는 모터도 착륙 장치도 없고 단지 펄스 제트 엔진만이 발사대에서 발사된다. 안나는 이 자살기에 관심을 기울여 결사의 사명을 완수할 후보자들을 훈련시키기 시작했다.

연습 비행은 착륙 장치를 부착한 제 1형을 사용하여 비밀 장소에서 이루어졌다. 그러나 조종사들이 모든 준비를 끝냈을 때, 그들의 희생적인 자살은 이미 필요 없는 것이 되어 있었다. 너무 시간이 지나버려서 자폭기로 독일을 구할 수 있는 상황이 아니었고 이 전술은 실행되지 않았다.

가미카제 논리

일본은 1904, 1905년부터 이미 포탄과 폭약을 품은 포병들이 적의 방어 시설에 몸을 던져서 보병에게 길을 열어주었고 그 덕분에 요새 함락에 성공할 수 있었다. 인도차이나 전쟁 때에도 베트남 공병들이 프랑스의 방위시설 가까이 잠입하여 적절한 시기에 폭약을 지고 자폭했다.

우리는 역사를 통해, 다른 사람과 사회의 공익을 위해 죽음 속으로 몸을 던진 사람을 수없이 보아왔다. 어느 시대, 어떤 나라에서도 이러한 자발적 행동은 숭고한 것으로 인정받아 왔다. 팔레스타인들도 '가미카제' 같은 희생을 전술상의 목적으로 사용하였다. 수천 년 전부터 적대감을 가지고 있던 유태인, 시온주의자, 제국주의자에게 치명적 타격을 가하기 위해서'관대와 자비'라는 신의 이름 아래 수없이 많은 사람들이 자신들의 목숨을 바쳤다.

베이루트에서는 죽기로 각오한 운전수가 트럭에 폭탄을 싣고 돌진해 이스라엘과 미국의 병사가 대량 사망했다. 레바논의 미군 기지를 향하여 트럭이 달려갔을 때에는 미군 2백 명 이상이 죽었다. 팔레스타인 과격파 운동의 '영웅들'은 이러한 유혈 희생으로 이스라엘의 주목을 받았다.

'인간폭탄'도 종종 사용되는 방법이다. 옷 속에 폭약을 가득 묶은 사람이 시장과 역, 버스 등에서 폭발하여 죄 없는 시민을 수없이 죽인다. 남자들뿐 아니라 소녀들도 이런 결사의 임무를 지원한다. 17세의 팔레스타인 소녀 사나 나이디는 1983년 4월, 폭발물을 실은 차로 버스와 정면충돌했다. "나는 조국에 대한 사랑으로 이 임무를 완수합니다"라고 그녀는 마지막 메시지를 남겼다.

이러한 대량 살육 중에서 가장 독특한 것은 텔아비브 북부인 나타냐에서 1995년 1월에 있었던 일이다. 하마스 조직에 속하는 두 명의 이슬람교도에 의해 소위 '가미카제'가 행해진 것이다. 이들 두 사람은 최대

자살에 관한 모든 것

의 효과를 내기 위해 서로 협력하여 행동했다. 한 사람은 소량의 폭약으로 폭발하여 즉사함으로써 주위에 있던 사람들을 모여들게 했고, 다른 한 사람은 군중이 모여들자 그 속에서 훨씬 많은 폭탄을 지닌 채 자폭하였다. 그 결과 19명이 사망하고 약 50여 명이 부상당했다.

정치적 자살과 저항

희생적 자살이 '살육'에까지 이르지는 않고, 다만 한 사람의 죽음으로 끝나는 경우도 있다. 조국과 국민, 또 세계를 위해 행하는 이타적이고 모범적인 행동이 대개 그렇듯, 이러한 자살은 그것을 실행한 사람에 한정된다. 이들은 용납할 수 없는—대개의 경우 정치적인—상황에 주의를 촉구하게 하기 위해서 자신의 목숨을 희생하는 것이다.

이러한 자살은 이성적이고 논리적인 행위이다. 자신이 죽음으로써 여론을 만들어 정부 당국으로부터 요구를 이끌어낸다는 점에서 이성적이고, 이유를 설명하기가 쉽다는 점에서 논리적이다. 이러한 자살은 적으로 생각되는 대상을 세상 사람들에게 널리 알려서 적에게 타격을 입히는 것을 목적으로 한다. 이러한 행동이 효과를 얻기 위해서는 '자살자'는 무고하고 부당한 운명의 희생자로 보여야만 한다. 자살 위협의 제1단계로 단식투쟁이 반드시 필요한 것도 이런 이유 때문이다.

위협이 성공하기 위해서는 대부분의 경우, 위협에 정말로 설득력이 있어야 하고, 그 위협을 받는 상대가 위협자의 요구 사항을 실행에 옮겨줄 수 있다는 확신이 있어야만 한다.

이러한 류의 희생적 자살은 일찍이 여러 세기에 걸쳐 수도 없이 일어났다. 현대에는 베트남의 불교도인 칭 우앙이 전 세계에 여러 민족

모든 억압에의 저항, 항의를 위한 분신자살

의 불행, 부정의 만연, 자유의 억압을 몸으로 증명해 보였다. 세계가 당혹해하면서 TV로 역사적인 자살 중계를 지켜보았다. 2개월 후 또 다른 20세의 승려가 같은 방법으로 자기 몸을 희생했다. 베트남에서도 나왔다. 아직 17세밖에 안 된 청년이었다. 그리고 4일 후, 20세의 여자 승려가 여성으로서는 처음으로 분신했다. 그 후 사이공에서 5번째의 승려가 희생 자살했다.

자살에 관한 모든 것

1963년 8월, 수십 명의 불교 승려들이, 가톨릭교도인 디엠 대통령이 신앙의 자유를 허락하지 않는다면 불교를 수호하기 위해 자기들의 목숨을 끊겠다고 선언했다. 디엠 대통령이 이런저런 요구를 하나도 받아들이지 않은데다가 노 진 누가 영국의 라디오 방송에서 한 말이 큰 물의를 일으켜 불교 승려들이 잇따라 자살했다. 노 진 누는 "불교도들은 한 승려에게 마약을 먹이고 분신하도록 만들었다. 수입한 가솔린을 사용했다. 승려가 산 채로 불타는 광경을 보면 사람들은 박수를 보낼 것이다"라고 말했던 것이다. 실제로 그런 일이 벌어졌다. 그 후 2명, 3명, 4명의 승려들이 무리를 이루어 횃불이 되었던 것이다.

　이 자살은 바라던 만큼의 결과를 가져다주었다. 미국이 디엠 대통령에 대한 지지를 철회할 것을 검토하고 전 세계에 엄청난 흥분을 불러일으켰다.

　1969년, 프라하에서도 가솔린을 몸에 끼얹고 불을 붙이는 일이 일어났다. 얀 파라치의 자살은 억눌려 있던 자유를 갈구하는 상징으로서 오늘날까지 사람들의 머릿속에 남아 있다. 교황조차 성 베드로 성당에 모인 신자들을 향하여 '그러한 행동을 이해한다'고 말했을 정도였다.

　그 후, 자신의 신념을 사람들에게 전하기 위해 분신자살하는 사람이 계속 생겨났다. 1970년대에는 대 실업가의 아들이 전 세계의 군비 축소와 민족의 화합을 호소하는 긴 메시지를 가슴에 달고 뉴욕의 국제연합 건물 앞에서 자살했다. 제네바에서는 외교관이 비아프라(비아프라 공화국은 나이지리아 내전의 결과 1970년 1월 붕괴되었다_옮긴이) 전쟁에 항의하기 위해 국제연합 내부에서 단도로 자살했다.

미시마 유키오의 항의

—

몇몇 서양 비평가들은 일본의 천재적인 작가 미시마 유키오에 대해 '죽을 수밖에 없었다'라고 말한다. 미시마 유키오는 피와 죽음으로 얼룩진 작품을 써왔던 것이다. 미시마 유키오는 '할복'이라는 일본의 전통적인 방식으로 자살을 했다.

사실 그의 자살은 저항과 항의를 담고 있었다. 그는 자기 나라에서 행해지고 있는 사회정책에 대한 애국적인 반발심으로 자살하였던 것이다. 그는 자살에 앞서 일종의 군사 집단인 〈방패회〉를 설립했다. 과거의 가치를 지키기 위해서 또 자기 나라 사람들을 억누르고 있는 존재론의 공백을 채우기 위해서 만든 모임이었다. 그러나 자신의 투쟁이 효과가 없다는 것을 알고는 배를 갈랐다.

할복의 전통적인 의식 순서에 따라 그의 목을 베어주기로 했던 동지 모리타는 그의 목과 어깨에 두세 군데 상처를 입히는 데 그쳤다. 그래서 할복 의식에 참가했던 다른 사람이 그 일을 마무리 지었다. 격앙된 그는 미시마 유키오의 목과 어깨에 가벼운 상처밖에 입히지 못한 모리타의 목도 베어버렸다. 세계의 신문들이 자위대 총감실 바닥에 쓰러진 두 사람의 사진을 실었다.

자살에 관한 모든 것

chapter 5

사약 같은 자살 명령

그리스의 독당근, 중국의 금박, 일본의 할복은 모두 형을 선고받은 사람이 명령에 따라 죽는다는 특성을 가지고 있다. 이 세 가지는 모두 형법에 기원을 둔 것으로 오랫동안 법으로서 제도화되어 있었다. 이것이 점차 확대되어 나중에는 세 가지 모두 형벌과는 관계없이 자기희생에 의해서, 또 자기 비하에 의해서 사회의 승인을 받아 세상을 등지는 방법이 되었다.

그리스의 독당근

고대 그리스에서 있었던 명령에 의한 자살은 독당근과 결부되어 있다. 독당근이라는 이름은 사형선고를 받은 사람을 합법적으로 죽이기 위해 사용되었던 독을 지닌 식물의 이름에서 유래했다. 발레르 막심에 의하면 독당근은 아테네 사람들뿐만 아니라 그리스의 많은 도시와 마르세이유, 에스파냐 등에서도 사용되었다고 한다.

처음으로 독당근이 사용되었을 때는 그리스의 현자와 고관에게만 한정적으로 쓰였다. 플라톤의 법률에서는 '하층민이 독당근 조제 방법을 알아내 범죄와 자살에 이용하지 못하도록' 독당근 조제법은 물론,

그 독에 대해 말하는 것조차도 금지했다. 만약 이것을 위반하면 사형에 처했다.

고대의 자료에 의하면 아테네 시민들은 포도주가 독당근의 해독제가 된다는 것, 독당근이 피를 통해 퍼진다는 것도 알고 있었다. 따라서 법에는 '보다 빨리 독이 심장에 도달하도록 하기 위해 독당근을 소량의 포도주에 넣어서 줄 것. 그러나 포도주는 독성분을 약하게 만드므로 너무 많이 마시지 못하게 할 것'이라고 되어 있었다. 형을 받은 사람이 자살 명령을 받게 되면 행정관은 죽음의 사약을 보내고 그것을 사용하는 방법을 가르쳐주었다.

그러나 독당근의 사용에 대해서는 몇 가지 의문점이 있다. 의사의 말에 의하면 독당근을 마시면 평온하게 죽게 되는 것이 아니라 끔찍하리만치 고통스럽게 죽게 된다고 한다. 현대의 독극물 학자는 독당근이 소화기 장애를 일으키며, 연속적인 구역질, 설사, 구토, 급성 위경련 등을 수반한다고 한다. 그리고 심한 신경적인 증상과 두통, 현기증, 경련, 때에 따라서는 심한 망상과 환각, 반 혼수상태에 빠질 수 있다는 점도 강조하고 있다. 그럼에도 불구하고 크세노폰은 '가장 간단한 형벌'이라고 했고, 테르트리아누스는 '단순한 놀이', 성 요하네스 크리소스토모스는 '그것에 의한 죽음은 잠자는 것보다도 편안하다'라고 말하고 있다.

몇 가지 자료를 살펴보면 이 독약은 알렉시아스에 의해 다른 여러 가지 보조 물질이 첨가돼 개선되었다는 것을 알 수 있다. 어떤 사람에게는 흰독말풀이나 히오스를 첨가하였고 십자가형을 받은 죄수에게는 몰약沒藥을 첨가했다.

현대의 대부분의 독극물 학자들은 독당근과 양귀비즙을 혼합한 것

자살에 관한 모든 것

을 사용해왔다고 말한다. 햇볕에 말려 농축시킨 양귀비를 독당근과 혼합하면 이상적인 독약이 된다고 한다. 독당근은 빠른 속도로 죽음을 불러오고 양귀비는 천천히 죽음을 가져다주기 때문이다.

소크라테스 사건

소크라테스가 독당근을 마시고 죽었다고 단정하는 것은 단순한 생각일지 모른다. 플라톤과 크세노폰도 독당근이라는 말은 하지 않고 단지 독이라고만 말하고 있다. 소크라테스가 마신 아테네의 독은 실제로 절묘하게 배합된 혼합 독극물이었음에는 틀림없지만 그 독극물에 무엇이 들어가 있었는지는 지금까지도 밝혀지지 않았다.

가장 위대한 스토아학파 철학자였지만 한 권의 책도 남기지 않은 소크라테스의 죽음은 플라톤의 입을 통해 후세에 전해지고 있다. 소크라테스는 법관이 내린 판결과 미신을 믿으라고 강요하고 있다며 비판했다는 이유로 사형선고를 받았다. 친한 친구였던 철학자 크리톤은 소크라테스에게 도망갈 것을 권했다. 그러나 소크라테스는 그것을 거부하고 죽음을 선택했다.

독당근을 마시도록 선고받은 날이 되었다. 아내 크산티페와 제자들이 모두 모였다. 독이 왔다. 소크라테스는 형 집행관에게 "자, 내가 어떻게 하면 좋겠는가?" 하고 물었다. 사약을 준비한 형 집행관은 독당근을 주면서 마시고 나서 너무 많이 방 안을 걸어다니지 말라고 명령했다. 걸으면 독당근의 효력이 떨어져서 즉시 죽지 않을 가능성이 있기 때문이었다.

소크라테스는 죽음에 대해서 조용히 말하기 시작했다. 판사와 형 집행관을 향해, "이별의 시간이 오면, 당신들은 살고 나는 죽는다. 우리들 중에서 가장 행복한 사람은 누굴까?"라고 말했다. 그리고 스승이 무고한 죄로 죽게 되는 것을 보면서 마음 아파하고 있는 제자 아폴로드로스에게는 "자네는 내가 죄를 지어서 죽는 것이 좋은가?"라고 물었다. 다리가 점점 무거워지자 옆으로 누워서 얼굴을 토가로 가렸다. 슬픔에 빠져 있는 제자들에게 조용히 하라고 이른 소크라테스는 친구 크리톤에게 "크리톤, 우리는 에스큐라피아스에게 수탉을 한 마리 빚졌지. 잊지 말게"라고 말하곤 바로 죽었다.

수익성 있는 자살

로마제국 시대 초기에는 명령에 의한 자살이 마치 하나의 특권처럼 여겨졌다. 그것은 사형선고를 받은 고관이나 중요 인물들에게만 허락되었던 일종의 감형이었기 때문이다. 티벨리우스가 통치하던 시기에는 이것이 가족들을 파산으로부터 보호하고, 재산을 지키는 유일한 방법이었다. 역사가 탁토우스에 의하면 로마에서는 수수께끼 같은 사건에 휘말려들었거나, 사건에 혐의가 있는 사람이 '더 이상 두려움과 희망 사이에서 방황하지 않도록'하기 위해서, 어떤 결과가 내려질지 모르는 선고를 기다리지 않고 자살하는 경우도 있었다고 한다.

명령에 의해 자살한 사람은 수없이 많지만 그중에서 무즈 강과 라인 강을 지나는 운하를 건설했던 유명한 장군 도미티우스 콜브로의 예를 살펴보자. 칼리큘라, 클라우디우스, 네로 등의 황제 밑에서 일했고 로마제국에 많은 공헌을 했음에도 불구하고 그는 황제의 미움을 샀다. 매일매일 자살 명령을 기다리고 있던 그는 더 이상은 기다릴 수 없다고 말하고 자신의 배를 칼로 찔렀다.

칼리큘라 황제는 자살하는 사람의 재산을 빼앗아서 자기가 비워놓은 국고를 채우려고 했다. 그는 자살자의 재산을 보호해주던 이전까지의 법률을 바꾸어 앞으로는 어떤 자살자도 자기 재산을 가족에게 남기지 못하게 했다. 자살자의 재산이 황제의 것이 되게 하는 재정상의 전략을 세워 놓은 것이다. 그 후 명령에 의한 자살이 더 늘어났다. 황제는 마음에 안 든다거나 눈에 거슬리는 사람이 있으면 여러 구실들을 만들어서 자살 명령을 내렸다. 황제는 귀족들에게 독을 넣은 요리를 보낸 다음 그 즉시 자살죄로 그 사람을 고발하여 전 재산을 빼앗기도 했다.

세네카 사건

아테네에서의 소크라테스의 죽음에 필적할 만한 사건이 로마의 세네카의 죽음이다. 기원전 4년. 에스파냐의 코르도바에서 태어난 루시우스 세네카. 일반적으로 철학자 세네카로 불리는 그는 고대의 천재 중 한 사람이었다. 정력적이고 독창적인 저술가였던 그는 당시의 과학을 집대성했고, 형이상학에 관심을 가졌다. 높은 사람이나 노예나 본질적으로 평등하다는 것을 인정한 그는 증오와 복수에 대항해 싸웠다. 그리고 10편의 비극을 썼다. 칼리큘라가 통치하던 시대에는 코르시카 섬으로 추방되었지만 클라우디우스 시대에 로마로 다시 돌아와 네로의 가정교사가 되었다. 네로가 황제가 되었을 때는 섭정을 하기도 했다. 바로 이 시기에 그는 몇 번이나 위험에 처했다.

그가 브리타니쿠스 독살에 반대하고 노련하게도 네로에게 모함 살해하도록 조언했다는 것은 널리 알려져 있다. 그는 원로원에 대해 변호하는 편지까지 썼다. 재산 축적으로 물의를 일으키기도 했고 연애 스캔들로 체면이 깎이기도 했다. 그러나 그는 평생 아내 파울리나를 깊이 사랑했다.

그는 은퇴 후 역모 사건에 연루돼 네로로부터 정맥을 끊으라는 명령을 받았다. 아내 파울리나가 같이 죽겠다고 하자 세네카는 굳이 반대하지 않았다. 애당초 그는 이 악의에 찬 세상에 아내를 남겨두고 가기가 싫었던 것이다. 그는 아내에게 말했다.

"나는 당신이 그렇게 하는 것을 막지 않겠소. 의연하게 최후를 받아들입시다. 그러면 당신의 최후는 한층 더 빛을 발할 것이오."

그러고 나서 세네카와 그의 아내는 서로 팔의 정맥을 끊었다. 그러나 이미 늙은 그들의 몸에서는 피가 제대로 흘러나오지 않았다. 그래서 그는 종아리와 무릎 안쪽의 정맥을 끊었다. 스토아학파인 그는 입회한 사람들에게 고통을 보이고 싶어하지 않았다. 그것은 아내의 용기를 꺾는 것이고 또 그녀가 고통을 참는 모습을 보고 자신의 용기가 약해질까봐 겁이 났기 때문이다. 그는 옆방으로 옮겨달라고 했다.

피를 너무 흘려서 거의 기운이 빠진 상태에서도 그는 여전히 서기에게 자기가 하는 중요한 말을 받아 적게 했다. 그렇게 쉽게 죽음이 찾아오지는 않았으므로 그는 친구인 의사 스타티우스 메미우스에게 이전부터 사용해 오던 독, 즉 아테네의 독당근을 가져다달라고 했다. 세네카는 그것을 마셨지만 그의 몸은 독에 대한 저항력이 강했는지 쉽게 죽지 않았다. 그래서 그는 열탕에 들어가 증기목욕을 하면서 "태어날 때처럼 무심히 죽은 자, 그자는 영화를 얻었다"라고 말하고 나서 질식사했다.

아내 파울리나가 남편의 뒤를 따라 죽으려고 한다는 것을 안 네로는 자기에 대한 평판이 더 나빠질까 봐 그녀를 자살하지 못하게 하라고 명령했다. 네로가 보낸 사람이 즉시 세네카의 집으로 가서 파울리나의 상처를 치료했고, 파울리나는 그 후 몇 년을 더 살았다.

중국의 독, 밧줄, 금박

중국에서의 자살은 법조항에도 규정되어 있을 만큼 의식구조 속에 뿌리를 내리고 있다. 고위 관리가 사형선고를 받으면 황제는 그 사람에게 광장에서 참수당하거나 자살하거나 하나를 선택하도록 했다. 황제는 자살을 선택한 사람에게는 세 가지 물건 중에서 하나를 준다. 독을 넣은 주머니, 직위에 따라 선택되는 노란색이나 흰색 비단 끈, 금박이 바로 그것이다.

자살하는 사람은 이 죽음의 도구 중 하나를 받으면 그 앞에서 고개를 숙이고 엎드린다. 참수를 선택한 사람은 선반에 끈을 묶어 걸어놓고 받침대에 올라가 그 끈 속으로 머리를 집어넣는다. 그때 고위 관리가 엄숙히 받침대를 빼낸다.

금박으로 자살하는 것은 중국 특유의 방법이다. 그것은 아주 얇게 편 금을 자살하는 사람의 손바닥에 올려놓거나 입안에 넣고 먹게 하는 것이다. 그러면 금박이 목구멍을 막아서 호흡곤란을 일으키게 된다. 3가지 물건 중에서 한 개를 받도록 하는 것 외에 규정에는 몇 명의 관리가 자살에 입회하도록 되어 있다. 입회한 관리들은 죽음을 확인하여 황제에게 보고서를 제출한다.

그러나 처형을 대신 받아줄 사람을 구해서 형을 면하는 수도 있었다. 1870년 톈진에서 프랑스인 학살 사건이 있은 후에 한 고위 관리가 프랑스인 학살을 선동한 죄로 사형선고를 받았다. 그는 자기 대신 목이 잘릴 사람을 구해서 죽음을 피하였다. 자기 대신 자살한 사람은 아주 잘 짜인 고급 관 속에 넣어 최고 수준으로 매장해주었고 가족에게는 6백 프랑의 돈을 주었다.

일본의 할복과 자해

일본에서도 옛날에는 목을 베어 자살했다. '할복'이라 불리는 방법은 12세기가 되어서부터 행해졌다. 15세기에는 할복, 즉 '배를 가르는 것'이 사법기관의 승인을 얻었다. 이후 고귀한 귀족과 무사들이 그들의 특권으로 사형 집행관의 손을 빌리지 않고도 스스로 죽을 수 있게 되었다.

할복에는 두 가지 방법이 있다. 한 가지는 하급 무사들이 하는 '참죄斬罪'로 그것은 완전히 형식적인 것이었다. 사형선고를 받는 사람은 두 명의 개조인介錯人을 옆에 둔다. 사형선고를 받은 사람이 앞에 놓아둔 목도를 잡으려고 몸을 앞으로 구부리면 등 뒤에 있던 개조인이 그 사람의 목을 베고, 다른 개조인이 목이 베어졌는지 검사한다. 또 다른 할복 방법은 중급과 상급 무사들이 행하는 것으로 그들은 자살할 때 자신의 배를 천천히 가른다. 자살하는 사람이 앞으로 쓰러지면 개조인이 그 사람의 목을 벤다.

판결에 의한 할복은 19세기 후반에 행해졌다. 1867년, 일군의 무사들이 프랑스 선원을 공격하여 재판에 회부되었는데, 그 무사들에게는 프랑스 대사 앞에서 할복하라는 명령이 떨어졌다. 12명 정도가 배를 가르는 것을 지켜본 프랑스 대사는 할복 순서를 기다리고 있는 사람들을 사면해줄 것을 당국에 요청했다.

할복 의식은 길고도 복잡하다. 1945년 일본 패전 후, 아나미 육군 대신이 할복했을 때 준비와 실행에 걸린 시간은 무려 45분이었다. 일본 무사가 할복을 준비할 때는 우선 식사를 하고, 정신을 집중하여 마음의 준비를 한다. 다음에 다다미 위에서 정좌를 하고 명상을 한다. 그리고 서서히 마음이 가라앉으면 입고 있던 옷을 허리까지 풀어헤친다. 정좌한 채 옷을 등 뒤로 제쳐놓고 소매는 무릎 안쪽에 묶는다. 그때 옆에 있던 개조인이 칼을 준다. 무사는 그것을 엄숙히 이마까지 들어 올렸다가 천천히 칼끝으로 왼쪽 옆구리를 찌른다. 그리고 오른쪽 옆구리까지 천천히 가른다. 이때 이 모든 동작을 지켜보고 있던 개조인은 칼집에서 칼을 빼어들고 할복하는 사람의 목을 친다.

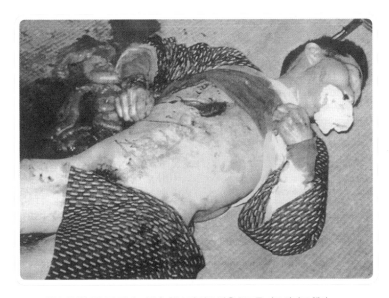

할복자살한 일본인 병사. 여성은 할복 전 양쪽 발을 묶도록 가르치기도 했다.

제2차 세계대전이 끝나고 나서 이러한 할복이 너무나 끔찍해서 배를 가르지 않고 바로 목을 베게 했다. 그러나 판결에 의한 할복이 사라지고 난 후에도 1950년대까지는 여전히 할복이 행해졌다. 최근에도 몇몇 사람이 할복한 것으로 알려져 있다.

작가 마리안느 모네스티에의 권위 있는 책『여성의 비밀스러운 사회』에 의하면, 15세기에는 일본 여성에게 무사들과 같은 할복이 허용됐다고 한다. 그 후 여성에게는 단도로 목을 찔러 동맥을 끊는 '자해'가 허용되었다. 아버지들은 딸의 결혼식 날 딸에게 작은 자해용 칼을 주기도 했고 특별한 교육을 통해, 경우에 따라서는 그 무서운 할복 의식을 치르도록 가르쳐왔다. 그 의식에는 조심성 없는 모습으로 죽지 않도록, 자살하기 전에 양쪽 발을 묶도록 하는 특별한 방법도 포함되어 있다. 이런 사소한 사실들 속에는 일본인들의 부끄러움에 대한 철학이 담겨 있다.

롬멜의 죽음

스토아학파와 함께 사라졌다고 생각되었던 명령에 의한 자살이 유럽에서는 20세기까지도 일어났다. 유명한 예가 바로 합스부르크 제국의 정보국장 레돌 대령의 경우다. 1913년 3월 13일 저녁, 4명의 고위 관리들이 그를 방문하였다. 그 방문객들은 레돌의 책상 위에 밀봉된 자살 명령서와 권총을 놓았다. 레돌은 수년 전부터 러시아를 위해 일했다. 자살 명령은 정치적 스캔들에 연루되는 것을 막기 위해서 내려진 것이었다.

독일의 원수 중에서 가장 인기가 좋았던 롬멜도 이와 같은 운명에

클레오파트라의 최후

—

고대사에는 마르크스 안토니우스와 함께 자살했던 클레오파트라 말고도 같은 이름을 가진 여성 통치권자 11명이 알려져 있다. 그들은 모두 비명에 죽었다. 그 중에서도 특히 주목을 끄는 사람들을 살펴보자.

남편을 살해한 클레오파트라

안티오코스 3세의 손녀딸인 클레오파트라는 시리아 왕 디메트리우스 니카토르와 결혼했다. 그녀는 남편은 물론 아들 세레코스도 살해했다. 안티오코스 7세와 재혼했지만, 기원전 121년에 두 번째 남편마저 독살하려고 했다. 그 음모가 발각되자 그녀는 남편을 죽이려고 준비했던 술잔을 마셔버렸다. 코르네이유는 이 사건을 소재로 하여 비극 『로드 규네』를 썼다.

사랑하는 사람의 눈을 도려낸 아르테미시아 1세

고대 그리스 도시 할리카르나소스의 여왕 아르테미시아 1세는 크세르크세스 1세의 그리스 침공에 종군했다. 살라미스 해전에서 보여준 용기로 잘 알려진 그녀는 페르시아 군주에게 "살라미스에서는 남자들이 여자 같이, 여자들이 남자 같이 행동했다"라는 유명한 말을 남겼다. 전쟁에서 돌아온 그녀는 달타누스 다비로스에게 푹 빠졌다. 그러나 그는 그녀의 사랑을 거절했다. 이를 분하게 생각한 그녀는 자고 있는 다비로스의 눈을 도려내어 두 번 다시 다른 여자를 볼 수 없게 만들어 버렸다. 그러나 그러고도 직성이 풀리지 않은 그녀는 레프카스 섬 암벽 위에서 뛰어내렸다.

마우솔로스의 영묘를 만든 아르테미시아 2세

카리아의 왕의 딸 아르테미시아 2세는 할리카르나소스의 여왕이었다. 그녀는 오빠이자 남편이었던 마우솔로스를 향한 걷잡을 수 없는 열정 때문에 역사에 널리 알려져 있다. 마우솔로스가 죽자 그녀는 외로움을 달래기 위해서 또 사랑하는 고인을 위해서 가장 호화로운 영묘 마우솔레움을 만들었다. 이 영묘는 지금까지도 세계 7대 불가사의 중의 하나로 알려져 있다. 남편이 죽은 지 2년 후, 슬픔에서 헤어나지 못한 그녀는 굶어 죽었다.

처해졌다. 히틀러를 암살하려던 7월 음모에 연루되어 총통의 명령을 받아 쾌텔 장군 두 명이 독이 든 유리병을 롬멜에게 전했다. 롬멜의 집에서 2, 3킬로 떨어진 곳에서 차를 타고 있던 네 명의 사내 중 장군 한 명과 친위대 운전병이 차에서 내리고 장군 한 명이 롬멜과 함께 남았다. 2분 후, 두 남자가 차에 다시 올랐을 때 롬멜은 독을 마시고 뒷좌석에 누운 채 죽어 있었다.

라디오에서는 그의 죽음이 심장마비에 의한 것이라고 방송했고, 나라의 위대한 군인 한 사람을 잃은 것에 대해 애도의 뜻을 표했다. 사체 부검은 금지되었다. 그 대신 롬멜의 장례는 국장으로 치러졌고, 장례식에서 군의 최고위 간부가 조사를 읽었다. 그 조사는 "그의 마음은 총통의 것이었습니다"라는 말로 시작되었다.

chapter 6

지나친 충성, 과도한 신념

앞에서 이미 보았듯이 패배한 군인들의 자살은 나라와 시대를 불문하고 많이 있어왔다. 상관의 뒤를 따라 죽는 사병은 전쟁에 패했다는 군인으로서의 치욕과 더불어 자신의 운명과 직결되어 있던 상관에 대한 애정도 작용하고 있는 것을 확인할 수 있다. 죽은 사람에 대한 경외감으로 일어나는 죽음이 신앙의 실천으로까지 고조되는 경우도 있지만, 어느 쪽이든 간에 충성심은 순수한 것이다.

아그리파에 대한 충성심 때문에 미노스텔이 그랬던 것처럼, 노예에서 해방된 스포루스는 네로가 죽자 따라서 자살했다. 이라스와 샤르미온은 부루투스를 따라 죽은 샤티스처럼 결연히 클레오파트라의 뒤를 따라 자살했다. 특히 고대사에서는 충성심 때문에 자살한 경우가 많다. 미트리다테스, 한니발, 하밀카르, 베르샤자르, 라메스, 부루투스, 페트로니우스, 네로, 클레오메네스 등의 주변 사람들이 그렇게 죽었다.

오토 황제가 자살했을 때는 많은 군인들이 황제의 유해 가까이 가서 손과 상처에 입맞춤을 하였다. 화장火葬을 하는 단이 세워지자 그들 대부분이 그 주변에서 칼로 자결했다.

고대의 작가들은 대부분 가리아와 게르마니아인들이 태연하게 자살하는 것을 감탄과 경이로움으로 지켜보았다. 케사르는 "충성을 다한 동료와 상관이 살해되었을 때, 죽음을 거부한 사람은 한 사람도 없었다"라고 기록하고 있다.

스칸디나비아에서는 스웨덴 왕 훈기그와 덴마크 왕 하딩이 최고신 오딘 앞에서 함께 죽기로 맹세했다. 이 약속 자체도 기묘한 것이었지만, 이것을 지킨 성실함 또한 특이했다. 덴마크 왕이 죽었다는 오보를 들은 스웨덴 왕은 그렇게도 중요한 사실을 확인하지도 않고 즉시 약속을 이행했다. 덴마크 왕은 친구가 오해로 죽었다는 사실을 알고 많은 사람들 앞에서 질식사했다.

그 후, 수세기 동안 아프리카와 아시아에서 이런 종류의 자살은 수없이 일어났다. 중국에서는 역사상 여섯 명의 황제가 자살했고 그 죽음은 궁궐에 다시 대규모 살육을 불러 일으켰다.

지나친 충성

충성심으로 인한 자살이 가장 많은 민족은 단연 일본이다. 어느 시대에서든 자기가 모시던 윗사람이 죽으면 그 뒤를 따르는 경우를 볼 수 있지만 일본에서는 윗사람에 대한 충성심을 보여주는 유일한 증거로 자살을 택하는 경우가 많았다. 역사적으로 가장 유명한 것 중 하나는 47인의 무사들의 경우이다.

아사노는 관저官邸의 주인인 장군가家의 축하연에 참석해야만 했기 때문에, 예법을 미리 배우기 위해서 최고 귀족이라 할 수 있는 기라에게 찾아갔다. 축하 연회 같은 자리에 참석할 때 갖추어야 할 의상에 대해서 배우려고 했던 것이다. 그러나 아사노는 기라에게 가면서 뇌물을

자살에 관한 모든 것

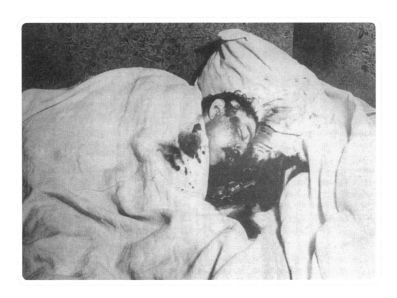

충성심은 상식을 벗어난 행동을 유발할 수 있다.

들고 가지 않았다. 그 일로 아사노는 기라에게 심하게 멸시를 당했다. 어느 날 도성에서 열린 회의에서 아사노는 다시 심한 모욕을 당했다. 화가 난 아사노는 성안의 망루 아래서 기라를 급습했다. 그 일로 아사노는 할복을 명령받았다.

명예와 충성을 중시하는 무사의 전통에 따르면 아사노를 따르던 47명의 다른 무사들도 함께 할복해야만 했다. 그러나 충성심이 아주 강했던 그들은 자신들이 존경하는 분을 빼앗겼다는 점에 대해서 모멸감을 가졌고, 이 원한은 꼭 갚아야겠다고 생각했다. 47명의 무사들 중에는 기라의 경계심을 늦추기 위해 방탕함에 빠진 척한 사람도 있었다.

그들은 점차 아내를 멀리하게 되었고 가족을 돌볼 수 없게 되었다. 자기 동생을 기라의 첩으로 들여보낸 사람도 있었다. 그들은 기라에게 별다른 생각이 없다는 것을 보여주기 위해서 일부러 칼을 녹슬게 했다. 그리고 2년이라는 시간이 흘렀다. 기라의 경계심이 풀어진 1703년 12월 14일, 47명의 무사들은 기라의 집을 급습했다. 그들은 기라를 죽이고 그의 머리를 자신들이 존경하던 아사노의 무덤 앞에 바쳤다. 그들은 그 벌로 할복을 명령받았고, 죽어서 센가쿠키 사원에 나란히 묻혔다. 요즈음도 매년 그 사건이 일어났던 날에는 많은 사람들이 그들의 묘지를 찾는다. 이처럼 일본 역사에는 넓은 땅을 차지하던 무사가 죽으면 그를 섬기던 무사도 살려두지 않았다는 이야기가 수없이 전해온다.

앞장에서도 보았듯이 1945년 이후, 일본에서는 수많은 장교와 사병들이 일본군의 명예를 지키기 위해 자살했다. 민간인들도 천황에 대한 충성심을 지키기 위해 자살했다. 자기 집에서 자살한 사람도 있고 자기가 택한 운명을 알리기 위해 길이나 광장에서 죽은 사람도 있다. 애국주의 그룹에 속하는 젊은 청년들이 대표단을 조직해서 천황이 사는 곳으로 몰려가서 천황에 대한 충성심을 보이기 위해 자살하는 광경도 자주 볼 수 있었다.

신념으로 인한 죽음

히틀러 주변에도 극단적인 충성심을 가진 신봉자들이 몇 명 있었다. 요셉 괴벨스가 그 중 한 사람이다. 히틀러를 맹목적으로 경애했던 그는 더할 나위 없는 선전 부장인 동시에 대중 선동자였다. 그는 히틀러 총통—그가 히틀러의 신화를 만들어냈다— 없이는 살아갈 수 없다고 생각해서, 자신과 가족의 목숨까지도 히틀러를 위해 바쳤다.

4월 29일, 종교단체에 소속되어 있었던 요셉 괴벨스는 지하호에서

자살에 관한 모든 것

「총통의 정치적 유서를 보충함」이라는 제목으로 유서를 썼는데 그것은 다음과 같이 끝난다.

"우리 식구 모두는 결연하게 결심했다. 아내와는 충분히 상의하였다. 아이들은 개인적 의견을 말하기에는 아직 어렸지만 스스로 결정을 내릴 수 있는 나이였다면 전폭적인 지지를 보냈을 것이다. 총통의 곁을 떠나지 않고 옆에서 모실 수만 있다면 나는 기꺼이 의미 없는 인생에 종지부를 찍을 것이다."

괴벨스에게는 사랑스러운 여섯 명의 아이들이 있었다. 3살짜리 하이디, 5살 난 헤더, 7살 먹은 호르디, 9살 헬므트, 11살 히르디, 12살 헤르거. 이 아이들은 모두 히틀러에게 경의를 표하기 위해 'H' 자로 시작하는 이름을 지어주었다. 아내인 막다 괴벨스는 비극의 전날, 히틀러의 지하호에 함께 있던 헨치 라이슈를 불러 이렇게 말했다.

"아이들이 이 세상을 떠나야만 하는 순간이 오면 나를 좀 도와주세요. 마음이 약해질까 봐 두려워요. 아이들은 총통과 나치 제국 것입니다. 총통과 나치 제국이 존재하지 않는다면 이 세계에는 이 아이들이 머물 장소가 없어요."

5월 1일 밤, 침울한 계획은 실행되었다. 7시쯤 괴벨스 부인은 아이들 방에서 나왔다. 그녀의 얼굴은 창백했으며, 눈물로 범벅이 되어 있었다. 그녀는 6명의 아이들이 죽어가는 것을 끝까지 지켜보았던 것이다.

chapter 7

전쟁과 혁명의 와중에서

역설적이게도 자살은 사회가 풍요롭고 안정되면 될수록 증가하고 정치적 위기나 전쟁 시가 되면 감소한다. 아마도 정치적 위기나 전시에는 애국심이라는 집단 감정이 사람들의 마음을 자극하여 자살을 억제하게 만들기 때문일 것이다. 그때는 자기 자신의 고민, 고독, 개인적인 문제에 빠져 있던 사람들이 대의, 당파, 조국에 대한 봉사 쪽으로 마음을 쓰게 된다. 그러나 어려운 시기가 지나고 대립이 중단되고 평온이 찾아오면 자살은 평상시 수준으로 되돌아간다.

전쟁

앞에서 설명한 내용의 적절한 예는 두 번에 걸친 세계대전에서 잘 나타나고 있다. 프랑스의 경우를 살펴보면 1913년에는 자살률이 인구 100만 명당 260명이었지만, 1915년부터 1917년까지는 177명, 176명, 158명으로 감소했고 1918년과 1919년에 다시 217명, 250명으로 증가하고 있다. 제2차 세계대전 기간에도 마찬가지로 1943년과 1945년의 자살률은 1938년과 1947년에 비하면 절반에 불과했다.

그러나 이러한 결과는 '전쟁의 법도'가 군인들과 일반 시민들에게 똑같이 적용된 경우에만 유효하다. 대립이 종결되었을 때 패배로 인해 가공할 만한 두려움이 예상되는 경우에는 승리자들의 폭행으로부터 벗어나기 위해 자살하는 사람이 많아진다. 패배자는 자살로 치닫게 된다. 예를 들어 1945년, 독일에서는 많은 독일 국민들이 러시아군에 대한 두려움 때문에 자살했다. 이런 현상은 1954년, 프랑스가 통킹(지금의 북부 베트남)을 포기하자 베트남 독립 동맹군에 의해 점령되어버린 남베트남에서도 일어났다.

그러나 패배가 곧 승리자로부터의 폭력과 철저한 탄압을 의미하지 않는 경우에는 자살하는 사람 수가 눈에 띌 정도로 늘어나지는 않는다. 분명히 자기 나라에 적이 침입했다는 사실은 극도의 절망을 불러일으키지만 그 때문에 자살하는 사람은 드물다. 프랑스의 경우, 1940년 6, 7월의 패배 후 자살한 사람은 포로와 대독협력 운동의 협력자를 합해도 별로 많지 않았다. 독일군의 파리 침공 때 절망하여 자살한 외과 의사 티에레 드 마르텔의 경우가 종종 거론되곤 하지만 그것은 예외적인 경우였다.

내전과 혁명

내전과 혁명, 독재자에 대한 봉기가 일어났을 경우에는 전쟁 때와는 다른 양상을 보인다. 그런 상태가 정점에 달하면 두 파로 나누어져 서로 싸우게 된다. 때에 따라서는 형제나 친구, 이웃이 서로 격렬하게 대립한다. 그리고 한쪽이 이기면 다른 한쪽은 죽어야만 하는 사태가 발생하게 된다.

새로운 사상에 대한 정신의 고양, 사악한 마음의 고조, 선처를 기대해봤자 소용없다는 것을 알고 있는 적. 이런 것들은 모두 인간의 목숨을 하찮은 것으로 생각하게 하여 사람들을 '정신적 빈곤'의 상태로 내몬다. 흥분 상태가 계속되고 부정이 만연되며, 풍기문란이 일어나 그러한 '정신적 빈곤'과 결탁한다. 이런 시기에는 절망적인 행위가 많이 일어나게 되고 세상은 자살의 무대가 된다. 사실 자살하는 사람들의 대부분은 삶에 실패한 사람들이고, 그들의 죽음은 그것이 사형 집행관에 의해 이루어지는 것이냐 자신의 손에 의해 이루어지는 것이냐의 선택에서 후자를 택한 것이다. 죽음을 당해야 하는가 자살해야 하는가 그것이 문제다.

혁명가의 자살

수만 명의 자살자를 낸 프랑스 혁명은 혁명기 자살의 모습을 가장 잘 보여주는 예이다. 프랑스 혁명 때 자살을 기도한 것은 바스티유 감옥 사령관 로네가 처음이라고 할 수 있다. 시민군이 감옥 안으로 쳐들어갔을 때, 그는 감옥 안에 있던 135개의 화약통과 함께 영영 날아가버리려고 생각했다. 그는 대포의 도화선에 불을 붙이곤 화약고 쪽으로 달려갔다. 그러나 두 명의 하사관이 그를 붙잡고 말렸다. 그의 자살 기도가 성공했다면 바스티유는 하늘 높이 날아갔을 것이고 아마 최소한 생 안토이네, 마제 지구, 아르스날 부근은 폭파되었을 것이다. 하사관 둘이 자살을 말리자 로네는 가지고 있던 칼을 빼내 자기 몸을 찔렀다. 부상당한 그는 시민군들에게 무기를 빼앗기고 무참히 학살되었다. 사람들은 그의 머리를 창끝에 꽂아 파리 시내로 끌고 다녔다.

콘시엘쥬 감옥, 홀스 감옥, 샤토레 감옥, 사르페트리엘 병원, 비세토르 병원, 생 피르민 병원, 룩셈부르크 병영 등은 자살이 맹위를 떨치는 장소가 되었다. 왕의 친위대장의 자살이 도화선이 되었다. "우리는 모두 단두대의 운명에 놓여 있기 때문에"라고 말하며 그는 심장을 세 번이나 단도로 찔렀다. 다음에는 왕비의 방 부근에서 네이 장군의 의붓어머니 오우니에가 창에서 뛰어내렸고, 지방에서 체포되어 파리로 이송되던 정치가 대부분이 자살했다.

지롱드파의 자살

혁명기의 자살에 대해 언급하자면 소위 '지롱드 당' 재판을 빼놓을 수 없다. 많은 화가, 작가, 시인이 이것에 대한 작품을 남기고 있는데 그중에서도 라마르틴은 "이들 20명 정도의 남자는 모두 젊음, 아름다움, 화술, 재능의 화신이었다"라고 쓰고 있다. 재판은 일주일간 계속되었다. 마지막에 검찰관 후케 탄빌에게 위협을 받은 배심원단은 로베스피에르와 산 듀스트와 협의한 후 전원 유죄라고 선고했다. 사형이라는 말에 피고석은 술렁댔다. 그중 한 사람은 마치 옷을 찢으려는 듯이 손을 살짝 가슴 쪽으로 가져갔고 잠시 후 앉은자리에서 바닥으로 쓰러졌다. 바라제였다.

"어떻게 된 거야 바라제, 마음이 약해졌는가?" 하고 브리스가 그를 일으켜 세우면서 물었다. "아니야, 나는 죽네"라고 바라제는 대답했다. 그리고 그는 심장을 찌른 단도를 손에 쥔 채 숨을 거두었다.

바라제의 죽음

지롱드 당원들은 한 사람씩 피고석에서 내려와 시체 주변으로 모여들

죽은 바라제는 망토에 덮인 채 동료들과 마지막 식사 자리에 참석했다.

어 경의를 표했다. 라마르틴은 『지롱드 당사薰史』에서 다음과 같이 쓰고
있다.

"재판소는 사체를 감옥으로 보내 공범자들과 함께 마차에 실어 고문
실로 데리고 가서 그들과 함께 매장하라고 명령했다. 바라제의 동료들
과 의견을 같이했던 의원 바이유르는 수색이 벌어지는 동안에 파리에
몸을 숨기고 있었다. 바이유르는 판결이 있던 날 밤에, 마지막 식사는
밖에서 가져오기로 그와 약속했다. 재판 결과에 따라 승리를 자축하거
나 최후의 만찬을 하기 위한 것이었다. 그는 나타날 수 없었지만 약속
은 지켜졌다. 감옥의 넓은 독방 안에 저녁이 차려졌다. 죽은 바라제는
옆으로 누워 있었다. 그는 망토로 덮인 채 불운한 동료들과의 식사에
참가하였다. 그리고 바라제는 죽은 채로 단두대에 올랐다."

자살에 관한 모든 것

사형에 처해지지 않은 바르바루, 브제, 페티온, 루베, 사르 등의 지롱드 당원들은 대부분 파리를 떠나 있어서 체포되지 않았다. 이들은 10개월간 보르도 근처의 생 에밀리온 동굴 속에 숨어 있었다. 동료들의 처형과 바라제의 자살 소식을 들은 것은 바로 그곳에서였다. 그들은 동굴을 떠나기로 결심하고 서로 오랫동안 작별을 나눈 후 각자 새로운 안식처를 찾아 떠났다. 그 안식처는 바로 죽음이었다.

론 지방의원인 바르바루는 당시 27세였다. 화학 교사로서 마르세이유 혁명 운동의 리더였던 그는 로베스피에르의 원한을 사고 있었다. 로베스피에르는 개인적으로 자신을 공격하고 또 칸 지역에서 지롱드파의 저항 운동을 벌인 그를 용서할 수가 없었다. 바르바루는 체포되는 순간 자신의 턱에 총을 쏘았다. 큰 상처를 입었지만 죽을 정도는 아니었다. 머리가 피투성이가 된 채 붕대도 감지 않고 거의 반쯤은 죽은 상태로 그는 단두대로 끌려 나갔다.

클라비에르의 자살도 그가 단도로 자살하기 직전에 읊었던 시 때문에 역사적 사건의 하나로 기록되고 있다.

"모든 것을 잃고, 희망마저 잃었을 때, 그 삶은 치욕이고 죽음은 의무다."

손목시계로 확인한 시체

철학자이며 수학자인 꽁도르세도 몽테뉴파의 체포 명령 때문에 비극적인 최후를 맞았다. 그는 베르누이 부인의 집에 숨어서 몇 개월간 수사를 피해왔다. 은둔생활 중에 그는 유명한 『인간 정신 진보에 대한 역사적 소묘』를 썼고 그 책 속에서 인류의 무한한 진보를 믿고 있음을 명시했다. 그 후 입헌 의회가 추방자를 숨겨주는 사람은 사형에 처한다고 공표하자 꽁도르세는 연인의 곁을 떠나기로 했다. 파리를 떠나 얼마 동안은 클라마르의 채석장에 몸을 숨기고 있었다. 그러나 결국 그곳에서 체포되어 반동분자라는 죄목으로 부르그의 형무소에 투옥되었다. 그가 반동분자로 분류된 것은 스스로를 종이라 불렀고 자기가 주석을 붙인 호메로스의 책을 가지고 있었기 때문이다.

체포된 다음 날인 1794년 3월 28일, 핏기 없이 누워 있는 그의 시체를 간수가 발견했다. 그는 가명을 사용하여 신원을 숨기고 있었기 때문에 간수는 그의 시체를 피에르 시몬으로 기록하였다. 꽁도르세의 아내인 소피가 그의 죽음을 안 것은 몇 개월 후였다. 사체가 확인된 것은 피에르 시몬이라는 사람의 사체에서 발견된 시계가 바로 꽁도르세가 처남인 크루시 원수와 바꾸어서 차고 있었던 손목시계였기 때문이다.

과거의 권력자들

국민공회군이 시청을 향해 쳐들어오는 것을 보고 로베스피에르와 그 일파는 살아날 가망이 없다고 생각했다. 그들은 자리를 피했다. 그다음부터의 일은 확실히는 알 수 없다. 어떤 사람은 국민공회군이 들어오자 로베스피에르는 펜을 놓고 총을 집어들어 자기 머리에 쏘았다고 한다. 또 어떤 사람은 그를 쏜 것은 헌병 메다였다고 한다. 시청 수위 마셀 보샤르는 로베스피에르가 총을 겨누는 것을 자기 눈으로 똑똑히 보았다고 주장했다.

어쨌든 그날 밤, 파리는 가는 곳마다 "로베스피에르가 권총 자살했다"라는 소리가 울려 퍼졌다. 이 사실을 증명하는 것은 공안위원회에

자살에 관한 모든 것

서 증언한 어떤 사람의 다음과 같은 말이다.

"나는 로베스피에르가 책상 옆에 누워 있는 것을 보았습니다. 그는 입술 아래 4센티미터 정도 되는 곳에 총에 맞은 자국이 있었습니다. 정말로 그것을 보았고 또 진실을 지키기 위해서 말씀드리지만 그를 처음 본 것은 저였습니다. 따라서 헌병 메다가 로베스피에르의 머리에 총을 쏘았다고 말한 것은 진실이 아닙니다."

자료에 따르면 헌병 메다는 사건 다음 날, 도망치지 않은 두 명의 음모자를 죽이고 단도를 손에 든 로베스피에르와 쿠통에게 가해를 한 영웅이 되어 브르통에서 국민 회의에 소개되었다. 어쨌든 메다는 이 사건을 계기로 화려한 경력의 소유자가 되었다. 장군에서 남작이 되고 레지옹도뇌르 3등 훈장까지 받았던 것이다.

메다는 "나는 급히 뛰어올라갔습니다. 모반자들은 사무실에 모여 있었습니다"라며 로베스피에르의 자살설을 부정하고 있다.

메다에 이어서 다른 군인들이 달려왔다. 메다는 심하게 동요하고 있던 50명 정도의 모반자들 속으로 먼저 뛰어들었다. 로베스피에르는 팔걸이의자에 앉아 있었다. 메다는 로베스피에르에게 달려들어 칼끝으로 가슴을 찔렀다. 그러곤 "시키는 대로 해. 이 배신자"라고 말했다. 그러자 "배반한 것은 그쪽이다. 어서 나를 쏴라"라고 로베스피에르가 대답했다. 이 말을 듣고 메다는 권총을 들어 로베스피에르를 쏘았다고 하는데, 이 말은 다른 증인, 특히 시청 수위의 말과는 전혀 다르다.

로베스피에르가 자살하려고 했을 때 메다가 그에게 총을 쏘았다는 설도 있다. 바라스에 의하면 "로베스피에르는 총격 당한 것이 아니다. 스스로 총을 쏘았고 총알이 턱에 맞았다"고 한다. 국민공청회에서 바레

즈는 "루바는 자살했다. 로베스피에르는 부상을 입었다"라고 보고하고 있다. 또한 클루토아는 "헌병 메다는 로베스피에르를 자기가 죽였다고 생각하고 있지만 사실은 로베스피에르 스스로 총을 쏜 것이다. 그는 연설에 사용해오던 자기 입을 스스로 처벌하였을 뿐이다"라고 말했다.

로베스피에르에 대한 법의학적 조사 결과는 자살설을 부정하는 쪽으로 기울고 있다. 로베스피에르가 자살하려고 했을 때, 또는 다른 쪽 주장으로는 메다가 발포했을 때 로베스피에르의 동생인 어그스팅이 중상을 입은 형을 보고 격앙되었다는 증언이 있다.

경찰의 보고에 의하면 "그 노여움은 10명의 남자를 동원해도 억누를 수 없었다. 그는 2층 창으로 나가서 몇 분간 석조 처마 위를 걸어 다닌 후 높은 곳에 서서 그레브 광장에 모여 있던 군중을 향해 연설을 했다"고 한다.

이 사건에 대해서 상세히 기록하고 있는 작가 알베르 올리비에에 의하면 한 가지 확실한 것은 그가 완전히 거꾸로 몸을 던져 중앙 계단에 떨어진 것은 어제까지의 권력자를 법의 보호 밖으로 내놓으라고 큰소리로 부르짖는 어떤 의원의 목소리가 들린 후였다는 것이다. 그는 불행히도 중상을 입었을 뿐 죽지는 않았다. 그래서 심한 부상을 입은 로베스피에르 형제는 그대로 단두대에 서게 된 것이다.

고통스러운 선택

동란 시대에는 많은 죄수들이 교도소 생활을 견디지 못해서 자살하거나, 어차피 처형될 것이므로 미리 자살해버리는 일이 많았다. 또 수많은 사람들이 자기 생각과는 다른 사고들에 억눌리게 되고, 때로는 불의와 반계몽주의가 승리하는 것을 보면서 목숨을 끊음으로써 자신의 이상을 지켰다. 가지고 있는 모든 것을 잃은데다가 믿고 있던 것이 모두 무너져버리면 사람들은 더 이상 살고 싶지 않다고 생각하기 때문에 자살하게 된다.

자살학자는 이러한 경우의 자살은 우연히 아무에게나 일어나는 일이 아니라 본질적으로 실망을 잘 느끼는 사람들에게서 일어난다고 보고 있다. 이것은 사실이다. 그런 사람들은 자기의 이상이 무너지는 것을 자신의 무능력 때문인 것으로 느낀다. 프랑스 혁명기에 지롱드파에서 자살이 유행했던 것도 지롱드파가 박해를 받았기 때문이기도 하지만 이런 감정이 있었던 원인이 컸다.

장 바슈레는 자살에 대한 책에서 소비에트 혁명이 실패했을 때 나타났던 이러한 메커니즘에 대해 설명하고 있다.

"혁명의 실패가 무조건 자살을 불러일으키는 것은 아니다. 자살은 혁명가 중에서도 번민에 잘 빠지고, 쉽게 과격해지는 사람을 고른다. 레닌이 죽은 후의 소련 상황을 보면, 스탈린 전제 시대가 차차 확립되어 레닌 숭배자의 눈에는 이상이 무너진 것처럼 보였을 뿐만 아니라 싸울 때의 공통의 척도도 없이 공포로 추락하는 것같이 생각되었다. 사실 1926년부터 1927년까지 소련에서는 혁명파의 지식인들 사이에서 자살이 유행했었다. 그 계기가 된 것은 1925년 시인 세르게이 예세닌의 자살이었다. 그 당시에는 실망에 따른 자살의 유행을 표현하는 말까지 새로 생겼다. 이데올로기가 중심적인 역할을 하는 체제 아래에서 관리자들은 이러한 자살에 반대할 수밖에 없다. 트로츠키, 브크하린, 라덱 등 재능이 풍부한 관념론자들은 자살을 비열한 행위이며 혁명에 대한 신념이 결여된 행위라고 비난했다. 시인 마야코프스키는 예술가의 40%가 예세닌의 행동에 감명을 받은 것으로 생각하고 있다. 보건인민위원은 자살로 체제의 이미지가 흐려지는 것을 막기 위해 정신력이 약한 사람들에 대한 감시를 강화할 것을 주장했다."

1956년 헝가리 반공의거는 이상적으로나 물질적으로나 예속되어 있던 헝가리 국민들이 모든 희망을 잃어버리게 된 사건이었다. 그 후 수백 명이 자살했다. 체코슬로바키아에서는 소련군에 의해 희망을 모두 빼앗긴 프라하의 봄 때, 다른 해보다 자살률이 5배 정도 높았다. 포르투갈에서도 카네이션 혁명 때 그것이 비폭력 혁명이었음에도 불구하고 비슷한 결과를 보였다. 프랑스에서는 1968년 파업이 확대되었던 5월 위기 때 파리의 자살률이 2배 증가했다.

자살에 관한 모든 것

chapter 8

카지노 도박과 파산

자기 파괴에 이르는 결정적인 이유 중에는 연애의 고통과 더불어 도박으로 인한 재정적인 파멸도 큰 부분을 차지하고 있다. 마리보는 "기교가 필요한 연애나 운에 좌우되는 도박은 다를 게 없다"고 말했다. 실제로 심한 흥분 상태에서의 도박은 자살의 중요한 원인 중 하나가 되고 있다. 그러한 흥분 상태에 빠진 사람이라면 일생에 한 번쯤 스스로 고통을 끊어버리려고 생각하지 않은 사람은 거의 없을 것이다.

프랑스의 경우 1760년에 도박장이 들어왔다. 그러나 도박 때문에 자살하는 사람이 너무 많았기 때문에 1838년 루이 필립은 도박을 금지하고 모든 도박장을 폐쇄했다. 경찰의 정식 기록에 의하면 도박장을 폐쇄시키자 사체보관소의 차가운 타일 바닥에 눕게 되는 사람 수가 줄어들었다고 한다.

자살의 전당, 몬테카를로

1863년 2월, 바카라 게임을 하는 작은 도박장이 열리자 도박 때문에 자살하는 사람이 다시 늘어났다. 그 도박장은 헤라클레스의 발자국이 있다는 전설이 서린 바위산 아래에 세워졌는데 그곳은 오랫동안 공공

쓰레기장으로 쓰이던 곳이었다. 몬테카를로에 카지노를 세우자는 제안을 한 사람은 모나코 왕비 까를린느였다. 국토의 4분의 3이 프랑스에 합병된 후, 모나코 공화국의 수입원이 필요했기 때문에 카지노를 세우려 했던 것이다. 이 계획을 추진한 브랑이라는 사람은 해수욕용 샌들 회사를 만들어서 유명하게 된 인물이다. 카지노의 대주주 중에는 나중에 로마 교황 이러스 12세가 된 파슬리 추기경도 있다.

카지노 퇴치를 위해 발행된 우편엽서

몬테카를로에 세워진 이 룰렛 도박장은 기분 전환을 하기 위해 찾아온 왕과 세기의 미녀, 세계의 대부호 들로 인해 유명해졌다. 더불어 도박 자금 때문에 너무나 많은 사람들이 자살했기 때문에 한층 더 유명해졌다. 자살 사건이 연이어 일어나자 프랑스와 이탈리아의 신문들은 윤리 단체의 지지를 받아 즉시 강한 비난을 시작했다.

신문에는 "자살의 물결이 몬테카를로를 덮쳤다"라는 기사가 반복해서 실렸다. 격분한 기자는 "카지노 위의 동굴에는 자살자의 시체가 가득 차는데, 그 대부분은 도박으로 파산한 사람들이다"라고 기사를 썼다. 또 어떤 신문에서는 유명한 기자가 일주일에 두 번, 시체를 실은 배가 모나코 공화국을 출항하여 바다 가운데 버리고 있다고 주장하기도

자살에 관한 모든 것

했다. 특히 "오염되지 않은 해수욕을 즐기려는 사람들은 절망과 죽음이 기다리고 있는 이 악의 전당, 카지노를 피해가야만 한다"라고 했다.

작가 에듀아르 듀르던에 의하면 어떤 미국인 여성이 모나코의 도로과 직원이 사용하는 창 없는 밴을 보고 이것이 무엇이냐고 물었다고 한다. 모나코 사람은 반 농담으로 매일 아침 자살자를 운반하기 위해 다니는 밴이라고 대답했다. 이 여성은 이 말을 진담으로 받아들여 분노에 가득 찬 편지를 한 신문사에 보냈다. 신문사에서 그 편지를 게재하자 미국의 모든 신문사들이 이 내용을 다루었다.

에드워드 D. 라딘이 몬테카를로에서의 일에 대해 소개한 것을 옮겨보자.

"어느 날 오후, 자살하려고 했지만 흉기를 빼앗겨 죽지 못하고 있었던 한 남자에게 브랑이 다가가서 다음과 같이 소리쳤다. '이봐요, 자살하려면 당신 집에서 하시오. 내 카지노 정원에서는 안 되오.'"

모나코에서는 총기류와 독극물을 파는 것이 금지되어 있다. 호텔에서는 모든 손님들의 소지품을 조사해서 총알을 찾아내는 데 전력을 기울여야 했다. 브랑은 믿을 만한 부하 직원에게 특별한 임무를 부여하려고 했다. 자신과 자신의 카지노에 대한 비판적인 기사가 계속 쓰이고 카지노에서 도박을 하다가 파산해서 절망에 빠진 나머지 자살한 사람들에 대한 신문 보도가 지속되면서 오히려 파산한 사람들을 자살로 몰아넣고 있었으므로 브랑은 특별한 조치를 취해야 할 필요가 있었던 것이다. 브랑은 자살행위가 치정에 얽힌 참극일 뿐 도박판에서 돈을 날린 것과는 아무런 관계가 없는 것처럼 보이게 하기 위해 경찰이 사건 현장에 도착하기 전에 자살자의 주머니에 지폐 뭉치나 연애편지를 넣어두는 임무를 맡기려고 했었던 것이다.

카지노 운영을 막기 위해 계속 노력한 사람도 있다. 그중 두 사람은 몬테카를로로 향하는 니스 외곽 도로에 있는 광고판에 그림을 그리게 했다. 하나는 가로등에 목을 매달고 있는 수십 명의 자살자들과 머리에 총알이 박힌 채 도박판 위를 굴러가고 있는 두개골 그림이고, 또 하나는 자신들이 불행하게 된 것이 카지노 때문이라고 말하고 있는 아이들에 둘러싸인 미망인이 그려진 그림이다.

이 광고판에 얽힌 이야기는 전 세계의 신문에 실렸다. 당장 그림을 떼어내고 백만 프랑을 배상하라고 협박하는 사람도 있었다. 브랑은 잠자코 있었다. 이 두 그림은 그것을 그리게 한 두 남자가 광고판 빌린 값을 내지 않아서 결국은 사라지게 되었다. 그 광고판에는 대신 와인 광고가 그려졌다.

이런 여러 가지 일들이 일어나자 브랑은 도박 때문에 일어나는 온갖 자살에 대해서 더 이상 쓰지 말아달라고 신문사에 뇌물을 주어야만 했다. 그는 그때 당시 신문사의 입을 막기 위해 5십만 프랑을 사용하였다고 시인하고 있다. 파리 신문의 주필은 모나코의 일기예보를 신문에 게재해주는 대가로 2만 5천 프랑을 받았다고 하는데, 사실은 그 돈은 카지노에 대해 더 이상 문제 삼지 않기로 한 대가로 브랑이 준 것이었다.

모나코 사람들은 브랑의 행동에 매우 거부감을 가지는 한편, 카지노 사건 때문에 외국 사람들에게 심어질 자기 나라의 나쁜 이미지에 대해 몹시 걱정하고 있었다.

1869년, 브랑은 샤를르 대공에게 영토 내의 세금을 모두 폐지해달라는 묘안을 내놓았다. 세금을 면제받기 위해서 사람들은 그때부터 카지노의 성공을 기원하게 되었다. 그렇다고 해서 도박판에서의 자살 전통이 사라진 것은 아니었다.

1872년에 4명의 자살자가 생겼다. 그것도 하룻밤에. 그들의 죽음은 한 건씩 한 건씩 전 세계 신문에 대서특필되었다. 다음 해 10명의 노름꾼들이 자살했을 때도 마찬가지였다. 덕분에 몬테카를로의 카지노는 저주받은 바위산이라는 이미지가 사람들에게 조금씩 새겨지게 되었고 카지노를 정화하려는 사람들의 활동이 눈에 띄게 늘어나게 되었다.

1880년에는 톰프슨이라는 사람이 모나코의 카지노 폐지를 요구하는 국제적인 조직을 만들었다. 장관들과 기독교, 천주교의 성직자들에게 호소했던 그의 활동은 미국, 독일로 확대되었고 폴란드와 러시아에까지도 영향을 미쳤다.

모나코는, 생각만큼 부정적이지는 않지만 대대적인 신문 보도의 대상이 되곤 했다. 이를테면 가장 믿을 만한 신문 중의 하나인 〈타임즈〉지는 반 카지노 캠페인을 여러 번 벌였고, 신문 1면에 자살 사진을 싣기도 했다. 1889년에도 신문들은 강경한 어조로 몬테카를로를 공격했다. 롤랑은 '15명의 자살자'라는 기사를 〈쿠리에 프랑세〉지에 썼다.

그러나 여론의 따가운 비판에도 브랑은 전혀 기가 죽지 않았다. 그의 카지노에는 왕족들(포르투갈의 엠마뉴엘 왕, 스웨덴, 덴마크, 뷔르템베르크의 왕인 에드워드 7세, 벨기에의 레오폴드 2세, 프란츠 요셉 황제, 독일 황제 빌헬름 2세)이 정기적으로 내방하고 있었고, 또 그 시대를 풍미했던 중요한 인물들의 내방도 끊이지 않았다. 따라서 각 신문사에서도 구독자를 잃지 않기 위해서는 도박판에서의 자살에 대한 공격을 그만두지 않을 수 없었다.

1871년 일 년 동안에 15만 명이 카지노를 찾았고, 카지노의 주변에서 여유 있게 휴식을 취했다. 다음 해에는 그 숫자가 단숨에 20만 명으로 증가하였다. 몬테카를로에서 오스카 와일드, 벨 오델로, 마타하리, 샤넬, 피카소, 세르쥬 리하르 등 유명인들을 만날 수 있었다. 카지노에 대해 비판적인 글을 게재했던 신문사들도 구독자들을 의식해서 몬테카를로에 지국을 설치해야만 할 지경이었다.

그러나 윤리 단체가 새로운 사건을 물고 늘어졌기 때문에 카지노의 인기는 다시 떨어지게 되었다. 사라 베르나르가 자살미수 사건을 일으켰던 것이다. 유명한 배우가 거물급 도박사였다는 사실을 알고 있는 사람은 별로 없었다. 그녀가 도박에서 벌어들인 엄청난 돈은 실상 잃은 돈에 비하면 아무것도 아니었다. 그녀는 빚잔치를 벌였던 것이다.

1893년 어느 날 밤. 그녀는 가진 돈을 모두 긁어모으고 빚까지 얻어서 10만 프랑을 챙겨서 카지노로 갔다. 그리고 몇 시간 만에 그녀는 가진 것을 모두 잃었다. 그녀는 아무 일도 없었다는 듯이 호텔 드 파리의 객실로 돌아가서는 많은 양의 수면제를 먹고 죽으려고 했다. 그때, 우연히 친구인 로앤 백작이 그녀를 만나러 왔다가 의식을 잃은 그녀를 발견하고 신고를 했다. 로앤 백작은 살아난 그녀에게 3십만 프랑을 빌려주면서 나중에 갚으라고 했다. 사라는 은행 직원인 친구의 권유로 이 돈을 주식에 투자했다. 그래서 몇 개월 후에는 로앤 백작한테 빌린 돈을 모두 돌려주었다. 뿐만 아니라 1921년 은퇴할 무렵에는 대단한 부자가 되어 따로 카지노에 갈 필요가 없게 되었다.

브랑은 이 자살미수 사건을 무마하려고 했지만 세계의 신문에 보도되는 바람에 안절부절못하게 되었다. 그는 후에 자신의 『회상록』에서 사라 베르나르 사건으로 카지노가 막대한 금전적 손실을 입었다고 적고 있다.

도박판에서 엄청난 돈을 따기도 하고 잃기도 했던 당시에, 카지노 측에서 염려했던 것은 오직 한 가지, 자살에 대한 기사가 신문의 사설에 실리는 것이었다. 이런 종류의 기사는 도박에 대한 적개심을 불러일으켰을 뿐만 아니라 도박사들의 사기를 저하시켰고 사람들을 몬테카를로로부터 멀어지게 했다. '큰 손해'를 볼 수 있는 사람들을 신중해지게 만들었던 것이다.

당시 가장 유명한 여배우 중 한 사람이었던 에레오노라 도우제는 매일 밤, 무대 출연이 끝나면 곧장 몬테카를로의 카지노로 달려갔다. 가서는 받은 출연료를 모두 잃곤 했다. 어느 날 밤 그녀는 한 젊은 미혼 여성 옆에 앉았는데 그 여성이 상심해 있는 것을 보고는 안돼 보여서 그녀에게 위로의 말을 건넸다. 그 젊은 여자는 도우제를 보자 입속에 무언가를 넣곤 바로 의자 위에 쓰러져버렸다. 독극물을 먹은 것이었다. 자신이 직접 증인이 되었던 이 엄청난 사건 후에 도우제는 더 이상 카지노에서 도박을 하지 않겠다고 맹세했다.

오늘날도 도박사들은 여전히 바다에 몸을 던지거나 목을 매달고 있다. 몇 년 전 한 카지노에서는 데릴 쟈나크의 전처 베라 델비의 장례식을 치렀다. 그녀는 마지막 동전까지 다 날리고 개와 보석까지 처분한 후에 자살하였던 것이다. 그러나 요즈음은 사회 도덕도 온건한 쪽으로 변하여 스캔들과 치욕의 공포는 더 이상 이전과 같은 공물貢物을 요구하지는 않는다. 특히 수치라고도 생각지 않고 '청구서'를 남기는 도박사는 수없이 많다.

경제공황

오스트리아, 영국, 독일, 이탈리아, 프랑스 등 세계 어디서나 경제와 재정상의 위기가 닥쳤을 때 결혼률은 저하되고 자살률은 높아진다. 사회학자 호렛에 의하면, 그러한 사태가 닥쳤을 때 그 위험에 너무 집착하는 사람은 위기를 벗어나지 못할지도 모른다는 두려움에 빠지게 되며 자신의 생활 방식과 행복에 대해서도 불안을 느낀다고 말한다.

상황은 비슷하지만 자살한 사람의 숫자가 가장 많았다는 점에서 주목되는 것은 1929년 미국에서 일어난 경제 대공황이다. 현명하지 못한 사람들이 나라를 휩쓴 공황 속에서 엉뚱한 결론을 내렸던 것이다. 그때 뉴욕 시내에서는 자살이 유행처럼 번졌다. 주식 대폭락으로 수백 종류의 주식이 휴지 조각으로 변하자 3일 동안 210명이 자살했다. 파산한 사업가 수십 명이 창문에서 뛰어내렸고 뉴욕의 공원에서는 매일 아침 자살자의 시체가 발견되었다. 빌딩 지하에서 죽은 사람, 이스트 강에서 익사한 사람, 아파트에서 가스 중독으로 사망한 사람. 죽음의 방식은 다양했다.

1929년 그 마魔의 목요일, 월스트리트 아스트리아 호텔에 온 손님이 위층에 있는 방을 달라고 하자 호텔 종업원이 "투숙할 방을 원하십니까, 투신할 방을 원하십니까?" 하고 물었다고 한다.

이런 자살이 잇따르기 바로 전만 해도 미국은 경제적으로도 상당히 번영하고 있었다. 어쩌면 분에 넘치게 사치스러운

자살에 관한 모든 것

시절이었는지도 모른다. 그러나 1929년, 한 해 동안 실업 가정이 250% 나 증가했다. 공장과 회사 등 수백 개의 회사가 도산했기 때문이다. 며칠 만에 은행가는 문을 닫았다. 1929년에만도 은행 642개가 도산했고 1930년에는 1,345개, 1931년에는 3천에 가까운 은행 관련 회사가 문을 닫았다.

미국의 이러한 사태는 세계로 파급되었다. 특히 은행의 사태가 유럽에 파급되는 것이 눈에 보였기 때문에 미국 사람들은 재빨리 유동자산과 단기 약속어음을 인출하였다. 그 때문에 유럽의 금융기관은 점차 도산하게 되었다. 이를테면 독일의 은행들은 대부분 문을 닫았고 '은행의 바캉스'라고 알려진 에피소드를 남겼다. 미국의 사태는 영국까지 영향을 미쳤고 프랑스까지 파급되었다. 세계 어느 나라도 예외가 될 수 없었다. 사태는 눈덩이 불어나듯 불어났다. 전 세계 수천 개의 공장과 회사가 문을 닫았다. 경제 공황이 시작되었을 때, 유럽에서는 거의 천만이라는 가공할 만한 실업자가 생겼고, 1932년에는 실업자 수가 4천만 명으로 집계되었다.

주식 대폭락 이후에도 사업을 유지하면서 금을 사 모으는 한편 다른 회사의 주식을 사들인 남자가 한 사람 있었다. 석유 사업을 해서 막대한 부를 축적한 록펠러가 바로 그 사람이었다. 유명한 사회학자가 이미 지적한 것이지만 갑자기 파산한 부자보다는 근근이 끼니를 유지하는 일에 익숙해져 있는 가난한 사람이 훨씬 자살률이 낮다고 한다. 또 교육을 제대로 받지 못했고 능력을 발휘할 기회가 없었던 사람일수록 덜 자살하는 경향이 있다고 한다. 자살은 순전히 상상의 산물이기 때문이라는 것이다. 그러면서 그 사회학자는 다음과 같은 설명을 덧붙이고 있다.

"어떤 사람이 손가락을 다쳤다고 생각해보자. 그 사람이 교육을 많이 받은 사람이라면 세균에 감염되거나 파상풍에 걸릴지도 모른다는 등의 온갖 생각을 하면서 손가락을 치료할 것이다. 불행이 닥쳤을 때도 마찬가지다. 그 사람은 처음에는 불행을 극복하려고 애쓰겠지만 나중에는 일어나지 않을 수도 있는 온갖 일을 상상하여 자살하는 것이다."

경제공황의 처음 몇 년간을 잘 버텨왔던 미국의 거부들이 최악의 순간에 최악의 선택을 하게 되었다는 것은 어쩌면 당연한 결과였는지도 모른다. 막대한 재산과 권력으로 '왕'으로 불리었던 재벌 여섯 명은 바로 그렇게 최후의 순간을 맞았다. 성냥 왕 이카 쿨루거, 면도기 왕 폴 쿨리지, 철강 왕 도널드 리어슨, 신발 왕 토마스 바타, 고기 왕 마에스터 스위프트, 필름 왕 이스트만이 모두 자살했다. 특별한 사람들이 차례로 자살하자 〈크라푸요〉는 '자살은 왕의 필수조건'라는 제목을 붙였다.

왕들의 자살

—

성냥 왕

일련의 자살은 성냥 왕 이카르 클루거로부터 시작되었다. 그는 3월 11일 현재의 프랭클린 루즈벨트가에 있는 자택에서 죽었다. 발견 당시, 그는 옷을 입은 채 침대 위에서 천장을 향한 자세로 누워 있었고 가슴에는 총알이 관통해 있었다. 전날, 클루거는 총기 판매상에게 제일 큰 권총 한 자루와 총알 상자를 몇 개 샀다. "그는 무엇이든지 기계적으로 대량으로 샀다. 넥타이도, 성냥도, 국가도"라고 작가 엘렌 브르그는 말하고 있다. 그는 한 상자에서 총알을 꺼내 가슴에 쏘았다. 남은 총알은 셀 수 없는 막대한 재산과 함께 그의 후계자에게 넘겨졌다. 그러나 사실은 이랬다. "자기 일에 열심인 위인으로 초등학교 교과서에 나오는 국민적 영웅, 재계의 거물, 스웨덴의 자존심이자 1930년에 이미 300억 가까운 재산을 소유했던 거물, 금광과 광산을 소유했으며 세계 40개국 이상의 나라에서 성냥 전매권을 가진 인물, 몇 개의 은행을 소유하고 많은 나라에 막대한 금액을 빌려준 남자, 이 남자는 최후에는 묵묵히, 남몰래 파산해야만 했다."

존경할 만한 스웨덴인이라고 불렸던 이 인물을 언론과 재계에서 사기꾼이라고 바꾸어 부르기까지는 그다지 오랜 시간이 걸리지 않았다. 금고에서 발견된 국채는 해결 불가능한 상황에서 벗어나기 위해 클루거가 직접 인쇄했던 것으로 밝혀졌다. 사실 클루거는 91억 5천만 달러의 부채를 남겨놓았다. 그가 죽은 후 며칠 사이에 7명이 자살했다. 클루거의 파산이 회사의 주주에게 남긴 것은 휴지 조각이 된 유가 증권 다발뿐이었다. 문을 닫아야만 했던 클루거의 기업 중에서 실업자가 된 사원 50명이 자살했다는 공포스러운 숫자가 기록으로 남아 있다.

필름 왕

같은 해인 1932년, 클루거가 죽은 지 이틀 후, 이번에는 필름 왕 조지 이스트만이 자살했다. 15살 때 그는 처음으로 자신의 재산이 된 1달러로 계좌를 개설했다. 그리고 77세인 3월 14일, 로체스터의 그의 계좌를 해약하기로 했다. 그에 대해서는 유머로만 볼 수 없는 에피소드가 있다. 어떤 때는 노동자의 윤리성을 높이기 위해, 미국에서 반숙된 타조 알을 먹고 있는 자신의 사진을 사원들에게 회람시키기도 했다. 자본주의에 대한 충성을 문서로 서약시키기도 했다. 그는 일생동안 모든 사소한 것을 수첩에 기록했다. 이를테면 "모년 모월 모일 모시, 점심경, 넥타이 한 개, 1달러에 산 것을 여기에 기록한다."라고 아주 조그만 지출까지 모두 써두었다. 그의 재산은 코닥사로 넘어갔지만 그 코닥사를 유명하게 한 것은 '눌러만 주세요. 그 다음은 우리가 합니다'라는 캐치프레이즈였다. 어느 날 그는 이 캐치프레이즈가 모든 구경의 권총을 제조하고 있는 브로닝사에도 쓰일 수 있다는 것을 알아차렸다. 그는 서랍에서 권총 한 자루를 꺼내 담담히 관자놀이에 대고 잡아당겼다.

면도기 왕

1932년 4월 29일, 영국 세필드에서 죽은 사람은 면도기 왕 폴 쿨리지였다. 그가 죽었을 무렵, 그의 공장에서는 면도기의 칼날을 하루에 50만 개씩 생산하고 있었다. 그가 자살한 것은 사람들이 이전만큼 수염을 깎지 않기 때문이었다. 4월 29일, 그는 마지막으로 자신의 고급 아파트를 한 번 둘러보고 루벤스의 그림을 새긴 대리석 벽으로 둘러싸인 개인 풀장 주변을 산책하면서 자신의 대기업의 대차 대조표를 읽었다. 깎은 적이 없는 긴 수염을 자랑하던 그는 자신이 별로 좋지 못한 모습을 보여주고 있다고 생각했다. 그는 음악을 좋아했다. 그날도 그는 특별히 좋아하는 종교 음악을 듣기로 했다. 그리고는 사냥용 총을 꺼내 응접실로 들어가 버렸다. 두 발의 총성이 들려오자 면도기 왕은 페르시아 카펫 위에 쓰러졌다. 쓰러진 그 갑부는 단지 1미터 87센티미터의 시체에 불과했을 뿐이다.

철강 왕

도널드 리어슨은 철강 왕이었다. 1932년 5월 8일, 그는 한 통의 편지를 남겼다. 그 편지에는 자신은 지쳤다고 쓰여 있었다. 어쩌면 그가 침실에서 사체로 발견된 것은 당연한 일인지도 모른다. 그러나 총알이 그의 머리를 뚫고 있었던 것은 당연한 일이 아니었다. 그가 회원으로 가입하고 있었던 많은 클럽에서 그의 죽음을 비탄해했다. 그의 17개의 공장 사람들은 모두 상복을 입었고 그가 관여했던 수많은 자선단체가 진심으로 애도의 뜻을 표했다. 그가 미국 정부에 기증한 순양함은 그가 죽은 후에도 10년간이나 사용되다가 태평양에서 침몰했다.

신발 왕

이 신발 업계 거물의 특징은 쓸데없이 시간을 낭비하는 것을 매우 싫어하고 5시면 일어난다는 것이었다. 그는 자신의 생각을 정리하여 기록한 책을 출간했는데 그 내용 중에는 인생의 의미와 일의 기쁨에 대해서 쓴 것도 있다. 그러면서도 그는 자기 직원은 지칠 때까지 부려먹었다. 자기 시간을 빼앗기는 것은 매우 싫어했지만 사원들이 시간을 허비하는 것은 더더욱 싫어했다. 죽기 이틀 전, '베처가 자가용 비행기로 이륙하던 중 충돌하였다'라는 전보가 신문사에 전달되었다. 자신의 앞날을 미리 내다보았던 것인지, 아니면 죽음 리허설을 했던 것인지 그는 1932년 7월 12일에 조종사와 함께 타고 있던 비행기에서 산산이 부서져 버렸던 것이다. 조사 결과, 사고 당시 비행기는 극저공하고 있었고 베처는 조종실에 있었던 것으로 밝혀졌다. 베처의 후계자들은 고인의 활동과 사업은 순조롭게 진행되고 있었으며 공장의 해고자 수도 겨우 만 명 정도에 불과한 매우 적은 수였다고 말했다.

chapter 9

부당한 대우

인류의 역사가 시작되면서부터 왕이나 고향 사람으로부터 부당한 대우을 받는다고 생각해 죽음을 선택한 사람은 언제나 있어왔다. 로마의 웅변가 라비에누스 티투스를 기억해보자. 몇 년간 그는 몰래 그 당시의 역사를 쓰고 있다가 아우구스투스 황제의 신하에 의해 고발되었다. 원로원은 그가 써놓은 것들을 모두 불태워 버리라고 명령했다. 자신이 저술한 것을 잃어가면서까지 살고 싶지는 않다고 생각한 라비에누스는 가족 묘지로 가서 단도로 자살했다.

이 이야기는 고대 로마의 서사시인 루카누스의 이야기와 비슷하다. 세네카의 조카인 루카누스는 네로의 일파로서 네로를 가르쳤다. 시 경연 대회에서 루카누스는 「오르페우스의 저승으로의 여행」으로 네로를 제치고 우승했다. 이것이 네로 황제와의 언쟁의 발단이 되었다. 황제는 루카누스가 시로 자신을 이기는 것을 견딜 수 없었다. 그 후 네로는 루카누스의 저서를 공공 장소에서 읽는 것을 금지했다. 이러한 문학적인 대립이 원인이 되어서 두 사람은 사이가 벌어졌다. 그 때문에 루카누스는 깊은 고독에 빠지게 되었고, 자기 시의 명성을 날릴 수 없게 한 네로를 깊이 원망했다. 그래서 그는 어머니와 함께 네로를 암살하려는 음모를 꾸몄다. 그것은 신념에 의한 것이라기보다는 허영심에 의한 것이었다. 그러나 그 음모는 발각되었다. 루카누스는 자신의 목숨을 지키기 위해 어머니 아리시아를 밀고했다. 그러나 이 비열한 행위는 그의 목숨을 건지는 데 아무런 도움도 되지 않았다. 어쨌든 그는 죽지 않으면 안 되었다. 그는 용기를 내어 정맥을 끊었다. 그때 그의 나이 27세였다.

예술의 무서운 압박

테너 가수 아돌프 누리는 사회로부터의 냉대로 '살해되었다'라고 말할 수 있을 것이다. 때때로 사회는 예술가들에게 무서운 요구를 하기도 한다. 39세도 되기 전인 어느 날 밤, 그는 우울하고 지쳐서 집으로 돌아왔다. 여섯 명의 아이들과 일곱 번째 아이를 임신한 아내가 잠들어 있었다. 그는 자기 집의 6층으로 올라가 창에서 정원으로 뛰어내렸다. 세상 사람들이 10년 동안이나 음악성을 극찬했고, 세계의 신문이 음악계의 '탈마Talma'라는 성원을 아끼지 않았던 인물이 이 세상에서 사라진 것이다. 이 예술가는 롯시니, 마이어베어(독일의 오페라 작곡가, 주로 파리에서 활약), 그 밖의 여러 작곡가의 유명한 오페라를 불러왔다. 그는 과거 10년간 신작 오페라의 중요한 역할 대부분을 초연初演하기도 했다.

비극의 발단은 어느 날 밤 『유다의 여자』를 공연하던 중, 고음 부분에서 소리가 약해진 데 있었다. 어느 누구도 그러한 일이 일어나리라고는 생각지 않았었다. 그는 이탈리아에서 태어나서 거장 도니체티의 지도 아래 멜로드라마 풍의 새로운 스타일의 창법을 공부했었다. 도니체티는 그를 위해서 특별히 『폴리우드』라는 작품을 써주기도 했었다.

그러나 일찍이 그를 성공으로 이끌었던 그의 자질들은 전혀 새로운 훈련에는 적합하지 않았다. 출연 계약은 점차 뜸해졌다. 그는 희망을 잃었다. 나폴리 공연 때는, 옛 친구가 그를 돕기 위해 공연장에 와서 갈채를 보내주었지만 그는 그러한 동정에 속지 않았다. 그를 위로하려 하는 마누엘 가르시아에게 그는 "자네는 대단한 예술가이므로 내 노래가 얼마나 형편없는지 잘 알고 있을걸세"라고 말했다. 그리고 집으로 돌아가 창에서 뛰어내렸던 것이다.

이처럼 사람들이나 국가의 냉담함이 쉽게 절망에 빠지는 부류의 사람들에게는 치명적인 것이 될 수 있다. 그러한 사람들은 예로부터 수없이 많았다. 화학자 루이 루블랑은 1776년, 바다의 염분에서 탄산나트륨을 만드는 방법을 발견한 것으로 오늘날까지도 세계사에 이름이 남아 있다. 이 발견으로 프랑스는 금화 2천만 프랑을 벌어서 경제적으로 윤택해졌지만, 루이 루블랑은 국민공회에 재산을 빼앗겼다. 그의 억울함은 자살로밖에 위로받지 못했다.

샤프도 마찬가지였다. 1794년 9월 1일. 국민공회가 가까스로 개회되었을 때, 카르노는 연단에 서서 이렇게 선언했다.

"지금 막 연락이 왔습니다. 콩데가 공회의 손으로 넘어갔습니다. 오늘 아침 6시에 항복했습니다."

의회는 즉석에서 북부군에게 축사를 보냈고 의회가 끝나기 전에 이 메시지에 대한 회답을 받았다. 1794년에 어떻게 이런 기적 같은 일이 일어날 수 있었던 것일까? 그것은 발명가 샤프의 이름을 땄던 샤프 통신 덕분이었다. 그 가로 받침대식 전령기傳令器는 1793년 7월에 처음으로 사용되었다.

청년이었던 샤프는 자기 형제들과 연락을 하기 위해 이 장치를 고안했다. 그 원리는 간단하다. 기준 축에 회전하는 가로목을 붙이고 그 양쪽 끝에 움직일 수 있는 다른 가로목이 나오도록 만드는 것이다. 그리고 전달할 내용을 부호화해서 탑 꼭대기에 설치된 수신기에서 수신기로 신호를 보내어 메시지를 전할 수 있게 한 것이다.

이 장치의 발견으로 처음에는 영광에 둘러싸였던 샤프도 이 장치의 우선권을 놓고 기사 브잔크루와 물리학자 루이 브르게와의 싸움에 말려들게 되었다. 자신으로서는 도저히 문제를 해결할 수가 없다는 것을 알게 된 그는 1805년 어느 날 오후, 파리의 자기 집에서 우물에 몸을 던졌다.

사람들이 자기로부터 멀어져간다는 것 때문에 치명적일 정도로 절망하는 것은 발명가, 예술가, 학자뿐만이 아니다. 이를테면 주노 장군은 나폴레옹의 심복 중 심복이었지만 나폴레옹이 그를 점점 멀리하자 자살했다. 나폴레옹의 부당하고 이해할 수 없는 처사를 견딜 수 없었던 주노는 자기가 태어난 집 3층 창문에서 뛰어내렸던 것이다.

두 자매의 자살

chapter 10

정신병

확실하게 이렇다 하고 드러낼 수 없는 병이 정신병이다. 대부분의 사람들이 자살 기도가 병과 관계가 있다고 생각하지만 정신병 환자가 모두 자살하지는 않으며, 자살자들이 모두 정신병자라고 할 수도 없다.

고대 로마의 최고 시인이며 가장 예리한 사색가 중 한 사람이었던 루크레티우스는, 가끔씩 광적인 발작이 일어나는 사이사이에 작품을 썼다고 알려져 있다. 그러나 그는 죽을 때까지 문학 활동을 계속했다. 루크레티우스가 미친 이유는 애인 루실리아가 준 최음제 때문이었다고 보고 있다. 몇 명의 전기 작가는 루크레티우스가 37, 38세 무렵에 죽었다고 한다. 그러나 히에로니무스는 "그는 44세 때, 자기 손으로 죽었다"면서, 친구였던 철학자 멘미우스의 추방과 정신병을 자살 원인으로 보고 있다.

정신병 환자가 병의 중간중간 정신이 들었을 때 절망하여 자살하거나 자살미수를 일으키는 경우가 있다. 슈만의 경우가 바로 그러했다.

강물에 몸을 던진 슈만

1853년 말, 슈만이 라인 강에 투신했다. 그는 갑자기 시작된 광기로 강으로 뛰어든 것일까 아니면 정신착란 증세가 가라앉은 중에 병으로부터 벗어나고 싶어서 죽으려 했던 것일까? 귀가 쑤시고 아픈 증세가 몇 시간이나 계속되어 그를 매우 고통스럽게 했다. 다음에는 환청이 들려왔고, 의식이 점점 흐려졌다. 그것은 분명 고문이었다.

그는 천사와 내세가 존재하며, 착한 영과 악한 영이 자신에게 음악을 불어넣어 주고 있다고 생각했다. 어떤 때는 정상으로 돌아와 일시적으로 찾은 이성의 빛에 의해 자기 자신이 미쳤다는 것을 인식했다.

딸 마리 슈만은 아버지에 대해 이렇게 전하고 있다.

"내가 마지막으로 아버지를 본 것은 아버지가 자살하기 위해 집을 나간 날이었습니다. 내가 어머니의 책상 앞에 있는데 현관문이 열리면서 아버지가 나타났습니다. 아버지는 무서울 정도로 새파랗게 질려서 '오오, 신이시여!'라고 말하곤 어디론가 가버렸습니다. 나는 즉시 어머니에게로 달려갔고 어머니와 온 집안을 찾아다녔습니다. 그러나 아버지는 집 밖으로 나간 것이 확실했습니다. 길로 나가자 사람들이 천천히 내 쪽으로 걸어오고 있는 것이 흐릿하게 보였습니다. 그들이 가까워지자 아버지가 두 명의 남자에게 부축을 받고 있다는 것을 알게 되었습니다. 아버지는 두 손으로 얼굴을 가리고 있었습니다."

그 일이 벌어진 것은 카니발이 열린 날 밤이었다. 웬 남자가 다리 위로 걸어가서는 다리 난간을 넘어서 강으로 떨어지는 것을 발견한 선원들은, 그 남자가 그냥 술 주정꾼일 거라고 생각하고 물에서 끌어내어 가족들에게 돌려보냈다. 그러나 로베르트 슈만의 운명은 그를 곧장 죽음으로 데려가지 않았고 좀 더 죽음을 기다리게 했다.

섬유계의 거물이자 예술을 아끼는 한 사람인 샤바 모로소프도 슈만

자살에 관한 모든 것

과 비슷한 경로를 거쳤다. 그는 1917년, 자기에게 광기가 있다는 것을 확실히 알았기 때문에 자살했다.

반 고흐의 권총 자살

반 고흐는 귀를 면도칼로 잘라 창녀에게 준 것으로 봐서 정상적인 상태가 아니었다고 여겨지고 있다. 그렇다고 해서 그의 자살을 정신착란 때문이라고 해야만 할 것인가. 이 위대한 예술가의 죽음은 저널 〈퐁투아즈〉의 짧고 간단한 문장으로 세계에 알려졌다.

"1890년 7월 27일, 일요일. 37세의 반 고흐라는 네덜란드인 풍경 화가가 밭에서 자신의 몸에 총을 쏘았다. 부상을 입은 채 집으로 돌아간 그는 다음 날 사망했다."

그날 빈센트 반 고흐는 그의 마지막 작품─정신과의사에 의하면 고뇌와 초췌함이 표현되었다는 그 유명한─「까마귀가 있는 보리밭」을 완성했던 것이다. 그는 오웰 슈르 웨즈 성 쪽으로 걸어갔다. 그러곤 길가에 있는 밭에서 가슴에 총을 쏘았다. 권총은 하숙집 주인 라바에게서 까마귀를 쏜다고 말하고 빌려온 것이었다. 그는 남아 있는 힘을 다해 하숙집으로 돌아와 단추가 달린 웃옷으로 상처를 가리고 방으로 들어갔다. 밤이 되어도 저녁을 먹으러 내려오지 않는 것을 이상히 여긴 주인 라바가 고흐의 방으로 올라갔다. 라바가 방 안으로 들어갔을 때 고흐는 벽 쪽을 보고 있었다. 그는 그냥 "자살하려고 했습니다. 그런데 실패했습니다"라고만 말했다. 고통스러운 그 밤 내내 그는 틀림없이 며칠 전 그가 라바에게 말했던 것을 생각했을 것이다.

"더 이상 견딜 수가 없습니다. 생명이 점점 멀어져가는 것이 느껴집니다."

3주일 전 동생 테오와 여동생을 방문한 후, 고흐는 더 이상 괴로워할 필요가 없다고 생각하고 있었다. 밤늦게 불려온 의사는 촛불을 밝히곤 '탄환 적출 불가능. 탄환이 횡격막 뒤쪽에 있어서 즉사는 하지 않았음' 이라고 정확한 진단을 내렸다. 다음 날 동생 테오가 달려와 어떻게 해서든 살려내겠다고 말하자 빈센트는 "그게 무슨 소용이냐. 삶은 슬픔의 연속인데"라고 대답했다.

7월 29일 오전 1시 반, 그는 죽었다. 오웰이라는 사제同祭는 네덜란드인이 자살했다는 소식을 듣자 영구차를 부르지 못하게 했다. 고흐의 친구들이 거실에 고흐의 그림을 걸어놓고 단상 위에 관을 놓았다. 단상 양쪽에 촛불을 세우고 주변을 꽃으로 장식했다. 앙토닌 알토는 그 유명한 비판의 말을 남겼다.

"그는 미쳤기 때문에 자살한 것이 아니다. 미친 사회가 그를 죽인 것이다."

1890년, 테오의 미망인이 물려받은(테오는 고흐가 죽고 나서 6개월 후에 사망했다) 빈센트 반 고흐의 6, 7백 점의 그림은 2천 플로린이라는 매우 낮은 평가를 받았다. 1894년, 고흐의 그림 여러 점이 드루오 호텔 등으로 분산되었지만 그때도 80프랑을 넘지 않았다. 그의 작품이 엄청난 투기의 대상이 되기 시작한 것은 최초의 반 고흐 회고전이 열린 1937년, 제2차 세계대전 직후 오랑주리 미술관에서의 전시회 이후였다. 고흐의 몇몇 작품은 가격이 수십 억 프랑에 이르렀고 최고의 투자품이 되는 추세다.

자살에 관한 모든 것

루이 2세 왕의 광기

바이에른의 루이 2세는 미쳤던 것일까? 그의 죽음은 의혹에 싸여 있다. 범죄에 의한 죽음인가 아니면 방탕자의 자살인가? 증언을 보면 그의 행동은 결코 정상적인 것은 아니었다. 여성과 사귄 적이 없는 것으로 알려진 이 왕은 고독하고 감수성이 강한 사람이었다. 때로는 뛰어난 상상력이 그의 감수성에 결합되기도 했다. 그는 어느 때고 마음을 완전히 여는 일은 절대 없었다.

잘 알려져 있는 것처럼 그는 바그너에게 심취하여 그의 친구가 되었고 그를 위해 기꺼이 재산을 썼으며 특히 그의 작품을 공연하기 위해서 바이로이트 극장을 세우기도 했다. 일찍이 사람들은 풍자적 소문과 혁명을 통해 루이 1세에게 애인 로라 몽테스를 멀리하도록 압력을 넣었던 것처럼, 이번에는 신문 보도를 통해 루이 2세에게 바그너를 멀리하라는 압력을 넣기 시작했다. 사람들은 바그너를 돈밖에 모르고 변덕스러웠던 로라 몽테스와 비교했다. 바그너는 루이 2세를 떠날 수밖에 없었다.

루이 2세는 심하게 동요되어 차츰 사교계를 멀리했고 신하 말고는 아무도 만나지 않게 되었다. 여성 기피증이 있었던 그는 대인 기피증까지 가지게 되었다. 어느 날 '수난受難'을 주제로 한 곡이 연주되자 자신이 그리스도처럼 박해받고 있다

의문의 죽음으로 남아 있는 루이 2세.
그는 바그너에 심취했었다.

고 생각하게 된 그는 그리스도 역을 하고 싶다고 말하고 십자가에 박혀서 그대로 죽으려고 했다. 또 어떤 때는 이미 죽은 루이 16세와 마리 앙투와네트를 초대해서 기묘한 환영회를 열었다. 엄격한 예의범절에 따라 식사를 끝낸 후 그는 혼령들을 향해 "이 얼마나 귀한 손님들이십니까" 하고 말했다.

바이에른 사람들은 다른 유럽 국가 사람들과 마찬가지로 루이 2세가 제정신이 아니라는 확신을 숨기지 않았다. 사실 의사들은 그의 정신 병세를 확실히 인정하고 있었다. 최종적으로 대신들이 모여 루이 2세가 정신장애에 걸려 있어서 통치 능력이 없다는 조서에 서명했다. 남아 있는 최대의 문제는 어떻게 루이 2세에게 왕위 박탈 사실을 알리느냐 하는 것이었다.

어쨌든 그 사실을 전하자 루이 2세는 당장 무대 위에서의 죽음, 바그너풍의 죽음을 생각했다. 그는 인생의 종지부를 찍을 결심을 하고 탑의 제일 꼭대기로 올라가 뛰어내리려고 했다. 그러나 의사 굿뎅은 정신병 환자가 지나치게 심한 장난을 한다는 것을 알고, 간호사에게 그를 말리게 했다. 의사는 왕을 설득해서 요양을 하게했다. 왕은 베르크 성에 갇혔다. 자신을 격리시킨 의사를 비난하는 와중에도 왕은 몇 번의 어려운 위기를 넘겨야 했다. 그러나 그는 차츰 진정되었다. 일부 정신병자들에게서 보이는 회복의 징조인 은밀한 짓을 하는 것을 보고 의사는 왕의 상태가 호전되었다고 판단했다. 그래서 왕은 공원 산책을 허락받게 되었다.

1886년 6월 13일 일요일. 루이 2세는 허락을 받고 간호사도 대동하지 않은 채 의사와 단둘이서 밤이 될 때까지 산책을 했다. 그때 갑자기 루이 2세가 숲으로 달아났다. 의사는 그 뒤를 쫓았다. 얼마 후 경찰은 현장 검증을 했다. 의사가 루이를 따라갔을 때 이미 루이는 슈타른베르크 호수 근처에 있었다. 루이는 망원경을 손에 들고, 그것으로 의사의 머리를 내리친 것 같았다. 의사는 아마도 물속에 거꾸로 처박혔을 것이다. 피로와 흥분, 그리고 울혈로 인해 젊은 왕은 숨을 거두었고 익사체로 발견되었다.

이것은 추측일 뿐 정확한 것은 아니기 때문에 유럽에서는 이 일을 두고 열띤 논쟁이 벌어졌다.

많은 역사가들은 바이에른의 루이 2세의 죽음이 정신적으로 심한 혼란에 빠진 인간의 자살로 보고 있지만, 연표에는 아직도 그의 죽음은 의문의 죽음으로 기록되어 있다.

chapter 11

미신과 주술

인간에게 있어 가장 근본적인 결정이라고 할 죽느냐 사느냐 하는 문제를 미신과 주술에 맡기는 사람이 있다. 이런 사람들은 신비로운 어떤 힘이 존재한다고 믿고 있지만, 이 힘의 성질이나 위력은 논리나 이성적 사고, 또 양식으로 판단할 수 있는 한계를 벗어나 있다.

점성술과의 만남

수학자이자 철학자이며 의사로도 유명한 16세기 이탈리아의 제롬 카르단은 어딘가 색다른 인물 중 한 사람이었다. 그의 의료 행위는 점성술의 영향을 받은 것으로, 천체와 인체의 각 부분에 분명한 관계가 있다는 것을 전제로 하고 있었다. 그는 높은 교양과 학식을 갖추고 있었음에도 불구하고 꿈과 부적을 믿는 등 신비주의에 열중했다. 자신이 죽을 날을 천문학적 계산으로 정한 그는 1576년, 75세가 되던 해 자기의 예언대로 자살했다.

영국 작가 로버트 버턴도 1639년 자신의 죽음에 대한 천문학적인 예언을 증명하기 위해 자살했다. 제롬 카르단과 마찬가지로 천문학에 심취해 있던 이 박식한 작가는 극단적인 미신을 믿고 있었다. '영국의 몽

묘지 앞에서 분신자살하는 신비주의자

테뉴'로 불렸던 버턴은 『데모크리트 주니어에 의한 우울의 해부』라는 제목의 이상한 책을 썼다. 이 작품은 1621년 당시 자살 논쟁을 불러일으켰다. 삶은 견디기 어려운 것이라고 말하면서 사람들은 자살했다.

"이 불행한 사람들은 비참해지기 위해 살아왔다. 그들은 살아갈 희망을 모두 잃어버렸고, 병은 낫지 않으며, 살면 살수록 더 나빠진다. 죽음만이 그들을 위로할 수 있다."

자살과 저주

세계적인 고고학자이자 유명한 의사인 에버린 화이트는 저주 때문에 자살로 내몰렸던 것일까? 목졸린 사체 옆에 놓여 있던 "나는 저주를 받았다. 그것이 나를 없애려 한다"라고 쓴 글을 읽어보면 그렇게 생각할 수도 있다. 화이트와 그 밖의 다른 많은 유명한 학자들을 자기 손으로, 또는 설명할 수 없는 이상한 방법으로 죽게 한 이 '저주'라는 것은 도대체 무엇일까?

1910년, 자동차 사고가 있은 후 의사의 권유로 이집트에 가 있던 카나본 경은 이집트의 고대 유적에 매료되어 그의 전 재산을 털어서라도 유적을 발굴하려고 했다. 영국의 이집트 학자 하워드 카터를 선두로 하여 발굴을 시작했다. 몇 년 후, 드디어 카터의 노력이 결실을 보게 되었다. 1922년에 피라미드의 입구가 열렸을 때, 잔토 처리를 하고 있던 이집트 농민 한 사람이 "황금을 발견한 사람은 죽음까지도 보게 될 것이다"라는 예언적인 말을 내뱉었다. 두 번째 예언은 피라미드의 문 위에 새겨져 있었다.

"이곳에서 쉬고 있는 파라오의 영원한 안식을 방해하는 자는 죽음의 날개에 접하리라."

그때부터 이상하게도 불길한 일들이 연달아 발생했다. 피라미드와 관련이 있는 모든 학자들이 차례로 죽임을 당했다. 발굴에 가담한 20명 이상의 사람들이 비명에 죽거나 의문의 죽임을 당한 것이다.

저주받은 장소

혼과 정신은 함께 존재하는 것일까? 성직자에 의지하여 저주의 가설을 완전히 부정하는 것은 이성적인 일일까? 이집트 사람들은 자기들의 영혼에 영원의 생명이 있다고 믿었다. 플라톤도 영혼의 불멸을 믿었다. 그러나 아리스토텔레스는 그렇지 않았다. 데카르트는 영혼 불멸을 믿었고, 스피노자는 아니었다. 논리적인 설명이 불가능하기 때문에 미신으로 여겨지는 사건의 예를 들기 위해 파라오 시대까지 거슬러 올라가 볼 필요는 없을 것 같다.

워싱턴의 프랑스 대사 �쁠레보 파라톨의 경우를 생각해보자. 그는 그 집에서 이미 5명이 자살했기 때문에 살지 않는 것이 좋겠다고 '충고'를 받은 집에서 자살했다. 모스크바의 구 프랑스 대사관의 별관, 그중에서도 한 방에 역시 비슷한 저주가 내려졌던 모양이다. 2차 대전이 발발하였을 무렵, 스탈린의 신임을 받던 한 사령관의 당번병 가스통 엘리쥬가 그곳에서 자살했다. 1948년에는 대사관 직원 조르쥬 아트가 자살했고, 1963년에는 또 같은 집무실에서 육군 주재무관 기르보 대령이 관자놀이에 권총을 쏘아 자살했다.

자살과 마법

옛날부터 종종 자살은 마법과 연관되어 있었다. 중세의 사람들은 자살자와 마녀의 수가 비례한다고 생각했다. 또 자살은 자연을 혼란스럽게 만드는 원인이 된다고 생각했다. 필립 비닐의 『메츠 지방 연대기』에 의하면, 1484년에 자살자가 5명에 이르자 파종이 불가능하고, 국화가 잘 자라지 않고, 일 년 내내 비가 왔다고 한다. 사람들은 당장 여러 명의 마녀를 불에 태워 죽였다. 베네치아에서도 학교 선생이 자살했기 때문에 1348년 2월 25일에 끔찍한 재앙이 발생했다고 생각해서 마녀를 불태워 죽였다.

이러한 생각들은 사실은 고대 로마인들의 사고방식의 잔재일 뿐이다. 티벨리우스 황제의 판결을 피하기 위해서 옥중에서 자살한 퐁스 피라트는 티베르 강에 버려졌다. 그때 대홍수가 일어났다. 사람들은 그 홍수의 원인이 피라트라고 생각하여 즉시 그의 시신을 건져냈다. 그러곤 리옹 근처의 론 강에 던졌다. 그러나 그곳에서도 그의 시신은 새로운 천재지변의 원인으로 간주되었고, 결국 그의 시신은 알프스의 호수에 가라앉혀졌다. 또 케사르의 암살자 중 한 사람인 카시우스가 자살한 후, 커다란 혜성이 7일 동안 계속해서 나타났고 태양이 일 년 동안이나 빛을 잃었다는 이야기도 있다.

목을 매다는 끈에 신비한 힘이 들어 있다고 믿는 것은 마법에서 유래하는 민간신앙이었다. 현재 프랑스에서는 목 매단 끈을 모으는 매우 특이한 수집가가 천 명이 넘는다.

자살과 민간 신앙

옛날만큼은 아니겠지만 오늘날에도 미신은 있다. 어떤 종류의 미신과 신비함이 유치한 짓을 하게 되는 것은, 오늘날까지도 인간의 행동이 사실은 천체와 어떤 신비한 힘에 의해 좌우되는 것이라고 믿는 사람들이 많기 때문인 것 같다. 미신으로 비극적인 운명의 전조를 알아내려는 사람들이 많은 것이다.

미신의 예를 들어보면, 타로카드 게임에서 17번이 살아남으면 본인이나 다른 누군가가 살해될 수 있다. 또 정월 초하루에, 브르타뉴에 있는 '검은 묘지'에서 자살자와 세례를 받지 못하고 죽은 어린이들의 무덤 앞을 지날 때, 무덤이 바람에 열리면 그 사람은 무덤 속에 있는 사람과 함께 땅에 묻히게 된다고 전해진다.

비슷한 경우로 손금에 운명이 나타나 있다고 믿는 사람들도 있다. 생명선이 짧고, 그 끝에 평행한 선이 2개 있으면 그것은 사고나 자살로 급사할 가능성이 있음을 나타내고 움푹 들어간 곳이 눈에 띄게 하트 모양을 하고 있다면 그 표시가 생명선의 어디쯤에 있는가에 따라 죽음이 언제쯤 올지 알 수 있다고 믿는다. 생명선에 나타나는 커다란 동그라미는 자살할 가능성이 많다는 것을 나타내고, 토성구(손바닥의 볼록한 부분)나 가운데 손가락 마디에 있는 별 모양도 생명의 위험, 또는 자살이나 범죄 가능성을 나타낸다. 화성평원(손바닥의 평평한 부분)의 두뇌선에 있는 좁은 곳도 자살 가능성을 말하고 화성평원의 끝에 A자가 있으면 그것은 무기에 의한 죽음을 부른다고 해석한다. A자가 토성구나 그 근처에 있으면 죽음의 원인이 여자이거나 재판 또는 독약이 된다는 풀이도 있다.

필적 감정으로 이성적으로는 해석할 수 없는 것을 알아내는 경우도 있다. 어떤 필적 감정사는 편지 끝에 하는 사인이 오른쪽 아래 부분에서 위쪽으로 쓰여 있지 않고, 왼쪽 아래에 아래 방향으로 쓰여 있다면 그것이 바로 자살의 표시라고 한다.

자살과 환생

환생도 자살의 주요 동기 중의 하나이다. 1845년, 쿠바에서 많은 흑인들이 자살하기 시작했다. 3일 후에 보다 좋은 상황에서 태어나게 된다고 믿었기 때문이다.

하루 만에 3천 명이나 자살한 적도 있다. 처음에는 당국에서 이 강력한 죽음의 불길에 무기력했지만, 자살자의 몸을 머리만 남기고 모두 태우게 함으로써 더 이상의 자살을 막을 수 있었다. 자살한 사람의 머리는 한 달 동안 공공장소에 매달아 놓고 몸통은 태워서 바다에 뿌렸다. 그렇게 함으로써 유행처럼 번지던 자살이 끝이 났다.

두 번의 세계대전 동안 독일에서는 천체가 보여주는 위험에 대해서 쓴 신학자의 책이 독자들의 주의를 끌었다. 그 책 속에는 어느 잡지 편집장에 대한 이야기가 들어 있었다. 그 사람은 영매술을 통해 자기와 11명의 친구가 12사도의 환생이라고 확신하게 되었다. 그래서 인도로 가야만 한다고 생각했다. 그들은 인도로 가던 도중에 하늘의 명령을 받고 마다가스카르로 행선지를 바꾸었다. 그곳에서 몇 사람은 흑토병으로 죽고, 다른 사람들은 '하늘에서 내려온' 명령에 따라 자살했다.

저세상의 부름

17세기부터 19세기에는 바라사티 교단의 러시아 농민들이 분신자살하는 광경을 종종 볼 수 있었다. 광신도들이 택한 집단 자살이었다. 독실한 신자였던 그들은 반 그리스도의 지배로부터 벗어나기 위해 넓은 장소를 택해 그 주위를 높은 담으로 막고 그 안에다 짚, 장작, 화약, 콜타르를 쌓았다. 그러곤 그 안에 갇힌 채로 불을 붙였다. 경찰들은 수백 명의 사람들이 불타는 현장을 지켜보았을 뿐 아무런 힘도 쓸 수 없었다.

아폴리네르는 자신이 뒤 바리 부인의 환생이라고 믿고 있는 한 프랑스 사람을 알고 있었다고 한다. 그 남자는 매년 한 번씩 뒤 바리 부인이 처형대에 올랐을 때의 고통을 느끼다가 정체를 알 수 없는 하늘의 힘으로부터 명령을 받아 자살했다고 한다.

1994년 1월, 아코디언에 소질을 보이던 13세 소녀 엘리자베스가 음악 시험을 보는 날 아버지의 총을 사용해 몸에 두 발의 총알구멍을 내고 자살했다. 조사 결과에 의하면, 그 소녀는 「미스터리」라는 TV 프로그램을 본 후 자살했다고 한다. 내세에 행복한 생활이 존재한다는 것을 다룬 그 프로그램에서 강한 인상을 받곤 자신이 그것을 직접 확인해보고 싶었던 것 같다.

고대인의 예언과 신앙

—

신의 은총

자살이 반드시 부정적인 힘을 받아서 이루어진다고는 할 수 없다. 기원전 1세기경 로마에서 죽은 처녀 페트로니유의 최후가 이것을 증명한다. 생 피에르에 의해 중병을 고치게 된 그녀는 신에게 몸을 바쳐야겠다고 생각했다. 그녀는 죽으려고 했지만 그녀가 가진 신앙은 자살을 금지하고 있었다. 그래서 그녀는 신에게 자기 손으로 자기 목숨을 끊지 않고 죽을 수 있는 은총을 내려달라고 애원했다. 전능한 신이 은총을 내린 덕분에 그녀는 한 달 후, 전혀 알 수 없는 이유로 죽었다고 한다.

암놈을 죽일 것인가 수놈을 죽일 것인가

집정관 티베리우스 그라쿠스는 어느 날 침대에 두 마리의 뱀이 있는 것을 발견했다. 점쟁이는 한참 동안 점을 친 끝에 두 마리 모두를 풀어주어서도 안 되고 죽여도 안 된다고 했다. 만약 수놈을 죽이면 티베리우스가 죽게 될 것이고 암놈을 죽이면 아내 코넬리아가 죽게 될 것이라고 했다. 티베리우스는 이 가혹한 딜레마에 빠져 고민하다가 수놈은 죽이고 암컷을 풀어주기로 했다. 아내를 너무나 사랑했고, 또 자신이 아내보다 나이가 많다는 생각을 했던 것이다. 실제로 그는 그 일이 있은 직후에 죽었다.

chapter 12

죽음으로의 초대, 신의 심판

자살하는 이유에 관한 장의 마무리로 '죽음을 불러일으키는 행동'에 대해 알아보자. 자살하려는 사람들에게서 그럴 만한 특별한 이유를 전혀 발견해낼 수 없을 경우 많은 사람들은 이런 묘한 행동을 일종의 '신의 심판'이라고 생각한다. 특히 이해하기 힘든 부분은 성향일 텐데 죽음을 불러일으키는 행위는 일시적이고 상징적인, 완전하지 못한 행위의 연속이고, 목숨에 대한 집착이 결여되어 있다는 것이 특징이다.

알베르 카뮈와 같은 작가들은 칼리귤라는 삶의 이유 자체가 이유 없는 행위를 즐기는 자로서 결국 그 때문에 충격적인 죽음밖에 남을 게 없었을 거라고 주장한다.

작가들이 칼리귤라를 그렇게 생각하는 것은 그럴 만한 몇 가지 근거가 있기 때문이다. 칼리귤라는 국민들의 머리를 베는 일에만 능했을 뿐, 지지를 얻을 수는 없었다. 칼리귤라는 티토스 리위우스와 에르기리우스의 책을 모두 없애려 했다. 그는 또 자기 말馬에만 열정을 기울였다. 로마의 엘리트들에 대한 경멸을 나타내기 위해 더욱 더 자기 자신에 대한 숭배를 강요했고 때로는 자신을 위해 목숨을 바치라고까지 했다. 그는 궁중에 있는 사람들에게 모욕적인 행위를 하게 하는가 하면, 자신의 마차 뒤를 달리게 하거나, 사람들을 불러서 몇 시간이고 세워두기도 했다. 또 갖가지 구실을 만들어 귀족들이나 벼슬아치들을 해임했다. 원형 경기장이나 극장에서 귀족들과 기사들을 몽둥이로 때리기도 했다. "보기 싫으면 나를 증오하라"라고 말하면서, 그는 고문당하는 사람들의 가족들을 강제로 고문에 입회시켰다. 모든 여성들에게는 연회 도중이라도 그가 하자는 대로 하라고 했고 설사 그녀의 남편이 옆에 있다고 하더라고 여성을 유혹했다. 또 죽은 자의 묘지를 파헤치기도 했다.

칼리큘라는 자기 손으로 죽지는 않았지만 스스로 자기 목숨을 위태롭게 해서 죽은 것만은 확실하다. 그는 자기를 증오하는 사람들로부터 자신을 지킬 필요가 있다고 생각하면서도 일부러 그런 사람들이 많은 장소를 골라서 혼자 나가거나, 자기 스스로 음모의 표적이 되려고 했다. 칼리큘라를 죽음으로 이끈 그 음모는 칼리큘라가 여자로 취급해서 엄청난 모욕을 준 군대 부관 카시우스 카에레아가 꾸민 것이었다. 카에레아는 칼로 칼리큘라의 목을 찌른 후, 몸을 세 번이나 찔렀다.

엄밀하게 말하면 그것은 자살이라고 할 수 없겠지만, 자기 스스로 목숨을 위태롭게 만들었다는 점에서 자살이라고 할 수 있다. "기분 내키는 대로 흔드는 게 춤"이라는 태도는 율리우스 케사르도 가지고 있었다. 케사르의 주변 사람들은 그가 오래 살고 싶어 하지 않았다는 인상을 받고 있었다. 사람들은 그가 칼을 차고 경비를 서고 있던 스페인 호위대를 돌려보내고 주변 사람들이 꾸민 음모에 일부러 말려들었다고 생각했다. 그는 평범하게 죽기를 싫어했고, 자신의 죽음이 일순간에 찾아오기를 바랐다고 한다. 살해당하기 전 날에도 돌연, 죽음의 방문 시점에 대해서 말했는데 그것이 그에게 생각할 수 있는 유일한 시점이었다.

죽음의 게임

누군가가 일부러 죽음을 부르는 행위를 하는 것은 인생에 대한 일종의 문제 제기라고 볼 수 있으며, 그것은 그 사람의 인생관에 달린 문제다. 그런 행동을 하는 사람들은 죽느냐 사느냐 하는 문제를 상황이나 우연, 또는 신에게 맡기는 도박을 하는 것이다.

자살자가 목숨을 걸고 벌이는 게임으로는 결투와 제정 러시아 시대 장교가 생각해낸 러시안 룰렛, 영국의 살인 파티(게임에 참여하는 사람들은 어두운 방에 들어가서 각자 총을 하나씩 집어든다. 그중에서 단 하나의 총에만 총알이 들어 있다. 신호가 울리면 모두들 방아쇠를 당긴다. 잠시 후 불을 켜고 누가 총알에 맞았는지 확인한다) 등이 있다.

비행기, 오토바이, 자동차 등이 죽음의 게임에 이용되는 경우도 있다. 니콜라스 레이의 영화 〈이유 없는 반항〉에 나오는 유명한 장면을 떠올려보자. 제임스 딘과 그의 라이벌이 각자 자기 자동차를 몰고 엄청난 속도를 내며 낭떠러지로 달려간다. 그러곤 아슬아슬한 순간에 자동차에서 뛰어내린다.

자살하는 사람은 자기 목숨을 위험한 상황으로 내모는 것에 대해서 이렇게 생각한다. 자살적인 행위는 통과의례와 같은 것이고, 그런 시련을 뛰어넘음으로써 인간적으로 성장할 수 있다고. 이 대목에서 떠오르는 사람이 하나 있다. 자신의 비행기에 죽음을 상징하는 그림을 그려놓은 귀느메가 바로 그 사람이다. 그는 마치 자기 비행기에 '죽음'을 태우고 다니기라도 하는 것처럼 죽음의 그림을 그려놓았다. "어떤 일에도 한계는 있게 마련이지만 그것을 극복해야만 한다"라고 그는 말했다. 부상을 당하고 나서 다시 비행기에 탔을 때, 그는 독일 전투기의 뒷부분

　　　　　　　　　　　　　　　　자살에 관한 모든 것

에 붙어서 반격도 못하고 기관총 세례를 받는 신세가 되었다.

"'나는 반격하지 않는다'라고 스스로에게 다짐했다. 독일군은 내가 뒤따라가고 있는 동안에 5백 발이 넘는 총알을 퍼부었다. 내 인생의 오늘 아침은 그 순간에 모두 결정되었다. 그렇지 않았다면 나는 미쳐버렸을 것이다."

이렇게 자기를 파괴하는 것이 도저히 이해할 수 없는 방식으로 이루어지는 경우도 있다.

자기 파괴를 위해서 무슨 일이든 하지만 자살이 목적이었다고는 생각하지 않는 사람이 있다. 그들은 충동적인 사람들처럼 순간적이고 결정적인 자살은 하지 않는다. 갑자기 목숨을 끊는 것은 어떤 방법으로든지 자기 자신을 천천히 파멸시킨다. 이런 사람들은 만성화된 자살 중독자라고 할 수 있다.

알코올과 마약

알코올이나 마약에 중독되어 서서히 죽어가는 경우도 있다. 딜란 토마스와 브랜드 비앙은 알코올의 힘을 빌려 자살했다. 에드가 포우는 자살이 미수로 돌아가자 다량의 아편을 먹고 죽었다. 죽는 순간에 그는 "나 자신의 살인자인 나는 지옥으로 향하는 문을 엿보았다"라고 말했다.

알코올 중독과 마약 중독에 빠진 사람들은 알코올과 마약이야말로 살기 힘든 이 세상을 살아가는 유일한 방법이라고 주장하며 조금씩 자신들을 파멸시킨다. "중독에 빠진 사람은 알코올과 마약에 몸을 맡기게 된다. 죽음은 그의 손을 떠난다"라고 폴 발레리는 이런 종류의 자살을 아주 정확히 지적하였다.

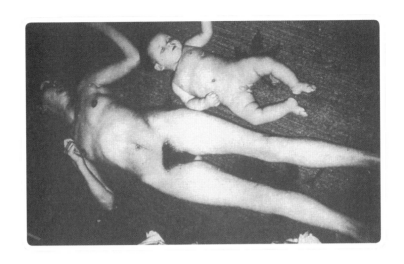

알코올로 자살하는 것은 두 종류가 있다. 그 하나는 만성 알코올 중독이다. 만성 알코올 중독자가, 자신이 계속 술을 마시다가는 죽게 될 수도 있다는 사실을 모를 리 없다. 또 다른 경우는 술을 마시면 죽을 수도 있다는 것을 알고도 마시는 경우다. 이 경우 알코올은 두 가지 측면에서 기능한다. 불안을 가라앉히고 죽고 싶다는 욕망에서 벗어나게 해주는 측면과, 자살 결심을 도와주는 측면이 그것이다.

오늘날에는 알코올에 의한 자살자 수가 전체 자살자 수의 약 12%를 차지한다. 주목할 만한 것은 남성 알코올 중독자보다 여성 알코올 중독자가 자살하는 경우가 많다는 점이다. 자살 방법 중에서 유일하게 여성이 남성보다 많은 방법이기도 하다.

이미 19세기에 많은 자료를 통해서 음주와 범죄는 비례한다는 결론을 얻었다. 이러한 사실은 자살에도 그대로 적용된다. 미국에서의 연구

에서도 이와 같은 결론이 나왔다. 1855년 〈저널 토론〉에 실린 글을 보면, 미국의 메인 주지사는 교도소와 부랑자 수용소에 수용되어 있는 사람들이 너무나 많고 자살자까지 많은 점에 대해 대책을 세울 필요를 느꼈다. 그는 당장 금주령을 내리고 주류를 판매한 사람에게는 중형을 부과했다. 이러한 조치가 취해지자 범죄와 자살이 대폭 감소하게 되었고 점차 교도소에 빈자리가 늘어나면서 오히려 주지사는 교도소 수를 줄여야 했다. 1855년에는 주류 판매를 금지한 주가 13개 주로 늘어났는데, 주류 판매를 금지한 모든 주에서 자살자 수가 반으로 줄어들었다. 오늘날에는 자살미수자의 20%가 알코올 중독 환자인 것으로 밝혀지고 있다.

많은 연구자들이 마약에 중독되는 것은 자살하는 것과 다를 바 없다고 주장해왔다. 마약 중독 환자 5명 중 1명이 자살미수 경험이 있는 것으로 밝혀졌다. 1971년의 사회학 연보와 1980년대 말의 출판물들은 마약 복용이 자살 욕구, 혹은 자살 실행과 직접적인 관계가 있다는 결론을 내리고 있다.

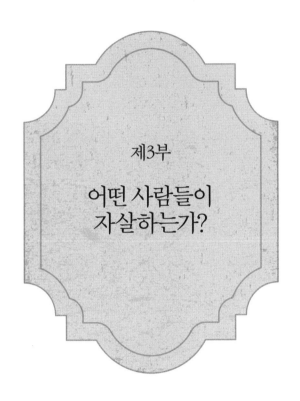

제3부

어떤 사람들이
자살하는가?

연인에게 버려져 곰 우리로 들어간 소녀

자살 경향에 관한 여러 가지 요소 중에서 모든 사회학자들이 중요시하는 것은 성별이다. 자살에도 성 차이가 있을까? 아마도 그럴 것이다. 자살해서 죽은 사람의 4분의 3이 남성이기 때문이다. 그러나 자살미수의 경우는 이 숫자가 역전된다. 유럽의 경우 여성이 자살미수 사건의 4분의 3을 차지하고 있다.

남자와 여자

여성은 보통 자신을 파괴하고, 이 세상에서 사라진다는 의미로 죽음을 받아들인다. 여성은 자살을 도망, 망각, 현재 생활로부터의 도피, 아주 오랫동안 잠드는 것이라고 생각한다. 이것은 충분히 납득이 가는 일이다. 그래서 여성들은 절대 확실한 방법을 사용하지 않는다. 고대 신화에서도 죽음과 잠은 동일시되고 있다. 잠의 신 휘프노스와 죽음의 신 타나토스는 쌍둥이 형제이며, 성서에서도 죽음을 잠에 비유하고 있다.

세계보건기구의 최근 조사를 보면, 급속히 산업화되고 있는 나라에서 자살률이 가속화되고 있다. 특히 여성의 자살이 많이 늘어나고 있다. 산업화의 영향으로 가족 중심이 붕괴된 탓일까? 1980년대에는 모리셔스 군도, 타이, 싱가포르 세 나라에서 15세에서 24세 사이의 여성의 자살률이 남성보다도 훨씬 높았다.

흑인과 백인

어떤 학자는, 인종적 차이를 연구했다. 사실 공식 통계를 살펴보면 아프리카가 세계에서 자살률이 제일 낮다. 자살률이 가장 높은 상위 세 나라는 백인 국가임에도 불구하고, 전체적으로 보면 아시아 사람의 자살이 다른 인종보다도 많다는 사실이 확인된다. 전체적으로 백인이 흑인보다 많지만, 흑인 여성이 백인 여성보다 많다는 것도 확인할 수 있다. 백인과 흑인의 혼혈이, 흑인보다 자살을 하는 경우가 많은 것도 통계로 알 수 있다. 미국에서도 백인에 비해 흑인의 자살은 드물다.

1961년 6월 24일 자 의학 신문 기사를 보면, 미국에서의 자살은 전체 사망 원인 가운데 11위를 차지하고 있다. 그 자살자 중의 4분의 3이 백인인데, 백인들만 따지면 자살은 전체 사인의 8위가 된다. 1973년, 1975년, 1976년, 1986년에 발표된 미국의 다른 조사 결과에도 흑인이 백인보다 자살자가 적다는 것을 확인할 수 있다. 더구나 1920년 이후, 흑인의 자살률은 해마다 감소하고 있어 해마다 자살률이 증가하고 있는 백인과는 다른 양상을 보이고 있다.

최신 자료에 의하면, 미국으로 이민한 사람의 자살률이 출신국의 자살률보다 높은 경우도 종종 있다고 한다. 프랑스에서는 1981년의 조사에 의하면 마그레브 출신 소녀들은 같은 나이의 프랑스 청소년에 비해 자살미수가 4배나 많은 것으로 드러났다. 영국에 사는 인도 출신자에게서도 비슷한 현상이 발견된다.

프랑스인과 자살

프랑스는 자살률이 인구 10만 명당 30명이고, 오래전부터 나라별 순위에서도 꽤 높은 위치를 차지하고 있다. 1869년에 브리에르 보스몽 박사는 프랑스 사람이 다른 나라 사람보다 자살 성향이 높다는 주장을 펼쳤다.

"현대의 모든 민족 가운데서 프랑스인만큼 행동의 세계와 관념의 세계를 확장시킨 민족은 없다. 프랑스인들은 생각을 자유자재로 바꾸면서, 터무니없는 일들을 생각해내고, 한층 더 비참한 광경을 연출해내기도 한다. 또 위험에 직면했을 때는 목숨과 재산을 지키기 위해 자기 자신을 헛되이 버리기도 한다. 프랑스 사람은 전사와 같은 용기를 가졌지만 일반인으로서의 용기는 거의 없다. 이전에는 높이 평가했던 것들이라도 대중들 앞에 드러나면 흥분해 자신의 죽음이라는 극단적인 상황에까지 이르기도 한다. 프랑스 사람들은 지적인 것, 관대함과 기지와 쾌락, 자애에 싫증을 내고 모든 것을 열심히 찾으며, 언제나 감정에 지배되어 사상과 사고, 의지를 이리저리 바꾼다.

프랑스 사람들은 장점과 단점을 함께 지니고 있다. 이렇게 보면, 왜 자살이 이렇게까지 프랑스 사람들에게 많이 일어나는지 쉽게 이해할 수 있다."

어린이의 자살

어린이들의 자살에 대한 정확한 통계는 일본의 자료를 참고해야 한다. 일본에서는 3백만 명당 1명꼴로 어린이의 자살이 일어나고 있다. 비교적 최근에 일어난 일로는 1994년 12월의 사건을 들 수 있다. 도치키에서 15세 어린이가 전기 코드로 목을 매었다. 그 후 여러 주 동안 10세에서 7세의 일본 어린이 5명이 잇따라 자살했다. 프랑스에서는 1993년에

11세 여자아이가 학교에 다니기 싫다며 교실 창에서 뛰어내렸다.

전문가들의 말에 의하면 어린이들은 죽음을 돌이킬 수 없는 소멸 현상으로 이해하는 것이 아니라고 한다. 적어도 9세 내지 10세 이상은 되어야 그런 생각을 할 수 있다는 것이다. 1993년에 있었던, 6살 난 여자아이가 반 친구들이 말리는 것도 뿌리치고 열차에 뛰어들었던 사건이 이것을 생생하게 증명해주고 있다. 이 아이는 중병에 걸린 어머니를 밤낮으로 간호하기 위해서 천사가 되려고 했다는 것이다.

최근에는 10세에서 15세 사이 어린이들의 자살이 갑자기 20, 30배까지 증가하고 있다. 특히 러시아, 헝가리, 불가리아, 모리셔스 군도, 남미 북부에 있는 수리남 공화국, 일본 등에서 이런 현상이 두드러진다. 일본에서는 1993년 일 년 동안에만도 11세부터 14세 사이의 어린이 131명이 같은 반 친구들에게 '이지메(왕따)'를 당해서 자살했다.

프랑스에서는 어린이 자살에 대한 통계가 독립된 항목으로 구분될 정도는 아니지만, 어린아이들의 자살이 종종 보도된다. 1994년 11월에는 집에서도 학교에서도 잘 어울리지 못하던 줄리앙이라는 13세의 남자아이가 영어 수업시간에 반 아이들 앞에서 머리에 총을 쏘았다.

중국에서는 20세기 초, 당시 쉽게 볼 수 있었던 서양인을 위한 사창가에서 일하는 12세 미만의 어린이들의 자살이 많이 일어났다. 중국의 자료에 의하면 이 어린이들은 대부분 포주들의 학대에 견디다 못해 아편을 먹고 자살했다. 유니세프 직원을 포함한 많은 증언에 따르면 현재는 태국과 필리핀에서 이런 종류의 자살이 놀랄 만큼 많이 늘어나고 있다. 자살한 어린이들의 대부분은 성적으로 이상이 있는 유럽 사람들의 희생물이 된 9세부터 12세까지의 어린이들이다.

세계적으로 청소년의 자살이 점점 늘고 있다.

청소년의 자살

15세에서 24세 사이 청소년의 자살은 놀랄 만큼 늘어나고 있다. 해마다 세계 곳곳에서 젊은 목숨들이 여론을 들끓게 하고 있는 것이다. 청소년의 자살에 대해 사회 일반에서는 부끄러움과 공포를 동시에 느낀다. 자살 동기가 사회적인 것이라고 생각될 때는 신문에서 그 사건을 크게 보도한다. 16세에서 20세 사이의 학생 5~6명이 베트남 전쟁에 항의하기 위해서 불교도처럼 분신자살했을 때가 그런 경우였다. 또 어린 목공소 견습공이 주인한테 머리카락이 너무 길다고 잔소리를 듣자 건축공사를 하던 중에 가솔린을 끼얹어 분신자살한 일도 있었다.

청소년의 자살이 가장 우려할 만한 사회 문제의 하나로 거론되는 것은 어느 나라에서나 마찬가지다. 유럽, 아메리카 대륙, 아시아 등의 여러 나라에서 전체적인 자살률이 증가하는 것과 더불어 청소년의 자살도 증가하고 있다.

프랑스에서 있었던 한 조사에 따르면 청소년의 자살은 1980년부터 1985년 사이에 20%, 즉 매년 3.8%씩 증가하고 있다. 캐나다의 퀘벡에서는 1961년에서 1981년까지, 8배 이상이나 증가했다. 현재 프랑스에서는 15세부터 25세 사이의 청소년이 해마다 천 명 정도 스스로의 손으로 목숨을 끊고 있다. 이 수치는 통계에 잡힌 것이다. 실제로는 이보다 훨씬 많을 것이다.

일부러 물에 빠져 죽은 소년과 자기 손으로 가스 밸브를 연 소녀도 가족과 사회의식을 생각하게 한다. 대부분의 경우 이런 일들을 의사는 사고로 처리한다. 그들의 죽음에 대해 종교적, 사회적, 그 밖의 다른 결론이 내려질 수도 있겠지만 어쨌든 자살은 청소년들의 사망 원인의 제1위를 차지하고 있는 것이다.

자살미수와 자살에 대한 생각들

매년 프랑스에서는 15세부터 25세 사이의 소녀 2만 명이 자살미수 사건을 일으키고 있다. 이들 젊은이들도 고대 그리스와 로마 시대의 젊은이들이 겪었던 것과 같은 삶의 어려움을 겪고 있는 것일까? 아니면 현대라는 시대가 옛날보다도 훨씬 더 심하게 삶의 곤란을 겪게 하는 것일까?

자살률은 도시이냐 시골이냐에 따라서도 차이를 보인다. 시골에서는 도시보다 자살률이 높아 소녀 1명당 소년이 3명꼴로 자살한다. 15세에서 25세 사이의 청소년이 많이 사용하는 방법은 총을 사용하는 것과 목을 매는 것이다. 이에 비해 자살미수는 오히려 도시 쪽이 많다. 소년 1명에 대해 소녀 3명꼴로 미수에 그친다. 도시 청소년들이 자살에 사용하는 방법은 약물을 복용하는 것이 약 90%로 다른 방법에 비해 월등하게 많다.

가정에서 부모의 결손은 자살에 결정적인 영향을 미친다. 청소년 자살자의 42%가 결손 가정에서 성장했다. 일반적으로 아버지가 없는 딸과 어머니가 없는 아들이 자살을 기도하는 경우가 많다. 즉 자신과 다른 성의 부모가 없는 것이 자살에 많은 영향을 미치고 있는 것이다. 청소년들은 자살미수를 되풀이하는 경우도 많은데, 한 번 자살을 시도했던 사람의 30%가 실패하면 재시도하고, 25%는 여러 차례에 걸쳐 되풀이한다.

1994년 미국에서 실시한 한 조사에 따르면 자살을 하려고 했던 청소년의 약 36%가 사춘기의 문제, 35%가 마약, 31%가 주위의 압력, 28%가 가족과의 불화를 그 이유로 들고 있다. 1984년, 캐나다에서 실시했던 조사에 의하면 중학생 5명 중 1명이 이전부터 진지하게 자살을 생각했던 일이 있고, 8명 중 1명은 최근 2개월 동안 자살을 시도한 적이 있다고 한다. 그중에서 70% 이상의 학생들은 자살하기 위해 세부적인 계획을 세워본 적이 있었다고 했고, 30%는 최근 2년 동안 실제로 자살을 계획하고 있었다.

그 후 10년이 지난 1994년, 프랑스 국립위생의학연구소가 실시한 조사에 따르면 프랑스의 중고생 가운데 49%는 자기 존재에 대해서 심각한 정신적 고민을 가지고 있으며 23%는 자살을 생각한 적이 있다고 한다. 또 9%는 항상 자살을 생각하며 6.5%가 한 번 이상 자살을 기도한 적이 있다고 시인했다. 같은 해에 미국에서 실시한 같은 내용의 조사에 따르면, 13세에서 19세 사이의 청소년의 28%가 치명적인 행동을 한 적이 있다고 인정했고, 5%는 실제로 자살을 기도했다.

1960년대에 실시했던 흥미 있는 한 조사에 따르면 자살미수는 남학생보다 여학생 쪽이 많았는데, 그 비율은 남자 25명에 대해 여자가 30명이다. 연령별로는 19세, 20세의 자살이 가장 많다. 전공별로 볼 때 자살자가 가장 많은 것은 의학, 약학, 치의학과 학생이다. 그다음이 법률, 경상, 과학, 전기 공학, 문학, 어학, 심리학, 사회학, 장식 예술, 무대 예술 순이다.

여기에 반해 고등전문학교 학생은 가장 자살률이 낮다. 1960년대의 조사에 의하면 당시는 노동을 하는 청소년과 젊은 층의 자살이 가장 적었다. 한편, 부모가 자유업, 교사, 실업가인 자녀의 경우 자살률이 가장 높았고 다음으로는 고위직 직원과 관리직의 부모를 둔 자녀들이 자살률이 높았다.

요즈음은 이런 것 이외의 다른 요소들도 연구 대상이 되고 있다. 예를 들면 젊은 사람의 자살은 실업, 알코올, 마약, 휴직, 부모의 이혼과 부모의 죽음, 그리고 정신적 갈등과 밀접한 관계가 있는 것으로 나타나고 있다.

노년의 두려움

어느 시대, 어느 나라에서나 늙는다는 것은 큰 고민거리였다. 늙으면 병들고 쇠약해지기 때문이다. 때로 사람들은 늙는 것이 싫어서 자살을 결심한다. 좀 더 엄밀히 말하면 늙음 자체 때문은 아니고 늙으면서 생겨나는 여러 가지 일들 때문이다. 많은 사람들에게 있어서 늙음을 피할 수 있는 유일한 방법은 그것이 다가오기 전에 죽어버리는 것이다.

이러한 방법을 실제로 실행에 옮긴 것이 켈트족이다. 정열적이고 건강한 노인들이 자살용 바위 위에서 뛰어내려 자살하는 경우가 많았던 것이다. 그들은 죽기 전에 먼저 호화로운 잔치를 벌였다. 산 사람들에게 작별을 하기 위한 것이었다. 게르만족도 이와 비슷한 풍습이 있었다.

스토아학파의 시조 제논이 육체적인 고통은 나쁜 것이 아니라고 주장했음에도 불구하고 그리스인이나 로마인, 스토아학파나 에피쿠로스학파나 한결같이 늙는 것을 두려워했다. 늙어감에 따라서 고통스러운 날들이 늘어나고 지성이 쇠퇴하는 것이 그들에게 있어 최대의 고민거리였다. 질병에 대한 치료법이 거의 개발되지 않았던 시대일수록 질병은 사람들에게 커다란 불안으로 작용했다.

기원전 5세기, 올림픽에서 여러 차례 우승한 티망테스는 그리스에서 아주 유명한 인물이었다. 역사가 파우사니아스가 전하는 바에 따르면 티망테스는 과거의 영광을 되새기면서 살았다고 한다. 그러던 어느 날, 마침내 늙음의 방문을 받은 그는 늘 쏘았던 활을 더 이상 쏠 수 없게 되었다. 그러자 그는 친구를 식사에 초대해 친구의 눈앞에서 자살했다.

케아섬의 원로원은 60살이 넘은 노인들을 자살하게 하는 법을 정했었다. 특정 연령의 사람들이 성대한 잔치에 모여서 머리에 화관을 쓰고 독이 든 음료를 마시는 광경이 자주 눈에 띄었다.

로마의 많은 유명인들도 나이가 들어서 생기는 괴로움을 당하지 않기 위해서 자살했다. 이를테면 앗티쿠스는 세네카의 말에 고무되어서 자살의 결의를 굳혔다. 코르넬루스 룻푸스는 관절염으로 고통을 받고 있었지만 악독한 도미데아누스 황제가 자기보다 먼저 죽는 것을 지켜보기 위해서 자살을 연기했다. "저 깡패 같은 놈보다는 단 하루라도 오래 살겠다. 적어도 악당이 통치하는 상황에서는 죽지 않을 것이다"라고 그는 말했다. 그 시대의 가장 뛰어난 연설가 중 한 사람이었던 라므니우스 레빌리스도 늙는 것이 싫어서 자살했다. 아리스타레코스, 에라쩌스토라토스, 라토나, 이타리쿠스, 또 그 밖의 많은 사람들이 이런 식으로 죽었다.

역사를 대강 훑어보더라도 어느 시대에나 늙는다는 것은 최고의 불행이라고 생각되었음을 알 수 있다. 자살하려고 했던 많은 사람들이 그런 설명을 남기고 있는 것이다. 칼 마르크스의 딸과 사위 폴 라파르그가 바로 그런 경우다. 이 부부는 70살이 넘어서는 살지 않겠다는 데 의견이 일치해서 자살했다. 그들이 마지막에 쓴 편지에는 다음과 같은 글이 쓰여 있었다.

"나는 몸과 마음 모두 건강하다. 삶의 기쁨을 모두 빼앗고, 육체적 정신적인 힘을 잃게 하는 늙음이 나의 에너지를 마비시키기 전에 나는 자살한다."

의사가 이들 부부의 시체를 발견한 것은 1911년 11월 11일이었다. 마르크스의 사위 폴은 부엌에서, 딸 라우라는 방에서 발견되었다. 폴 라파르그는 집안 문제와 유언을 모두 정리해서 남겼다. 그는 자신이 스스로 선택한 죽는 방법, 즉 시안화수소산을 주입한 것에 대해서 쓰고 끝에는 '공산주의 만세'라고 썼다. 추신으로는 자기가 키우던 개를 돌봐딜라고 부탁하고, 새로운 개 주인이 개를 사랑해주고 절대로 함부로 대하지 않았으면 좋겠다고 썼다.

그의 죽음은 커다란 반향을 불러일으켰다. 정부의 관리는 누구도 장례식에 참석할 수 없었지만 조레스와 레닌을 필두로 하여 당시의 뛰어난 좌익 정치가 전원이 장례식에서 연설을 했다. 당시의 신문들은 이 자살 사건을 가지각색으로 해석했다. 잡지 〈르 탕〉은 "왜 70살인가?"라는 제목의 기사를 실었고, 〈휴머니티〉지는 이 죽음을 탄식하면서도 "너무나도 아름다운 죽음. 그는 현명하게 죽었다"라고 했다. 반 유태인지 〈라 리브르 파롤〉은 보다 명확한 태도로 "여기에서 유태인의 신경증이 확인된다"고 결론지었다.

육체적인 노쇠에 대한 공포로 인한 자살은 콘스탄스 메이에르에게서도 찾아볼 수 있다. 본명이 마리 프랑수아 콘스탄스 라마르틴느에르인 그녀는 그뢰즈의 제자로 화가 프뤼동과 두터운 우정을 맺고 있었다. 아름다움을 사랑하는 여성의 상징이었던 그녀는 자신의 늙은 몸매를 견딜 수 없어 했다. 늙는 것에 대한 공포에 사로잡힌 그녀는 신경쇠약 증상을 보이기에 이르렀다. 그녀는 자주 거울 앞에서 "나는 미워졌다. 내 청춘은 끝났다"라고 탄식하곤 했다. 1821년 3월 26일, 조각가 파쥬의 아들이 브르통 부근의 한 화실의 침실에서 콘스탄스의 사체를 발견했다. 그녀는 젊은 학생에게 데생을 가르친 후 칼로 목을 베었다. 경찰의 보고서가 당시의 상황을 상세히 기록하고 있다.

"그녀는 두 번 목을 찔렀다. 상처가 경추까지 깊게 나 있다."

콘스탄스의 자살은 드베리아와 들라크루아 등의 화가에게 착상을 주어 아름다운 작품이 탄생하게 했다.

신체의 노화와 각종 질병

헤로도토스에 의하면 이집트의 통치자 중에서 가장 위대한 파라오였던 람세스 2세는 백 번째 생일에 눈이 보이지 않는다는 이유로 자살했다고 한다. 그 일이 있은 지 3,500년 후 앙리 드 몽테랑도 같은 이유로 자살했다.

질병과 그에 따른 증상이 나이가 든다고 해서 반드시 나타나는 것은 아니지만 대부분의 경우 나이가 들면서 차츰 질병이 늘어난다. 인간은 누구나 살아 있는 동안 특별한 병에 걸릴 수도 있고 그 병 때문에 다른 사람들보다도 한층 깊은 절망감을 맛볼 수도 있다. 시력을 잃은 조각가와 화가, 청력을 잃은 음악가들의 목숨이 이런 이유로 사라지고 있다.

특정 사회 집단과 특정한 직업을 가진 사람들이 집단적으로 자살에 대한 압력을 느끼는 일도 있다. 20세기 초의 프랑스와 영국의 광부가 바로 그런 경우였다. 진폐증에 시달리고 있었던 그들은 진폐증의 말기 증상이 나타나자 그것이 너무나 무서워서 한꺼번에 자살해버렸다.

삶에 흥미를 잃고

사람은 특별히 고민할 만한 불행이 없는데도 자살하는 수가 있다. 115세의 푸에르토리코인 히지니오 마르테스는 1965년 5월 19일 죽음을 기다리는 것에 혐오가 일어서 목을 매달아 자살했다. 모힐로우 지방의 네트프리드 아스타퐁이라는 농부도 119세라는 나이가 진저리 나서 목을 매었다.

요즈음은 많은 공업 국가에서 고령자의 자살이 다른 연령층의 자살보다도 많아지고 있다. 프랑스의 경우 평균수명이 40세 정도였던 옛날에는 나이 든 사람들이 지혜롭고 경험이 많다고 해서 특별히 존경을 받았으며 중대한 일을 맡았다. 그러나 평균 수명이 75세 이상이 되는 오늘날은 노인들은 당연히 예전과 같은 가치를 잃게 되었고, 노인들 스스로가 다른 사람들에게 부담이 되고 있다고 느끼게 된다. 그리고 직장에서는 물론 사회생활로부터 소외되어 '살아 있는 송장'같이 된다. 이것을 벗어날 수 있는 길은 없다. 많은 노인 자살자들이 자신들을 견딜 수 없는 정신적, 물질적인 곤경에 빠뜨린 가족제도를 비난하는 글을 남기고 있다.

노인들의 자살에서 주목할 만한 것은 이들이 대개 생일이나 이사 등 특별한 날이 되기 전에 자살을 작정하고 그날 자살하는 경우가 많다는 점이다. 또 자살하는 노인들은 대부분 유언을 남긴다는 특징이 있다.

고령자들이 자살하는 일이 점점 늘어나고 있어서 요즈음은 보건 행정에서도 이 문제가 중요한 것으로 다루어지고 있다. 고령자들의 자살률이 인구 10만 명당 30명 이상인 나라도 몇 개 국이나 된다. 아메리카 대륙에서는 우루과이, 아시아에서는 일본, 싱가포르, 스리랑카, 유럽에서는 오스트리아, 벨기에, 구 체코슬로바키아, 덴마크, 독일, 프랑스, 스웨덴, 헝가리가 여기에 해당된다.

헝가리에서는 인구 10만 명당 108명이라는 믿기 어려운 숫자를 기록하고 있다. 아일랜드에서는 이 정도까지 심각하지는 않지만 최근 몇 년 사이에 노인의 자살이 세 배나 증가하고 있다. 영국에서는 고령자의 자살이 감소하고 있는데 이것은 유럽에서는 아주 예외적인 경우다. 영국에서는 35년간(1957년에서 1992년) 남성의 자살이 60%, 여성의 자살이 56% 감소했다.

제4부

어떤 장소를
물색하는가?

금문교의 자살

자살을 결심한 사람은 장소를 물색한다. 그들은 자기의 마음에 드는 장소를 찾는데, 그들이 찾아가는 장소는 대부분 공공 기념물이나 유명한 다리, 특정한 바위나 강, 또는 기차역이나 고목 등이다. 이런 장소를 선택하는 이유는 그곳에서 자살하면 사람들의 이목을 끌 수 있고 그 장소의 유명세 때문에 자기의 이름을 알릴 수 있을지도 모른다는 막연한 기대감 때문이다. 그런 사람들은 남들의 이목을 끌었다는 것만으로도 죽으면서 유명해진 듯한 기분에 젖어드는 모양이다.

사람이 죽을 때는 언제, 어떻게 죽을 것인가를 결정해 놓고 죽음을 받아들이는 것 같지만, 실제로 자살자는 지속적이든 순간적이든 어떤 '방법'과 '장소'에 이끌리게 된다. 예컨대 자살을 하는 데 있어 어떤 하나의 장소가 커다란 반향을 불러일으키면 그전까지 자살 장소로 유명했던 곳은 더 이상 눈길을 끌지 못하고 '시대에 뒤떨어진 장소'가 되어버리는 경우가 많다. 이런 납득하기 어려운 상황은 고대로부터 계속되어왔다.

세네카 시대에는 파브리치오 다리가 자살 장소로 이용되는 경우가 많아서 이탈리아 전역에서 유명했다. 에카도 섬도 이미 고대부터 자살 장소로 유명했다. 이 섬의 북쪽 끝에 있는 높은 바위에서 뛰어내려 자살한 사람들이 많았다고 프리니우스, 플루타르크, 웰기리우스 등 여러 역사가들이 이 섬에 대해 언급한 바 있다. 여류 시인 사포는 선장 파온에게 거부당한 후 그 바위에서 뛰어내렸으며, 아르테미시아 1세는 달타누스라는 사람에게 무시당하자 역시 그 바위에서 뛰어내려 익사했다. 이런 일이 있은 후부터 에카도 섬의 그 바위는 소위 '연인들의 자살 장소'로 불리게 되었고, 사랑의 희망을 잃은 사람들이 투신하는 장소가 되었다.

티몬의 무화과나무

고대에 자살 장소로 유명했던 곳 중의 하나는 아테네의 철학자 티몬의 과수원이다. 많은 사람들이 이곳에서 목을 매었다. 티몬은 조국의 불행, 재산 손실, 친구들의 배신 등으로 인간에 대한 깊은 불신에 빠져 있었다. 그래서 자신이 아끼는 청년 한 사람을 제외하곤 아무도 자신에게 접근하지 못하도록 했다. 이따금 그에게 말을 걸어오곤 하던 한 사람이 티몬에게 왜 이 청년만이 유독 예외가 되느냐고 물었다. 티몬은 "내가 그를 좋아하는 것은 그가 언젠가는 아테네 사람들에게 커다란 불행을 안겨주리라는 것을 알고 있기 때문이다"라고 대답했다. 그 청년은 실제로 나중에 조국의 파멸의 원인이 되었다.

티몬의 밭에는 무화과나무가 한 그루 있었는데 많은 사람들이 거기서 목을 매었다. 어느 날, 사람들이 광장에 모였을 때 티몬은 연단 위로 올라갔다. 대개의 경우 티몬이 아테네인들 앞에 나타난 것은 아테네 사람들의 실패와 광기를 조롱하기 위해서였다. 그래서 그가 무슨 말을 하려고 하는지 모두들 관심을 기울였다. 그가 누군가에게 말을 거는 것을 보는 것은 매우 드문 일이었기에 더욱 그럴 수밖에 없었다. 그는 연

단에서 청중들을 향해 "아테네인 여러분, 내 정원에는 무화과나무가 있
는데 그 나무에서 이미 여러 명이 목을 매었습니다. 나는 그 나무를 잘
라버릴 생각입니다. 여러분들 중에서 목을 매고 싶은 사람이 있다면 서
두르세요"라고 말했다. 티몬이 아테네 사람들에게 입을 연 것은 이것이
마지막이었다. 그 얼마 후 그는 넘어져서 다치게 되었는데 끝내 치료를
거부해서 괴저병으로 죽었다.

중국의 한 섬에서는 광신적인 불교 승려들이 평소에 마음먹고 있었
던 어떤 바위의 꼭대기에서 뛰어내렸다. 그 바위는 바다 중간에 우뚝
솟아 오른 바위로 '자애의 심원深遠'이라는 이름으로 불리고 있다.

조금 더 시대를 내려오면 19세기 프랑스에서는 레 섬 끝에 '조상의
바위'라고 불리는 특별한 장소가 있다. 한 중년의 가장이 모든 재산을
자식들에게 물려준 후 그곳에서 뛰어내려 익사했다. 오늘날에는 사라
졌지만 그 당시에는 그것이 전통이었다.

전설에 의하면 트리스탄과 이졸데가 마르크 왕의 명령에 의해 살해
된 곳은 코르누아유 주의 틴타젤이었다고 한다. 젊은 커플들이 그곳에
서 죽기 위해 일부러 멀리에서 찾아오곤 했다.

유령의 집

어느 특정 건물에서 계속해서 일어나는 비극은 이성적으로는 도저히
설명할 수 없다. 사람들은 한 건물에서 희생자들이 계속 나오면 이상하
게도 그 집이 저주받았기 때문이라고 생각한다. 그리고 그런 집에는 수
많은 사연이 깃들게 마련이다.

이런 건물은 유럽에서만도 수백 채나 된다. R. 라폴레는 저주받은

집에 관한 그의 책에서 상스에서 몇 킬로미터 떨어진 6번 국도변에 있는 집을 소개하고 있다. 이 작은 마을에는 2채의 여관이 서로 마주 보고 서 있다. 그중 하나는 항상 손님으로 가득했지만, 다른 하나는 인기가 없었다. 그 여관에서 일어난 사건에 대한 기억이 너무나도 생생하게 남아 있기 때문에 아무도 그 여관에 숙박하려 하지 않았던 것이다. 1937년, 이 건물 소유주는 아내를 죽이고 자기도 자살했었다. 새로운 주인도 1944년에 자살했다. 그리고 3년 후, 뒤를 이은 여관 주인이 아내를 죽이고 목매어 자살했다. 1951년에는 파리의 유명한 나이트클럽에서 일하던 가수가 여생을 조용히 보내기 위해 그 건물을 샀다. 그러나 갑자기 증세가 생겨 자살했다. 그다음 번 건물주도 몇 년 후 목을 매었다. 저주받은 그 건물은 아마도 지금쯤은 헐렸을 것이다.

글재주가 뛰어났던 외교관 프레보 파리 돌도 저주받은 집에서 자살했다. 그가 자살한 집은 그 이전에도 이미 5명이나 자살한 적이 있었기 때문에 사람들은 그에게 이사하라고 권유했지만 그는 끝내 그 집에서 자살하고 말았다.

1936년경, 아테네에서 이상한 사건이 벌어졌다. 토마스 말리스가 파테스시아 거리에 있는 7층 건물을 사려고 할 때만 해도 그는 분명 아테네에서 가장 행복한 사람 중 하나였다. 그러나 몇 개월 후, 그 건물에서 자살 사건이 발생했다. 건물 6층에 세든 테오필라스라는 의사가 20살 난 조수를 고용했는데, 그 조수는 의사가 자리를 비운 사이에 부엌에 들어가서 가스 밸브를 열어놓고 자살했던 것이다.

얼마간 시간이 흘러 그 사건이 잊힐 때쯤, 23세의 다른 조수가 부엌 창문에서 뛰어내렸다. 그녀는 정원의 수석 위에 떨어져 병원으로 옮겼으나 숨졌다. 그 건물의 세 번째 자살자는 아내와 3명의 아이를 둔 45세의 석탄 배달원이었다. 그 배달원이 석탄 자루를 6층으로 옮기다가 앞에서 얘기한 두 사람의 자살에 대해서 듣게 되었다. 그는 그 문제의 창이 어디인지를 물었다. 그러곤 "자살하기에 안성맞춤이군"이라고 말하고는 갑자기 창에서 뛰어내렸다. 그는 즉사했다. 이런 사건이 계속되는 동안 3층에 세 들어 살던 한 정신과 의사는 남아 있는 세입자들을 불러 모아 놓고, 이러한 불가사의한 현상은 정신의학적 관점에서 살펴보아야 할 문제라고 설명했다. 그는 이 건물 자체가 자살할 수밖에 없는 기운을 지니고 있는데, 그것은 건물을 지을 때 일하던 인부 한 명이 6층에서 뛰어내려 죽은 뒤 그 영혼이 머물고 있기 때문이라고 말했다. 이 말을 듣고 남아 있던 세입자들은 모두 짐을 싸서 이사했다. 건물의 소유주는 이 정신과 의사를 상대로 소송을 벌여 손해 배상을 받아냈다.

결행 장소

자살 장소가 많기로 유명한 나라는 일본이다. 자살 명소 중 하나인 노오키노시마 해안은 관광 협회가 정기적으로 가지치기를 한다. 사람들이 목을 매달만한 나뭇가지를 미리 잘라버리는 것이다. 화엄 폭포 또한 유명한 자살 장소다. 1946년 한 학생이 자살한 이래 전국 각지에서 자살하려는 사람들이 화엄 폭포를 찾고 있다.

도쿄에서 90킬로미터쯤 떨어진 외곽에 너무나 건조해서 작물 재배조차 불가능한 '미하라'라는 작은 섬이 하나 있는데, 그 섬은 1933년 2월에 있었던 끔찍한 사건으로 인해 졸지에 '자살섬'이라고 불리는 명소가 되었다. 문제의 그날, 도쿄의 한 여학생이 그 섬에 있는 화산의 분

어디에서 죽는가

—

묘지나 장례식장

묘지와 장례식장은 절망에 빠진 사람을 불러들이는 특별한 장소이다. 남은 사람들을 번거롭게 하지 않으려고 세심히 배려하는 사람이나 검소한 사람은 어느 시대 어느 나라에서나 존재한다.

공원이나 공중화장실

사람들이 모이는 공원은 많은 자살자들을 꾸준히 불러 모으는 장소 중의 하나다. 그러나 그 가운데서도 사람들의 눈에 잘 띄지 않는 장소를 찾는 사람도 있다. 이를테면 20세기 초의 파리 주재 오스트리아 대사였던 빈프펜은 샹젤리제 공원의 공중화장실에서 권총 자살했다.

지하철

노선 거리가 2백 킬로미터에 달하는 파리 지하철도 자살이 많이 일어나는 장소다. 매년 40명에서 50명 정도가 달리는 전차에 몸을 던지고 있다.

전화박스

절망에 빠진 사람이 공중진화부스에서 총으로 자살하는 경우도 드물지 않다. 이런 식으로 자살하는 사람은 대부분, 가장 가까운 사람과 통화를 하다가 그 사람에게 자신의 죽음이 임박했음을 알린다.

화구 속으로 몸을 던진 뒤 337명이나 되는 여학생들이 똑같은 방식으로 자살했다. 자살 직전에 구조된 여학생만도 1,408명에 이른다.

자살이 자랑거리처럼 여겨지는 듯한 일본에서 그 여학생은 색다른 방식을 택함으로써 큰 화제를 불러일으켰던 것이다. 신문은 그 사건을 대서특필해서 전문가들의 의견을 묻는 인터뷰는 물론 그 여학생의 행적과 분화구의 사진까지 실어 여학생의 자살을 상세하게 보도하였고 호기심에 찬 많은 사람들은 미하라 섬을 찾게 되었다. 그 이전까지 섬을 오가던 작은 연락선을 대형 여객선으로 교체하지 않으면 안 될 만큼 그 분화구에 관심을 가진 사람들이 늘어났다. 이 사건을 이용해 발행 부수를 늘릴 속셈으로 실시한 도쿄의 한 신문사의 행사가 일반인들의 호기심을 더욱 부추겼는데, 그 신문사는 과학적인 실험을 해보기 위해, 처음으로 미하라 산의 화산 분화구 속으로 깊이 내려가 보는 사람에게 거액의 상금을 내걸었던 것이다.

공공건물

요즘에는 자살 장소로 공공건물을 선택하는 경우가 많다. 모든 사람들이 왕래하는 장소이기 때문에 출입이 자유스럽다는 게 공공건물을 선택하는 한 가지 이유가 될 수 있을 것 같다. 연극배우 무네 쉴리는 관객이 없으면 죽기도 곤란하다고 했던가? 에펠탑에서 뛰어내린 이들은 대부분 그곳에서 자살한 사건이 실린 신문을 몸에 지니고 있었다. 그런 사람들은 에펠탑에 관한 것이라면 무엇이든 신문의 제1면을 장식하리라고 믿고 있기 때문에 자신의 자살행위도 유명해지리라고 생각했는지도 모른다. 이렇게 사람들의 이목을 끌 수 있는 곳을 택해 죽는 사람은 그럼으로써 사람들의 흥미를 불러일으키고 자신의 죽음에 대해 여러 가지 해석을 붙여주길 기대하고 있는 것이다.

파리의 필립 라브왈 소방대장은 공공장소에서의 자살을 '연극적 행위'라고 말한다. 보고 있는 사람들과 자살하려는 사람 사이에 일종의 전이 관계가 성립됨으로써 자살자는 결심을 굳히고 힘을 얻게 된다는 것이다. 거기에는 "나한테 일어나는 일에 대한 책임은 당신들에게도 있다"라고 남들을 비난하는 측면이 있는 한편 승리의 쾌감도 있다는 것이다.

투신 자살자들은 다른 방법으로 자살하는 사람보다 장소 선택에 특히 신중을 기하는 것 같다. 이를테면 특정한 다리가 자주 자살 장소로 이용된다. 프랑스에서는 '자살자의 다리'라 불리는 비트쇼몽 다리에서 약 40명이 자살했다. 또 룩셈부르그의 아돌프 다리도 많은 기록을 가지고 있다. 페트류스 골짜기에 이 다리가 세워진 1903년 이후, 554명이 그곳에서 죽었다. 샌프란시스코의 금문교는 1937년에 건설된 이래로 이곳을 이용한 자살자가 500명에 달했다. 그 후로는 다리 주변에 감시 카메라를 설치했고 경찰이 항상 순찰을 돌고 있다.

유명한 공공 건축물에서 뛰어내린 자살자 수는 나라마다 정확히 기록하고 있다. 최근에는 런던탑과 엠파이어스데이트 빌딩이 최고의 자살 기록을 가지고 있다. 파리의 노트르담 사원에는 47미터 높이의 탑이 두 개 있는데 그중 하나에서 24명이 뛰어내렸다. 그들 중 한 명은 지나가던 사람 위로 떨어져 행인도 함께 즉사했다. 개선문에서도 47명의 자살자가 나와서 비극적인 통계의 상위를 차지하고 있다. 개선문의 순찰 대원 중 한 사람은 이곳에서 자살하려는 사람을 여섯 번이나 저지

교도소의 특성

—

유럽의 많은 나라들에서 내놓은 보고서를 살펴보면 교도소 안에서의 자살에 대한 몇 가지 특징적 요소를 알 수 있다.

- 일반적으로 자살이나 자살미수를 일으키는 죄수는 성격이나 기질 면에서 흉악하거나 이상한 사람들이 아니다.
- 사형이 폐지된 나라에서 종신형을 받은 죄수는 거의 자살하지 않는다.
- 중형을 받은 사람들이 수감되어 있는 중앙 교도소보다도 가벼운 형량을 받은 사람들이 수감되어 있는 구치소에서 자살하는 경우가 더 많다.
- 예방 구금 상태에 처해진 사람의 반 이상이 구금 첫날에서 다섯째 날 사이에 교도소에서 자살하거나 자살미수를 일으키고 있다.
- 교도소 안에서의 여성의 자살은 매우 드물다. 미국이나 스위스에서는 최근 30년 동안 한 건도 자살이 일어나지 않은 교도소도 있다.
- 자살하거나 자살을 시도하는 것은 주로 젊은 수감자들이다.
- 교도소 안에서의 자살이나 자살미수, 자해 행위는 교도소 밖에 비해서 월등히 높다. 여러 가지 연구 발표에 따르면 교도소 안에서는 외국인의 자살률이 높다. 유럽 대부분의 나라에서는 독신인 수감자가 그렇지 않은 수감자보다 훨씬 많이 자살한다.
- 미국의 경우 흑인의 자살이 백인의 자살보다 훨씬 적다.

한 적이 있다고 하는데 그의 말에 따르면 80년대 이후로는 개선문에서 자살하려는 사람이 줄어들고 있다고 한다.

자살자들의 탑, 에펠탑

프랑스에서 가장 많은 자살자를 낸 곳은 에펠탑이다. 에펠탑은 '자살자의 탑'이라는 별명이 말해주는 것처럼 379명이라는 압도적인 기록을 지니고 있다. 에펠탑의 1층에서부터 3층까지 어느 층에서나 자살자의 수는 비슷하다. 이 탑을 이용한 사람은 여성이 157명인 데 반해 남성은 222명으로 남성 쪽이 많다. 여성은 2층이나 3층에서 뛰어내리는 경우가 많지만 남성은 보통 1층에서 뛰어내린다. 1970년에 영국인 리차드 그래니스와 그의 애인이 함께 3층에서 뛰어내린 것을 제외하고는 같은 날에 두 사람이 자살한 적은 없다.

기록을 보면 에펠탑이 세워진 후 9년간은 자살이 이루어지지 않았다. 1898년 4월 30일, 28세의 청년 피엘 드뷔시가 최초의 에펠탑 자살자다. 그는 자기만의 독특한 방식으로 에펠탑을 이용했던 셈이다. 여성이 최초로 이곳을 자살 장소로 사용한 것은 1902년이었다. 처음으로 3층에서 뛰어내린 사람은 아린 몽시옹이라는 24세의 여성인데, 그녀는 1908년 8월 23일에 에펠탑 3층에서 뛰어내렸다. 3층에서 두 번째로 뛰어내린 인물이 나타난 것은 그로부터 12년이 지난 후였고 세 번째 사람이 나타난 것은 19년이 지나서였다. 최초의 외국인 자살자는 독일인 아우구스티 브라운이었고, 처음으로 2층에서 뛰어내린 사람은 핀란드인 네몬 마르스로 1906년의 일이다. 그 후에는 러시아, 일본, 이탈리아, 아프리카 등의 국적을 지닌, 죽기를 작정한 여러 사람들이 에펠탑으로 몰려들었다.

　에펠탑에서 밤에 자살하는 것은 극히 드문 일로 2건밖에 일어나지 않았다. 최초의 야간 자살은 1968년 4월 23일에 일어났다. 탑의 개장 시간이 끝날 때까지 탑 안에서 몸을 숨기고 있던 사람이 밤 11시가 지나서 투신했다. 그로부터 1년 후, 두 번째 자살자도 같은 방법으로 탑에서 뛰어내렸다. 에펠탑에서의 자살자 중에 50세가 넘는 사람은 한 사람도 없다. 최연소자는 14세밖에 안 된 스위스 소년으로 그는 1960년 1월에 에펠탑에서 자살했다. 그 소년이 자살한 것은 시험에 떨어진 것이 원인이었다.

　에펠탑에서 자살하려고 마음먹은 사람 중에는 최종적인 순간에 죽는 방법을 바꾼 사람도 있다. 1898년, 르네 쉬파르라는 청년이 23번째 생일 축하를 받은 후에 에펠탑 2층 난간에 벨트를 걸어 목을 매 자살했다. 그는 투신자살이 싫어서 가장 고전적인 자살 방법을 택한 것인지도 모른다. 어쨌든 그는 에펠탑에서의 프랑스인으로는 두 번째 자살자로 기록되어 있다. 또 1903년에는 투신하기 위해 2층까지 올라갔다가 다시 에스컬레이터를 타고 내려와 교각 옆에 있던 나무에 목을 맨 사람도 있다.

　에펠탑에서의 자살 방지 조치가 취해진 것은 339번째의 자살 사건이 일어난 후였다. 많은 순찰 대원이 추가 지원되었고 높은 난간이 설치되었다. 그리고 사복을 입은 직원들이 12시부터 6시까지 순찰을 돌면서 자살하려는 사람들을 찾아냈다. 안전을 위해 이러한 추가 조치가 시행된 그해에도 자살자가 생겨서 에펠탑의 전체 자살자가 345명에 이르렀고, 1974년에는 온갖 조치를 취했음에도 불구하고 376명으로 늘어

자살하려는 사람들이 가장 많이 찾는 공공건물 중의 하나가 에펠탑이다.
에펠탑에서 자살한 사람은 수백 명이나 된다.

자살에 관한 모든 것

났다. 자살하려는 사람은 어떻게든 감시의 눈을 피하려고 점심시간처럼 감시가 소홀한 틈을 이용해서 자살한다. 자크 모블렝느는 에펠탑에 관해 쓴 자신의 책에서 이렇게 말하고 있다.

"어느 날 오후 1시쯤, 점심을 먹으러 1층에 갔는데 그때 이미 큰 소동이 벌어져 있었다. 나는 자살 사건이 틀림없다고 생각했다. 정말로 한 남자가 난간을 뛰어넘으려다가 경비원에게 잡혀 있었다. 다른 경비원이 난간에 다리를 걸친 채 자살하려는 남자의 벨트를 잡아당겼다. 사람들은 그 남자를 식당으로 불러서 식사를 대접하면서 이것저것 물어보았다. 그러나 그는 자살하려고 한 이유에 대해서는 한마디도 하지 않았다. 그는 좋은 코냑을 곁들인 식사가 끝나자 사람들에게 고맙다는 인사를 했다. 그러곤 사실은 자기도 왜 자살을 하려고 했는지 잘 모르겠으며 자살할 아무런 이유도 없다고 말했다. 그 남자는 교외의 외딴 집에서 살고 있었으므로 사람들은 그를 집까지 데려다주었다. 그는 자신을 구해준 사람들에게 거듭 감사해했다. 사람들은 그가 자신의 행동에 대해서 후회하고 있다고 믿고, 안심하고 그를 집으로 보내준 것이었다. 아무도 그가 다시 죽음을 결행하리라고는 생각지 못했다. 그날 밤, 그 남자는 다시 탑으로 왔다. 문은 이미 닫혀 있었다. 그래서 그는 북쪽 교각 근처에 있는 60센티미터 깊이의 연못에서 익사했다."

이 사건이 발생하기 10년 전, 바로 그날에 또 한 사람의 절망에 빠진 사람이 닫힌 에펠탑 문 앞에 서 있었다. 그 사람은 개관 시간까지 기다렸다가 1층으로 올라가 뛰어내렸다. 주머니에서 발견된 에펠탑 그림엽서에는 "생 로베르와 에펠탑의 추억. 미셸"이라고 쓰여 있었다.

1947년, 젊은 영국인 저널리스트 마리 키치나에게 매우 이상한 일이 벌어졌다. 그녀는 취재를 위해서 에펠탑 관리 회사로부터 에펠탑의 엘리베이터를 직접 운행할 수 있는 허가를 얻어냈다. 이 서툰 엘리베이터 걸은 위층으로 올라가려고 기다리고 있던 사람들이 다 타기도 전에 닫힘 버튼을 눌러 마지막 손님을 태우지 못하고 올라가버렸다고 한다. 며칠 후, 에펠탑 관리소 간부 앞으로 한 통의 편지가 배달되었는데, 거기에는 다음과 같은 사연이 쓰여 있었다.

"나는 어제 자살할 생각으로 에펠탑에 갔었습니다만 내가 엘리베이터를 타려고 하는 순간 문이 닫히고 말았습니다. 나는 이것이 운명의 뜻이라고 생각하고 집으로 돌아왔습니다. 두 번 다시는 그런 짓을 하지 않을 작정입니다. 같이 보내는 상자는 저의 목숨을 구해준 엘리베이터 승무원에게 전해주십시오."

마리 키치나는 이 사건을 보도했고, 그 기사 덕분에 저널리스트에게 주는 최고의 상을 받게 되었다.

교도소 안에서의 자살

사람들이 자살하기에 적당하다고 생각하는 장소가 지금까지 이야기한 종류의 곳만 있는 것은 아니다. 이를테면 교도소 같은 곳은 자살하려는 사람들이 좋아할 만한 곳은 아닐지 몰라도 자살을 유발하는 장소임에는 틀림없다. 유럽의 여러 나라를 보더라도 교도소 안에서의 자살률은 자유롭게 생활하는 사람들의 자살률보다 훨씬 높다. 교도소의 시스템은 나라마다 가지각색이기는 하지만 어느 나라에서나 교도소가 특수한 장소인 것만은 틀림없다. 7, 80년대의 통계 자료를 보면 오스트리아와 벨기에에서의 교도소 자살률은 다른 나라에서의 교도소 자살률보다 2.3배 높고, 영국, 프랑스, 캐나다는 5배, 이탈리아는 10배, 스위스는 14배나 높다.

이런 엄청난 차이를 어떻게 설명해야 할까? 우선 구치소 소장의 설명을 들어보자.

"갑자기 교도소에 갇히게 된 사람의 심정을 생각해봅시다. 낮이면 따사로운 햇빛이 내리쬐는 곳에서 한가롭게 차를 마시던 당신이 어느 날 치욕적인 신체검사를 받은 뒤 수인 번호를 받고 밤이면 감방에서 잠을 잡니다. 개인적인 소지품은 모두 압수당하고, 사회로부터 고립된 채 교도소라는 새로운 사회에 들어온 것입니다."

그는 교도소 생활에 대해 다음과 같이 말했다.

"그것은 공포스러운 사건이다. 아무리 그 사람이 허세를 부리고 터프한 척하더라도 말이다."

교도소가 공포를 느끼게 하는 장소임은 틀림없다. 교도소에 들어서는 순간 수감자는 이미 자신에게는 나라의 복지 혜택을 받아 행복을 누릴 수 있는 자격이 없다는 사실을 통감하게 된다. 그리고 그에게는 고통스러운 교도소 규칙들이 부과된다. 수감자는 겨우 최소한의 생명 기능만 유지할 수 있을 뿐이고 정신적으로도 학대를 받게 된다. 또 위압적인 생활을 강요당한다. 거기에는 엄격한 규칙이 있고 교도소 내부에서 진행되는 재판도 대부분의 경우 아무런 기준이 없이 진행된다. 그곳은 절망의 장소이며 파멸의 장소이다.

이런 조건 아래서는 일반적인 형태의 '항의'라는 것이 존재할 수가 없다. 오직 자살만이 절망에 항거한다는 표현이 된다. 프랑스의 원로 교도관인 폴리는 "수감자는 구원을 바라는 절실한 호소를 문서가 아닌 피로 보여준다"라고 말한다. 그 '구원의 호소'가 염려할 만한 형태로 나타나는 수도 있다. 1973년 12월 21일 자 〈프랑스 수아르〉지에 의하면 샤를르빌 형무소에서만도 수감자 50명 중 30명이 자살을 기도한 것으로 밝혀졌다. 프랑스 내에서의 자살미수는 최근 20년 동안 100%나 증가하고 있다. 현재는 매년 자살 시도가 400건에 달하고 있으며 그중 40에서 50건이 죽음으로 이어지고 있다.

수감자들이 자살을 시도하는 이유는 세계 어느 나라에서나 비슷하다. 정신적인 고문, 자유의 박탈, 그리고 일종의 타락으로부터 벗어나기 위해서인 경우가 많다. 구치소에 수감된 사람들은 직업의 유무에 관계없이 경범죄를 지은 자, 실업자, 사회적으로 소외된 자가 대부분을 차지하는데 이들은 특히 생각과 행동의 경계가 확실하지 않은 경우가 많아서 결국에는 자살에까지 이르게 된다.

자살을 하게 만드는 본질적인 이유 중 하나는 교도소 내의 과밀 현상이다. 이것은 세계 어느 나라에서나 흔히 볼 수 있는 일이다. 교도소의 과밀현상은 그 자체로는 그렇게까지 심각하지는 않지만 수감자들의 주의 부족과 교도소 측의 늑장 대처, 그리고 상주하는 의료진 부족과 인공호흡기 등 치료 기구의 부족 때문에 죽음에 이르게 되는 경우가 많다. 2인용 방에 4, 5명의 수감자를 수용하는 교도소도 많다. 1980년대 말, 브라질의 상파울루 중앙교도소에서는 감방이 너무 비좁아서 수감인들끼리 제비뽑기로 자살자를 정해, 매일 교도소 뜰에서 제비를 뽑은 수감자가 자발적으로 교도소 동료들에게 자기 목을 조르게 한 일이 있었다. 자신들의 생활 실태에 대해서 당국의 관심을 끌게 하려는 것이 그들의 목적이었던 것이다. 만족스러운 조치가 취해질 때까지는 3주가 걸렸다.

프랑스를 포함한 대부분의 유럽 국가에서는 자살미수자를 처벌하지 않는다. 그러나 대부분의 경우 침대 시트를 찢은 죄라든가 셔츠를 찢은 죄 등 교도소 내의 물품을 파손시켰다는 명목으로 처벌했다.

'독방'은 어떠한 경우라도 고독하다. 고독이 자살의 제1요인이라는 것은 모든 연구에서 나타난 대로다. 프랑스 교도소의 교도관으로 오랫동안 근무했던 레옹 비달은 "내가 경험한 바로는 고독이 인간을 무분별하게 만들기도 하고, 난폭하게도 만들며, 또 잔학하게도 만든다. 고독에 빠진 사람은 절망에 빠져서 자살하기도 한다"라고 말하고 있다.

교도소 안에서 자살할 때 가장 많이 사용되는 방법은 목매달아 죽는 것이다. 그것은 환상이며 최상의 오르가즘이다. 또 고통을 멈추게 하고 감당해내기 힘든 것들을 끝내는 수단이며 자기 자신까지도 소멸시키는 이 방법은 대부분의 교도소에서 가장 많이 이용되고 있는데 최근의 통계 자료에 의하면 벨기에와 영국에서는 89%, 캐나다와 독일에서는 86%, 이탈리아에선 90%, 프랑스에서는 85%, 스위스에서는 80%, 미국의 몇몇 교도소에서는 거의 97%에 이른다. 방식은 어느 나라에서나 거의 비슷하다. 셔츠를 둘둘 말아 끈을 만들어 창살에 묶고 의자 위에 올라간 후, 발로 의자를 밀어내어 허공에 매달리는 것이다.

교도소 내의 자살은 목매다는 것 이외에 여러 가지 방법이 있다. 그중 하나가 투신이다. 두 건물을 연결하는 복도나 높은 곳에서 뛰어내려 죽은 경우가 전체 자살의 3~11%를 차지한다. 이 방법 말고도 바르비투르산을 마시는 것, 전기 코드를 이용하는 것, 손목이나 목의 동맥을 끊는 것, 쇳조각이나 숟가락 손잡이, 바늘, 가위 등을 먹는 것이 주류를 차지하고 있다.

외과의사가 수감자의 위에서 1.5킬로그램이나 되는 금속 조각을 꺼낸 일도 있다. 프랑스에서 있었던 일로 수감자의 나이는 21세였다. 그는 여섯 번이나 이상한 것을 먹고 자살을 시도했는데 마지막으로 수술을 했을 때는 위에서 알루미늄으로 만든 옷걸이와 포크가 나왔다.

자살을 방지하기 위해 교도소에서 사용하는 주요 수단은 약물이다. 프랑스의 프레스네 형무소의 경우, 의사가 매일 밤 2천 명의 수감자들 중에서 620명에게 진정제를 대량 투여한다. 결국 약 3명 중 1명이 약물의 구속을 받고 있다고 할 수 있다.

전체주의 국가의 교도소

아프리카, 아시아, 북유럽, 구 소련 등의 전체주의 국가에서의 감옥 생활은 절대적인 공포에 가까운 경우가 있다. 국제사면위원회의 자료가 이러한 사실을 명백하게 보여주고 있다.

예를 들어 중국은 1994년에 인권에 관해서는 국제적인 법적 규제를 따르기로 했다고 선언했다. 물론 그것은 정치, 경제적 이익을 얻기 위해서 이루어진 조치였다. 그때 중국이 700여 곳의 교도소 내 120만 명의 수감자들에게 표명한 의지를 통해 이 나라의 교도소 체제를 파악할 수 있다. 중국 측의 서류를 보면, 중국은 '생산 활동을 통한 재교육'을 실시하며 건강 관리를 중요시하고, 담요와 규칙적인 식사를 제공하겠다고 약속하고 있다. 또 "수감자와 그 가족의 재산을 빼앗거나 수감자를 고문하거나 정신적으로 처벌하는 일"은 없을 것이라고 했다. 중국은 또 자기 나라의 교도소에서는 자살이 일어나지 않는다고도 주장했다.

자살에 관한 모든 것

강제 수용소

강제 수용소라는 곳은 그 자체가 폐쇄된 세계로 독자적인 규율과 관습을 지니고 있다. 즉 육신을 유지하는 것과 인류에 종속된다는 것이 초래하는 특별한 대립이 지배적인 세계이다. 그리고 육체적 존재를 파멸시키는 것과 인류에 속한다는 사실을 부정하는 것이 강제 수용소라는 특별한 세계의 존재 이유이며 또 공공연한 목적이다.

리첼 교수는 브헴바르트 강제 수용소에서는 서양인들은 별로 자살하지 않았지만, 동양인들은 자살하는 사람이 많았다고 기록하고 있다. 마우트하우젠을 시작으로 몇몇 수용소에서 어느 특정 시기에 갑자기 자살이 유행하고 집단 자살이 있었다는 것은 분명하지만, 「전쟁사에 필요한 자료」에 수집된 125건의 증언을 살펴보면 많은 사람들이 집단적으로 자살한 사건은 4건밖에 없다.

대다수의 수감자들이 살아남는 데 집착하지만 일부러 자신을 죽음으로 몰아가는 사람들도 많다. 전선을 사용하거나 의도적으로 사형에 해당하는 죄를 지어 죽는 것이 아니라, 살려는 아무런 노력도 하지 않은 채 그냥 죽어가는 것이다. 그런 사람들은 이미 스스로 목숨을 끊을 힘도, 그렇다고 적극적으로 생존해 나갈 의지도 기운도 없는 것이다. 이런 관점에서 볼 때 자신이 특별히 원하지 않은 상태에서 맞게 되는 죽음도 수동적 자살의 한 형태로 정의할 수 있겠다. 이런 자살은 특히 삶의 의미와 가치를 잃어버린 사람들에게서 나타난다.

강제 수용소가 구 소련에서는 오랫동안 존재했었지만 현대의 신생 러시아에서는 존재하지 않는다고 증명할 만한 아무런 근거도 없다. 33세의 작가 크즈네초프는 3명의 동료와 함께 비행기를 탈취해 소련을

"나는 믿기 어려울 만큼 많은 자살을 목격했다. 모든 것을 다 쓰자면 끝이 없다."

자살에 관한 모든 것

떠날 계획을 세웠다는 이유로 사형선고를 받았지만 감형되어 50년간 특별 수용소에 수용되었다고 한다. 크즈네초프는 1972년 12월, 교도소 안에서 비밀리에 기록했던 것을 유럽으로 유출하는 데 성공했다. 소련 제10수용소에서의 자살에 대해 그는 이렇게 쓰고 있다(완역판은 1972년, 프랑스의 주간지 〈엑스프레스〉지에 발표되었다).

"수용소의 수감자 9명이 '타도 소련 브헴바르트 수용소'라는 글을 이마에 새겼다는 이유로 총살되었다. 나는 믿기 어려울 만큼 많은 자살을 직접 목격했다. 못, 철사, 온도계, 놋그릇, 바늘, 유리컵 등을 먹거나 침상 위에서 고환을 잘랐다. 또 줄 한쪽 끝을 문고리에 묶어놓고 다른 쪽 끝에 후크 단추나 못을 묶어 삼킨 다음 문이 열리면 위에 치명적인 손상을 입게 하기도 했다. 팔이나 다리의 피부를 스타킹처럼 벗기기도 하고 철사를 요도에 넣기도 했다. 눈과 입, 코를 틀어막아 질식사하거나 살을 베어 먹는 경우도 있었다. 혈관을 잘라 그릇에 피를 받고 그곳에다 빵 부스러기를 넣어 마시기도 했고 몸을 종이로 감은 채 온몸에 불을 붙이거나 손가락, 코, 귀, 페니스를 자르는 사람도 있었다. 모든 것을 다 쓰자면 끝이 없다."

제5부

자살 충동을
유발하는 사회

정말 자살은 여러 해결책 중 하나인가?

chapter 1

예방 대책이 있는가?

사람들은 일반적으로 죽음을 두려운 것으로 여긴다. 더군다나 자살
은 끔찍한 일로 치부하고 있다. 어떤 일이 있어도 살아야 한다는 생각
이 지배적인 현대사회에서는 더욱 그렇다. 옛날부터 사람들은 자살 방
지에 힘써왔고, 여러 가지 종교적, 사회적인 제재를 가해서 자살을 막으
려 노력해왔으며, 온갖 자살 방지책을 검토하고 시도해왔다.

특이한 치료법들

19세기 대부분의 정신과의사들은, 자살하려는 욕구를 꺾기 위해서는
몸에서 피를 조금 뽑아내는 것만으로도 충분하다고 믿었다. 이러한 치
료의 효과를 증명하려는 노력이 있었으며, 실제로 그러한 방법을 사용
한 예도 여러 경로로 확인되고 있다.

런던의 한 상인의 경우가 그런 치료를 받았다. 지적이고 교양 있는 이
남자는 자살 충동에 심하게 시달리고 있었다. 어느 날 밤 자정을 알리
는 자명종 소리에 잠을 깬 그는 갑자기 몹시 동요되어서 자신을 구하는
유일한 구원은 자살이라는 생각을 하게 되었다. 그는 즉시 하인을 불러
그길로 외과의사를 데려오라고 했다. 외과의사가 오자 그는 어떻게든

해달리고, 그렇지 않으면 당장 목을 베어버릴 것 같다고 호소했다. 사정을 짐작한 의사는 그 남자의 몸에서 얼마간 피를 뽑아주었다. 그러자 그는 이내 침착해져서 이제 살았다며 고마워했다. 그 후로 그의 자살 충동은 사라졌다고 한다.

자살하고 싶은 충동에 시달리는 이의 몸에서 피를 뽑아주는 처방을 사용하던 19세기의 의사들은 귀 안쪽에 흡각吸角을 걸어 두는 방법도 권장했다. 유명한 임상의인 아반 브루제는 자살하려는 마음이 생길 때에는 간장 근처에 인적약引赤藥을 투여하고, 다량의 물을 마실 것을 권했다. 루로아 등 다른 의사들도 이미 그러한 방법을 사용하고 있었는데 그들은 물은 차가울수록 좋다는 말도 덧붙이고 있다. 아마르라는 의사는 물 대신에 소량의 아편을 처방하기도 했다. 영국과 독일의 의사들은 보다 효과가 높다고 생각되는 모르핀을 선호했다.

프랑스의 한 의사는 자살병 환자의 발에 두 장의 폭이 넓은 발포제를 붙여서 병적으로 자살을 하려는 버릇을 없애려고 했다. 제국의학아카데미의 보고서에 의하면 6시간 내지 8시간, 또는 그 이상 목욕을 하라고 권한 의사도 있다고 한다. 에스키로르라는 의사는 젊은 여성의 자살은 결혼을 함으로써 막을 수 있다고 주장했는데, 실제 많은 성공 사례를 제시하고 있다.

자살 욕구를 치료한다는 생각을 한 것은 의사들만이 아니었다. 알렉상드르 뒤마는 평소에 질서, 절도, 인내를 몸에 배도록 하는 것이 필요하다고 강조했다. 어떤 일이든 좋은 쪽으로 생각해서 정신적 공황 상태를 이겨내고 즐겁게 살아가야 한다는 것이었다. 베이컨은 자살할 가능성이 있는 우울증 환자들은 수학에 몰두하라고 충고했다. 디드로는 조금 위험하긴 하지만 그런 환자에게는 여러 가지 위험한 장난을 해보도록 하는 것이 좋을 것이라고 했다.

절망한 사람들을 돕는 방법

20세기 전반에는 주로 자살하려는 사람의 이야기를 들어주는 방법으로 그들을 개별적으로 도와주려는 새로운 자살 방지책이 등장했다. 이러한 경향의 방식을 처음 주장한 것은 1885년에 뉴욕 교구를 맡았던 워렌 목사였지만, 실제로 상담 센터를 창설한 것은 역시 목사였던 그의 조카였다. 이 상담 센터는 1906년, 로스앤젤레스에 세워져서 현재까지 매일 수백 건의 상담을 해주고 있다. 로스앤젤레스와 시카고의 상담실에서는 매일 천 건 이상의 상담이 접수되고 있다.

유럽에서 이러한 상담실을 처음으로 제창한 것은 영국이다. 1935년, 런던의 세인트 스티븐 월브로 영국 국교회의 차드 와라 교구장의 후원으로 첫 번째 상담 센터가 개설되었다. 그 센터의 성공은 놀랄 만한 것이었다. 이러한 시도는 〈사마리아인〉이라는 이름의 협회 형태가 되어 현재는 수천 명의 자원봉사자를 거느리고 있다.

영국을 선두로 하여 벨기에에는 〈전화상담〉, 발리 섬에는 〈당신과 함께〉, 베를린에는 〈삶에 지친 당신에게 도움의 손길을〉, 뉴욕에는 〈구원의 손〉이 창설되었다. 1955년에는 스위스, 폴란드, 오스트레일리아, 체코슬로바키아에서도 비슷한 센터를 개설했다. 러시아에는 현재 이러한 센터가 약 백 군데가 있다.

이들 기관의 공통점은, 광고나 팸플릿을 보면 알 수 있는 것처럼, 전화로 상담을 해준다는 것이다. 스웨덴의 포스터에는 "우리 곁을 떠나기 전에 우리에게 전화해주세요"라고 쓰여 있고, 덴마크의 라디오에서는 "자살하기 전에 A 선생에게 전화하는 것이 좋습니다"라는 메시지를 내보낸다. 베를린에서는 "당신은 혼자가 아닙니다. 언제라도 전화하세요"라고 쓰인 전단지가 배포되고 있다.

왜 그들은 전화를 이용하는 것일까? 전화는 소리만을 듣고 소리만을 전달하는 것이지만 고민을 털어놓을 수 있고 때에 따라서는 무거운 침묵을 깨서 닫힌 세계로부터 빠져나오게 할 수 있는 이상적인 도구이기 때문이다. 전파로 소리만 전달하기 때문에 절망에 빠진 사람을 익명으로 지켜주면서도 상당히 친밀한 느낌을 줄 수 있다. 자신의 내부에 있는 견딜 수 없는 불행과 자살밖에는 아무 방법이 없을 것 같은 삶의 고통을 남에게 드러내는 일은 쉬운 일이 아니다. 물론 전화로는 절망에 빠져 전화를 걸어온 사람과 상담자가 서로 마주 앉아 웃거나, 정답게 커피를 마실 수도 없다. 절망자의 어깨를 두드려줄 수도 없고, 절망자의 손에서 권총이나 밧줄을 뺏을 수도 없다. 그러나 전화를 거는 사람 쪽에서 보면, 약간의 노력만 들이면 자신의 사정을 하소연할 수 있다는 간편함과 별다른 변명 없이 언제고 전화를 끊을 수 있다는 안도감 등이 있어서 쉽게 이용할 수 있다.

세계 여러 나라에 결성되어 있는 이러한 절망자 구제 조직들은 모두 비슷한 특징을 가지고 있다. 연중무휴의 24시간 운영체제를 갖추고 있다는 것과 대개 상담 심리학 훈련을 받은 충분한 자격을 갖춘 자원봉사자가 상담에 응한다는 것이다. 상담자의 임무는 자살 계획을 무조건 막는 것이 아니라 가능하면 절망에 빠진 사람에게 지금 하려는 행동이 어떤 것인지를 스스로 인식할 수 있도록 해주는 것이다. 전화를 받은 사

자살에 관한 모든 것

람이 전화를 걸어온 사람의 말을 차분하게 들어주고 공평한 태도를 보이면, 전화를 건 사람은 돌이킬 수 없는 행위를 저지르려는 생각을 그만둘 것이다. 자살자의 말을 들어주는 것이, 절망에 빠진 사람에게 자신의 상황을 정확하게 파악하게 해서 스스로가 자기 행동을 결정하게 하는 유일한 방법이다.

SOS 아미티에

〈SOS 아미티에〉는 프랑스에서 처음으로 창설된 기관으로, 특히 자살을 예방하고 자살과 싸우는 것을 목적으로 하고 있다. 이 단체에서도 자살을 방지하게 하는 유일한 수단은 전화인데, 전화를 건 쪽이나 듣는 쪽은 물론 익명이다. 1950년에 설립된 SOS 아미티에는 현재 장 니콜라스 모리가 운영하고 있다. 1967년, 공익성을 인정받은 이 단체는 각지에 43개의 지방협회망을 편성하고 있으며, 2천 명의 자원봉사자가 24시간 체제로 활동하고 있다. SOS 아미티에의 이념은 이 단체 간부의 말에 의하면 다음과 같다.

"우리는 자살을 반대하는 것이 아닙니다. 자살자와 함께 있고자 하는 것입니다. 우리에게 전화를 걸고 나서 죽은 사람도 있고, 오랫동안 이야기를 듣고 난 후 전화를 끊은 사람도 있습니다. 자기 이름을 밝히는 사람도 간혹 있습니다만 그 사람이 우리가 자기를 구하러 와주기를 바라는 것은 아니겠지요. 때로는 너무나 절망한 사람이, 자기가 왜 전화를 했는지, 어디에 전화를 했는지도 잘 모르면서 우리에게 손을 내미는 경우도 있습니다. 그런 사람은 우리와 통화하는 동안 마음을 진정시켜야겠다는 생각이 들게 될 수도 있습니다.

자살을 결심하는 사람은 누구나 당장 죽어버리고 싶다는 마음과 죽고 싶지 않다는 소극적인 마음을 함께 가지고 있습니다. 그들의 '죽기 싫다는 마음'이 우리에게 도움을 요청합니다. 그래서 죽어버리고 싶다는 마음을 설득해주길 바랍니다. 그래서 그들은 낯선 누군가에게 호소를 하는 것입니다."

70년대 초, SOS 아미티에는 1년에 3만 건 이상의 전화를 받았고, 그 중 17,500명과의 통화를 했다. 통화가 된 사람 중에서 9천 명은 대부분

자살하는 사람의 전형적인 타입

—

1960년대에 의사 세 사람—슈넬만, 화르부로우, 리드만—은 자살자의 특징적인 심리 타입을 연구했다. 그 이전에도 여러 차례 그런 시도가 있었지만, 그들은 전자 공학의 도움으로 연구를 성공시킬 수 있었다. 세 사람의 의사는 자살자들이 남긴 편지를 수천 통 모은 다음, 정신적으로나 도덕적으로 건전한 상태에 있는 사람 수천 명에게 자살하는 사람의 입장이 되어서 편지를 써달라고 했다. 의사들은 전자 공학의 힘을 빌려 편지의 유사점, 차이점, 공통점을 찾고 어떤 사람들이 자살하려고 하는지 일종의 전형적인 심리 타입을 얻으려고 했다. 그것으로 자살하려는 사람을 알 수 있다고 생각했기 때문이다. 그러나 죽음으로 가는 길은 사람마다 다르며, 죽음에는 너무나 많은 요소가 관련되어 있기 때문에 자살자의 전형적인 타입은 결국 있을 수 없는 것으로 밝혀졌다.

자살에 관한 모든 것

여러 번 전화를 걸었던 사람이고, 처음 전화를 한 사람은 8,500명이었다. 그중에서 2,500명은 25세 미만이었다. 약 2백 명은 정말로 자살 문턱에까지 가 있는 사람이었다. 그들은 누군가에 의해서 구조되는 것도 원치 않았고, 이름도 주소도 밝히지 않고 밝혀지지도 않았다. 지금도 자신의 신분이 노출될까 봐 불안해하는 사람이 있는데, 여기에 대해 SOS 아미티에의 간부는 다음과 같이 강조하고 있다.

"우리는 의사가 포기한 사람도 가족처럼 생각합니다."

현재 SOS 아미티에는 연간 60만 건 이상의 전화를 받고 있다. 시간 당으로 계산하면 매 시간 1명의 상담자가 자살하려는 사람, 자살 바로 직전에 있는 사람, 심각한 정신적 위기에 처한 사람들로부터 전화를 받고 있는 것이다.

열린 상담소와 병원들

자신의 신분을 밝히지 않은 채 전화만으로 상담하는 것만으로는 자살을 충분히 방지할 수 없고, 확실한 효과를 보려면 고민에 빠진 사람과 보다 직접적인 관계를 가질 필요가 있다고 생각한 사람도 있다. 이러한 생각을 가진 선구자 중 한 사람으로 일본인 의사를 들 수 있는데, 그는 1935년 처음으로 자선 자살방지협회를 설립했다. 이 의사는 당시 일본에서 수도 없이 일어났던 자살과의 싸움에 전 생애를 걸었다. 그가 남긴 기록에 따르면 비관적인 인간은 불행이 닥쳐도 전혀 놀라지 않기 때문에 결코 자살하지 않고 오히려 실망한 낙관주의자들이 자살하는 경우가 많다고 한다. 자살방지협회가 생기기 전에는 정부에서 자살자에 대해서 삶을 지속할 의욕을 갖도록 호소하는 것이 자살 방지 대책의 전부였지만, 그 의사는 자살에 대한 보다 적극적인 대책을 세웠다. 몇 개월 동안에 자살 충동에 시달렸던 수백 명의 사람들이 그의 병원을 찾았고, 그의 주장에 따르면 병원을 찾은 사람 모두가 삶의 희망을 찾아서 집으로 돌아갔다고 한다.

어떤 영국 사람은 2실링씩을 받고 다른 사람의 불행한 이야기를 들어주고, 그 돈으로 생활을 했다고 하지만, 일본의 이 의사는 환자에게 어떤 보상도 바라지 않았다. 그의 병원은 자살 방지를 위해 전 재산을 쓰고 있는 한 독지가의 후원을 받고 있었다. 그 병원은 의사 덕분에 목숨을 구하게 된 사람들이 막대한 기부를 하려 했지만, 만약 절망에 빠진 사람들이 그 의사가 돈을 벌기 위해서 그런 일을 하고 있다고 생각하면 그를 신뢰할 수 없을 것이라고 생각해 언제나 사례를 거부했다.

오늘날에는 자살 방지 문제에 매달리고 있는 많은 사람들이 전화를 통해 자살자와 대화하는 일은 필요한 일이기는 하지만, 그것만으로는 충분치 못하다고 생각하고 있다. 1973년에 설립된 〈SOS 자살 불사조〉에서는 파리와 지방에 전화 상담소를 두는 한편 별도의 상담실을 만들어 어떠한 이유로든 자살을 하려 하거나, 또 자살미수를 반복하고 있는 사람들을 상대로 그들의 이야기를 들어주고 상담을 해주는 등 마음의 안정을 되찾도록 도와주고 있다.

이 조직의 규정에는 자살자의 방문을 받기도 하고, 전화로 이야기를 들어주기도 하는 것이 지도적이거나 타산적인 것이 아닌, 이해를 초월한 무대가성의 것이라고 명시되어 있다. 방문자를 맞아들이는 상담소 측은 상대의 신념이나 태도, 그리고 그들이 털어놓는 이야기의 비밀을 보장한다. SOS 자살불사조의 봉사자들은 협회 내의 내실에서 털어놓는 이야기들을 듣기만 할 뿐 도덕적, 사회적, 치료적인 조언은 절대 하지 않는다. 자살자에게 필요한 것은 성의 있는 대화와 만남뿐이다. 그것만이 혼란과 고통을 완화시켜줄 수 있기 때문이다. 이곳은 '몸과 몸의 진정한 접촉'이 있는 곳이라고 협회 측은 말하고 있다.

이러한 곳을 찾아오는 자살자라고 해서 전화를 하지 않는 것은 아니다. SOS 자살 불사조는 전화가 없었다면 벌써 목숨을 끊었을지도 모르는 사람들에 대해서도 이야기하고 있다. 어느 프랑스인은 1984년 한 해 동안에만도 매월 15회에서 20회, 총 158회, 15시간 50분이나 전화를 걸어왔다고 한다.

자살 실패자 클럽

—

1960년대 초 파리에는 〈자살 실패자 클럽〉이 있었다. 그 클럽의 신조는 다음 장에서 다룰 그룹과는 정반대로, 삶의 의욕을 되찾게 한다는 것이었다. 그 클럽에서는 자살에 실패한 사람들이 모여서 독특한 분위기 속에서 만남의 기쁨을 즐기고 서로 개인적인 자살 체험을 이야기하고, 아직까지 자살 충동에 시달리고 있는 불행한 사람들을 도와주었다. 그 클럽의 입회 조건은 오직 한 가지, 자살을 시도한 적이 있다는 것뿐이다. 이 클럽을 창설한 것은 갑부인 베르그인데, 그 자신도 세 번이나 자살을 시도했었다. 클럽의 본거지는 파리에서 가장 주거 환경이 좋은 지역에 있는 호화로운 개인 집이었다. 베르그는 신문을 보고 자살미수로 보도된 사람에게 연락을 해서 직접 가입자를 모았다. 1968년에는 127명의 회원이 이 흥미로운 클럽에 등록되어 있었다.

국제적인 대책

자살에 대한 예방과 대책을 논의하기 위한 최초의 국제 심포지엄은 1960년에 열렸다. 회원 전원이 학자로 구성된 그 모임은 이후에도 정기적으로 열려 연구 성과를 발표하고 있다. 한편 자살 방지 단체와 인도주의 단체는 전화 상담을 주로 하는 IFOTES(국제전화 긴급서비스 연맹)이라는 세계적 조직을 만들었다. IFOTES는 3년 만에 오스트리아, 폴란드, 독일, 네덜란드, 스웨덴 등 모두 28개국에 협회를 결성했다. 오스트레일리아, 일본, 러시아 등 그 밖의 나라도 1994년 7월에 예루살렘에서 개최된 제13회 IFOTES 회의에 참가를 희망했다. 그 대회에는 600명 이상이 참가해 39회의 전체 회의가 열렸고 75개의 작업 그룹이 생겼지만 그 목적은 오직 하나, '서로 간의 경험을 교환함으로써 자살을 방지하고 자살에 대처하는 능력을 향상시키는 것'이었다.

chapter 2

자살 도우미가 된 사람들

자살을 막으려고 온갖 노력을 다하는 사람이 있는가 하면, 죽음에 대해 널리 알리고 쉽게 죽을 수 있도록 도와주기 위해 애쓰는 사람도 많다.

자살 클럽

믿기 어려운 사실이지만, '자살 클럽'이라는 것이 엄연히 존재하고 있다. 그것은 수많은 자살 모임이 경찰에 의해 해체되었다는 사실로 증명되고 있다. 자살 모임은 19세기 말과 20세기 초에 유럽에서 나타났다. 역사가 프로스퍼 루카스는 그것이 런던, 빈, 베를린에 있었다고 주장하고 있으며, 다른 자료에 의하면 파리와 브뤼셀에도 자살 모임이 존재했다.

발견되는 즉시 그 모임을 폐쇄시키는데도 불구하고, 자살 모임은 음지에서 피는 꽃과 같이 비밀리에 생겨나고 있다. 그 모임의 공공연한 목적은 사회에 물의를 일으키지 않고 저세상으로 영원히 들어가는 방법을 제시해주고, 보다 확실하고 자유롭게 자살하도록 도와주는 것이다. 대개 이런 단체들은 회원들에게 단호한 자살 의지를 심어주는 한편, 죽은 회원의 자리를 메우기 위해 열성적으로 선전 활동을 벌인다.

물론 이러한 클럽이 현대의 산물은 아니다. 이미 고대에 안토니우스와 클레오파트라가 죽음도 떼어놓지 못하는 사람들의 모임이라는 클럽을 만든 적이 있다. 그것은 "죽고 싶을 때, 평온하게 함께 죽는 것을 목적으로 하는" 사람들을 위한 모임이었다.

그 후 수세기 동안 그러한 협회는 사라졌다가 1802년경, 집정정부 시대의 파리에 다시 나타났다. 그 클럽에는 12명의 회원이 있었다. 회원 규약에 따라 자살할 사람은 게임으로 결정했다. 그리고 그다음부터는 민주적으로 일을 집행했다. 매년 투표에 의해 새로운 의장이 선출되었는데, 의장에 선출된 사람은 그해에 자살할 명예와 의무를 가졌다.

1816년 베를린에서는 어떤 자살 클럽이 '죽음의 서클'이라는 모토를 걸고 나섰다. 6명의 회원 전부는 새로운 회원을 모집하기 위해 사방팔방으로 애를 쓴 후, 한 명씩 차례로 자살했다. 이들 6명은 자신들이 스스로 정한 자신의 운명을 숨기지 않고 말하고 다녔기 때문에 그 지역에서는 이미 유명했다. '죽음의 서클' 회원들은 그 단체의 원칙에 따라 전 회원이 권총으로 자살했다.

19세기 중반 이후, 자살 클럽은 증가했다. 그중에서도 유명한 클럽은 루마니아의 클라요버에 설립된 것이다. 콜리노 박사에 의하면 약 20명의 회원 대부분이 부자이고 지식 있는 교양인들이며, 거의 전원이 군사 아카데미 사관학교에 소속되어 있었다고 한다. 이들 젊은 청년들은 삶에 깊은 혐오감을 느낀 나머지, 여러 사람이 모여 함께 자살 계획을 세우려는 목적으로 모였다. 운명의 시간이 다가왔을 때 자기 보존 본능이 발동해 죽지 않으려고 한 사람은 아무도 없었다. 죽음의 순간이 눈앞에 닥쳤을 때, 회원들은 무無로 돌아간다는 커다란 기쁨을 표시했을 뿐 고통스러워하지 않았다. 한 사람씩, 조용하고 차분하게 죽음이 부르는 소리에 따랐다.

자살 클럽에서 어떤 일이 어떤 식으로 벌어지고 있는지를 자세히 보여주는 신문 기사가 있다. 로미라는 사람은 그의 책에 1831년 5월 17일자 신문에서 발췌한 기사를 싣고 있는데, 그것은 경찰에 체포된 슐츠라는 여성이 어느 자살 클럽에서 행해지고 있는 방법을 폭로한 것이다. 그녀는 이렇게 말했다.

"우리는 일요일 밤, 회원 중에서 특히 건강 상태가 나쁜 사람 집에 모입니다. 그리고 4시간 동안, 건강 상태를 회복시켜 달라고 신께 기도합니다. 건강이 나아지는 기미가 조금도 보이지 않으면 그 사람은 죽어야 합니다. 그 사람이 자살하지 않는 경우에는 그 사람을 죽일 사람을 뽑습니다. 지난 4월 26일에는 조지 불루테인백이라는 회원의 집에 모였습니다. 기도를 해도 그 사람의 병세는 조금도 나아지지 않았습니다. 며칠 후에 그는 지하실에서 목을 매단 채 발견되었습니다. 그 전주 일요일에, 우리는 우리 오빠 집에서 모임을 갖고 오빠를 위해 기도했습니다. 화요일에 나는 오빠에게 회원으로서의 의무를 지키라고 했습니다. 그날 저녁, 오빠는 총으로 머리를 쏴서 자살했습니다."

런던의 자살 클럽은 클럽 회원들의 자살이 20건 정도 일어난 후, 경찰에 의해 강제 해산되었다. 사랑하는 여자를 만나서 사랑의 기쁨이 되살아난 어느 클럽 회원이 무시무시하고 끔찍한 클럽의 실상에 대해서 경찰에 폭로함으로써 자살클럽은 외부에 알려지게 되었던 것이다.

그 폭로에 의하면 그 클럽은 비밀 결사로, 죽겠다는 단호한 의지를 보여주는 증거가 없으면 회원으로 가입시키지 않았다고 한다. 가입이 허락된 신입 회원은 자신이 '다른 사람을 이용해서 자살'을 하는 날이 제비뽑기와 같은 방식으로 결정된다는 사실을 알게 된다. 그 클럽에서는 트럼프를 해서 이긴 사람이 죽게 했다. 죽을 사람이 결정되면 그 사람은 다른 회원으로부터 축하를 받는다. 그러고 나서 큰 파티가 열리고, 뽑힌 사람은 클럽을 떠나게 되는데, 그 후 다른 회원들이 준비한 일종의 사고에 의해 그 사람은 죽게 된다. 교통사고가 일어나기도 하고, 지붕에서 돌이 떨어지기도 한다.

이렇게 교묘하게 일어나는, 다른 사람을 이용해서 하는 자살은 두 가지 목적이 있다. 하나는 죽기 직전에 생길지도 모르는 망설임을 없애는 것이고, 또 하나는 경찰 조사와 스캔들을 피하는 것이다.

죽음의 상징 스페이드 에이스를 유의하라

많은 작가들이 자살 클럽에서 착상을 얻어 소설을 쓰고 있다. 회원들이 순서를 정해서 차례대로 죽는 것, 죽을 순서를 제비뽑기로 결정하는 것 등을 자세히 그린 대표적인 사람은 R. L. 스티븐슨이다. 『보물섬』을 쓰기도 한 그는 1939년에 매우 흥미진진한 작품 『자살 클럽』을 썼다. 이 소설은 앞에서 말한 런던의 자살 클럽에서 일어났던 일에서 힌트를 얻은 것이다. 주인공인 제과점 종업원은 우연히 알게 된 사람들에게 다음과 같이 자기가 속한 자살 클럽에 대해 소개한다.

"먼저 약속하겠다는 뜻으로 악수를 하십시오. 당신들은 아직 이것이 어떤 조직에 관여하게 되는 것인지 모르고, 나의 크림파이를 맛본 것이 얼마나 큰 행운인지도 모릅니다. 나는 일개 개인에 불과하지만, 큰 단체의 일원입니다. 나는 죽음으로 가는 특별한 방법을 알고 있습니다. 죽는 것에는 통달해 있기 때문에 당신들을 특별한 절차 없이, 혼란스럽지 않게 영원의 길로 데려다줄 수 있습니다."

자살 클럽 회원들끼리는 도덕적인 비난을 해서는 안 된다는 모종의 합의를 하게 되는데, 일단 클럽에 발을 들여놓은 사람은 누구나 이미 어느 정도 묘지에 묻힐 특권을 누리고 있다고 볼 수 있다. 그들은 서로의 영혼을 위해, 그리고 이미 죽은 사람들의 영혼을 위해 건배한다.

스티븐슨은 이어서 제비뽑기에 대해서 자세히 쓰고 있다.

"이것은 50장의 트럼프입니다"라고 마르사스 씨가 말했다. "스페이드 에이스는 죽음을 상징하고, 에이스는 파티의 진행자를 의미합니다. 이것들을 봐주십시오."

이렇게 하여 매일 밤의 희생자와, 죽음을 집행해야만 하는 또 한 사람의 희생자가 선택되는 것이다.

"뭐라구요? 죽어야 한다구요?"

대령이 말했다.

"그렇습니다. 이렇게 해서 자살하는 번거로움을 더는 것입니다."

마르사스가 고개를 끄덕이며 말했다.

스티븐슨은 스페이드 에이스를 뽑은 사람이 클럽의 에이스를 뽑은 사람의 손을 빌려 자살하는 것이라고 설명하고 있다. 희생자의 수동적인 협력에 의해 살인이 사고로 위장된다.

오늘 새벽 2시경, 웨스트하우스 가 16번지에 사는 바솔롬 마르사스 씨는 친구 집에서 열린 파티에 참석한 후 귀가하던 길에 트라팔가르

광장의 난간 위에서 떨어져 두개골이 깨지고 사지가 부러져 즉사했다. 사고 당시 마르사스 씨는 친구와 함께 마차를 기다리고 있는 중이었다. 그는 상류사회에서는 잘 알려져 있던 인물로 많은 사람들의 애도가 이어졌다.

이것보다 더 독특한 것은, 1930년경 구 유고슬라비아의 사라예보 경찰이 〈알려진 자들의 클럽〉이라고 이름 붙인 자살 클럽이다. 여기서도 자살하려는 사람들로 이루어진 전체 회원 중에서, 무작위로 자살해야 할 사람이 지명되었다. 이 클럽에서는 매일 밤 50명 정도의 절망에 빠진 사람들이 모여서 제비를 뽑았다. 52장의 카드 속에 해골이 그려져 있는 카드를 살짝 끼워 놓고, 이 카드를 뒤집은 사람은 누구든 간에 24시간 내로 자살하겠다는 맹세를 한다.

런던의 경우와 마찬가지로 이 클럽의 존재는 모임의 한 남자를 사랑한 여성에 의해 세상에 알려졌다. 회원인 젊은 헝가리 남자가 사랑에 빠져서 약혼을 하고 처음으로 삶의 기쁨을 맛본 후 자신의 맹세를 없었던 일로 하고 싶어 했다. 클럽의 회원들은 그에게 맹세를 깨는 대신 그전에 마지막으로 트럼프 게임을 해야 한다고 했다. 만약 불행하게도 그가 뽑히면 그는 맹세를 지켜야만 했다. 그는 자기 앞에 놓인 두 장의 카드를 한 장씩, 천천히 뒤집었다. 첫 번째 카드는 사랑의 성취를 표시하는 하트 에이스, 두 번째 것은 해골이었다. 그는 말없이 총을 집어들어 머리를 쏘았고, 이미 이 클럽에 대해 알고 있었던 그의 약혼자가 경찰에 신고했던 것이다.

슬로베니아의 수도 류브리아나는 흉악한 기록을 가지고 있다. 1968

자살에 관한 모든 것

년에 인구 20만 명 중에 117명이 자살했고, 4년간 725명이 자살미수에 그쳤던 것이다. 그들 모두가 같은 협회에 속해 있었던 것 같다. 1969년 2월 23일 자 베오그라드의 일간지 〈폴리티카 엑스프레스〉는 이 클럽에 〈침묵의 벽 뒤에 몸을 감춘 류브리아나의 자살 클럽〉이라는 이름을 붙였다. 이 클럽의 회원들은 대부분 유복한 환경에서 자란 25세 남짓의 대학생들이었다. 그들은 권태감에 시달리고 있었고 현실 세계, 특히 슬로베니아의 현실에 반발하고 있었다.

일본에서도 이런 종류의 조직은 오랫동안 유행되고 있다. 1937년, 도쿄 경찰은 한 자살자의 사체에서 단체의 규약을 발견함으로써 자살 클럽의 존재를 확인했다. 그가 지녔던 규약에는 다음과 같은 조항이 들어 있었다.

"본 회의 회원은 모두 인간이라는 존재의 불행한 우연성을 인식하고 있다. 따라서 이 불합리한 세계를 떠나서, 내세의 행복을 찾기 위해 자살한다는 규약을 맺기로 한다."

자살 클럽에 대해서 마지막으로 이야기되는 것은 1976년에 4명의 자살지원자를 모아서 파리에서 창설한 가장 참신한 자살 클럽이다. 이 클럽은 이전에 존재했던 클럽과 마찬가지로 확실하고 자유롭게 영원의 세계로 들어가겠다는 생각으로 활동하고 있었다. 이 클럽의 원칙은 다음과 같다.

"인간에게는 여러 가지 권리가 있다. 우리들은 사회가 진실하다고 생각하려 하지만, 사실, 그것은 일시적인 최면에 지나지 않는다. 우리는 틀에 박히고, 억눌리고, 짓밟히고, 강요당하고, 비난받고, 무거운 세금을 내면서 살고 있다. 자살은 인간이 행하는 추악한 짓이 아니다. 차라리 사물의 본질에 속하는 것이다. 자살하려는 생각이 널리 퍼져 있지만 질투가 심한 사람이나 어리석은 사람은 삶 때문에 자살이 증가한다고 생각한다. 자살하고 싶은 마음이 우리들 마음속에 지나치게 많이 들어 있기 때문에 죽음의 지원자를 물리적, 정신적 괴로움으로부터 진지하게, 도덕적 분별력을 갖고 해방시켜 주는 조직이 필요하게 되었다. 그것이 현실이다."

자살의 옹호와 그 방법

요즈음은 자살 방조를 찬성하는 사람들이 자살에 대한 자신들의 의견을 서슴지 않고 내놓고 있다. 그중에서도 자크 리골과 비네 샹그레가 유명하다.

비네 샹그레는 1919년에 알반 미셸 출판사에서 『자살의 옹호와 그 방법』이라는 제목의 흥미진진한 책을 발간했다. 지금은 희귀본이 된 이 책은 안락사를 인정하는 기관을 설치할 것을 당시 정부에 요청한 요청서가 주된 내용을 이루고 있다. 그는 이런 정부 기관은 당연히 설치되어야 한다고 주장한다. 그리고 그 기관의 유일한 조건으로 내세운 것은, 정신분석의사와 심리학자 등의 전문가가 자살하려는 사람을 자세히 진찰한 후, 그들의 바람을 정당한 것으로 인정하고 그들의 뜻을 이루게 해주자는 것이다.

이 책의 제1장은 자살할 권리를 주장하고 있으며, 제 2장에서는 자살의 고통과 그것을 줄이는 방법에 대해서 쓰고 있다.

"우리는 죽음을 생각하지 않고는 살 수 없는 시대에 살고 있다. 죽음이 문을 두드리는 날을 대비해 문을 크게 열어놓고, 죽은 사람의 해골

　　　　　　자살에 관한 모든 것

을 확인할 용기, 눈동자가 없는 눈구멍을 태연하게 바라볼 용기를 지금 이 시간부터 가져주었으면 한다. 여기에는 죽는 법이 쓰여 있다. 여기에는 나의 생각이 모두 들어 있다. 위선자들은 일반적인 학설과 거짓을 바탕으로 하여 살아왔다. 그들은 비겁자일 뿐이다. 정말이지 인간은 고통 없이 죽을 수 있다. 사람들에게 이렇게 안락한 종말을 제시하는 죽음 전문가를 법률로 위협해 그의 활동을 막으려는 것은 지극히 유감스러운 일이다. 그것은 견딜 수 없는 권력의 남용이다."

그래서 비네는 이 책에다 뇌에 전류를 흐르게 하는 물리적 방법과, 클로로포름이나 아편은 물론이고, 치사량의 코카인과 알코올을 넣은 독약을 마시는 화학적 방법에 대해서도 써놓고 있다. 그러나 해결책으로 선택한 방법에 대해 다음과 같이 적고 있다.

"자살하려는 사람을 도와주는 것은, 지옥에 대한 공포나 자기 몸이 파괴되는 것에 대한 공포를 없애주는 것에서부터 시작된다. 그러한 공포에서 벗어난 사람을 안락사실에 들여보낸다. 그 사람에게 염화에틸렌을 뿌려 일단 국부적으로 통증을 마비시키고, 2센티그램의 염산 몰핀을 주입한다. 이렇게 하면 더없는 행복의 제1단계에 도달하게 되는데, 이때 아산화질소를 흡입시킨다."

비네 박사는 또 목숨이 위험에 처한 사람에게 압축시킨 아산화질소를 주입하라고 제안하고 있다. 항해사나 탐험가, 군인들의 벨트에 달려 있는 알루미늄제의 기구를 사용하면 최악의 상황이 되더라도 쉽게 이 세상을 떠날 수 있다고 한다. 비네 박사는 "이것을 발견한 사람은 황금 시대를 재현했다고 할 수 있을 것이다"라고 말하며 과학계에서 앞장서서 효과 빠른 가스를 만들어줄 것을 호소하고 있다.

자살 가이드

—

프랑스의 〈존엄한 죽음의 권리〉에 해당하는 단체가 영국에도 있었는데, 그 단체는 이름을 〈비상구〉라고 붙였다. 이것은 '인생의 출구'라고 해석되어 전혀 의심을 사지 않을 수 있었다. 비상구는 1935년에 설립된 것으로 그러한 종류로는 세계에서 가장 오래된 것이다.

회원은 1979년에 2천 명이었지만, 1980년에는 1만 명에 달했고, 현재는 1만 5천 명에 이르고 있다. 회원 대부분은 영국인이며 정신과 의사와 귀족, 목사도 포함되어 있다. 회원은 모두 잠재적으로 자살 의지를 가진 사람들로 의사가 포기한 사람들, 더 이상 고통스러운 날들을 바라지 않는 사람들이다. 자살은 갑자기 할 수 있는 것이 아니라 정성스러운 준비가 필요하기 때문에 비상구는 1980년에 자살자를 위한 실용적인 지침서라고 할 수 있는 자살 매뉴얼을 내놓았다.

그러나 영국의 법률은 자살 교사를 금하고 있기 때문에, 이 책은 영국과 법이 다른 스코틀랜드에서 비상구 클럽의 스코틀랜드 지부에 의해 발행되었다. 이 책에 특별히 색다른 내용은 없지만, 자살할 때 피해야 할 것을 기록해 놓은 부분은 눈여겨 볼만하다.

자살할 때 피해야 할 것으로 거론되고 있는 것은 불확실하거나, 예측 불가능한 자살, 사지를 절단한다든가 하는 육체적인 손상이 너무나 큰 자살, 자살한 사람을 발견한 사람에게 쇼크를 일으키게 하는 자살 등이다.

이 책에는 약국에서 팔고 있는 약의 사용법과 그 정확한 투여량도 적혀 있다. 이 책은 발간되자마자 큰 호응을 얻었다. 그 결과, 〈스코틀랜드 비상구〉는 위험 리스트에 올라, 매일 전 세계에서 수백 건의 소송을 당하고 있다.

자살에 관한 모든 것

자살하는 24가지 방법

비네의 책만큼 기발하지는 않지만, 1886년 런던과 파리에서 동시에 간행된 한 권의 책도 자살에 대해 아주 진지하고 자세하게 다루고 있다. 저자는 레라라고 되어 있지만 이것은 필명이고 사실은 저명한 작가였다. 책의 제목은 『자살하는 24가지 방법. 사람들에게 흥미를 잃고, 삶에 지친 사람들을 위해』라고 되어 있다. 완전한 자살 교과서의 하나라고 할 수 있는 이 책에는 24가지 구체적인 자살 방법이 실려 있는데, 자살하려는 사람이 수동적, 또는 능동적으로 자신의 목적을 달성할 수 있게 도와주고 있다. 먼저 자신의 타입을 선택한 후, 거기에 맞춰 세상을 등지는 방법을 택하면 된다. 그 책의 머리말은 다음과 같이 도덕적인 내용으로 되어 있다.

"내가 여러 해 동안 24가지 자살 방법을 찾아내고, 모으고, 또 연구하고, 정리해 둔 것은 곤경에 처한 사람들을 구하고 마침내 우아하게 죽을 수 있게 도와주기 위해서다. 나는 나의 의무를 달성했다고 생각한다. 즉 나의 논리의 정당성과 올바른 생각에 의해 독자들을 자살에 대한 편견으로부터 구해낼 수 있다고 믿는다. 드디어 엄청난 경험을 하기로 결단을 내린 사람이 이 책을 펴 봄으로써 치밀하고 섬세하게 죽을 수 있게 된다면 그것이 바로 나의 행복이다."

이 책의 그다음 내용은 여러 가지 자살 방법이다. 몽상가들이 잘 사용하는 총으로 머리를 쏘는 자살, 융통성 없이 꽉 막힌 사람이 잘 택하는 물에 빠져서 죽는 자살, 주변 사람까지 위험하게 하기 때문에 권하기 어려운 가스 질식 자살, 독의 종류에 따라 취급 방법이 다른 음독 자살, 동맥 절단에 의한 자살, 고상하고 매력적인 여성에게 가장 잘 어울리는 우유 욕조나 샴페인 욕조에서의 자살, 그리고 또 할복자살, 차에 뛰어드는 자살, 분신자살, 폭발에 의한 자살, 거기다 압축기와 압연기 등 공업 기구를 이용하는 자살 방법을 일러주고 있다. 물론 단식에 의한 자살과 전염병에 의한 자살까지 밝혀두고 있다.

이 책은 불온한 책이기는 하지만 유머가 아주 없는 것은 아니다. 저자는 책 끝에서 굳이 자살할 생각은 없지만, 사는 동안 자살을 생각한 적이 있는 사람에게 그 생각을 되살리게 하는 자살 방법을 추천하고, 다음과 같이 끝을 맺고 있다.

"이것은 나이가 많이 든 사람들을 위한 것이다. 위에서 기술한 방법 중 한 가지로 끝장을 낼 수도 있었건만 모욕과 굴욕을 받아가면서 긴 인생을 사느라 삶에 지친 사람이 마침내 '살아가는 데 필요한 주의'를 기울이는 것을 그만두려 할 때 필요한 것이다."

죽음 궁전 호텔

앙드레 모루아는 위의 두 책의 영향을 받아 「죽음 궁전 호텔」이라는 단편소설을 썼다. 이 소설은 그 이전에 쓴 「녹색 태양」과 마찬가지로 행복에 젖어 있는 최상의 상태에서 죽게 해주는 아주 특별한 클럽을 다루고 있다. 주인공은 다음과 같은 유혹의 편지를 받는다.

"대부분의 자살은 실패로 끝나고 맙니다. 머리에 총을 쏘았던 어떤 사람은 시신경이 끊어져 맹인이 되었습니다. 바르비투르산제 화합물을 마시고 영원히 잠들려고 했던 어떤 사람은 복용량이 적어서 3일 후에 깨어나게 되었는데 뇌가 손상되어 기억 상실에 걸리고 전신이 마비되어 버렸습니다. 「죽음 궁전 호텔」에서는 죽음이 잠들어 있는 당신 곁으로 아주 조용히 찾아갑니다. 15년간 지속적인 성공을 얻은 확실한 기술(작년에는 2천 명 이상의 손님이 오셨습니다)이 정확하고 빠른 효과를 약속합니다. 한 가지 덧붙여서, 혹시 종교상의 문제로 망설임을 느끼는 분들을 위해서는 아주 특별한 방법으로 양심의 가책을 완전히 없애드린다는 것을 알려드립니다."

80명을 자살하게 한 책

1982년에 발행된 『자살 방법』이라는 책은 자살에 관한 아주 실천적인 내용들까지 다루고 있는데, 이를테면 죽으려면 정확히 어떤 약을 얼마만큼 먹어야 하는지까지 밝혀 놓고 있다. 슬프게도 이 책은 판매 금지가 되기 전에 대성공을 거두었다. 80명 이상이 정확하게 이 책의 방법대로 자살을 했던 것이다.

현대의 안락사와 자살 방조

1969년 스웨덴의 위대한 철학자 한 사람이 자살 도움을 주장하고 나섰다. 두프살라 대학의 잉그마르 헤델리우스 교수가 TV 프로그램에 출연해 '자살 병원'을 세울 것을 제안한 것이다. 그가 구상한 것은, 자살하려는 사람들을 '자살 병원'에서 받아서 그 사람들이 자살 계획을 직접 실행에 옮기지 않고 다만 생각만 하도록 의학적, 정신적 도움을 주자는 것이다. 물론 그 병원에 입원하려는 사람은 정식으로 수속을 할 필요가 없다. 또 그들은 아주 오랫동안 입원해 있어야 할지도 모른다. 그렇게 해도 어쩔 수 없는 경우에는 특별한 방법을 사용해서 우아하게 생을 마치도록 도와주자는 것이다.

그러한 제안이 있기 6개월 전에는 덴마크의 사회보장 국장 H. C. 세이에루프가 의회에서 이와 비슷한 제안을 한 바 있다. 그도 절망에 빠진 사람이라면 누구든 직접, 괴로움 없이 자살할 수 있는 특수 기관의 창설을 주장했다. "예를 들어 청화물 알약은 인간적이고 품위 있는 방법이다"라고 말하며, 자살하고 싶다면 그렇게 해도 좋지만 주의해서 하라고 그는 권한다.

프랑스에서도 1980년부터 'ADMD(존엄하게 죽을 권리를 위한 협회)'가 이와 같은 논리에 기초해 활동하고 있다. 1989년에 베르나르 샤를르 의원이, 불치병에 걸린 사람이 완전한 판단력이 있을 때 문서로 죽음을 요구한다면 의사가 이를 인정하여 환자의 고통을 단축시켜 줄 수 있다는 법안을 제출한 적이 있지만 이 법안은 통과되지 않았었다.

현재, 의사들은 여러 가지 법에 묶여 있다. 불치병 환자의 치료를 포기하고 그냥 죽도록 하는 소극적 안락사를 시키면 의사는 환자구조태만법에 의해 유죄가 될 수 있다. 죽음을 초래하는 약을 환자에게 투여하거나 환자가 직접 먹게 약을 주는 적극적인 안락사를 행하면, 의사는 형법에 따라 살인죄로 기소된다. 의사 단체의 많은 회원은 "필요한 의학 지식을 모두 갖추고 있지만 사법부에 속해 있으면서, 보통 재판소의 관할 밖에 있는, 죽음을 전문으로 하는 행정 단체의 창설"을 요구하고 있다.

세계에서 처음으로 이러한 문제를 제도화한 네덜란드에서는 상황이 조금 다르다. 네덜란드 정부는 1994년, 의사들의 반 정도가 환자들이 요구한다면 환자의 적극적인 안락사에 응하고 있다는 조사 결과를 발표했다. 그러나 네덜란드는 법이 있음에도 불구하고 아직은 상황이 모

자살에 관한 모든 것

호하다. 법에서는 안락사를 명확히 인정하지는 않지만 금지하지도 않는다. 그러나 환자의 죽여달라는 호소를 받아들인 의사가 고소당하지 않을 수 있는 것은 이것만으로도 충분하다.

1995년 1월, 프랑스의 TV는 충격적인 내용을 방영했다. 환자의 요구에 따라 약물 주사로 안락사를 시켜 준 의사를 다룬 것이었다. "나는 그러한 요구를 들어주지 않을 수 없었습니다. 그렇게 하지 않았다면, 나는 환자를 전혀 돌보지 않았다는 자책을 했겠지요."라고 그 의사는 자신의 행동을 설명했다. 여기서 "의사 선생님, 제발 죽게 해주시오. 나를 도와주지 않으면 당신은 살인자나 마찬가지요."라고 애원했던 임종 때의 카프카의 말이 떠오른다.

이렇게 의학적으로 자살을 방조하는 것에 대해 반대하는 사람들은 이것이 용납하기 어려운 일탈적 행위라고 주장한다. 그리고 자동차 사고로 두 명의 아이를 잃은 네덜란드의 한 미망인의 예를 든다. 이 부인은 삶의 의미를 잃고 의사에게 안락사를 요구해 승낙을 받았던 것이다.

네덜란드를 제외한 다른 유럽 국가에서는 안락사를 실제로는 의사 개인의 양심에 맡겨 놓고 있다. 프랑스에서는 이렇게 의사가 적극적으로든 소극적으로든 환자의 자살을 도와주는 일이 연간 약 1,200건 정도 일어난다.

1994년, 안락사의 적극적인 지지자인 디트로이트의 의사 잭 케보키언은 약 2백 명의 환자의 자살을 방조한 혐의로 고소되어 투옥되었다. 그는 처음에는 자살을 도와주기 위해 일산화탄소를 넣은 병에 연결된 일종의 가스 마스크를 제작해 그것을 환자들에게 사용했다. 그다음에는 편안하게 죽을 수 있는 작은 기계를 만들어서 멜씨트롱Mercytron이라는 이름을 붙였다. '멜씨'는 자비, '트롱'은 장치의 의미이다. 이 장치는 세 개의 주입 용기로 되어 있는데, 죽음을 원하는 사람은 자신이 직접 가느다란 관을 주입하도록 되어 있다. 용기 중 하나에는 보통의 혈청이 들어 있고, 다른 하나에는 마취약, 또 다른 하나에는 염화칼륨과 근육 이완제인 아네크친이 들어 있다.

이 의사에 대한 재판은 5일간 이루어졌는데, 재판 마지막 날에 일반인으로 구성된 배심원단은 9시간의 심의 끝에, 무죄라고 결론을 내렸다. '살 권리와 의무'를 위해 활동하는 미국의 많은 협회들이 이 결과에 매우 실망했다. 어느 협회 대표자는 신문에서 "오늘 이후로 자기 자신을 신으로 생각하는 의사들을 말리는 것은 아무 쓸모없는 짓이 되어버렸다"라고 말했다.

항상 앞서가는 미국

1990년, 대법원이 합법적이라고 판결을 내린 후 미국 전역에서는 소극적 안락사를 인정하고 있다. 죽으려고 하는 사람의 죽음을 도와주거나, 죽는 방법을 제공해주기도 하는 적극적인 안락사는 아직 합법적으로 인정되고 있지는 않지만 조만간 합법화될 것이 확실하다.

최근 조사에 의하면 이미 다섯 명 중 한 명의 의사가 죽고 싶어 하는 환자를 죽게 한 일이 있었다고 한다. 워싱턴 주와 캘리포니아 주는 최근 몇 년 동안 의학적인 자살 방조를 인정하는 법안을 통과시키려 해왔다. 오리건 주에서는 1994년 말, 주민 투표 결과 이러한 법안을 채택했지만 가톨릭 협회의 압력 때문에 조항을 검토 중인 주 대법원의 결정을 기다리는 형태로 보류되어 있다. 이 조항은 다음과 같은 것으로,

사실은 많은 선구자들이 오래전부터 제안해온 것의 반복 정도에 불과하다.

"의사로부터 치사량의 약을 얻으려면 환자의 남은 수명이 6개월 이내라고 선고된 상태라야만 한다. 그리고 2번의 구두 조사를 해야 한다. 2주간 생각해볼 시간을 가진 다음, 2명의 증인 앞에서 정식으로 요청서를 써야 한다. 증인 중 1명은 가족 이외의 사람이어야만 한다. 마지막 2주 전에 이중으로 진찰을 받고 정신 의학 검사도 받아야 한다. 언제라도 본인이 마음을 바꾸면 이 모든 절차는 무효가 된다."

오리건 주의 대법원이 이 법을 인정할 경우, 다른 여섯 개 주에서도 같은 법을 채택할 것이라고 이미 발표해 놓고 있는 상태다.

chapter 3

자살을 억제하는 법률

오랜 세월 동안 자살을 억제하는 힘이 되어왔던 것은 교회의 힘과 형법의 힘이다. 유럽 대부분의 나라에서 종교법과 형법이 분리되기 전에는 교회의 힘이 강했었지만 형법도 자살을 막는 커다란 힘으로 작용해왔다는 것은 변함없는 사실이다.

프랑스

프랑스의 법률을 보면 프라하의 공회의公會議 이후, 일반법이 교회법을 억누르고 자살자에 대해 물질적인 형벌, 즉 재산을 몰수하는 형벌을 부과해왔다. 샤를마뉴 대제의 일반법 이후, 생 루이 관습법에서 "자살자의 사체에 대한 재판은 살인죄를 담당하고 있는 당국자의 입회하에서 이루어진다"라고 자살에 대한 법을 별도로 정했다. 자살자의 재산은 상속인의 것이 아니라 영주와 남작의 것이 되었다.

지역에 따라서는 관습적으로 여기에 여러 가지 형벌을 가하는 재판소도 있었다. 보르도에서는 자살자를 공동묘지에 묻기 전에 사체를 교수대에 거꾸로 매달아 놓았다. 아브빌에서는 자살자의 사체를 나무 판 위에 놓고 사형수 호송차에 매달아 얼굴을 아래로 향하게 하고 마을 안을 끌고 돌아다녔다. 릴에서는 남성 자살자는 매달아 놓고, 여성 자살자는 불에 태웠다.

재판은 자살자가 남긴 글과 사체를 중심으로 이루어지고, 사체 자체를 처형하는 것이 불가능한 경우에는 자살자의 초상화를 놓고 재판했다. 재판 목적은 죽은 사람과 그 가족을 징계함으로써 자살자를 치욕스럽게 만드는 것이다. 실제로 재판 전에 매장된 사체를 파헤쳐 내는 경우도 있었다. 스트라스부르와 메츠에서는 자살자를 교수대에 매달거나 나무통에 넣고 "이대로 내버려 두라. 이것이 판결이다"라는 글을 붙여서 뫼즈강에 띄워 보냈다.

1670년의 루이 14세의 명령에는 부르주아나 하층민이 자살할 경우에 정식으로 유죄 판결을 내린다고 규정하고 있다. 사체는 얼굴을 밑으로 하여 거리를 끌고 다닌 후 매달거나 길거리에 방치해 둔다. 그리고 자살자의 재산은 모두 몰수해 왕의 소유로 한다. 자살미수인 경우에는 사형은 면해주지만 독방에 가두거나 조역형漕役刑을 선고한다. 또 마을 광장에 세워놓고 채찍질을 하는 것도 일반적인 재판 형식이었다.

자살자의 재산이 몰수되어 법정 상속인이 되는 것은 바로 왕이었다. 루이 15세 시대의 단쥬 후작은 "왕은 제1왕자비에게 자살한 남자를 하사했다. 그래서 왕자비는 거액의 재산을 받게 되었다"라고 전하고 있다. 단쥬는 또 "다르크로 공작부인은 자살한 후코우라는 자의 상속인이 되고 싶다고 왕에게 간청했다"라고도 기록하고 있다.

볼테르는 이러한 풍습에 대해서 상세한 기록을 남기고 있다. 그에 따르면 왕이 자살한 사람의 재산을 받으면 대개 왕의 애인에게 부탁을 해오는 부유층 여성들에게 재산의 반을 양도했다고 한다. 자살자가 귀족인 경우에는 귀족권이 박탈되어 평민으로 전락했다. 이 의식이 치러지는 동안 귀족의 가문은 파괴된다.

자살에 대해 사회가 개인에게 이런저런 제재를 가하는 것을 중단한 것은 1789년 프랑스 혁명과 인권 선언이 일어난 이후였다. 자살은 처벌의 대상에서 제외되고 법의 테두리에서 벗어나서 범죄 목록에서 삭제되었다. 그러나 자살에 가담하는 일은 살인으로 기소되었다.

1810년의 법에는 오늘날 우리가 알고 있는 것과 비슷한 형태의 자살 가담은 아니지만, 여러 가지 명확한 자살 공범 행위를 상정한 항목이 몇 가지 있다. 예를 들어 협박, 권력의 남용, 음모에 의해 제3자를 자살로 몰아넣는 경우, 도의상 죽음에 대해 책임이 있어도 형법상으로는 기소되지 않는다. 그러나 자살에 대해 지시를 내리거나 자살하리라는 것을 뻔히 알면서도 흉기나 다른 자살 수단을 지니게 내버려둔 경우에는 설사 자살자가 거의 자살하기 직전의 절망적 상황에 처해 있었다고 해도 형법 소송 대상이 된다. 자살자가 동의했다고 그것이 자살 방조자의 무죄나 무책임의 이유가 되지 못한다.

1827년, 레프로슈라는 사람은 편지로 부탁을 해온 친구에게 무기를 줘서 자살을 도왔다는 이유로 재판에서 사형선고를 받았다.

마찬가지로 누군가가 자살하는 중간에, 또는 자살 직전에 그것을 아는 사람, 혹은 보는 사람이 자살을 말리지 않고 자살하도록 내버려두면 자살방조죄로 기소된다. 1973년 2월, 파리에 사는 한 남자는 아내가 몇 번인가 죽겠다고 말한 후 창에서 뛰어내려 자살했는데 이것을 방조했다는 이유로 10개월의 실형을 선고받았다.

자살 방조자에 대한 처벌 중에서 가장 확실한 것은 『자살 방법』의 저자 중 한 사람이 1985년에 받은 판결이다. 조르쥬 루바스는 형법에서의 자살에 대한 책 속에서 다음과 같이 쓰고 있다. "내 책을 읽은 한 독자가 나에게 두 통의 편지를 보내왔다. 두 번째 편지에서, 책에서는 물약을 권하고 있는데 알약으로 바꾸어도 좋은지와 어느 정도 시간이 흘러야 약효를 정지시킬 수 없게 되는지에 대해서 물어왔다. 거기에는 모든 위험한 요소가 갖추어져 있었다. 책의 저자로서 그것을 인식하고 있었고 무슨 일이 생길 것이라는 점을 알고 있었지만 그 일에 관여하고 싶지 않았다."

재판소가 내린 무거운 판결은 모든 조문 해설자의 지지를 받았고 상고는 기각되었다. 결국, 프랑스의 법률은 파리 제 2대학의 미셸 그리마르디 교수의 말을 빌리자면 다음과 같은 '의무'를 부과하고 있다고 할 수 있다.

- **정보의 의무**: 자살의 위험을 알면서 그것을 막을 수 있는 사람에게 위험 상황을 알려주는 일을 소홀히 한 사람의 책임을 묻는다.
- **구조의 의무**: 자살하려는 모든 절망자를 구해내야만 한다.
- **무관여의 의무**: 자살을 유도해서는 안 된다. 자살 수단을 선전하거나 광고해서도 안 된다.
- **관리 의무**: 예를 들어 '정신적 쇠약'을 고려하지 않고 잘못을 벌하여 죽음에까지 이르도록 한 고용자의 책임을 묻는 것.
- **감시의 의무**: 예측할 수 있는 자살의 위험을 생각하지 않으면 안 된다. 이를테면 공립 병원이나 사립 병원에서도 이러한 의무를 갖는다. 판례에 의하면 이런 책임은 점점 늘어나고 있다. 이러한 종류의

유죄 판결은 1995년 1월, 투르 지방행정재판소가 트루소 병원에 내린 것이다. 이 병원에서는 자살미수 사건을 일으킨 후에 정신의학 치료를 받고 있던 여자가 창의 블라인드를 묶어 두는 가는 줄에 목을 매단 일이 있었다. 재판소는 판결에서 병원이 젊은 여성이 쉽게 자살할 수 있는 수단이 될 수 있는 줄을 치워놓지 않았다는 중대한 과실을 범했다고 선언했다.

네덜란드

네덜란드의 법률에서는, 자살 교사자의 의도를 매우 중요하게 생각한다. 좋지 않은 의도를 가진 교사자는 기소된다. 그 대신 자살 교사가 의도적이지 않은 경우, 예를 들면 자살에 관한 일반적인 이야기를 하는 등, 경솔한 행위 정도를 한 경우에는 기소되지 않는다.

노르웨이, 아이슬란드, 덴마크

이들 나라의 법률에서는 자살하려는 사람에게 물질적 원조를 한 경우에만 처벌을 하고, 자살 교사는 처벌하지 않는다. 자살 교사자가 자살자의 정신구조에 중대한 영향을 미쳤다고 하더라고 법률가가 그것을 특별히 관념적, 추상적인 것으로 보는 경우에는 마찬가지로 처벌하지 않는다.

오스트리아, 폴란드, 불가리아

오스트리아의 법률은 1860년에 자살에 관한 형벌을 폐지했으며 오늘날에는 자살 가담에 대한 죄는 성립되지 않는다. 피의자가 제3자의 자

자살에 관한 모든 것

살에 어떠한 형태로든 협력했다고 해도 자살 방조는 완전히 개인적인 죄가 되었다. 폴란드와 불가리아도 마찬가지로 대략 같은 규정을 두고 있다.

스위스

현재 스위스, 특히 취리히에서의 자살자 처리 문제에 대해 미슐레는 이렇게 말하고 있다.

- 단도 자살자는 그 사람의 머리에다 칼을 꽂은 나무판을 박아둔다.
- 익사 자살자는 강바닥에 묻는다.
- 목을 매어 자살한 자의 사체는 잘라서 개에게 먹인다.
- 투신자살한 사람은 낙하 장소에 묻는다.

스위스 형법에서는 자살 자체를 처벌하지는 않지만 이기적인 이유로 사람을 자살로 몰아넣거나 교사한 사람, 또 자살에 협력한 사람은 자살이 미수에 그쳤을지라도 5년 이상의 징역이나 금고형에 처하고 있다.

독일

과거에는 자살자의 사체는 종교적인 장례를 치르지 못하게 하고 매장하거나 해부 실험에 사용했지만, 자살자에 대한 벌은 1794년 프러시아에서 종결되었다. 현재의 독일 형법은 자살 가담자에게 금고 3년형을 선고하고 있다.

러시아

예전부터 자살자의 유서는 자살자에게 취해진 모든 조치와 마찬가지로 무효가 되며, 기독교식 장례도 당연히 치를 수 없었다. 자살미수도 처벌했는데 그 벌은 교회에서 정했다. 자살자를 도와준 사람은 그것이 아무리 사소한 도움이라 하더라도 자살 공모자로 취급되었다.

구소련 시대에는 자살 교사가 잔혹한 행위, 철저한 모욕 등 특별히 규정된 상황에서 이루어진 경우에만 기소되었다. 그런데 1969년 세계 보건기구의 회의에서 소비에트 대표는 소련에서는 이러한 문제에 관한 규정이 없다고 주장했다. 천국인 소련에서는 누구도 자살할 이유가 없기 때문이라는 것이었다.

그러나 1973년, 국제적인 상을 18개나 받았던 영화 「불의 말」의 세르게이 파라쟈노프 감독이 강제노동수용소에서 6년간 수용되었던 것은 그가 동성애자였으며 자살 교사를 했기 때문이었다.

법의학적 확인과 부검

영국

10세기에 에드가 왕은 법률을 정해 자살자를 도둑이나 기타 다른 범죄자와 같은 범주로 처리했었다. 영국에서는 수백 년 동안 자살자의 사체를 집 밖으로 내보내는 것은 해가 진 후에만 가능했고, 그것도 반드시 창문으로 내보내도록 되어 있었다. 밖으로 내보낸 사체는 길거리로

자살에 관한 모든 것

끌고 다니다가 심장 부분에 동전을 쑤셔 넣고 십자로에 매장했다. 이러한 의식이 마지막으로 행해진 것은 1823년 런던의 킹즈로드에서였다.

그러나 자살자를 묘지에 매장하는 것이 허락된 적도 있다. 그 경우에도 사체는 문을 통해서 밖으로 나가지 못하고 규칙에 따라 오후 10시부터 오전 0시 사이에, 종교 의식도 없이 벽을 넘어 나가야만 했다.

1840년에도 자살은 왕에 대한 불충을 의미했고, 자살자의 전 재산은 왕의 것이 되었다. 이 규정이 계속된 것은 1870년까지였지만, 그 후에도 자살행위는 범죄로 취급되었다. 자살미수는 모두 재판 대상이 되었다. 페리에 의하면 1889년에는 재판이 106건, 유죄 판결이 84건이었다고 한다.

그러나 1961년 이후, 자살을 범죄로 취급하는 법률은 폐지되었고, 자살에 가담한 것만 처벌 대상이 되었다. 따라서 제3자의 자살이나 자살미수를 도운 사람, 자살자에게 조언을 한 사람, 자살을 쉽게 하도록 도와준 사람은 모두 14년 이하의 금고형을 선고받았다. 제3자가 자살자에게 자살 도구를 제공할 경우, 재판에서는 이 제공자를 범인으로 간주한 판결을 내리는 경우도 있었다. 영국에서는 이제 더 이상 자살은 죄가 아니지만, 자살을 돕거나 방조하는 것은 아직까지도 범죄로 취급된다.

미국

미국의 법률은 주로 영국의 법률을 토대로 하기 때문에 거의 모든 주에서 자살을 범죄로 생각하지 않는다. 자살을 범죄로 인정하고 있는 주가 6주 있기는 하지만 자살에 성공한 경우에도 죄인을 기소하는 경우

자살하기 위해 물에 빠진 사람을 유람선을 타고 구출해내다.

자살에 관한 모든 것

는 거의 없다. 자살미수자에게는 금고 2년형이나 벌금형을 부과하는 경우도 있다. 이러한 법원의 권한은 지금도 유효하지만, 지금 이런 판결을 받는 사람은 거의 없다고 할 수 있다. 그러나 대부분의 주에서는 자살 교사와 자살 방조는 범죄에 가까운 것으로 본다. 자살을 도와주는 사람은 살인 공범으로 간주되어 처벌되는 경우도 있다.

법에서 무의식적인 자살의 규정

자살에 관한 사법상의 제1의 문제는 그것이 '의식적인 자살', 즉 심사 숙고한 끝에 결심한 자살이냐 아니면 의욕을 잃고 자유의지를 상실한 채, 아무 생각 없이 이루어진 '무의식적 자살'이냐는 것이다.

이것은 형법상의 문제이기도 하지만 민법상, 특히 상속에 있어서는 중요한 문제다. 이것이 중요한 이유는 자살의 경우 유언에 따라 상속인이 받게 되는 몫이 자연사의 경우와는 다르기 때문이다. "가령 자살하려는 사람이 유언으로 재산을 물려주는 것이 불가능하다는 판결을 피하기 위한 목적으로 자살했다 할지라도 유언은 지켜진다."라고 미셸 그리마르디는 말하고 있다.

보험이나 사회보장 등, 계약자와 죽음과 관련한 계약을 맺은 일이 있는 기관에서는 '의식적이냐 아니면 무의식적이냐'를 밝히는 일이 중요하다. 예를 들면 생명보험에서는 1930년의 법률에 따라 계약 후 2년 이내에 무의지 또는 무의식의 측면에서 이루어진 자살이 아니라 의식적으로 자살한 경우에 회사는 보험금을 지불하지 않아도 된다. 2년의 기간은 계약자가 가족들을 위해서, 그리고 손익계산을 한 상태에서(보험금을 타기 위해) 의식적으로 자살하려는 즉흥적인 목적으로 계약하는 것을 막기 위한 기간이다.

　서양의 많은 나라가 이러한 조치를 취하고 있다. 프랑스에서는 사회 보험금을 지급할 때 의식적인 자살과 무의식적인 자살을 구별한다. 의식적 자살의 경우에는 사회보험 가입자는 각종 지급금을 받을 수 없게 된다. 물론 업무상 사고를 당했을 때는 보험금 전액 지급을 보장받는다.

　그러나 현행 규칙을 적용하면서부터는 대개의 경우, 보험에서나 사회보장에서나 위장 자살의 증거를 찾기가 매우 어렵다. 중요한 증거가 되는 것은 자살자가 죽기 전에 자살하려는 이유를 써놓은 글이나 말이다. 자살하려는 사람은 자기의 자살로 인해 각종의 권리, 평생연금, 용익물권用益物權 등 각종 계약이 소멸될 경우에 권리 수혜자가 보상받을 수 있도록 하려는 것을 염두에 두고 있는 것이다.

군법

스파르타에서 군인의 자살은 매우 비난받는 일이었다. 아리스토데메스는 프라타이 전투에서 죽으려고 마음먹고 실제로 자살했기 때문에 죽은 후에 명예 박탈이라는 벌을 받았다.

　제국 시대의 로마에서는 자살로써 자신의 임무를 회피하려 했던 군인이 목숨을 부지하면 사형에 처하고, 그의 유언은 모두 무효가 되며 재산도 모두 몰수되었다. 그러나 충분한 이유가 있는 경우에는 군대로 다시 돌려보냈다.

　19세기와 20세기 초에는 유럽의 모든 나라들에서 ‘군대’는 자살자가 가장 많은 사회 집단이었다. 제2차 세계대전 이전에 실시한 조사에 의하면 자살하는 사람 중에 장교가 하사관보다 많고, 하사관은 일반 사병보다도 많았다. 어느 군대에서도 엘리트 군인들은 다른 군인들보다도 자살자 수가 많다. 또 지원병, 현역군인, 예비역 군인은 징집병보다도 자살자 수가 많다. 그러나 기마 부대가 있는 경우에는 기마병과 공병이 보병보다도 자살이 적었다.

현대 유럽의 군사재판법은 모든 군인의 자살미수에 관한 조항이 있다. 사회학자들에 의하면 군인의 자살이 현대에 와서 점차 감소하고 있는 것은 수동적인 복종과 절대적 예속이 사라지는 경향이 있기 때문이라고 한다. 쉽게 말하자면 오늘날의 군대는 러시아 등 몇몇 국가를 제외하면 '개별화, 개성화'되어 있기 때문에 자살이 적은 것이다.

프랑스에서는 군법 418조에서 다음과 같이 규정하고 있다.

"현행법에서 규정한 의무를 회피하려고 일시적, 또는 연속적으로 군인으로서의 임무에 적절하지 않은 태도를 보이는 사람에게는 평화 시에는 1년에서 5년의 금고형과 시민권 및 참정권 박탈의 벌을 내린다. 전시에는 징역을 선고한다. 자살자와 자살미수의 공범자는 고발된다. 그 사람이 군의관, 의사, 약사인 경우에는 선고받은 형량을 2배로 늘린다."

군법 23조는 적 앞에서의 자살 및 자살미수는 군적 박탈이나 사형이라고 규정하고 있다. 그러나 군법에서는 자살미수를 '고의의 부상'의 항목에 포함시켜 보통 재판을 하기 전에 의학 감정을 요구하고 일시적인 정신착란으로 판결하는 경우가 많다는 점도 지적해 둘 만하다.

chapter 4

자살과 돈

자살 문제를 재정적인 측면에서 생각해볼 때 뜻밖의 수익이 생기는 경우가 종종 있다. 가령, 자살미수에 그쳤을 경우 사회보험은 평균 5,300프랑을 자살미수자의 입원비로 지불한다. 물론 중대한 정신장애로 인해 정신 요법을 필요로 하는 경우의 비용은 제외한 금액이다. 이 숫자는 1982년, 행정 기관이 제시한 숫자이다. 자살미수 건수는 공식적으로는 1년에 12만 건에 이르기 때문에 국고에서의 지출 총액은 약 6억 프랑에 달한다는 계산이 나온다. 이 숫자는 필요한 비용만 계산한 것으로 자살미수에 따르는 경제적 손실은 포함하지 않은 것이다.

1972년 3월, 어느 의학 잡지가 자살미수에 따른 경제적 손실과 생산력 저하에 관해, 장문의 기사를 게재했다. 여기에 제시된 금액은 정신병 환자가 차지하고 있는 20%를 제외한 것으로 9일간의 입원과 2개월간의 요양을 기본으로 하여, 자살미수에 관한 전면적, 또는 부분적 장애 보험의 퍼센티지에 따라 산출하고 있다.

생산력의 평균 손실은 사회보험료를 포함해 당시의 평균 수입에 맞추어 계산하고 있다. 거기에 따르면, 자살미수 전체에 따른 프랑스의 경제 손실은 4억에서 5억 프랑 사이라고 할 수 있고, 현재 수준으로 하면 그 금액의 2배 정도가 된다. 더욱이 자살이 성공한 경우에는 그 금액은 막대한 액수가 된다. 1982년의 통계에 따르면 경제 손실, 생산력 저하, 독단적인 목숨의 가치를 합하면 한 사람의 자살이 가져오는 경제적 손실은 약 2백만 프랑에 이른다고 한다.

공권력과 의사들은 별로 신뢰하고 있지 않지만, 공식 발표되는 자살자의 수는 1년에 1,200명에 이른다. 따라서 국가에서 입는 손실은 일년에 240억 프랑이라고 할 수 있다.

자살에 대한 세금

어떤 문제라도 거기에는 해결 방법이 있게 마련이다. 1832년 이후, 자살의 재정면에 대해 고심하던 보렐은 자살에 대한 한 가지 해결책을 내놓았다. 〈죽기 직전의 사람만을 대상으로 하는 새로운 도덕세〉를 의회에 제안했던 것이다.

"나라가 빈궁 상태에 있고, 국고가 폐결핵이라는 제3단계에 있을 때, 공공 서비스에 대한 세금, 부가세, 보충세, 초과세, 의무로서 부과되는 세 및 그 부가세, 인두세 및 그 부가세, 재정수금 등을 내기 위해 많은 납세자들이 허리띠까지 팔아야 할 때, 이럴 때 찾게 되는 것은 선량한 시민들의 힘이다. 자살은 되돌릴 수 없는 것이다. 그것을 헛되게 하는 대신 돈으로 수입을 올리는 것이 묘책이라고 생각한다."

그의 제안에 의하면 정부는 파리와 각 도시의 시청 소재지에 커다란 공장을 세워, 물이나 증기로 움직이는 기계를 만들어, 삶에 싫증이 나서 자살을 하려는 사람을 은밀하고 속 시원한 방법으로 죽인다. 사체는 강에 흘려보낸다. 그렇게 함으로써 운반차와 영구차의 비용을 아낄

수 있다. 기계를 돌보고 조작하는 사람은 사제 자격으로 사제관에서 살고, 그 지역의 사형 집행인이 된다.

그는 이어서 "하루에 한 도道에서 약 10명이 자살합니다. 결국 일 년에 3,650명, 윤년에는 3,660명이 사라져갑니다. 따라서 프랑스 전 지역을 합치면, 평년에는 302,950명, 윤년에는 303,780명이 됩니다. 자살자가 내야 할 돈을 100프랑이라고 칩시다. 이 돈이면 교회의 제사실처럼 유족들이 각자 사정에 맞게 차등화 된 요금으로 사용할 수 있는 개인 제사실을 만들 수 있습니다. 이렇게 하면 최소한 3,029만 5천 프랑의 수입이 생깁니다. 이 정도면 국고에 확실한 보탬이 되는 꽤 괜찮은 수익입니다"라고 했다.

최종적으로 보렐은 다음과 같이 결론을 지었다. "이 건물이 모든 요구를 충족시켜 줄 것입니다. 사회적, 도덕적 요구와 함께 위생 관리와 국가의 정책에도 부합될 것입니다." 그러나 유감스럽게도 이 매력적인 계획은 입법 기관의 지지를 받지 못하고 제안으로서만 끝나게 되었다.

자살 대리점

자살을 활용한 새로운 시도가 나타나기까지는 자크 리골을 기다리지 않으면 안 되었다. 그가 노린 것은 자기 자신을 위한 것이었을 뿐, '이타적'의미는 별로 없었다. 그의 생각은 실제로 좋은 결실을 맺은 것은 아니었지만, 적어도 흥미 있는 것이기는 했다. 그는 〈자살 대리점〉을 만들려고 했다. 이 회사는 공익성이 인정된 회사로 자본금은 5백만 프랑, 본부는 파리의 몽마르트 가 73번지에 있고 리옹, 보르도, 마르세유, 더블린, 몬테카를로, 샌프란시스코에 지점이 있다고 발표했다. 이 대리점의 광고는 매력적이었다. "자살 대리점은 현대적인 장치에 의해 확실하게 순간적인 죽음을 제공해 드린다는 것을 여러분께 알려드리고 싶습니다. 실패가 두려워 자살을 포기한 분들도 정말 마음에 드실 겁니다."

프랑스 내무장관이 이 회사의 권위를 확고히 하기 위해 명예직에 취임했던 것은, 사회를 가장 타락시키는 요소인 자살자들을 배제하려는 생각에서였다.

어쨌든, 자살 대리점은 이 세상을 떠나는 효과적인 방법을 제시했다. 절대 변명할 필요가 없는 기능 상실에 의한 죽음을 제시했던 것이다. 자살자에 대한 매장은 다음과 같은 순서로 진행되었다. 식사, 친구나 아는 사람의 행렬, 사후의 사진이나 데스마스크, 유품의 인도, 입관, 종교 의식, 묘지로의 유해 운반.

"자살 대리점은 고객 여러분 모두의 마지막 희망을 이루어드립니다."

대리점은 공식적인 방법과는 달리, 어떠한 경우에도 유해를 사체 안치소로 옮기지는 않는다. 이것은 가족을 안심시키기 위해서다. 리골은 망설이고 있는 고객들을 끌어들이기 위해 자살에 드는 자세한 요금을 기재한 광고 전단지를 만들었다.

"감전사 200프랑, 권총 100프랑, 독극물 100프랑, 익사 50프랑, 증기로 인한 사망은 특별 소비세를 포함해 500프랑. 영세민 용으로는 교수(밧줄은 1미터 당 20프랑, 10센티미터 추가시 5프랑)."

그리고 리골은 자살 입회 희망자는 받지 않도록 했다. 손님이 없었기 때문에 자크 리골은 자살했고, 로셀의 작품 『도깨비불』 주인공의 모델이 되었다.

보험을 타기 위한 사기 자살

—

자신의 자살을 이용해서 다른 사람을 도와주는 사람도 있다. 보험금을 타서 가족을 구하려는 생각에서 자살하는 것이 그 대표적인 것이다. 이러한 생각이 때로 유용한 경우도 있다. 그들은 자기의 죽음을 사고로 위장함으로써 가까운 사람을 가난으로부터 벗어나게 하려고 한다. 가장 흔한 방법은 운전 중에 고의로 장애물에 부딪혀서 자살하는 것으로 이것은 단순한 사고로 처리되기 쉽다.

텍사스 주 휴스턴의 멜빈 셸치아, 샤를르 페인 두 교수가 소속된 연구팀에 의하면, 자동차에 의한 사망 사고의 7건 중 1건이 바로 자살이라고 한다. 이것이 설득력을 갖는 것은 이 연구팀이 희생자 주변 사람들에 대해 심혈을 기울여 조사한 심리 연구의 결과를 내놓고 있기 때문이다. 그 결과에 따르면, 매년 미국에서는 5만 5천 건의 자동차 사고에 의한 사망 사건이 발생하고 있는데, 그 중 8천 건은 실제로 치밀한 계획 끝에 이루어진 것이라고 한다.

1972년 영국에서 비슷한 연구를 한 화이트 록 교수도 같은 결과를 얻었다. 보험 회사는 당연히 이러한 행위를 알고 있지만, 보험금을 지급하지 않을 수 없었다. 미국에서는 생명 보험에 가입한 사람이 폭탄을 가지고 일반 비행기에 탑승해 사고로 위장해 죽은 경우가 두 번 있다. 물론 다른 승객들의 목숨은 무시한 행위였다.

자살에 관한 모든 것

자살을 이용한 사업

인간의 상상력에는 한계가 없다. 이미 이십여 년 전에도 자살을 이용해 장사를 하려는 생각을 한 사람들이 있었다. 누군가가 어떤 이유로 이 세상을 떠나고 싶다는 생각을 한다고 하자. 그는 직접 자살하는 대신 비밀스럽고 주도면밀한 조직으로부터 적절한 자살 수단을 '구입'할 수 있다. 그 조직은 시체를 고객들에게 팔고 고객들이 그 시체를 자신의 대용으로 사용할 수 있도록 해주고 고객의 얼굴을 새로 고쳐준 후, 새로운 환경에서 다시 살아갈 수 있도록 해주는 것이다.

이 사업은 1973년 3월, 이탈리아의 필름왕 비노 시고냐에 관한 익명의 편지에 의해 세상에 알려졌다. 비노 시고냐는 1972년 초, 부엌의 가스 오븐에 머리를 부딪혀 죽어 썩어 문드러진 시체로 발견되었다. 모두들 그가 자살했다고 생각했지만 사실은 이 회사의 서비스를 이용해 채권자를 따돌리고 브라질에서 조용히 살고 있었던 것이다.

chapter 5

자살에 대한 세계의 통계

전 세계에서 자살자 수가 계속 증가하고 있으며 갖가지 사망원인이 통계의 자료가 되고 있다. 물론 자살자 수에 대한 통계도 예외는 아니다. 그러나 모든 통계학자들이 한데 입을 모으는 것은 세계의 자살률에 관련된 숫자가 실제보다도 낮게 표시되고 있으며, 확실한 통계 수치를 나타내고 있는 서구 국가들은 주로 20~25%, 그 밖의 나라에서는 100~200% 과소평가되고 있다는 점이다.

모든 나라에서 실제보다도 적은 숫자만이 발표되는 것은, 자살이라고 결론짓기 위한 수단이 결여되어 있는 경우가 많기 때문이다. 수단이라는 것은 죽음을 증명하기 위한 방법과 과정, 기록이나 코드화의 방법, 그리고 세상의 여론 때문에 자살을 가족이나 개인의 불명예라 생각해 현실을 숨기려는 경향 등 문화적 태도이다. 그러한 경우 자살은 대부분 '사고사' 또는 '원인 불명의 죽음'으로 처리된다.

예를 들면 프랑스에서도 원인이 규명되지 않은 죽음, 또는 원인 불명의 죽음이 매년 1만 건 이상 일어나고 있다. 미국에서는 자살자 수가 아마도 발표된 것보다도 3분의 1 정도 많을 것이라고 보고 있다. 아프리카, 인도, 중국의 통계는 특히 신뢰성이 낮다. 대부분의 이슬람교도도 자살률이 일반적으로 낮다고는 하나 마찬가지로 믿기 어렵다. 종교적으로 자살을 금기시하는 것이 서양사회보다도 훨씬 심하기 때문이다.

'어떤 것을 자살이라고 하는가'라는 문제는 나라마다 전부 다르고, 공식적인 통계로는 별 의미가 없다고 생각하는 사람도 있다. 세계보건기구에서 행한 몇 가지 연구에서도 자살은 많은 이유에 의해 과소평가되고 있다는 점을 밝히고 있다. 그러나 이 기구는 이러한 결점이 있어도 각국을 비교할 수는 있다고 주장하고 있다. 과소평가라고는 하나, 헤아릴 수 없는 고독과 개인적 비극을 수치화한 축소판이다. 이런 냉철한 통계는 자살을 단순한 개인적 현상으로 보아서는 안 된다는 것을 나타내고 있다. 이것은 중대한 사회적인 문제인 것이다.

세계의 통계

통계를 살펴보면 프랑스의 자살자 수는 50년대 초와 90년대 초에는 2배나 증가하고 있다. 당시의 블랑 보건 장관은 1972년의 파울로 박사의 조사 결과를 예로 들면서, 이 공식 발표된 7천에서 8천이라는 숫자는 적어도 100% 과소평가된 것이고, 실제 자살자 수는 만 4천에서 2만이라고 발표해 사람들을 놀라게 했었다. 현재 전문가들은 15~20% 정도로 보고 있다.

세계보건기구에 의하면 프랑스에서는 30분마다 1명씩 자살하고 있으며 35분에 1명이 자살미수를 행하고 있다고 한다. 여러 관계 당국이 공식 발표하는 숫자를 보면, 1950년부터 현재까지 프랑스인 37만 명이 자살했고, 300만 명 이상의 자살미수자가 발생하고 있다. 놀라운 것은 프랑스에서는 자살자 수가 지금도 증가하고 있다는 것이다. 매년 증가

할 뿐만 아니라 증가율도 높아지고 있다.

세계보건기구의 발표를 보면 자살 방법도 나라마다 다르다는 것을 알 수 있다. 이미 앞에서 살펴본 것처럼 자살 방법을 결정하는 데 가장 결정적인 요소가 되는 것은 자살 수단을 얼마나 손에 넣기 쉬운가 하는 것이다. 미국에서는 총, 스리랑카에서는 독극물, 오스트리아에서는 가스를 주로 사용하는 경향이 있다. 전 세계에서 사용되고 있는 자살 방법의 40~60%는 총, 목매달기, 질식이고 그다음으로 많은 것이 음독, 익사, 추락, 칼, 분신을 통해 자살하는 것이다.

현재 세계에서는 24시간 동안 1,200명 이상이 자살하고, 8,500명 이상이 자살미수에 그치고 있다. 즉 1년에 45만 명이 세계 이곳저곳에서 가지각색의 이유로 자살하고 있는 것이다. 이 1년 동안의 숫자는 베트남 전쟁이 일어났던 7년 동안 베트남에서 죽은 미군 병사의 10배가 넘는 숫자다. 좀 더 자세히 비교를 하면, 매년 툴루즈, 보르도, 랑스라는 도시가 세계 지도에서 사라지고 있고 리옹과 마르세유 2개 지역을 합한 주민이 죽으려고 한다고 볼 수 있다.

기록과 실제에 차이가 있다는 점을 감안하면 절대적 수치에 의한 자살률의 비교는 문제점이 있을 것이다. 그러나 그 비교는 자살의 경향과 특징을 나타내고 있는 것만은 분명하며, 또 자살자의 세계적인 규모를 이해하는 데는 유용하게 쓰일 수 있다.

여러 나라의 자살률을 관찰, 비교하면 중요한 유사점과 차이점이 확실히 존재한다는 것을 알 수 있다. 통계에 따르면 어느 연령층에서나 남성의 자살이 여성의 자살보다도 많다는 것을 확실히 알 수 있다. 그러나 나라마다 남성의 자살률은 달라서 유럽에서는 여성에 대한 남성 자

자살에 관한 모든 것

살자의 비율이 3배 정도지만, 아시아에서는 1.3배 정도이고, 미국에서는 4.1배로 높았다. 기록에 의하면 절대적 자살자 수는 라틴 아메리카가 북아메리카보다 낮고, 유럽에서는 자살률이 남쪽보다 북쪽이 높다. 이 같은 통계를 이용해 각 대륙의 상위국, 하위국 리스트도 만들어볼 수 있다. 유럽에서는 주민 10만 명당 30명 이상의 자살자가 생기는 나라가 스리랑카 외에도 핀란드, 리투아니아, 러시아, 헝가리 등 여러 나라가 있다.

10년 이상에 걸친 자살의 변천을 조사해보면 현저한 변화를 볼 수 있다. 예를 들어 스리랑카에서는 자살률이 극적으로 증가하고 있으며, 아일랜드의 통계에서는 자살률이 갑자기 높아지는 현상을 볼 수 있다. 캐나다에서는 청소년의 자살률이 현저히 증가하고 있다.

헝가리에서는 왜 최근 3년 사이에 멕시코의 20배 가까운 자살자가 생긴 것일까? 왜 서베를린의 시민은 그리스인보다도 15배나 높은 자살률을 나타내는 것일까? 왜 미국에서는 맨하튼 빌딩의 그늘보다도 캘리포니아의 태양 아래서의 자살이 10배나 높은 것일까? 왜 일본에서는 1955년 이래, 영국에서는 1960년 이후 자살자가 현저히 감소하고 있는 것일까? 현재의 상황에서는 자살 수치에 대해 정확한 해석을 할 수 있는 사람은 아무도 없다. 자살의 변화는 매우 많은 요소에 의해 좌우되며, 또 확실히 자살은 수수께끼다.

제6부

참 불가사의한 일들

많은 사람들이 집 바깥에서 자살하는 것을 선호한다.

chapter 1

자살에 영향을 주는 요소

삶과 죽음이 사람들의 의지만으로 결정될 수 있을까? 아마도 그렇지는 않을 것이다. 많은 사례를 살펴보면 삶과 죽음에는 그 사람과는 무관한 요소들이 개인적인 결정을 내리는 데, 특히 자살을 결정하는 데 확실한 영향을 미치고 있음을 알 수 있다. 이를테면 기후, 온도, 바람, 밤과 낮, 직업, 인종, 성별 등이 영향을 미친다. 어떤 연구자들은 이 밖에도 다른 많은 결정적인 요소들이 자살에 영향력을 미친다고 믿고 있다.

기후의 영향

사람의 행동에 가장 광범위하게 작용하는 요소가 바로 기후이다. 기후는 범죄와는 물론이고 정치적, 사회적, 경제적인 대사건에도 영향을 미친다. 유럽에서 전쟁은 대부분 '태양'이 있을 때 일어났다. 프랑스에서 있었던 세 번의 혁명도 6, 7월에 정점에 달했다.

19세기의 자살학자 에밀 뒤르켕은 1년을 더운 시기와 추운 시기의 두 기간으로 나눌 경우, 세계 어느 나라에서나 예외 없이, 대부분의 자살은 더운 시기에 일어난다는 사실을 최초로 지적했다. 이것은 1972년에 〈의학 심리학〉이라는 잡지가 증명한 결과와 일치한다. 폴로레와 듀그라 두 박사는 마르세유에서는 기온이 22도를 넘으면 자살이 증가한다고 지적했다. 카바느 박사는 특히 건조했던 여름철이 지나고 비가 많이 내리는 가을이 자살하기에 적당하다고 주장했다.

이처럼 자살은 좋은 계절에 많이 일어난다. 8월에 특히 자살이 많다가 점차 감소해서 12월에는 가장 자살이 적게 일어난다. 이것은 일반적인 순리와는 반대로, 사람이 이 세상을 떠나는 것은 인간이 살아가는 데 있어 자연이 혜택을 가장 많이 주는 때, 즉 기후가 가장 온화한 때라는 사실을 증명하는 것이다.

그러나 같은 시기라도 지역에 따라서 자살률에 차이가 있다. 예를 들어 프랑스의 경우, 같은 기간이라도 북부 지방이 동부 지방이나 중부 지방에 비해 자살이 많고, 동부와 중부 지방은 남부 지방보다도 자살이 많다는 사실이 인정되고 있다. 너무 춥거나 너무 더운 극단적인 기후도 사람들을 자살로 내몬다. 이러한 사실을 증명하는 특징적인 예로는, 급격한 기온 상승으로 프랑스 참모부가 골머리를 앓았던 이집트 원정을 꼽을 수 있다. 알렉산드리아를 빼앗은 후, 보나파르트 나폴레옹이 부상당한 클레베르를 적지에 남겨 놓은 채 남은 군사를 인솔해 사막을 횡단해서 카이로로 갔을 때의 일이다. 기후가 온화한 지역에서 온 프랑스 사병들은 엄청난 고난을 맛보아야만 했다.

"빵도 포도주도 포크도 없는 나라, 이탈리아처럼 백작 부인도 없는 나라를 보고 사병들은 모두 화가 치밀어 있었다. 우물은 바싹 말라버렸거나 독이 풀어져 있었다. 그 부근에서 사병들은 주먹과 총대로 서로 치고받았다."

나폴레옹은 그때의 일에 대해 이렇게 쓰고 있다. 길 저쪽에 천국이 있다고 사병들에게 약속했음에도 불구하고 나폴레옹으로서는 규율을 유지하면서 카이로로 진군해 간다는 것은 쉬운 일이 아니었다. 랑느, 뮤라와 같이 용감하고 충성심이 강한 부하들마저도 몇 번이나 절망에 빠졌다.

알렉산드리아에서 카이로까지 가는 12일간의 여정 동안에 2백 명 이상이 자살한 것으로 추정된다. 로시스라는 사람이 친구에게 보낸 편지에 따르면 사병들은 "여기가 내 무덤이다"라고 말하면서 나폴레옹 앞에서 머리에 총을 쏘았다고 한다. 퓨제라는 장교가 1798년에 가족에게 보낸 편지에는 이집트 원정군의 정신 상태가 자세히 기록되어 있다.

"동료들의 고통을 눈앞에서 지켜본 사병들이 자기 머리에 총을 쏘았다. 장군이나 나폴레옹이 지나갈 때 무기와 짐을 지닌 채 그대로 나일 강에 몸을 던져 자살하려 한 사람도 있다."

이렇게 높은 기온뿐만 아니라 너무 낮은 기온도 이런 결과를 가져온다. 이것도 나폴레옹 군대를 그 예로 들 수 있다.

역사학자 세구르는 나폴레옹 군대가 러시아 원정을 떠났을 때의 일을 『회상록』에서 다음과 같이 적어두고 있다.

"의욕에 가득 차 있던 신병들은 추위를 견디기가 너무 힘들어서 싸울 의욕을 잃었다. 이 가련한 소년들은 미칠 것만 같아서 이집트에서처럼 이마에 총을 대고 쏘았다. 이집트에서도 갑작스러운 기온의 상승이 나폴레옹에게 문제를 일으켰었다."

20세기 초에 행해졌던 다른 연구를 보더라도 계절이 자살 방법에 영향을 미친다는 사실을 알 수 있다. 이를테면, 익사와 교수는 7월에 가장 많이 일어나고 10월에 다시 증가한다. 질식사가 많이 일어나는 때는

1월과 4월이고 3, 4월에는 절정에 달한다. 총기류에 의한 자살은 8월에 가장 많이 일어난다. 높은 곳에서 뛰어내려 죽는 것은 6월과 7월, 음독과 칼을 이용한 자살은 6월이 가장 많다.

낮과 밤의 영향

자살자 수와 밤낮은 밀접한 상관관계가 있다. 낮이 길면 자살도 증가한다. 20세기 초의 한 연구자는 낮에 일어나는 자살은 전체 자살의 5분의 4로 밤에 일어나는 자살보다 훨씬 많다는 사실을 밝힌 바 있다.

밤이냐 낮이냐 하는 것뿐만 아니라 업무도 자살에 영향을 미친다. 이런 문제에 대해서 연구한 사람이 있는데 게리 박사에 의하면 자살은 오전 1시부터 오후 2시 사이에는 거의 일어나지 않고 오후 2시부터 3시 사이에 많이 일어난다고 한다. 그는 일주일 중에서는 월요일부터 목요일에 자살이 많이 일어난다고 말하고 있다. 일이 적은 토요일, 일요일에는 확실히 자살자 수가 적다.

브리에르 드 부아몽 박사는 1834년부터 1843년 사이에 파리에서 일어났던 4,595건의 자살을 조사해서 그 가운데 2,094건은 낮에, 766건은 해질녘에, 그리고 658건만이 밤에 일어난 사실을 확인했다. 그에 따르면 밤에 일어나는 자살은 7시부터 10시 사이에 최고로 많다고 한다.

약간의 차이는 있지만 최근에 행해진 연구들도 이러한 과거의 자료들을 완전히 부정하지는 않는다. 1985년부터 1987년까지 이 문제를 다룬 연구자 그룹은 지금까지도 자살이 밤보다 낮에 많이 일어나는 것을 확인했다. 이 연구에 따르면 자살은 아침 10시부터 오후 11시 사이에 많고 오전 0시부터 아침 8시까지 하강선을 그리는데 특히 오전 5시부

자살에 관한 모든 것

터 7시 사이에는 자살률이 최고로 낮다고 한다. 이것과 비슷한 결과를 프랑스 국립위생의학연구소에서도 내놓고 있다. 연구소의 결론에 의하면 자살의 68%가 오후 5시부터 7시 사이에 일어난다고 한다. 일은 예나 지금이나 자살하는 데 확실히 영향을 미친다. 또 축구 시합이나 올림픽, 여름휴가 등이 얼마간의 영향력을 지니고 있는 것도 사실이다.

바람과 달의 영향

바람이 자살하는 데 영향을 미친다는 사실은 오래전부터 지적되어왔다. 특히 아프리카 북부에서 지중해 연안으로 부는 열풍 시로코는 나폴레옹군의 외과의사 대장인 라레가 바람이 군대에 미치는 피해에 대해 나폴레옹에게 주의를 촉구할 정도로 영향력이 컸다.

이와 비슷한 일은 바람을 이용하지 않으면 안 되었던 메소포타미아의 영국군에게도 일어났다. 영국군은 자살을 불러일으켰던 바람에 '죽음의 바람'이라는 이름을 붙였다. 알제리에서도 이 공포스러운 바람이 원정 중인 뷰죠 장군을 몇 번이나 불안 속으로 밀어 넣었다. 1836년, 오랑 지방으로 원정을 갔을 때 그의 군대는 2일 동안 계속된 그 유명한 '죽음의 바람'을 맞아야만 했다. 바람이 멎자, 착란 상태에 빠진 사병들이 자기들의 머리에 총을 쏘았다. 그다음 날에는 12명의 사병이 또 그렇게 했다. 이러한 현상은 이 '죽음의 바람'을 맞은 모든 부대에서 발견되었다.

1950년대에 스위스에서 실시한 연구 결과, 건조한 열풍인 푄이 부는 날에는 자살이 많다는 것이 증명되었다. 툴루즈에서도 남서풍인 오탄이 불면 비슷한 현상이 나타난다.

20세기 초에 있었던 자살행위에 미치는 달의 영향에 관한 연구에 의하면 보름에 자살이 많이 일어난다고 한다.

땅의 기복의 영향

자살과 땅의 성질에 관련이 있을 것이라고 생각한 사람도 있다. 쁘띠 박사는 평야 지대, 삼림 지대, 해안 지대, 제3기의 토양에서 자살이 가장 많이 일어나고 산악 지대와 고생대의 토양에서는 자살이 적게 일어난다는 것을 증명하려고 했었다. 그러나 이와 비슷한 연구를 통해 다른 결론을 내린 사람도 있다.

유전적인 자살

"블록 가문에서는 자살이 많다. 자살은 빨간 머리카락과 같은 것이다. 부모들 중에 빨간 머리가 있다면 자기도 빨간 머리카락이 된다. 이것을 피할 수는 없다. 기대할 수 있는 최선의 길은 한 세대나 두 세대 건너뛰어서 빨간 머리가 나왔으면 하고 바라는 것뿐이다"라고 초현실주의자 르네 크레벨은 말했다. 그러나 다행스럽게 이 유전 법칙은 증명되지 않았다. 앙드레 시트로엥, 쥬르 르나르, 앙드레 말로, 알퐁스 아레는 모두 아버지가 자살했지만 그들은 자연사했다.

그러나 어떤 면에서는 자살이 유전이 될 수도 있다. 자살이 바로 유전되는 것은 아니지만 유전적 성격을 지닌 일종의 우울증이 같은 가계에 여러 세대에 걸쳐 계속 나타나는 수가 있다. 양쪽 부모가 모두 자신들의 정신적 특징을 자녀들에게 물려주는 경향이 있는데, 그 특징 중의 하나가 죽음의 성향으로서 한 세대에서 다음 세대로 이어질 가능성이 있는 것이다. 이 이론에 의하면 트리스탄 레르미트의 가까운 친척 26명이 왜 사형 집행관 손에 죽는 범죄자가 되었는지도 설명할 수 있다.

자살뿐 아니라 그 밖의 다른 일에 있어서도 가계 내의 전력만큼 많은 영향을 미치는 것은 없다는 것은 확실하다. 루돌프 대공은 조상 중에 자살한 사람이 많았다. 스타비스키, 헤밍웨이, 마야코프스키, 파베스, 베르밍감, 쁘레보 파라돌 등 많은 유명한 자살자들 역시 그들의 아버지가 자살로 생을 마감했다는 공통점을 지니고 있다.

아쉐르와 데아누스 두 박사는 연구 결과, 여러 명의 아이들이 있는 가정에서 자살하는 것은 40%가 만이라는 결론을 내렸다. 가족 전부가 차례차례 자살한 경우도 그다지 드문 것은 아니다.

팔레이 박사는 아버지와 7명의 아이들이 있는 가정의 예를 들고 있다. 그 7명의 자녀들 중 5명이 남자, 2명이 여자였다. 장남은 40살 때 아무런 이유도 없이 4층에서 뛰어내려 자살했다. 차남은 사랑 때문에 고민하다가 35세에 자살했다. 3남은 큰형과 마찬가지로 창에서 뛰어내렸고, 4남은 권총으로 자살했다. 그리고 두 명의 여자 자매도 강에 빠져 자살했다. 에스킬로르 의사는 자녀들이 6명이었던 도매상인의 경우를 소개하고 있다. 6명의 형제 중 제일 먼저 26세의 큰아들이 지붕에서 뛰어내려 죽었다. 다음에는 형의 죽음을 비난했던 차남이 자살했다. 두 형의 죽음이 머리에서 떠나지 않았던 3남도 자살했다. 4남도 마찬가지였다. 이 가족의 유일한 딸은 살아 있지만 몇 번이나 자살미수 사건을 일으켰다고 한다.

생활환경의 영향

1870년대까지는 도시에서의 자살이 시골에 비해서 2배나 많았다. 그러나 기정사실처럼 되어 있었던 이 경향은 점차 역전된다. 1910년 이후는 어느 나라의 통계를 보더라도 도시와 시골에서의 자살률의 차이가 줄어들고 있다. 1930년이 지나면서는 사회가 비인간화되어 절망에 빠진 고독한 사람들이 많아졌음에도 불구하고 시골보다 도시 쪽이 자살자가 적게 되었다. 이러한 변화의 근본적인 원인은 이전까지는 긴장, 불안이 도시보다 적었고 개발도 덜 되었던 시골이 상공업이 발전함에 따라 도시처럼 변하게 되었기 때문인 것 같다.

결혼도 자살에 영향을 미친다. 배우자가 죽은 사람은 이혼한 사람보다도 자살자가 많고, 이혼한 사람은 독신자보다도 자살자가 많은 점도 지적되고 있다. 즉 결혼은 자살행위에 대한 방어물이 되는 것 같다. 유럽에서는 이혼이나 별거가 늘거나 줄어감에 따라 자살도 늘어나거나 줄어드는 양상을 보이고 있다.

직업의 영향

직업도 자살 경향에 영향을 미친다. 다른 직업에 비해 자살자가 많은 경향이 있는 직업도 있다. 지적인 일, 과학적인 일에 종사하는 사람들이 자살을 가장 많이 한다. 일반적으로 자살을 많이 하는 것은 사회에서 교양이 높은 계층의 사람들인 것이다.

직업에 따른 자살 경향도 시대에 따라서 달라진다. 중세 유럽에서는 대부분의 수도원에서 많은 수도자들이 자살했었는데 20세기 초의 프랑스와 독일의 경우, 자살률이 가장 높았던 것은 광부였다. 1862년, 이전까지의 모든 자살 기록을 깨고 직업별 자살자 수에서 가장 높은 자리를 차지한 것은 포도주 상인이었다. 1870년에는 하인과 마부가 가장

종이 재단기에 목을 넣어 자살한 제본공.
직업도 자살 방법과 연관이 있다.

많은 자살자를 냈는데, 매춘부의 자살은 별로 없었던 것 같다. 같은 해에 이탈리아에서는 문학인들이 가장 자살을 많이 했는데 상인의 2배에 달했다. 1872년에는 교사들의 자살이 두드러졌다. 1880년에는 제화점을 하는 사람들과 재봉사들의 자살이 많았다.

1900년대로 넘어오면, 1935년 프랑스에서는 농장을 하는 사람들의 자살은 직장인의 절반, 어부와 선원의 2배였다. 선원은 1969년에는 다른 어떤 직업보다도 자살자가 많았지만, 1990년에는 판도가 바뀌어 농민의 자살이 가장 많았다. 뉴욕 경찰의 자살률은 1934년에서 1940년 사이에는 다른 직업의 6배나 되었다. 무슨 이유인지 모르겠지만 1960년에서 1966년에는 뉴욕 경찰의 자살은 다시 다른 직업의 3배가 되었다.

미국 경찰소장협회의 최근의 자료에 의하면, 1994년에는 3백 명의 경찰이 자살했다고 한다. 이 숫자는 특별 근무 중에 총에 맞은 사람의 4배에 달하는 것이다. 요 30년간 미국 경찰의 자살은 '자살 히트 퍼레이드'의 1위에서 4위 사이를 오르내리고 있다.

1952년 〈파리 프레스〉지는 프랑스에서는 평사원의 자살이 간부의 4분의 1이라고 발표한 바 있다. 1958년에는 미용사의 자살이 급증했는데, 건물 관리인의 자살은 별로 없었다. 몇 년 후인 1965년, 이전까지의 기록을 깨뜨린 것은 포도주 상인이었다. 이 무렵 헝가리에서는 10년 동안 기관차 조종사의 자살이 단 한 건도 일어나지 않았다. 1969년, 세계보건기구는 영국에서는 치과의사와 변호사의 자살이 다른 직업보다도 많다고 발표했다. 같은 해, 미국에서 가장 자살률이 높았던 것은 농민이었다. 프랑스에서는 이 시기, 의학 단체 회원들의 자살률이 다시 높아졌다.

현재 유럽에서는 민간 기업의 사무직원들의 자살률이 공공기업의 직원들보다 낮다. 영국과 미국에서는 정신과 의사의 자살이 이상하게 많다. 프랑스에서는 사무원과 농민의 자살이 중소기업 사장의 절반, 간부 사원의 2배 수준이다.

어떤 직업이 다른 직업에 비해 자살로 이끄는 요인이 더 많은 듯 보이는 것은 왜일까? 독일의 심리학자 헬무트 소프가 1972년에 발표한 것에 따르면, 서독에서는 기업 경영자가 매년 5백 명씩 자살하고 있다고 하는데, 겉으로는 사고처럼 보이는 많은 자살까지 포함하면 실제 자살자는 2천 명 이상이 된다고 한다.

1870년에는 하인, 1880년에는 마부와 재봉사, 1971년에는 기업 경영

자살에 관한 모든 것

자, 1973년에는 교사가 다른 직업보다도 더 많이 죽음을 택했던 것은 무슨 이유 때문일까? 물론 이 문제에 대한 결정적인 답을 찾는 것은 불가능하지만, 각각의 직업이 보여주는 시대별 특징에서 그 답이 나오는 경향이 있는 것만은 사실이다.

스타의 자살

예술과 관계되는 일, 특히 연극과 영화 분야에서 일하는 사람들의 자살이 20세기 후반 이후 급격히 늘어나고 있다. 사실 많은 사람들에게 부러움을 사며, 영광과 부를 누리고 있는 것으로 보이는 스타들은 자살하려는 생각에 가장 물들기 쉬운 사람들이다. 화려한 쇼 뒤에 있는 쓰디쓴 좌절을 잊어서는 안 된다.

롤랑 바르트가 정의했듯 '불안을 야기하는 초인간적인 이 일'에 대해, 1970년에 흥미진진한 연구가 이루어졌었다. 그 연구 결과, 할리우드에서는 12년 동안에 2만 명의 단역 배우 중에서 12명만이 스타가 될 수 있다는 사실이 밝혀졌다. 스타가 되지 못한 사람들이 깊은 실망과 회의, 그리고 벗어나기 어려운 절망에 빠지게 되는 것은 너무도 당연하다.

어떤 일에서든 남들보다 뛰어나지 못한 사람들에게는 실패와 실망이 따르게 마련이다. 특히 스타의 세계는 보다 찬란하게, 보다 높이 올라가는 것이 목표이므로 이것을 달성할 수 없을 때의 상처는 다른 일에서보다 더욱 가혹하다. 스타가 되는 일은 아주 특별해서 대개의 경우 한번 인기가 떨어지면 인기를 만회하기가 어렵게 된다. 배우들 중에는 마땅한 배역을 찾지 못해 불만족스러운 상태로 몇 년을 보내다가 결국 두번 다시 출연할 수 없는 경우도 있다.

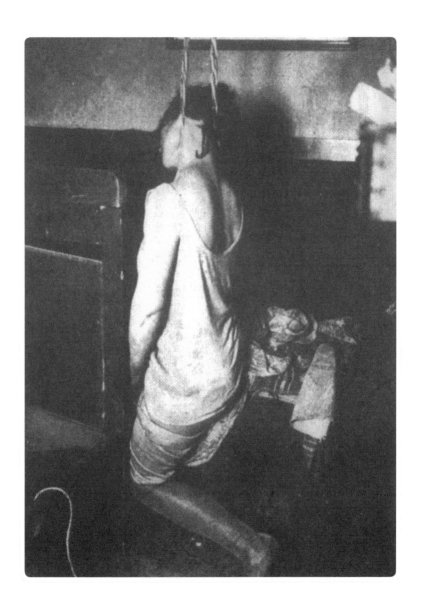

자살에 관한 모든 것

그러나 스타의 대열에 끼어 있었던 배우들도 그렇지 못한 사람만큼이나 인간의 약한 모습을 지니고 있기 쉽다. 찬란한 쇼의 세계는 파괴적인 독소를 내뿜는 것일까? 아니면 다른 보통 사람들보다도 상처받기 쉬운 사람들이 배우가 되는 것일까?

프랑스에서는 유명한 영화배우나 연극배우가 자살미수 사건을 일으킨 경우가 많다. 예를 들어 브리짓 바르도, 안나 까리나, 삐에르 닥크, 바르바라, 페레트 프라디에, 마르티느 카롤, 줄리에트 글레코, 조니 아리디, 에디트 삐아프, 마리 프랑스 보와이에, 새미 프레이, 지넷 루크레르, 자크 샤리에, 필립 루메르 자크 펠랑, 조르쥬 푸쥬리, 장 피에르 레오 등이 바로 그런 사람들이다.

프랑수와 꼬레는 지금은 없어진 잡지 〈캉디드〉에서 이 문제를 다룬 기사를 쓴 적이 있다. "배우의 자살? 만약 자살에 성공하면 사람들은 그것을 정상이 아닌 것으로 간주하고, 자살하려는 생각은 정신병자들만 하는 것이 아니라고 한다. 그러나 만약 자살에 실패하면 그것은 사람들의 관심을 끌려고 한 짓이라고 비난받게 된다." 그런 비난을 받은 남자 배우, 여자 배우가 한두 명이 아니지만 그들 중의 한 사람 마틴 캐럴의 예를 들어보자.

1946년, 당시 프랑스 영화의 주연을 도맡아 했던 조르쥬 마샬과의 이별 때문에 캐럴은 칸느 해에 몸을 던졌다. 조르류 마샬과의 두 번째 이별 때도 캐럴은 센느 강에 뛰어들었고 결국은 아르마 교에서 인양되었다. 그녀의 자살미수 사건은 전 신문의 1면 기사를 장식했다. 이 사건에 대해 많은 사람들은 캐럴이 자살미수를 이용하는 솜씨가 뛰어나다고 말했다. 그러나 캐럴은 의지가 약한 인간일 뿐이라고 말하는 사람도 있었다. 물론 이것은 극도로 흥분했고, 우울증에 걸렸으며, 돈마저 없었던 젊은 여성의 진짜 고통을 알지 못하고 하는 소리다. 그녀는 인기가 절정에 달했을 때 자살미수를 되풀이했다. 바르비투르산제의 수면제도 몇 번이나 먹었고 손잡이가 달린 칼로 손목을 자르려고 한 적도 있다.

실패로 끝난 자살이 있는가 하면, 성공한 자살도 얼마든지 있다. 프랑스의 경우, 특히 잘 알려진 자살은 로랑 알렉산도르의 자살이다. 1956년, 그는 가스 밸브를 열어놓고 줄리에트 그레코에게 전화를 걸었다. 자신의 끔찍한 계획에 대해서는 한마디도 하지 않고 전화를 끊은 후, 그는 많은 양의 약을 먹었다. 예술 학교의 우등생이었던 재능 있는 한 젊은 배우는 그렇게 죽어갔던 것이다.

1966년 12월 31일, 배우이자 감독인 동시에 프로듀서이기도 했던 라울 레비가 젊은 여성의 집 앞에서 자신의 머리에 총을 쏘아 자살했다. 그는 20세 여성에게 사랑을 고백했지만 거절당했던 것이다. 다음 해인 1967년 4월에는 장 쁘라의 TV 드라마 〈레스파뇨르〉로 유명해진 배우, 장 끌로드 로랑이 독방에서 목을 매어 자살했다. 그는 헤어진 여성을 아파트에서 폭행한 죄로 2개월 전부터 판결을 기다리고 있던 중이었다. 1977년에는 마이크 브랜드가 창에서 뛰어내려 자살했다. 1979년에는 장 세버그가 차 안에서 약을 마시고 담요를 뒤집어쓴 채 발견되었다. 1982년에는 패트릭 듀에가 입에 총을 쏘았고, 5년 후에는 그리그가 로미 슈나이더의 최후를 흉내 내어 독약을 마셨다. 사회자 베티 마르스도 자살했고, 그 몇 개월 후에는 너바나의 보컬인 커트 코베인이 자살했다.

자살에 관한 모든 것

비극적인 종말

당연한 얘기지만, 이렇게 연예인들이 죽음에 사로잡히는 것은 프랑스에서만 일어나는 일이 아니다. 쇼비즈니스가 있는 나라라면 전 세계 어디에서라도 이런 일들이 일어나고 있다. 1960년, 제니퍼 존스는 음독 자살을 시도했고, 3년 후에는 자동차를 나무에 들이박았다. 1955년에는 클라우스 킨스키가 자살미수 사건을 일으켰고, 1965년에는 몽고메리 클리프트가 음독에 의한 자살미수를 일으켰다. 안소니 퀸도 3회나 자살을 시도했다. 프랭크 시나트라는 리타 헤이워스에게 버림받자 음독 자살을 기도했다. 1950년에는 베린다 리가 독약을 마셨고 주디 갈런드가 목을 자르려고 했다.

그 이름이 영화사에 남아 있는 중요한 인물 중에서도 비극적인 운명을 피할 수 없었던 사람이 있다. 유명한 스타였지만 지금은 거의 잊혀져가는 플로렌스 로렌스는 1938년에 자살했다. 무성영화의 스타 존 베리모어와 존 길버트는 발성영화가 나오자 거기에 적응할 수 없어서 자살했다.

〈오즈의 마법사〉의 주디 갈런드.
그녀의 자살은 세계를 경악시켰다.

대 희극배우 막스 린다는 이미 앞에서 얘기한 것처럼 인생에서 모든 것을 다 가진 것처럼 보였던 때에 자살해버렸다. 사람들에게 인기가 높았으며 채플린에게 유일한 스승으로 존경받았던 그는 18살의 젊은 부인 옆에서 누운 채 침대에서 발견되었다.

타잔에서 주디 갈런드까지

　1972년, 할리우드에 나타난 플레이 보이 죠지 샌더스가 호텔에서 권총으로 자살했다. 나이트 테이블 위에는 호텔에 지불할 돈이 놓여 있었다. 여성들에게 꿈을 불어넣었던 우상의 한 사람인 피에르 바체프도 비슷한 비극적인 최후를 맞았다. 발성영화가 시작되자 영광으로 가득찼던 그의 시대도 서서히 막을 내리기 시작했던 것이다. 그는 이제는 무성영화에서처럼 자신이 눈부신 활약을 펼칠 수 없다는 것을 알았다. 한두 작품에 출연한 후, 그는 자살을 결심했다. 마지막 밤을 지새우고 동틀 무렵 독약을 마셨다. 그때가 1932년, 그의 나이 32세였다.

　1944년, 여배우 루프 웰즈―죠니 와이즈뮬러가 역을 맡은 타잔의 처―는 사람들 앞에서 한바탕 소란을 일으킨 끝에 결혼 5년 만에 남편과 헤어졌다. 그 일이 있고 난 뒤에 그녀는 미용사를 부르고, 화려한 드레스를 사 입고, 가장 호화로운 보석으로 치장을 했다. 그리고 수백 단의 난초를 주문했다. 그러곤 혼자서 저녁을 먹었다. 캐비어, 연어 그리고 독약. 그것이 그녀의 저녁 메뉴였다. 그녀는 세코날을 샴페인과 함께 마셨다.

　1962년, 세계 비평가들로부터 당대 최고의 배우로 인정받았던 최고의 인기 배우 페드로 아르멘다리스가 자살했다. 그는 자기가 불치의 병에 걸려 있다고 믿고 권총으로 자살했다. 또 1964년에는 알랜 래드가 자살했다. 1971년에는 피어 앤젤리가 자살했다. 그녀는 할리우드를 무릎 꿇게 한 제임스 딘의 사랑을 받고 있어서 전 세계 여성들의 선망의 대상이었다. 그녀의 자살은 전 세계를 경악케 했다. 다음 해 〈오즈의 마법사〉에 출연한 주디 갈런드가 자살했을 때도 역시 마찬가지였다.

chapter 2

자살자의 유언

"죽기로 작정한 사람의 최후의 말이 언제나 두려움과 호기심의 대상이 되는 데는 이유가 있다"라고 문학자 에띠엔느 장 델레오르즈는 말한다. 자살하는 사람이 남긴 최후의 메시지를 살펴보면, 자살하는 가장 중요한 이유가 무엇인지는 알 수 없다고 해도 적어도 절망에 빠진 사람의 최후의 감정을 분석할 수는 있다.

영국 작가 맥스웰 앤더슨은 자살자의 편지와 최후의 메모에 흥미를 느껴 1970년대에 발표한 책에 자신이 수집한 여러 가지 사례를 실어 놓았다. 그의 책에 의하면 꼼꼼하게 필기구로 이치에 맞는 문장을 쓰는 사람도 있지만, 가지각색의 기묘한 방법으로 관심을 끌려는 이상한 메시지를 남긴 사람도 있다. 사람들의 기억 속에 남고 싶다는 바람, 또 자신이 지구에 존재했던 흔적을 남기고 싶다는 바람을 쓴 것도 있고, 완전히 죽고 싶지는 않다는 생각을 쓴 것도 꽤 있다. 더러는 다른 사람에게 죄책감을 느끼게 하려는 의도로 쓰인 것도 있다.

최후의 메시지는 거의 대부분 연필이나 펜으로 쓰지만 분필로 벽이나 문, 창문에 쓰는 경우도 있다. 쓴 것을 바지와 가슴에 핀으로 꽂아두는 사람도 있고 마치 영원히 간직하기라도 하려는 것처럼 병에 넣은 사람도 있다.

게리 교수는 『프랑스의 윤리 통계』라는 책에서, 최후의 메시지에 주로 무엇을 남기고 있는지를 빈도수 높은 순으로 나열해놓고 있다. 그것을 옮겨보면 다음과 같다.

1. 사람들과 인생에 대한 불만

2. 부모와 사랑하는 사람에 대한 작별의 말

3. 장례에 대한 지시

4. 신의 자비에 대한 믿음

5. 내세에 대한 신앙

6. 사랑하는 사람과 이별하는 것에 대한 유감의 말

7. 죄를 속죄하고 싶다는 생각

8. 자기를 그리워해주기를 바라는 마음

9. 자기를 자살하게 만든 그동안의 괴로움에 대한 것

10. 자살을 알리지 말아주었으면 하는 바람

11. 정신적 고민

12. 자식에게 자기가 죽은 방법을 가르쳐주고 싶지 않다는 바람

13. 유품(초상 사진, 반지)을 모두 묻어주었으면 좋겠다는 희망

14. 용기를 잃을지도 모른다는 것에 대한 두려움

15. 머리카락을 한 움큼 남기고 싶다는 바람

16. 시체 검안소에서 웃음거리가 될 것에 대한 두려움

17. 성직자에 대한 모멸

18. 자신의 미래에 대한 불안

자살에 관한 모든 것

마지막 유언은 항상 호기심과 흥미를 불러일으킨다.

자살자들이 남긴 글들을 살펴보면 자살자의 최후의 생각이 분명하고 자세하게 나타나 있는 것도 있지만, 아주 짧은 몇 마디만을 남긴 것도 있다. 주로 머리에 총을 쏘거나 목을 매달거나 목을 졸라 자살한 사람들이 간결한 유언을 좋아한다. "그럼, 또" "죽을 시간" "천사가 내게 나타나 영원하고 전능한 신에게로 데려가겠다고 말했다" "내가 잘못하고 있는 것은 아닌가 하는 생각이 든다" "기쁨 만세, 애정 만세, 그럼 안녕" "가스 주의! 마시지 않도록!" "나는 정상이다" "남은 사람들에게 행운을!" "손에 있는 권총으로 고통을 끝내야겠다는 생각이 들었을 뿐이다" "살면서 폐를 끼쳐서 죄송합니다" "안녕, 맛있는 스프를 끓여주세요" 등의 말을 남긴 사람들이 있는가 하면, 문에 다음과 같은 경고를 써놓은 사람도 있다. "심장이 약한 사람은 들어오지 마시오!"

1956년, 오클라호마 주에서 자살한 신문 배달부가 남긴 편지에는 "나는 아무도 개입시키지 않고 나 혼자 힘으로 다시 태어나는 실험을 하려고 합니다. 곧 알게 되겠지요. 그럼 또"라고 쓰여 있었다.

작가 로미는 루이 뷰스나르라는 소설가의 예를 들고 있다. 뷰스나르는 1911년, 죽기로 작정하고 자기의 장례식에 참석할 사람들을 스스로 결정했다. 그는 "루이 뷰스나르는 삼가 그의 비종교적인 장례식에 대해 말씀드립니다. 장소는……"이라고 쓴 자신의 사망 통지서를 써서 인쇄했다. 일부 난은 비워 두었지만 대부분의 봉투 겉봉에 친구들의 주소를 써두었다. 그가 쓴 초대장의 내용은 이렇게 계속된다.

"아내를 잃은 슬픔에 잠겨 있던 그는 63세로 생애를 마쳤습니다. 장례식 장소는……"

자살에 대한 생리적 관찰

산 사람의 최후의 독백 중에는 자살의 고통을 자세하게 기록한 것도 있다. 죽을 시간을 기록해 두고, 죽기까지의 과정을 정말로 냉정히 쓴 자살자도 있다. 어떤 포병대 하사가 남긴 글은 매우 흥미롭다. 그 글에는 다음과 같이 쓰여 있었다.

"나는 더 이상의 용기도 비겁함도 보이지 않겠다. 나는 다만, 남아 있는 약간의 시간을 이용해 질식사하는 인간의 감정과 고통의 지속 시간을 쓰려고 하는 것뿐이다. 만약 이것이 조금이나마 유용하다면 나의 죽음은 헛된 것만은 아닐 것이다."

그리고 그는 죽기까지의 과정을 상세히 기록했다.

- 7시 45분 준비 완료. 맥박수 1분에 60에서 61. 어느 것이 먼저 없어지는지를 보기 위해 램프와 양초에 불을 붙였다. 혹시 제대로 표현하지 못하더라도 학자들께서는 이해해주기 바란다. 불을 켜고 8시가 되기를 기다렸다.
- 7시 55분 맥박수 1분에 80.

자살에 관한 모든 것

- 7시 58분 맥박수 90. 90이 넘기도 한다.

- 8시 불을 붙였다.

- 8시 3분 숯불이 꺼져 종이로 다시 살려야 했다.

- 8시 9분 맥박수 85. 곤로의 관이 떨어졌다.

- 8시 13분 두통이 온다. 방은 연기로 가득 찼다. 목이 아프고 눈이 따끔따끔 하다. 목이 졸리는 느낌이다.

- 8시 20분 불이 맹렬히 타오른다.

- 8시 22분 알콜 냄새를 조금 맡았다. 기분이 좋아지는 것 같아서 나쁘지 않다. 눈에 눈물이 가득 고였다.

- 8시 23분 코가 얼얼하다. 점점 괴로워진다.

- 8시 25분 물을 조금 마신다. 거의 숨을 쉴 수가 없다. 손수건으로 코를 막았다.

- 8시 32분 코를 막아 기분이 좋아졌다. 맥박수 65.

- 8시 33분 램프도 촛불도 모두 약해졌다. 마셨던 물을 거의 다 토해버렸다.

- 8시 35분 두통이 심해진다. 몸에 힘이 빠지는 느낌이다.

- 8시 40분 촛불의 빛이 램프의 빛보다 약하다. 화덕만이 잘 타고 있다. 난로는 작동하지 않는다.

- 8시 42분 심한 두통. 램프불은 잘 타고 있다. 사실은 중간중간에 기름을 넣어주고 있다. 난로가 또 켜졌다. 자고 싶다.

- 8시 49분 손으로 코를 막았지만 눈은 금방 눈물로 가득 찬다. 내 귀에서 윙윙거리는 소리가 난다.

- 8시 51분 촛불은 거의 꺼져가고 있다. 램프는 여전히 타고 있다. 토

하고 싶다. 물이 마시고 싶다.

- 8시 54분 촛불이 꺼졌다. 램프도 곧 꺼질 것 같다.

- 8시 56분 맥박 81. 머리가 많이 무겁고 글쓰기도 아주 힘들다.

- 8시 58분 힘이 빠진다. 물이 마시고 싶다. 램프는 아직도 타고 있다.

- 9시 0분 마지막 힘을 짜낸다. 물이 없다. 이제 끝이다. 똑바로 있을 수가 없다. 무섭고 겁난다. 램프는 아직 타고 있다.

- 9시 1분 조금 즐거워진다. 물을 마셨다. 램프는 약하다. 망상에 빠진다.

- 9시 5분 저……

위의 경우와는 달리 생리학적으로 커다란 흥미를 지아내는 것은 19세기의 문학자 브르 생 테메가 최후의 순간을 기록한 것이다. 그는 오랫동안 자살 계획서를 준비하고 그 계획을 실행에 옮겼다. 그는 또 브롱클레인이라는 친구에게 마지막 충고를 남기는 것을 잊지 않고 다음과 같이 써놓았다.

"나는 내 친한 친구가 자살 검증을 합법적인 것이 되게 하기 위해서, 제일 먼저 경찰을 불러줄 것이라고 믿고 있다. 그 후에는 내가 헤달라는 대로 해주었으면 좋겠다. 안녕. 건강과 행복을."

그리고 그는 이렇게 썼다.

"혹시 내 예상대로 되지 않거나, 친구가 보고도 그대로 내버려두거나, 내가 중간에 포기하지 않는다면, 나는 틀림없이 살아 있지 않을 것이며, 어디에도 존재하지 않을 것이다. 나는 죽는 방법에 대해서는 흥미가 없다. 간단하고 빠른 방법으로 심장에 권총을 쏠 수도 있지만 권총을 손에 넣는 일이 쉽지 않았다. 물에 빠져 죽는 것은 집에서 할 수 없는 것이고, 또 물에 빠져 죽으면 내 모습이 망가져서 싫다. 석탄을 피워놓고 죽는 것은 너무 고통스럽고 또 시간이 걸린다. 그래서 나는 다음과 같은 방법을 사용했다.

확실히 죽기 위해서, 우선 책장 선반 위에 끈을 단단히 묶는다. 그 끈을 고리로 만들어 머리를 끼운다. 발밑의 의자를 치우면 몸이 공중에 매달리게 된다. 교수와 목매다는 것은 거의 같은 효과를 거둘 것이다.

이제 알 것 같다. 나는 초조해지고 있다. 청과물 도매시장으로 가는 차 소리가 들리지만 이제 나는 더 이상 그 차를 쓸 필요가 없다. 나는 죽음을 두려워하지 않는다. 그것은 내가 원하고 바라는 것이기 때문이다. 그러나 너무 길어지는 고통은 두렵다. 그러나 그 고통도 산책한다고 생각하면 사라진다. 머릿속에는 아이들 생각밖에 없다. 어떤 침묵이 내 주위를 둘러싸고 있는가. 4시를 알리는 종소리가 들린다. 이제 곧 시간이 된다. 잘 있거라 사랑하는 딸들아. 신은 나의 고통을 허락해주실 것이다. 다시 한 번, 잘 있거라. 사랑스런 내 아이들아. 마지막으로 생각나는 것은 너희 일이다. 나의 최후의 고통을 그대들에게 보낸다. 그럼 안녕. 부르 생 테네."

이것 말고도 또 한 가지 별난 메시지를 들어보자. 그것은 어느 누구도 따라올 수 없을 정도의 인간에 대한 혐오감을 표시했던 영국의 어느 경의 편지다. 1795년 10월, 처와 처의 애인을 살해한 후 그는 칼로 자기 목을 찌르기 전에 다음과 같은 편지를 썼다.

"나는 매년 100파운드를 제공할 것이다. 그 돈은 나의 땅값으로 영원히 지불될 것이다. 내 뜻에 따라 이 돈으로 진을 사서 아일랜드인에게 나누어주라. 그 사람들은 나의 사망 통지서를 보고 C묘지에 모일 것이다. 그들이 모이면 한 사람 한 사람에게 나무 막대기와 칼을 주고 진이 모두 없어질 때까지 반잔씩 나누어주라. 술을 주는 날은 매년 3월 17일과 10월 18일로 하자고 하라. 나는 거칠고 난폭한 아일랜드 사람들이 모여서도 서로 죽이지 않는 것은 단지 무기가 없기 때문이라고 확신한다. 따라서 그들을 모으는 가장 확실한 방법을 택하기로 한 것이다. 동시에 그들이 자기 나라의 인구를 줄이고 그 대신 영국에서 건너간 문명인을 거기서 살도록 했으면 하는 바람이다."

〈뉴욕 데일리 뉴스〉지의 외신 담당 기자 로웰 림프츄스는 1957년, 그의 마지막 기사를 이렇게 써서 끝맺었다.

"나는 칼럼을 8,700개나 써왔다. 그러나 이 글이 마지막이다. 왜냐하면 나는 어제 죽었기 때문이다. 내가 내 자신의 부고란을 쓰기로 결심한 것은 나의 죽음에 관해서 가장 잘 알고 있는 것은 누구보다도 나라고 생각하기 때문이고, 또 미사여구로 수놓인 기사보다는 정확한 기사가 훨씬 낫기 때문이다. 기자가 자살하기 전에 최후의 메시지로서 자기 자신의 부고란을 쓰려고 하는 것은 정말 못 말리는 직업병이 아니겠는가?"

그리고 그는 자기 집에서 자살했다.

chapter 3

동물의 자살

자살은 과연 열정과 지성과 의지를 모두 갖춘 유일한 존재라고 생각되는 인간만이 하는 것일까? 신의 조화로운 세계를 믿는다면, 우리는 인간의 고통을 영적인 완성을 향해 나아가는 하나의 과정으로 이해하거나 결과로 이해할 수 있으며, 동시에 이미 저질러진 실수들을 보상받을 수 있는 하나의 가능성으로 설명할 수 있다. 그런데, 동물들에게 있어서 고통이라는 것은, 그것이 낳는 반응들이나 그것을 야기한 원인들까지 불가사의한 것으로 남아 있을 수밖에 없다.

동물들의 자살의 문제는, 이를 지지하는 신뢰할 만한 권위자들이 점점 늘어나면서, 과학계와 의학계에서 논란의 대상이 되고 있다. 뉴욕 자연사 박물관장인 피터 교수 같은 이들이 동물들의 '자발적 죽음'이라는 논리에 반박한다면, 미국의 아르키 가프 교수 같은 사람들은 동물들의 자발적 죽음을 원칙적으로 인정한다.

본능과 죽음의 욕구

동물의 자살을 전혀 인정하지 않는 프랑스의 수의사들조차 어떤 동물이 정신적 충격을 받은 이후에 "스스로 죽음에 처한다"는 사실은 모두 인정한다. 동물 비교행동학 박사인 수의사 부주롤을 비롯해서, 동물 심리학 및 정신병학 분야의 꽁도레 보르도, 그리고 조류 권위자인 필립 와일리는 동물들을 치료하고 관찰하면서도 엄밀한 의미의 동물의 자살에 대해서는 입에 올리는 것조차 꺼린다. 그러나 살고 싶다는 본능을 버린 동물들이 "자신의 죽음을 스스로 받아들이고 있다"는 사실만큼은 인정하는 것이다.

동물들의 자발적인 죽음은 설명이 불가능한 미지의 영역에 속한다. 윌리엄 클라인을 포함한 몇몇 수의사들은 말이나 소와 같은 동물들도 "죽음에 대한 인식"을 갖고 있다고 한다. 예를 들어 말이나 소는 무엇이 자신들을 기다리고 있는지를 신기하게도 인식하고는, 도살장 안으로 들어가기를 거부한다. 인간처럼 동물도 죽음을 거부하는 보존 본능의 욕망을 지니고 있는 것은 아닐까?

소위 '동물의 자살'에 대해 반박하는 루슬레 블랑 박사도 동물의 자발적 죽음의 개념을 인정하지 않으면서도 동물들로 하여금 죽음에 이르는 행동을 하게 만들 수 있는 매우 강한 감정이 잠재해 있음을 인정한다. 블랑 박사에 따르면, 주인의 무덤 옆에서 굶어 죽는 개는 주인이 '죽었다'는 사실을 인식하지 못한다. 그 개는 주인이 땅 밑에 있다고 믿고 주인이 돌아오기만을 기다리는 것이다. 개가 그렇게 행동하는 것은 단지 주인이 없기 때문이지, '죽음의 의지' 때문은 아니다.

수의학 박사인 꽁도레세는 동물들의 죽음에 대한 의미를 묻는 질문에 다음과 같이 대답했다.

"주인을 잘 따르는 동물이 주인이 죽고 나서도 절망적인 애착을 보이는 일이 많습니다. 스스로 굶어 죽는 동물들이나, 주인의 무덤에서 며칠 동안 끈질기게 주인을 찾는 동물들을 종종 볼 수 있습니다. 사회적 존재인 동물은 인간과 지속적이고 정감 어린 접촉을 합니다. 동물들의 사회적 생활 방식은 인간과의 밀접한 관계 속에서 융합되고 확립됩니다."

그리고 영원한 충절의 원천인 이런 관계들은, 그들이 같은 종이든 아니든 간에 한집에서 사는 동물들 사이에 훨씬 더 자주 발견된다. 하나가 죽으면, 다른 하나는 이별의 슬픔과 함께 부재에 의한 빈자리를 강하게 느낀다. 애도의 기간이라고 할 수 있는 3~6주간에 이르는 동안 남은 놈은, 집 안을 뒤지고 탐색하며, 정신적이고 육체적인 고통을 겪는다. 마르고, 지독한 복통에 시달리거나, 심하게는 심장병 증세까지 보이기도 한다. 그러나 그는 주인의 이해와 애정으로 결국 안정을 되찾게 되는 것이다.

그러나 나이가 많은 동물은 마음에 상처를 입으면 자신이 받은 충격에서 회복하지 못하는 경우도 있다. 동물끼리의 애정을 나타내는 적절한 예로 많은 사람들을 감동시켰던 이야기가 있다. '알레 프랑스'라는 유명한 경주용 말이 한 염소와 오랜 우정을 나누고 있었다. 둘을 떼어 놓기가 보통 힘든 일이 아니어서, 알레가 경주를 위해 이동할 때마다, 그곳이 아무리 먼 경마장이라 해도 그곳까지 친구인 염소도 함께 데려가야 했을 정도였다.

수의학 박사 부주롤은 자연 속에서 야생동물들이 스스로 죽음을 택할 수 있다고 한다. 어떠한 이유 때문인지 야생동물들이 몸을 지킬 수 없고, 싸우는 것이 불가능한 죽음을 향해 나아간다는 것이다.

우리에 갇혀 있는 동물들은 신경증에 걸릴 수 있다. 그중에서도 가장 끔찍한 것은 자식증自食症이 나타나는 것이다. 아메리카산 작은 육식동물인 코아티(남미산 곰의 일종_옮긴이)의 경우를 예로 들 수 있는데, 이 짐승은 만성적인 향수병에 시달리다가 자기 자신을 파먹었다. 마찬가지로 동물원의 동물들 가운데 침팬지와 고릴라는 지나친 따분함과 향수鄕愁 때문에, 우리 안을 빙빙 돌고 머리를 벽에 부딪치는 등 미친 것처럼 행동하기도 한다. 오랫동안 뱅깡뜨 동물원의 책임자로 있었던 수의학 박사 랭가르는 한 침팬지가 "스스로를 죽게 내버려둔" 것을 확인했는데, 그것은 그 침팬지의 우리와 사육사가 바뀌었기 때문이었다.

슬픔에서 수치심으로

불안한 상황에 처한 동물이 확고한 신념을 가지고 선택했다고밖에 설명할 수 없는 주검을 발견하게 되는 것은 주목할 만한 일이다. 플리니우스는 시라큐사의 독재자였던 헤론 왕과 리지아크 왕의 개들에 대한 이야기를 전해주고 있다. 주인의 곁에서 전 생애를 보냈던 이 개들은 주인의 죽음으로 헤어질 운명에 처하자, 그것을 받아들이지 못하고, 주인의 시신이 타는 화장터로 뛰어들어 주인과 함께 화장되었다. 이렇듯 동물의 자살은 절망적인 슬픔을 벗어나기 위한 의지로 보이기도 한다. 또 수치감 때문에 자살하는 경우도 있는데 이에 대한 증거들은 올리앙이 남긴 이야기에서 찾을 수 있다. 낙타들은 어미와 교미하는 것을 거부한다고 하는데, 불시에 강제로 자기 새끼와 교미하게 된 한 암낙타가 수치심을 못 이겨 자살했다. 교배용 낙타가 부족했던 낙타 사육사는 암낙타의 머리를 베일로 싼 후 그 자식에게 데려가 교미를 시켰으나 교미 도중 베일이 흘러내린 것이다. 교미를 한 새끼 낙타는 얼마 후에 이 사육사를 죽였다.

플리니우스는 위와 비슷한 스키티아 왕의 암말에 대해 이야기하고 있다. 스키티아 왕은 자신이 키우는 망아지들 중 한 마리가 유난히 영리하고 아름답게 자랐으므로 어미말과 자식말을 교미시키기로 결정했다. 위의 낙타의 예처럼 베일로 눈속임을 했는데, 이번에는 젊은 수말의 눈을 가렸다. 수말은 교미 직후에, 자신의 머리에 씌웠던 두건이 벗겨지면서 그 어미와 교미했음을 알게 되었다. 수말은 미친 듯이 날뛰더니 결국 낭떠러지로 뛰어내려 자살했다.

이 정도로 기이한 것은 아니지만 역시 주인에 대한 애정 때문에 자살하거나 스스로 죽음을 받아들이는 말들의 사례는 얼마든지 찾아볼 수 있다. 말은 감각과 지각 능력이 있을 뿐만 아니라 기억력도 좋고 영리하기 때문에 사고하고 판단할 줄 안다. 작센 지방의 한 원수는 이렇게 말을 칭찬했다.

"나는 자주 마부와 말들의 싸움에서 누가 옳고 그른가를 따지는 일을 하게 되는데, 항상 내가 발견하는 것은 틀린 쪽이 마부였다는 것이다."

아테네의 소클레스가 데리고 있던 말은 자신이 다른 사람에게 팔리자 다른 사람의 소유가 되는 것을 거부하고, 스스로 굶어 죽었다. 마찬가지로, 기원전 149년에 비티니아의 통치자인 니코메데스 왕이 죽었을 때, 그의 말은 모든 먹이를 거부했다. 엘리안 핀베리는 스키티아의 한 왕이 전장에서 죽자, 왕의 말이 정복자를 짓밟고 이빨로 물어 갈기갈기 찢어놓은 후 자신도 따라 죽었다는 이야기를 전하고 있으며, 플루타르크는 칸타레드라고 불리는 한 갈라디아 사람이 안티오쿠스를 죽인 후 의기양양하게 안티오쿠스의 말에 올라탔다가 성난 이 말이 그를 이빨로 문채 낭떠러지로 뛰어내려 사람과 말이 함께 죽었다는 이야기를 전하고 있다.

석가모니의 말도 주인과 헤어지는 것을 견디지 못했다. 석가모니는 가족과 부하들을 포기한 채, 불법을 얻고 또 그것을 전하기 위해서 궁전을 떠날 것을 결심했다. 그는 곧 자신의 말 칸타카를 타고 위병소를 빠져나와 시골로 향했다. 강가에 다다르자 그는 타고 온 칸타카를, 자신을 따라온 충복 샨타카와 함께 궁으로 돌려보냈다. 마구간으로 돌아온 칸타카는 자리에 누워 슬픔과 허기로 죽음을 맞았다.

현대의 말들이라고 고통으로부터 벗어날 수 있는 것은 아니다. 고통의 원인이 육체적이든 감정적이든 그것이 절망적으로 여겨질 때 그들은 그 고통에 무관심할 수 없는 것이다. 1898년, 〈쁘띠 저널 일러스트〉지는 확실한 자살이라고 생각되는 한 필의 말 이야기를 상세히 보도하고 있다.

쁘르뜨 생 마르탱 그르넬 노선의 합승 마차 말 가운데 한 필이 어느 날 갑자기 무엇엔가 충격을 받은 듯 그 자리에서 뒷발질을 하는 등 미친 듯 날뛰다가 기진해 길바닥에 쓰러졌다. 말을 마차에서 풀어 별 어려움 없이 일으켜 세우기까지 한 마부는 흥분헌 밀을 신정시키기 위해 손으로 끌고 가던 중이었는데 그 가엾은 짐승은 불현듯 마부의 손을 뿌리치고 달아나 길옆의 난간을 넘어 물속으로 뛰어들었다. 만약 이 가엾은 말이 단지 도망치고 싶었던 것이라면, 그냥 앞으로 뛰기만 하면 되었을 것이다. 그러나 그 말은 달아나려고 했던 게 아니라 죽기 위한 필사의 노력을 했던 것이다.

저자의 가까운 친척인 한 가축 사육사는 그의 친한 친구 가운데 한 명의 끈질긴 간청에 못 이겨 자신이 아끼던 앵글로 아랍계 망아지 한 마리를 넘겨주게 되었다. 물론 그 사육사가 망아지에게 지닌 애착만큼 망아지도 주인에 대한 애정을 가지고 있었다. 사육사에게 졸라 망아지를 넘겨받은 이 문제의 친구는 그러나 이 망아지에 대해 그리 오래 애정을 가지지 않았다. 자신을 따르지 않는 망아지의 까탈스러운 성격을 대하면서도, 그는 망아지를 원래의 주인에게 돌려보내지 않았다. 음식을 거부하던 망아지는 끝내 스스로 벽에 머리를 박고 죽었다. 이러한 실례들은 육체적으로나 정신적으로 타격을 입은 말들에게서 보이는 것들이다. 이런 말들은 고통에서 해방되기 위해 자해하여 죽는 방법을 택하는 것이다.

고양이의 자살

우리가 그 죽음을 자살이라고 간주할 수밖에 없는 경우를 고양이들에게서도 쉽게 찾아볼 수 있다. 고양이는 애정 때문에 죽는 경우가 많다. 로마의 레꼴 프랑수와 교장의 고양이는 프랑스 대사 부인의 암고양이에게 완강히 거절당했다가 파르네스 기숙사의 발코니 아래로 몸을 던졌다. 목격자들에 의하면 자살로밖에 생각할 수 없는 죽음이었다고 한다.

마우리스 마그르는 그의 저서 『죽음과 미래의 생』에서 한 암고양이의 자살에 대해 쓰고 있다.

"이 암고양이는 바닷가의 한 어부 집에서 살고 있었다. 다른 고양이들이 흔히 그러하듯이 이 암고양이도 강한 독립성을 보이고 있었다. 이 고양이는 산책을 하다 상처를 입어 다리를 절게 되었다. 날이 갈수록 그 정도가 심해지자 고양이도 더욱 침울해졌다. 그 후 새끼 고양이들이 태어났다. 경계심에서였는지, 독립심을 키워주려 해서였는지, 암고양이는 온 힘을 다해 새끼들을 히스 황야 근처의 야생 고지대로 힘겹게 데려다 놓았다. 그리고 몇 주가 지나서 어부는 이 암고양이가 새끼들을 데리고 다시 집으로 걸어들어 오는 것을 보고 놀랐다. 고양이는 새끼들을 어부에게 맡기려는 듯, 새끼들을 그의 발치로 몰아놓았다. 그러고는 스스로 바다에 뛰어들었다. 어부는 고양이가 파도 속에서 허우적거리는 것을 보았다. 어부는 물에 뛰어들어 고양이를 건져내었다. 이상한 행동을 함에도 불구하고 이 암고양이에게 애정을 가지고 있었던 어부는, 고양이의 몸을 닦아준 후, 수건 위에 놓아 햇볕을 쬐게 했다. 고양이는 어부가 하는 대로 몸을 맡겼으나, 그가 다른 곳으로 주의를 돌리자마자 다시 파도 속으로 뛰어들었고 결국은 익사하고 말았다."

개의 자살

줄리에뜨 아샤르는 〈프랑스 수와르〉의 기자인 프랑수와 드 깡브르루스에게 자기의 푸들개가 자살을 할 것이라고는 생각지 못했다는 말을 털어놓았다. 늙고 병들었던 자신의 개가 마지막 혼신의 힘을 다해 창문에서 뛰어내렸다는 것이었다. 매년 언론은, 주인에게서 버려진 개들이 발코니의 난간 아래로 뛰어내려 자살한 사건을 보도한다. 믿기 힘든 일이지만 이런 장면들을 목격한 사람들은 단정적으로 말한다. 그것은 명백한 자살이라고.

물론, 주인의 죽음이나 오랜 기간의 부재로 절망한 개들이 죽음으로 자신의 고통에서 해방되는 듯 행동하는 걸 목격하는 일은 더 이상 놀라운 일이 아니다. 에든버러 시의 한 기념비에는, 다른 곳에서도 볼 수 있음 직한 이런 글귀가 새겨져 있다.

"이것은, 빌리의 애정 어린 충성에 바치는 보상이다. 이 충성스러운 개는 주인의 유해를 따라서 그레이프라스의 무덤까지 좇아가 자신이 죽는 날까지 무덤가를 지켰다."

모차르트의 개 역시 이와 비슷했다. 그 개 역시 주인이 묻힌 무덤을 떠나지 않고 그곳에서 죽음을 맞았다.

윌리엄스 그랜빌은 19세기 중반에 실험을 통해 개는 대개 물에 빠져 죽거나 먹기를 거부하는 것으로써, 죽음을 추구하거나 자살할 수 있다고 주장했다. 이것은 개가 집에서 쫓겨났을 경우에만 해당되는 것이 아니라, 과거에 대한 향수나 깊은 슬픔, 아니면 단순히 지루함 때문에도 나타날 수 있는 현상이라는 것이다. 그는 "이러한 자살의 동기들은 개의 지능을 나타내는 것으로 이해될 수 있다"고 덧붙여서 말하고 있다.

반박하기 어려운 또 다른 자발적 죽음의 형태는 자신이 사랑하는 이들이 위험에 빠졌을 때 개들이 그들의 곁을 떠나길 마다하는 것에서도 찾아볼 수 있다. 예를 들어 부모가 자리를 비운 동안 두 어린아이들이 사고를 당했을 때 함께 죽은 작은 스파니엘 종의 암사냥개의 경우도 마찬가지이다. 〈프랑스 수와르〉가 이 사건에 대해 보도한 것처럼 "그 개는 아이들을 구할 수는 없었다. 그러나 그 개에겐, 그 아이들을 구하기를 포기하고 달아나는 것보다 함께 죽는 것이 더 쉬운 일이었을 것이다."

새도 자살한다

새들도 자발적으로 죽음에 도달할 수 있다. 새들의 습성에 대한 호기심이 가득 담겨 있는 책을 집필한 뚜스넬은 암컷 제비들은 자신들의 짝에 큰 애정을 갖고 있어서, 짝을 잃는 슬픔을 겪으면 다시는 다른 제비와 짝을 짓지 않는다고 주장한다. 이 저자에 따르면, 이 암컷 제비들이 자신의 짝과 행복하게 살았던 장소로 돌아가기 위해 수천 킬로미터의 여행을 하는 것은 흔한 일이라고 한다. 어떤 제비들은 자신의 둥지에 처박혀 슬픔으로 식음을 전폐하다 숨을 거둔다고 한다. 또한 사랑하던 앵무새들은 자신의 짝이 세상을 떠나면 살 의욕을 잃어버린다. 간혹 슬픔에 싸여 있는 와중에 새로운 상대가 나타나더라도 죽은 짝에 대한 정절은 반드시 지킨다.

동물 애호가들 중에서 주인이 죽은 후 물과 먹이를 먹는 것을 거부하다가 새장 안에서 뻣뻣하게 죽어 있는 카나리아를 발견했거나 그런 이야기를 들어보지 않은 사람은 없을 것이다. 이와 유사한 상황들 속에서 앵무새나 구관조도 더 이상 살아가는 것을 거부할 수 있다.

동물 집단 자살의 신비

어떤 한 종의 동물에게서 발견할 수 있는 자살이나 자발적인 죽음—그러나, 다시 한 번 말하지만, 본질적으로 여기에 무슨 차이가 있겠는가?—에 대한 집단적 행위에 대해 의사들과 연구가들 사이의 의견 분열은 복잡한 문제를 야기할 수도 있겠지만, 그들의 견해가 어떤 것이 되든, 사실 자체에 대한 타당성을 의심할 여지는 없을 것 같다.

동물의 집단 자살이 존재했었다는 것을 우리가 인정한다면, 아마도 가장 놀라울 만한 것은 터키의 옥시아스 섬으로 추방된 8만 마리 개들의 자살일 것이다. 터키의 콘스탄티노플은 한때 개들의 천국과도 같았다. 그러나 시간이 흘러, 세기 초의 혁명이 닥쳐오고, 개들의 운명은 급작스럽게 달라졌다. 콘스탄티노플에서 개라는 존재를 근본적으로 제거할 참으로, 생존해 있는 모든 개들을 옥시아스라고 불리는 마르마레스 바다의 작은 섬으로 이주시키기로 결정했던 것이다. 사람들은 이 개들의 마지막 한 마리까지 그곳에 가두어 죽일 셈이었다.

드디어, 섬에 고립되어 허기와 갈증으로 죽어가게 될 운명에 처한 수만 마리의 개들이 배에 실렸다. 당시, 유럽의 다양한 동물 보호 단체들은 이 잔인한 처형을 멈추게 하기 위해, 백방으로 손을 썼지만 그러한 노력은 헛된 것이었다. 이윽고 섬에 내려진 개들은 자신들의 처지를 이미 알고 있기라도 한 듯 그 즉시로 암벽의 높은 곳으로 뛰어올랐고 그곳에서 뛰어내려 자기들의 의지로 익사했다.

당시 사람들은 해안에서 멀리 떨어진 바다에서 허우적거리는 개들을 발견하는 건 드문 일이 아니었다. 어쩌면 개들에게 유일한 피난처가 될 수도 있었던 어부들의 소형 보트를 보고도 개들은 도움을 청하기보다는 차라리 물속으로 가라앉아버리고 있었다.

집단 자살에 관한 또 다른 놀랄 만한 예들은, 돌고래나 향유고래 같은 고래과 동물들에게서 많이 발견된다. 사람들은 해변으로 기어 올라왔다가 다시 깊은 바다로 보내진 돌고래들이 죽을 때까지 계속해서 뭍으로 기어 올라오는 것을, 점점 더 자주 목격하게 된다. 말하자면 계산되고 의도된 이 자살 현상에 대해 학자들은 그것이, '수중 음파 탐지기의 오작동에서' 기인한 고래의 실수라고 말한다. 그러나, 자신들의 종말을 향해 가는 고래들이 한두 마리가 아닐 때, 이런 여러 마리의 고래들이 모두 똑같이, 순전히 생리적인 장애에 봉착하는 것이라는 이론이 과

연 가능한 일인가? 아마도 바다가 오염되어 있어서 그 많은 고래들에게 영향을 미쳤다면 그럴 수 있을지도 모르겠다.

1971년, 200마리 이상의 향유고래들이 죽기 위해 영국의 체리 해변 위로 올라왔다. 주민들은 그 가운데 어린 고래들을 바다로 되돌려 보내려고 애썼다. 그러나 바다로 돌려보내졌던 향유고래들은 변함없이 그 해변 위로 다시 돌아왔다. 이와 동일한 현상이 이미 1950년과 1962년에 아이슬란드의 해변에서도 목격되었다. 그곳에서는 150마리 이상의 향유고래들이 설명될 수 없는 방법으로 죽기 위해 그곳으로 왔다. 같은 현상이 1980년과 1994년 사이에 100여 번 이상 관찰되었다.

동물들에게서 관찰되는 특이한 집단 자살의 또 다른 경우는, 중앙아프리카와 남아프리카에서 발견되는, 영양의 일종인 스프링복이다. 무리를 지어 달리는 특징이 있는 스프링복은 영양들 가운데 자신들의 뿔을 사용해 맹수들에게 저항하는 드문 종의 하나이다. 학자들, 특히 스프링복에 대해 매우 특별하게 연구한 지봉 교수 같은 이들은 스프링복들이 수천만 마리까지 무리를 이루는 거대한 결집을 하는 때가 있다고 한다. 이 결집은 어떤 이주 법칙에도 해당되지 않을 뿐만 아니라 포유류에서 관찰된 다른 어떠한 경우보다도 특이한 경우다. 이런 대이동에 대해 만족할 만한 답을 절대 구할 수 없다.

지봉 교수는 1893년에 카프 지방의 카루와 트리스타 지역에서 단 한 번 그러한 일을 관찰한 적이 있다. 그는, 하루 평균 160킬로미터의 속도로, 수천 킬로미터를 횡단하는 스프링복을 지켜보고 나서, 이에 대해 자세하게 기록했다.

"이들은 이동 중에 중간중간 새롭게 구성된 무리들이 합류하면서 차츰차츰 그 수가 늘어나더니 마침내 1억이 넘는 엄청난 무리가 이루어졌다. 이 숫자는, 1평방미터에 몇 마리의 스프링복이 들어갈 수 있나를 따지고, 그들이 어떤 쪽을 향하고 있으며 또 그들의 대열이 몇십 킬로미터나 이어져 있는지를 계산해서 나온 숫자다. 이 어마어마한 행진에 사자가 밟혀 죽기도 했다. 마침내 스프링복들은 오렌지 강 하구 근처의 나마쿠아란드 연안의 대양에서 멈췄다."

지봉 교수를 비롯해 100여 명의 목격자들은, 스프링복들의 이동이 죽음으로 끝을 맺고 있다고 주장한다. 바다로 뛰어들어 목숨을 끊은 수백만 스프링복들의 행위는 의심할 바 없는 자발적 죽음이라는 것이다. 그렇게 죽어간 스프링복의 주검은 해안을 따라 50킬로미터 이상을 뻗어나가 그야말로 사체의 바다를 이루었다.

조그맣고 땅딸막한 동물인, 그 유명한 나그네쥐의 대이동 역시 수백만 마리에 달한다. 나그네쥐의 수는 꽤 규칙적으로 변동을 겪는 것처럼 보이는데 몇 년 동안은 빠른 속도로 불어났다가 다시 몇 년 동안은 거의 멸종하다시피 사라진다. 이 현상의 주기는 약 4~5년 정도로 여겨지는데 그 시기는 엄청난 수의 출생이 이루어져서 대이동이 일어나게 되기까지의 시간이다. 나그네쥐들은 수천 마리씩 무리를 지어 바다를 향해 간다. 나그네쥐를 잡아먹기 위해 뒤따르는 수많은 육식동물들과 먹이를 찾아 나선 새들까지 가세한 이 종대의 행진은 그 어떤 것으로도 막을 수 없다. 우리는 나그네쥐들이 가옥들을 침해하고 황량한 들판과 도시며, 마을들을 가로지르는 것을 보게 된다. 노르웨이 영토는 자주, 이 집단적인 파멸을 향한, 해괴한 행진의 무대가 된다.

물고기 떼의 죽음

일정 정도의 과밀 수준에 다다른 나그네쥐가 그 자리에 남아 있다면, 나그네쥐들은 기근과 모든 종류의 약탈자들로 인해 전멸당하리라는 것은 분명하다. 이렇게 자살로 향해가는 것이, 자연의 균형 법칙을 위해 그들에게 선고된 희생이거나 일종의 홀로코스트에서 유래된 것이라는 걸 인정하는 게 그리 어려운 일일까?

과학은 멈추지 않고 진보하는 그 연구들에도 불구하고 아직도 자연의 현상에 대해 만족할 만한 어떤 것도 찾아내지 못했다.

사베른의 말에 따르면, 한 보아뱀은 그의 주인이 죽고 난 후, 주검 근처로 미끄러져 들어가 슬픔과 허기로 그곳에서 죽기까지 스스로를 방치해 두었다고 한다.

1961년, 오스트리아에서는 수천 마리의 물고기들이, 명백히 죽을 의도로 오스트리아 해안 위로 뛰쳐나온 불가사의한 일이 있었다. 종을 가리지 않고 모든 물고기들이 300킬로미터에 이르는 거리에 걸쳐, 조밀하게 파도처럼 떼지어 나타났다. 수백 명의 어부들은 쉘 하보르그와 투폴드 베이 사이에서 물고기들이 물에서 얼굴을 내밀고, 바다에서 빠져나오기 위해 긴 시간 동안 끈질기게 땅 위로 몰려들고 있는 것을 보았다. 오스트레일리아 어부들은 처음에는 무언가 유독한 것 때문에 물고기들이 해안으로 나오고 있다고 생각했다. 어부들은 즉시 그들이 할 수 있는 모든 장비를 동원해 물고기들을 큰 나무 물통이나 저수지와 함수호 등으로 옮겼다. 그러나 물고기들은 나무통 밖으로 뛰어나오기 위해 발버둥쳤고, 바다에서 도망쳤듯이 함수호에서 빠져 나오기 위해 절망적인 노력을 거듭했다. 그때 죽은 물고기들은 그야말로 시체의 장벽을 이

자살에 관한 모든 것

루었는데, 300킬로미터에 걸치는 해안이 발 디딜 틈이 없었다. 사람들은 물고기들이 그 자리에서 썩는 것을 막고, 길을 내기 위해 수천 톤에 달하는 죽은 물고기들을 불에 태워야 했다.

자살에 대한 어두움과 유혹으로부터 빠져나온 사람은 동물의 세계에 대한 논쟁들을 오직 자신에게만 증명할 수 있을 것이다. 왜 죽음에 대한 확고한 선택은 "인간의 기괴함"이 될 뿐일까? 어째서 동물들은, 그들의 유일한 본능에 의해서만 지배당한다는 것일까?

개신교 신학대학장인 올리비어 아벨은 이렇게 말했다.

"인간만이 자살할 수 있다는 것은 내겐 외설적인 경솔함과 허영처럼 보인다. 우리는 아무것도 모른다. 그리고 드러난 것만으로 보기에 적어도, 그것은 거짓이다."

원숭이인가 사람인가

—

1970년대에 중국의 위산 산맥에서 한 유인원이 생포되어 몇 년 동안 중국 각지에서 몰려온 사람들의 구경거리가 되었다. 중국 남쪽 한 외딴 지역의 숲에서 살고 있던 이 유인원은 '마오공'이라는 이름으로 불렸다. 마오공은 어느 날 두 소녀를 따라 산을 내려옴으로써 사람들에게 알려지게 되었다.

지역 농부들에 의해 세상으로 나오게 된 마오공은 오랫동안 원시인인 일종의 '예티' 같은 것으로 생각되어 왔었다. 그러나 1985년에 한 과학 팀이 정밀한 관찰을 계속한 끝에 사실은 그것이 인간의 종이 아니며 동물의 종에 속한다는 결론을 내렸다.

"종 원숭이, 성별 수컷, 키 160센티미터, 몸무게 27킬로그램, 그의 신체는 짧은 꼬리로 끝난다. 손과 발에는 손톱과 발톱이 있다. 서 있는 자세를 자주 취한다. 눈은 검은 색이며 이중 눈썹을 가졌다."

80년대 말까지, 계속 우리에 갇혀 지내야 했던 마오공은 병에 걸리고 말았으며 신경 쇠약 증상이 나타났다. 어느 날 아침, 그는 목을 매달았다. 여기서 두 가지 의문이 제기된다. 과연 '마오공'이 원숭이라는 과학 팀의 진단은 타당한 것이었나? 그리고 '마오공'이 원숭이라면 자살을 할 수 있을까?

자살에 관한 모든 것

제7부

범죄를
감추기 위한 자살

자살이라고 보기엔 석연치 않은 의문스러운 죽음들도 설명하려면 책 한 권이 된다.

범죄를 감추기 위해 자살을 이용하는 경우가 많다. 교묘함과 상상력, 거의 양심의 가책을 느끼지 않는 강심장을 필요로 하는 이 행위는 역사를 통해 그 효과가 증명되어 왔다. 사람들을 분개하게 만들거나, 중요 인물이 말려들 염려가 있는 스캔들을 없애기 위해서는 가장 좋은 시간에, 가장 적당한 장소에서 발견되는 사체가 적절하게 필요하게 마련이다. 그런 죽음은 죽임을 당한 사람이 절망에 빠져 고통을 당하고 있었다고 판단할 만한 충분한 근거가 있기 때문에, 타살이라는 결정적인 증거와 증언들은 모두 묻히게 된다. 그리고 상황은 음모를 꾸민 사람들에게 유리하게 돌아간다.

이처럼 역사에서는 자살이라고 보기 힘든 죽음 가운데 고인이 왜 죽으려 했는지 설명할 수 없는 경우가 많다. 또 알려지지 않은 사실들이 숨겨져 있는 경우도 있다. 이러한 의문사에 대해서 역사적으로 설명을 하려고 한다면, 그것만으로도 책 한 권의 분량이 될 것이다. 따라서 여기서는 가장 의심스러운 경우에 대해서만 간략하게 기술하고자 한다.

칼라스 사건과 볼테르

칼라스 사건은 1761년에 일어난 사건이다. 이 사건은 칼라스를 옹호하고 나선 볼테르가 네덜란드, 영국 그리고 러시아의 왕으로부터 재심 재판 비용을 원조 받았다고 해서 프랑스뿐 아니라 유럽 일대에서 화제를 모았었다.

1761년 10월의 어느 날 오후, 툴루즈의 필라체 거리에 사는 캘빈주의의 상인 마르크 앙뜨완느는 칼라스의 집 부근에서 비명 소리를 들었다. 소리를 지른 것은 칼라스 집의 하인이었다. 칼라스의 사체를 처음 발견한 데수발르라는 이 증인은 칼라스가 셔츠 차림으로 바닥에 누워 있는 것을 발견했다. 그는 사체의 셔츠를 풀어헤치고, 목에 감겨 있던 스카프를 풀었다. 그리고 목에 핏자국이 있는 것을 보았다.

틀림없이 마르크 앙뜨완느 칼라스는 교살되었던 것이다. 사법부의 다비드 드 보드링이 칼라스의 저택을 조사했다. 그는 경찰 업무와 예비 판사와 추기경의 의장직을 겸비한 행정관이었다. 나중에 그는 모든 사람들로부터 까닭 없이 미움의 대상이 되고 또 역사가들에게는 규탄 대상이 된다. 그에 대한 혐오가 지나쳐서 공포정치 시대에는 다비드 드 보드링의 손자는 할아버지와 같은 이름을 가졌다는 이유만으로 단두대로 보내지기도 했다.

하여튼, 다비드 드 보드링은 칼라스의 사체를 보고서 몇 가지 의문을 가졌다. 칼라스의 죽음은 분명 자연사는 아니었지만 살인 사건이라고 보기에는 의문점이 몇 가지 있었다. 우선 집이 너무 깨끗한 상태였고, 소란을 일으킨 흔적이나 싸운 흔적이 전혀 없었던 것이다. 칼라스의 머리는 가지런히 정리되어 있고, 특히 웃옷과 파란색 옷이 깨끗하게 개어져 선반 위에 놓여 있었다. 그러면 칼라스는 자살한 것일까? 사람들이 자살자라고 욕하고 모욕할까 봐 가족들이 자살을 타살로 꾸민 것은 아닐까? 다비드가 알아낸 바에 따르면 칼라스는 죽은 다음 날 자신의 종교를 버릴 것을 공식적으로 선언하고, 가톨릭으로 개종하기로 되어 있었다고 한다. 그 때문에 누군가로부터 비난을 받고 있었고 그의 아버지는 이것을 견딜 수 없어 아들을 죽게 한 것인지도 모른다. 그래서 칼라스의 가족들에 대한 재판이 벌어지게 되었다.

사체 발견 이틀 후, 사태가 돌변했다. 피고인인 가족들 모두가 첫 번째 심문 때 거짓말을 했다는 사실을 인정한 것이다. 아버지 장 칼라스는 아들의 사체가 누워 있었던 것이 아니라 매달려 있었다고 했다. 그는 아들이 막대기를 가게와 창고의 양쪽 출입구에 걸쳐놓았으며 이 막대기에 끈을 걸고 목을 매단 것 같다고 말했다. 그렇다면 다비드 드 보드링의 첫 번째 추측은 정확했던 것일까? 그러나 칼라스의 아버지의 증언대로 사건을 재연하는 것은 전혀 불가능했다. 두 개의 문에 걸쳐놓은 막대기는 겉돌기만 할 뿐, 고정되지 않았다. 게다가 보드링은 자기가 사건 현장에 도착했을 때 문의 가장자리가 먼지투성이였다는 것을 확인했다. 그곳에 걸린 나무 막대기에 사체가 매달려 있었다면 그렇게 먼지가 쌓여 있을 리 없었다. 사법 관계자가 조사한 결과도 마찬가지였다. 그 방법으로 목을 매단다는 것은 절대 불가능했다. 따라서 장 칼라스는 위증을 했다는 것이 밝혀졌다.

취조 도중, 칼라스의 아버지는 계속 아들의 자살을 주장했다. 우리는 칼라스 집안이 캘빈파였다는 것, 또 당시는 종교에 대한 열정이 불타오르던 시대였다는 것을 잊어서는 안 된다. 결국 광신자 입장에서 보면, 마르크 앙뜨완느는 강제로 개종당한 신개종자이며 자기 신앙의 희생자가 된 것이다. 그의 장례식에는 47명의 성직자가 입회했다.

그 후 장 칼라스에게는 아들 마르크 앙뜨완느의 살해범이라는 판결이 내려졌고 차형車形 선고를 받게 되었다. 3월 10일 그는 몸을 잡아 늘리는 고문을 당했다. 그것은 툴루즈 지방에서 오래전부터 써오던 고문 방법이었다. 고문을 당하면서도 그는 계속 무죄라고 주장했다. 그래서 그에게 특수한 고문이 추가되었다. 다량의 물을 강제로 마시게 하고, 사지를 불로 지졌다. 그래도 그는 아들을 살해했다는 사실을 부인하고 자살을 주장했다. 2시간에 이르는 차형을 받은 후, 사형 집행관이 교수형에 처하려는 순간까지도 그는 "나는 죄 없이 죽는다"라고 말했다.

피슈그뤼의 실크 넥타이

1804년에 있었던 피슈그뤼의 죽음도 역시 의문으로 가득 차 있다. 사병으로 군대에 발을 들여놓은 이 남자는 특이한 운명을 맞게 된다. 피슈그뤼가 라인 군에 들어간 후 뛰어난 통솔력을 인정받아 생 쥬스토와 로베스피에르의 추천으로 곧바로 연대장이 된다. 그다음에는 장군이 되고 라인 모젤군의 총사령관까지 되었다. 여러 차례 승리를 거둔 그는 당시 가장 위대한 장군 중 한 사람이 되었다.

1795년의 파리 반란을 진압한 것도 바로 그였다. 국민의회는 그를 조국의 구세주로까지 추앙했다. 그 후 피슈그뤼는 프랑스 전 군대의 최고 자리에 올

자살은 범죄를 가장하기 위한 완벽한 방법이다.

자살에 관한 모든 것

랐다. 그러나 야망에 불타오른 그는 왕당파의 음모에 가담하기로 했고, 국민의회를 배신하는 대가로 막대한 돈과 원수의 자리를 요구했다. 게다가 쿠데타가 성공하는 날에는 알자스의 통치권도 요구할 작정이었다. 그러나 그의 배신행위는 구로라는 사람이 오스트리아의 키글링 장군의 짐 속에서 발견한 편지 때문에 발각되었다. 그는 즉시 체포되었고 기아나로 강제 이송되었다. 하지만 그는 기아나에서 탈출해 1803년, 다시 카도우달의 음모에 가담했다. 전에 자신의 휘하에 있었던 장교의 도움으로 몸을 숨기고 있었지만, 그 장교가 밀고로 다시 체포되었다.

4월 5일자 공식 조서에 의하면, 피슈그뤼는 스스로 목숨을 끊지 않겠다고 약속했음에도 불구하고 자살했다고 한다. 사체 옆에는 로마의 저술가 세네카의 책이 펼쳐져 있었다. 카토의 죽음에 대해 거침없이 논하고 있는 대목이었다. 피슈그뤼는 검은 실크 넥타이를 목에 두른 다음 나뭇가지를 매듭에 끼워서 숨을 쉴 수 없을 때까지 돌렸다. 그러고는 조여진 것이 풀리지 않도록 베게 밑에 막대기를 넣어 움직이지 않게 했다. 그리고 베개 위에 그대로 누웠다. 그렇게 해서 그는 죽었다.

파리에서는 그의 죽음에 마멜크(나폴레옹 1세의 기마 친위대)의 근위병들이 관련되어 있다는 소문이 오랫동안 떠돌았다. 나폴레옹이 자기의 야망에 도전하고 있는 피슈그뤼에게 위협감을 느끼고 있었고, 이에 나폴레옹을 따르는 근위병들이 나폴레옹의 뜻을 대신 실행해주었다는 것이다. 소문에 따르면 12명의 근위병들이 잠들어 있는 피슈그뤼를 급습해 목 졸라 죽였다고 한다. 그러나 이러한 추측은 신빙성이 없다. 보나파르트 나폴레옹은 국가 반역죄로 고발된 모로에게 유죄 판결을 내리기 위해 피슈그뤼의 증언을 믿고 있었기 때문이다.

트라팔가르의 제2의 충격

프랑스의 빌너브 제독은 〈트라팔가르의 음모〉라고 불리는 계획적인 완전범죄의 희생자였다. 빌너브는 프랑스 함대를 잃고 영국군의 포로가되었다. 덕분에 나폴레옹은 해상 정복의 꿈을 버려야 했다. 빌너브는포로가 된 지 5개월 후인 1806년 4월에 가석방되어 프랑스로 돌아왔다. 그러나 그는 참담한 결과를 가져다 준 패배 후에 삶의 의미를 잃고절망에 빠져 렌 시의 패트리 호텔에서 칼로 자살한 것으로 전해진다.나폴레옹은 이 사건에 대해 『세인트헬레나 섬의 추억』에서 자세히 밝히고 있다.

"영국군 포로였다가 프랑스로 돌아온 그는 패배를 너무 괴로워한 나머지 자살하기 위해 해부학까지 공부하고 있었다. 해부도를 여러 장 사서 자기 몸과 비교하고 심장의 정확한 위치를 가늠한 모양이다."

나폴레옹은 빌너브에 대한 이야기 끝에 그가 장침을 가슴에서 머리까지 찔렀고, 그 침이 심장에 꽂혀서 죽었다고 말하고 있다.

렌 시의 법의학자는 제독이 가슴을 칼로 여섯 번이나 찔렀고 그중하나가 심장을 관통했다고 단언하고 있다. 어쨌든 실패에 대한 절망감때문에 자살했다는 것이다. 두 사람의 이야기에서 차이가 나는 것은자살 방법일 뿐 양쪽 다 빌너브가 자살했다는 점에 대해서는 조금도의심치 않았다.

그러나 이와는 전혀 다른 주장이 있다. 그것은 홀리오 도우랑의 주장으로 완벽하지는 않지만 꽤 설득력이 있다. 그의 주장에 따르면 나폴레옹이 자신의 책임을 트라팔가르의 빌너브에게 전가하기 위해서 거짓말을 했거나 적어도 부풀려서 말했을 것이라고 한다. 자신을 정당화하

자살에 관한 모든 것

기 위해서 나폴레옹은 자신의 전략상의 오점을 알고 있는 거추장스러운 증인이며, 자칫 잘못하다가는 자신의 경력에 손상을 끼칠지도 모르는 이 위험인물을 경찰을 시켜서 살해했을지도 모른다는 것이다. 그는 아마 제독의 명령을 받은 혼혈인 J. B. 바크라는 사람이 살인을 했을 것이라는 말까지 덧붙이고 있다. 한 가지 확실한 것은 경찰이 이 의문의 인물을 몰래 미국으로 보냈다는 것이다. 불행한 빌너브의 사체를 둘러싸고 자살설과 살인설에 대한 논란은 오래도록 끊이지 않았다.

베르티에-창문을 통해

프랑스의 거물급 인사 루이 알렉산더 베르티에의 죽음도 의문사였지만 그것은 그저 단순한 정치범죄에 지나지 않았다. 그는 나폴레옹의 승인을 받아 당시 프랑스에서 엄청나게 증가하고 있던 정치적 파벌과 당파에 대항해 싸웠고 그로 인해 공을 세웠다. 그러나 이 싸움 때문에 그가 의문의 죽음에 이르렀다고 생각하는 사람도 있다.

공식적으로는 1815년 6월 1일에 군인 베르티에가 뷰스베르 저택의 4층 창문에서 뛰어내려 자살한 것으로 되어 있지만, 그 자세한 내막은 아직까지도 완전히 밝혀지지 않고 있다. 대부분의 사람들은 그가 루이 18세를 제거한 것을 후회하고 괴로움 끝에 어쩔 수 없이 자살한 것이라고 생각하고 있다. 그러나 베르티에의 죽음이 자살로 위장된 암살이라고 생각하는 사람들도 많다. 베르티에의 암살설을 주장하는 사람들은 베르티에가 황제 밑에서 가신 노릇을 하고 있었던 당시에 그에게 박해받았던 비밀결사대 중 6명의 남자가 베르티에에게 복수한 것이라고 생각하고 있다. 더구나 베르티에가 다시 황제에게로 돌아오는 것을 두려워한 왕의 측근들이 베르티에 암살을 찬성까지는 하지 않았어도 적어도 동조는 했을 것이라고 생각하고 있다.

에스파냐 자물쇠

자살로 위장한 범죄의 동기가 언제나 부정적인 것만은 아니다. 콩데의 죽음은 가장 의심스러운 자살의 전형적인 예로 프랑스 범죄사에 남아 있다. 사건의 발단은 1805년 소피 다우라는 20세의 창녀가 부르봉 콩데 공작과 사귀게 된 데 있었다. 부르봉 공작은 아름답고 재치 있던 그녀에게 푹 빠져 있었다. 부르봉의 애인이 된 그녀는 왕정복고 후에 파리로 갔다. 공작을 자기 마음대로 다루고 있었던 그녀는 공작에게서 보와시의 저택, 엔갱의 숲, 거기다 생 루 성까지 받아냈다.

이상한 일이 발생한 것은 1830년 8월 27일이었다. 부르봉 공작의 하인이 에스파냐 자물쇠에 두 장의 손수건을 걸고 목을 매고 죽어 있는 부르봉을 발견한 것이다. 눈을 감은 채 팔을 아래로 늘어뜨리고 있었는데 이상하게도 양쪽 다리가 바닥에 닿아 있었다.

사법부에서는 이 사건을 명백한 살인으로 보았다. 그러나 왕은 그렇게 생각하지 않았다. 그래서 사법부에서도 처음과는 달리 이 사건은 자살과 다름없다고 말하게 되었다. 한 가지 확실한 것은 조사 당시, 콩데에게는 그렇게 자살할 만한 실제적인 능력이 없었다고 전문가들과 역사가들이 단언 했다는 것이다. 손수건은 단단하게 이중으로 묶여 있었다. 그렇게 묶으려면 상당한 요령이 필요하다. 그러나 공작은 쇄골이 골절되어 왼팔을 쓸 수 없는 상태였다. 이 점 때문에 자살이라고 인정하기 어렵게 되었다.

조사가 진행되면서 서로 모순되는 의심스러운 단서와 소문, 증거가 발견되었다. 루이 필립 왕이 왜 모든 방법을 동원해서 자살 이외의 다른 주장을 믿으려 하지 않았는지도 밝혀졌다. 왕의 아들인 샹보르 백작이 130억이라는 콩데 공작의 막대한 재산의 상속인이었던 것이다. 살인설을 인정하면 조사에 착수하게 되고 그러면 후세르 남작 부인, 즉 소피 다우의 행동이 백일하에 드러나게 될 것이었다. 소피 다우는 자신에게 빠져 있는 콩데 공으로 하여금 거의 강제적으로 왕가인 오를레앙가에는 유리하지만 비적출 상속인인 로앵가에는 불리하게 유서를 쓰게 했다. 자기 몫으로 1억이 돌아오도록 서류에 기재하는 것도 잊지 않았다. 콩데 공작은 내키지 않았지만 애인이 시키는 대로 유서를 썼던 것이다.

로앵가에서는 유언의 정당성에 대해서 이의를 제기해 재판이 벌어졌다. 결국 그들이 '에스파냐 자물쇠'라고 이름 붙인 후세르 남작 부인과의 법정 싸움에서 이기기는 했지만 결국은 그녀와 사이가 틀어졌다. 소피 다우는 자기 재산을 챙겨서 영국으로 돌아가 여생을 보내기로 했다.

부르봉 공작의 자살 문제가 해결되어가는 듯했을 즈음, 그의 시체를 발견했던 하인 루콩트가 죽는 사건이 발생했다. 루콩트의 이 불가해한 죽음이 다시 의혹을 불러일으켰다. 루콩트는 죽기 직전에 부르봉의 자살이 있었던 날 밤의 일을 이야기했다. 그날 밤, 그는 공작의 침실 앞 복도에서 남작 부인을 만났다. 그녀는 하인을 보고 너무나 당황해하며 방에 들어가서 나오지 말라고 명령했다고 한다. 그리고 그는 부르봉의 죽음에 대해서 아무도 생각지 않았던 말을 했다.

공작은 애인에게 빠져 있었지만 성적 능력을 거의 잃고 있었다. 전에 사창가에서 일했던 남작 부인에게 있어서 이러한 장애는 대단한 것은 아니었다. 그녀는 목을 조르는 것이 성적인 문제를 해결하는 데 생리학적 효과를 갖는다는 것을 알고 있었다. 그래서 사랑하는 부르봉의 성적 능력을 소생시키기 위해서 어떤 방법을 써보려고 했고 부르봉은 이러한 아이디어를 받아들여 기꺼이 실행에 옮긴 듯하다. 그는 발을 바닥에 붙인 채 에스파냐 자물쇠에 매달리고 가장 적당한 때에 남작 부인이 손수건을 풀어주기로 했을 것이다. 그러나 8월 27일 밤은 고의로 그랬는지 어쨌는지는 모르지만 손수건을 푸는 시간이 다소 늦어진 듯하다.

그러나 가장 그럴듯해 보이는 이 설명에도 한 가지 모순점이 있었다. 남작 부인은 결코 이중 매듭을 할 수 없다는 것이 밝혀졌던 것이다. 콩데 공작의 죽음에 관한 문제는 완전히 해결되지 않았다고 인정할 수밖에 없다.

네르발, 마지막 밤

19세기말. 샤틀레 감옥 옆의 침수되고 오염된 길 끝에 계단이 있고 그 계단을 오르면 사람의 키 정도 높이의 철책이 있다. 1890년 6월 26일 아침, 에이프런 끈으로 목을 맨 사람이 발견된 장소가 바로 그곳이다. 두 발은 거의 땅에 닿아 있었고, 모자는 그대로 머리 위에 올려져 있었다. 남자였다. 당시의 신문기자는 "주변에 있던 사람들이 급히 몰려들어 죽은 사람을 구경했다. 그러나 어느 누구 하나 시체를 묶어 놓은 끈을 풀려고 하지 않았다. 그러한 용기를 가진 사람은 아무도 없었다. 경찰이 와야만 했다. 정말 어처구니없는 일이다"라고 쓰고 있다. 그 남자를 발견했을 당시, 구경하던 사람들은 아직 그가 살아 있다는 것을 알

자살에 관한 모든 것

고 있었다. 오른쪽 손이 움직이고 있었지만, 모두 모르는 척했다. 잠시 후 의사가 도착했을 때에는 이미 때가 늦었다. 죽은 사람의 주머니에는 편지 1통과 정신병원의 영수증이 2장, 10상팀짜리 동전 1개 ,그리고 '인생은 꿈'이라는 제목의 글이 들어 있었다.

경찰은 그 남자의 신원을 확인할 수 있는 단서는 하나도 찾지 못했다. 그래서 이 죽음을 범죄로 판단했다. 사체는 시체 검안소로 운반되어 3일간 14번 침상 위에 나체로 보관되었다. 법의학자는 사체를 검안한 후 자살이라고 판정했다.

가까스로 신원을 확인한 결과, 그 남자는 제라르 드 네르발로 밝혀졌다. 그는 괴테의 『파우스트』를 번역했으며 『오렐리아』 등 많은 소설 작품을 남긴 작가로 많은 사람들로부터 존경받고 있었다. 그의 죽음 소식을 접한 많은 문학가와 예술가들은 동요하지 않을 수 없었다.

그의 많은 친구들은 불량배가 네르발을 살해하고 자살로 위장해 놓은 것이 아닌가 하고 생각했다. 또 어떤 친구는 네르발이 정신분열 증세가 있었으며, 여러 병원을 다닌 것을 볼 때 자살설을 완전하게 부인할 수는 없다고 했다. 나쁜 장난을 치기를 좋아하는 사람이 그에게 장난을 했지만 그것이 뜻대로 되지 않았던 것이라고 말하는 사람도 있었다. 네르발과 상당히 친했던 무슬레는 "모든 일에 이것저것 이론을 내세우고 대단히 광적이었던 그는 죽음을 증오했다"라고 확신을 가지고 주장했다. 덧붙여 『불의 여인들』을 쓴 섬세한 작가가 불명예스럽게 허름한 철책에 목을 매어, 많은 친구들을 비탄에 빠지게 하는 짓은 절대 하지 않을 것이다"라는 말도 했다. 그의 관점에서 보면 네르발은 틀림없이 살해된 것이다.

알렉상드르 뒤마는 그것을 비열한 범죄라고 생각했다. 그는 증인과 주민들의 말을 듣기도 하고 경찰, 법의학자 등과 연락을 하기도 하면서 손수 조사를 해 독자들의 관심을 불러일으키는 기사를 발표했다. 기사 머리말에서 그는 다음과 같은 의문을 던지고 있다.

"네르발은 살해되었을까? 여성용 에이프런 끈은 누군가가 세게 잡아 뜯은 것 같았다. 단말마의 순간에도 떨어지지 않았던 모자 역시 이상했다."

그 후 제라르 드 네르발은 이 세상에서의 마지막 밤을 거리의 매춘부와 함께 지낸 것으로 밝혀졌다. 파리의 모든 신문이 다시 이 사건을 자세히 다루었다. 유명한 작가가 글을 쓰고, 화가는 붓을 들었다. 제라르 드 네르발을 잘 알고 있던 알프레드 도르보는 친구들의 생각을 요약해 이렇게 썼다.

"만약 제라르 드 네르발이 자살하려고 했다 치더라도 그는 그런 식으로 자살할 사람이 아니다. 그는 아마 자기의 이름에 걸맞는 방법, 그리고 친구들 수준에도 걸맞는 방법을 택했을 것이다. 지금까지 걸어온 당당한 인생을 오래된 홍등가 거리의 불길하고 기분 나쁜 분위기 속에서 끝마치지는 않았을 것이다."

지금까지도 이 작가의 죽음에 대한 의문은 풀리지 않고 있다.

비행기 안에서 사라진 사람

재계의 황제 로웬스테인의 시체가 프랑스 북부 해안에서 발견되었다. 그의 얼굴은 게에게 뜯어 먹힌 상태였다. 7월 3일에 영국의 클레이든을 출발한 그의 비행기는 브르제에 도착할 예정이었다. 그러나 그는 갑자기 항로를 덩케르크로 바꾸었다. 잠시 후 로웬스테인은 화장실에 갔다. 그리고 그는 영영 돌아오지 않았다.

로웬스테인의 가족들은 그의 명예를 손상시키지 않기 위해서 그가 자살했다고 주장했다. 알프레드 로웬스테인은 다른 대부분의 재계 인사들이 그런 것처럼 많은 적을 두고 있었다. 그는 죽이겠다는 협박도 몇 차례나 받은 적이 있었다.

사건이 일어난 후 가장 먼저 의심을 받은 사람은 여행에 동행했던 비서 백스터였다. 로웬스테인이 죽은 지 4년 후에 그녀가 자살했을 때 사람들은 그녀가 로웬스테인을 죽인 것에 대해 양심의 가책을 느껴 자살했을 거라고 생각한 사람도 있다. 그러나 비행 중인 비행기 안에서 갑자기 사람이 사라진다는 것은 있을 수 없는 일이었다. 도대체 어떻게 된 것일까?

로웬스테인 사건이 있기 15년 전인 1913년 9월 29일, 루돌프 디젤이 의문의 죽임을 당했다. 그는 배에서 사라졌다. 디젤은 모터를 발명해서 동력기술에 일대 혁신을 가져오게 한 인물이었다. 독일 황제는 그에게 모터 기술을 독일 해군 이외에는 어느 누구에게도 알려주지 않겠다는 다짐을 몇 번이나 받아두었다. 그러나 그는 영국 해군과 기술 협정을 맺기 위해 자신의 요트 '도레스텐' 호를 타고 영국으로 갔다. 항해 도중 그는 행방불명이 되었다. 행방불명이 된 지 2주일 후, 한 어부가 그의 시체를 건졌다.

스파이 제거 작전

"자살은 비밀 정보기관이 성가신 존재들을 제거할 때 자주 이용하는 방법이다."

이것은 프랑스의 국제정보부원이 한 말이다. 실제로 그렇게 정보기관에 의해 자살 형태로 살해된 것으로 추정되는 사건이 여럿 있었다.

1948년, 스파이 사건 재판에서 증언을 할 예정이었던 미국의 로렌스 다간 의원이 건물 17층에서 뛰어내렸다. 미국의 국방 장관 제임스 포레스탈도 1949년에 17층에서 떨어졌다. 이 사건들이 다 자살이었을까?

독일에서는 소비에트의 첩보원 룽게의 서독 방문이 사건을 불러일으켰다. 10여 년 전부터 동유럽의 정보가 소비에트로 유출되고 있었다는 사실을 알고 미국도 몹시 놀랐다. 독일 정보기관의 간부들에 대한 일련의 재판이 열렸음에도 불구하고, 독일연방공화국의 평판은 땅에 떨어졌다. 나토NATO의 힘과 존재 이유에 대해 의문을 던지는 사람도 있었다. 이때도 사건은 소리 소문 없이 마무리되었다. 사람들이 연달아 자살한 덕분에 별다른 설명이 필요치 않았던 것이다. 이 사건과 관련된 11명이 '자살'을 기도했다.

프랑스에서도 정치와 치안에 관련된 '자살' 사건이 있었다. 1950년 4월 28일, 콩레드 킬리안이 그레노블 호텔의 에스파냐 자물쇠에 목을 매단 채 발견되었다. 사건이 일어나기 전에 그는 친구에게 "언젠가는 나의 자살설이 돌겠지만 믿지 말게나. 니는 그런 짓을 할 사람이 아닐세"라고 말한 적이 있었다. 그의 사체를 조사하던 경찰은 "눈을 뜬 채로 목을 매고 죽은 사체는 처음 본다"라고 말했다.

킬리안은 사하라에서 석유가 나오리란 것을 처음으로 예측했고, 리비아의 땅 밑에는 이란과 이라크의 것을 합한 것보다도 많은 양의 석유가 있다는 것을 전 세계에 알린 장본인이다. 경찰은 이 사건을 자살이라고 결론지었지만 킬리안의 친구들은 모두, 그가 석유 무역 계획을 방해했기 때문에 외국에서 그를 살해한 것이라고 생각하고 있다. 실제로 그런 식으로 살해된 사람은 수도 없이 많다.

마릴린 먼로—세기의 자살

1962년 8월 5일, 전 세계의 신문 1면에 충격적인 기사가 실렸다. 세기의 자살, 그러니까 '세계 최고의 미인' 노마 진 베이커, 일명 마릴린 먼로의 자살 기사가 바로 그것이다. 당시 최고의 스타이자 섹스 심볼이었던 마릴린 먼로는 바르비투르산 약품인 넨브탈을 먹고 36세의 나이로 생을 마감했다.

사랑을 얻지 못해 방황하고 있었던 마릴린 먼로는 자살하기 전에 많은 친구들에게 전화를 걸었다. 그러나 그녀의 고뇌에 가득 찬 호소를 듣고서 상황이 급박하다고 생각한 사람은 아무도 없었다. 그녀는 첫 번째 남편 디마지오와도, 두 번째 남편 딘 마틴과도 통화를 시도했지만 연결되지 않았다. 함께 밤을 지내기로 약속했던 홍보 담당 패트 뉴컴도

마릴린 먼로 사망 현장

없었다. 프랭크 시나트라와는 통화를 했지만, 그는 "횡설수설하지 마"라고 소리 지른 후 전화를 끊어버렸다. 그날 밤 내내 마릴린 먼로는 수십 명의 친구와 아는 사람들에게 전화를 걸었다.

마릴린 먼로와의 통화에서

불안감을 느낀 몇 사람이 그녀에게 전화를 걸었으나 그녀는 전화를 받지 않았다. 그래서 그들은 그녀의 집으로 찾아갔고, 정원에서 그녀의 이름을 불렀다. 역시 대답이 없었다. 마릴린 먼로의 가정부 에미 머레이가 사람들이 부르는 소리에 잠에서 깨어 밖으로 나오다가 마릴린 먼로의 방에서 불빛이 새어 나오는 것을 보았다. 몇 번이나 방문을 두드렸으나 아무런 응답이 없었다. 여느 때와는 달리 문이 안쪽에서 잠겨 있었다. 그래서 머레이는 마릴린을 따라다니던 친한 정신과 의사 랄프 그린슨에게 연락을 했다. 그리고 리만 엥겔베르 의사에게도 전화를 해서 집으로 와달라고 했다. 세 사람이 함께 불이 밝혀져 있는 마릴린 먼로의 방 창가에서 마릴린을 불렀지만 아무 대답이 없었다. 그래서 그들은 쇠막대기로 유리문을 부수고 간신히 안으로 들어갔다.

그녀는 침대에 전라의 몸으로 누워 있었다. 머리는 비스듬히 기울어져 있었고 머리카락이 베개 위에 이리저리 흐트러져 있었다. 손에는 전화기를 들고 있었다. 나이트 테이블 위에는 넨브탈 알약이 들어 있던 작은 병이 놓여 있었다. 누가 자기를 가장 많이 생각해주는지 알아보기 위해 안절부절 못하면서 주소록을 넘기고 있을 때, 그녀에게 죽음이 찾아든 것이다.

신고를 받은 브랜트우드 빌리지의 경찰이 달려오고, 형사가 마릴린 먼로의 호화로운 방으로 들어갔다. 그들은 방안의 서랍과 장농을 뒤지고, 옷의 주머니까지 샅샅이 조사해 편지와 사진을 모두 압수했다. 마릴린 먼로를 죽인 살인자를 찾기 위해 지문과 머리카락, 컵에 남은 흔적을 찾는 조사는 두 시간 이상 계속되었다. 언론에는 마릴린의 죽음에 대한 보도를 잠시 보류해달라고 요청했다. 이렇게 경찰이 범인 검거

자살에 관한 모든 것

에 열중한 이유는 마릴린의 죽음이 자살이 아니라고 한 아더 밀러의 말을 존중했기 때문이다.

그러나 그날 저녁, LA의 사체 검안소에서 부검 후 법의학자는, 의심할 여지가 없는 자살이라는 의견을 제시했다. 마릴린 먼로가 수면제를 다량 복용해 음독 자살했다는 것이다. 20분 남짓한 간단한 의식이 치러진 후 그녀의 시신은 웨스트우드의 작은 묘지에 묻혔다. 장례식에 참석한 것은 20명 정도의 집안사람들뿐이었다.

후르시쵸프에게서 "만나뵙게 되어 매우 영광입니다"라는 말을 들었고, 존 F. 케네디에게서 "당신은 나에게 정치판에서 발을 빼고 싶다는 생각을 하게 했습니다"라는 말을 들은 바 있는 그녀에 대한 얘기는 아무리 해도 끝이 없을 것이다. 어쨌든, 그녀의 죽음이 범죄인지 자살인지 사고인지 온갖 추측이 나돌았다. 프랑스에서는 〈프랑스 디망쉬〉지가 미국 신문의 기사 전문과 일부 주장을 실었다. 제라르 드 빌리에르 특파원은 마릴린 먼로가 미국 대통령의 동생 로버트 케네디를 향한 일방적인 사랑 때문에 자살한 것이라고 썼다. 로버트 케네디는 애인—지나치게 쉽게 흥분하고 끊임없이 감정적 혼란을 일으켰던, 그러나 꾸밈 없는 여인—을 거부했다고도 썼다.

그 후 거의 매주, 미국의 논설 기사는 다음과 같은 주장을 펼쳤다. 이 사건에 CIA와 마피아가 개입되어 있다고 생각하는 사람도 많다. 그들이 마릴린 먼로와의 연애 때문에 로버트 케네디의 정치 생명이 끝나게 할 수는 없다고 생각해 그녀를 살해했을 것이다.

파리의 로제르 바이앙은 마릴린 먼로를 막다른 곳까지 몰아넣은 것은 대중들이라고 했다. 프랭크 시나트라의 주장은 운명론적인 것이었다. 그는 "폭스 영화가 본때를 보여주려 한 것이다. 마릴린 먼로는 속죄양이었다"라고 했다. 〈로세르바토레 로망〉지와 〈프라우다〉지는 한결같이 "그녀는 죄를 범한 장소에서 죽었다"라고 썼다. 〈깡나르 앙쉐네〉지는 이 사건에 대해 명확하고 정확하게 설명했다.

"마릴린 먼로가 바람기 있는 경솔하고 어리석은 여자였다는 것을 증명한 것이다."

안토닌 아르토는 "사회에 의해 희생된 사람이 있다면, 마릴린 먼로가 바로 그 사람이다"라고 말했다.

사건 발생 10년 후, 언론의 흥분이 비로소 가라앉으려고 할 무렵, 마릴린 먼로의 죽음이 다시 초미의 관심사로 떠올랐다. 또다시 암살설이 고개를 들었다. 그러나 이번에는 할리우드 쪽의 이야기가 아니라 미국의 저널리스트 로버트 슬랫처가 10년에 걸친 긴 조사 끝에 내린 결론이었다. 로버트 슬랫처는 마릴린 먼로와 단 이틀 동안만 부부 사이였었지만, 이혼 후에도 그녀와 친구로 지냈으며 계속해서 마음을 터놓고 지내고 있었다. 1974년, 그는 마릴린 먼로가 살해되었을 뿐만 아니라 이 사건에는 로버트 케네디가 깊이 개입되어 있었다고 결론지었다. 마릴린 먼로와 로버트 케네디와의 관계는 지금은 기정사실화되어 있다.

이 밖에도 마릴린 먼루가 존 F. 케네디 대통령과도 관계가 있었다는 실로 믿기 어려운 주장을 하는 사람도 있다. 그 말을 믿는다면, 그녀는 같은 시기에 2명의 남자, 그것도 친형제와 관계를 갖고 있었다는 말이 된다.

영국의 한 일간지가 전하는 바에 따르면, 로버트 케네디는 사건이 일어나기 몇 주일 전에 마릴린 먼로와 결혼을 약속했다고 한다. 그러나

자살에 관한 모든 것

사람들은 그 말을 믿는 그녀의 순진함에 놀랐다. 케네디는 이미 결혼해 7명의 아이들을 두고 있었을 뿐만 아니라 정치에 뛰어들어 야심을 불태우고 있었다. 부인과 이혼하고 미국의 섹스 심볼과 재혼하게 되면 미국의 보수층들에게는 물론이고 진보적인 사람들에게까지 비난을 받게 되고 그의 정치적 야망에도 큰 타격을 입게 된다는 사실을 그가 모르고 있었을 리가 없다.

그러나 슬랫처의 조사에 의하면 사랑에 빠진 마릴린 먼로가, 케네디가 한 약속을 믿었기 때문에 사태가 급속도로 악화된 것이라고 한다. 정치적 싸움을 눈앞에 둔 로버트 케네디는 그녀와의 만남을 자제하기 시작했고, 마침내 그녀와의 관계를 정리하려고 했다. 더 이상 그녀에게 전화도 하지 않았다. 자기의 전화번호까지도 변경했다. 그럼에도 불구하고 마릴린 먼로는 하루에도 몇 번씩이나 로버트 케네디에게 전화를 걸었다. 물론 들려오는 대답은 늘 부재중이라는 말뿐이었다.

마릴린 먼로가 죽기 이틀 전, 그녀는 슬랫처에게 공중전화로 "절대로 바비(케네디의 애칭)를 만나지 않겠어. 계속해서 나를 피하면 기자회견을 열어서 우리 사이에 대해서, 그리고 우리의 결혼 계획에 대해서 다 말해버릴 거야"라고 말했다. 그전에 마릴린 먼로가 슬랫처와 드라이브를 했을 때는 슬랫처에게 로버트 케네디의 사진과 편지를 보여주면서 "이 편지를 가지고 있어요. 우리 식구에게 주면 내 물건이 자꾸 없어져"라고 한 적도 있다. 그녀는 슬랫처에게 일기가 적힌 빨간 수첩도 보여주었다. 거기에는 그녀가 '바비'와 나눈 대화와 둘이 한 일 등이 적혀 있었다. 슬랫처는 수첩을 뒤적이며 쭉 훑어보다가 깜짝 놀랐다. 살인 조직에 관한 얘기가 적혀 있었기 때문이다. 바비는 그 살인 조직에 대해 마릴린 먼로에게 자주 말했다. 자기는 자기 앞길을 막는 사람들을 제거할 만한 힘을 가지고 있다는 것이었다.

마릴린 먼로는 슬랫처에게 "불안해 죽겠어. 나는 바비가 무서워. 그 사람은 갱과 깊이 연관되어 있어. 무서워. 전화기에서 잡음이 나고, 집 안에서 자꾸 물건이 없어지고……"라는 말도 했다. 이러한 대화가 있은 후, 그녀는 침대에서 죽은 채 발견된 것이다.

검시관 세오도아 카피가 자살 외의 다른 가능성을 모두 배제하려 했기 때문에, 우리가 알고 있는 것처럼 마릴린 먼로는 공식적으로는 자살한 것으로 되어 있었다. 그러나 1962년 8월 5일 일요일 아침 4시 25분, 전화 연락을 받고 산타모니카의 마릴린 먼로의 집으로 달려갔던 잭 클리몬즈 경장은 이 사건에 뭔가 석연치 않은 구석이 있다고 생각하고 있었다. 그가 그런 심증을 가진 것은 마릴린 먼로의 가정부 머레이 때문이었다. 머레이는 자기 혼자서는 마릴린 먼로의 방문을 열 수 없었기 때문에 의사를 부르고 나서야 방안으로 들어갈 수 있었고, 그래서 사체를 발견한 것이 자정 무렵이라고 했다. 그런데 왜 경찰에는 오전 4시가 넘어서야 연락을 한 것일까?

경찰의 보고서에는 머레이와 의사가 마릴린 먼로의 시체를 발견한 것이 3시 반경이라고 기록되었다. 그러나 클리몬즈 경장이 사건 현장에 도착했을 때 이미 시체가 사후 경직되어 있었다. 이것은 마릴린 먼로가 죽은 시간이 실제로는 자정 전후라는 사실을 증명하는 것이다. 더구나 클리몬즈 경장은 사체의 위치를 보고 의혹이 한층 더 커졌다. 그가 보기에는 그런 자세로 죽을 수는 없었다. 클리몬즈 경장은 이미 수백 건의 비정상적인 죽음을 보아왔고, 그의 경찰로서의 자질은 이미 로스앤젤레스에서는 정평이 나 있었다. 그는 다음과 같이 주장했다.

"이 사건은 냄새가 난다. 나는 마릴린 먼로가 자살했다고는 생각지 않는다. 누군가가 살해한 것이 틀림없다. 이것은 분명히 위장 살인이다."

왜 사체 검시관은 사건이 나자마자 이것이 자살이라고 결론지었을까? "나는 그때부터 원인을 밝히기 위해 노력해왔다"라고 슬랫처는 말하고 있다. 슬랫처는 그 사건에 12년간이나 매달렸다. 처음부터 그는 마릴린 먼로의 마지막 날 밤에 주목했다. 그리고 그는 오전 7시에 로버트 케네디의 매형, 피터 러포드가 마릴린에게 전화를 걸어 파티에 초대했었다는 것을 알아냈다. 그리고 그녀가 그 초대를 거절한 사실도. 로버트 슬랫처는 바로 그날의 일에서 몇 가지 의심스러운 사실을 밝혀냈다. 그는 이렇게 쓰고 있다.

"사건의 실마리를 찾으려면 로스앤젤레스의 등록국에 가보라. 거기에는 마릴린의 죽음에 관한 723페이지에 달하는 보고서가 보존되어 있다. 그 보고서는 영구 보존용으로 분류되어 있다. 등록국 관계자에 따르면 그 보고서 속에는 로버트 케네디가 절대 비밀을 보장한다는 약속하에 LA경찰에게 털어놓은 증언이 들어 있다고 한다. 그중 가장 충격적인 내용은 로버트 케네디가 토요일 오후 늦게 피터 러포드의 집에서 그녀에게 전화를 건 사실을 인정하고 있다는 것이다."

슬랫처는 계속해서 다음과 같이 쓰고 있다.

"전화를 받은 마릴린 먼로는 히스테리 증세를 보였고, 무조건 만나자고 했다. 그래서 그가 의사와 함께 그녀의 집으로 갔다. 그녀는 몹시 흥분되어 있었다. 그녀는 케네디에게 달려들어 마구 할퀴려 했을 것이다. 그래서 케네디는 그녀를 밀쳐냈고 그 때문에 마릴린 먼로는 쓰러진 것 같다. 케네디가 그녀를 진정시키는 동안, 같이 갔던 의사가 그녀의 왼쪽 팔에 신경안정제를 주사한 것 같다."

이런 터무니없는 증언이 미공개 보고서에 들어 있는 것만은 확실하다.

케네디의 누나이며 피터의 아내인 패트 러포드는 동생 '바비'가 그날, LA에 있었다는 사실을 부인했다. 하물며 그녀의 집에서 마릴린 먼로에게 전화를 거는 일은 있을 수도 없다고 주장했다. 그러나 로버트 슬랫처는 클리몬즈 경장의 말을 근거로 보비가 LA에 있었으며 비버리힐즈 호텔에서 그를 목격한 사람도 있고, 또 공항에서 밤늦게 샌프란시스코로 향하는 비행기를 타는 것을 본 사람도 있다고 주장하고 있다.

마릴린을 위한 진혼곡

또 하나의 의문점이 있다. 그날 밤 마릴린의 옆집 사람이 자기 집에서 조촐한 파티를 열었다. 그 파티에 초대받은 사람들은 마릴린 먼로의 집에 두 명의 남자가 들어갔다는 것을 확실하게 기억하고 있었다. 뿐만 아니라 그 중 한 사람은 모자를 쓰고 선글라스를 낀 로버트 케네디였다고 입을 모아 주장하고 있다. 또 마릴린의 사체 옆에 전화기가 있었던 것으로 알려져 있지만 그녀가 마지막으로 통화한 사람이 누구인지도 알려지지 않았다. 경찰청장은 사건이 있은 이후, 전화국 경리부의 청구서를 조사하지 않았기 때문이다. 이러한 점들이 로버트 슬랫처와 〈썬〉지 기자들, 그 밖의 여러 신문이 발견한 모순점이며, 마릴린 먼로의 죽음의 진상에 대해 의문을 제기하는 요인들이다.

그러나 마릴린의 죽음이 평범한 자살과는 다르다는 슬랫처의 확신을 굳히게 하는 가장 중요한 요인이 아직 남아 있다. 1972년 그는 어떤 출판사로부터 회고록을 써달라는 의뢰를 받았다.

그는 회고록에다 아직 조사가 완전히 끝나지 않은 마릴린의 죽음에 대해서 썼다. 마릴린 살해에 관한 개인적인 의견을 삽입해 원고를 건네주자 알 수 없는 이유로 발행이 몇 번이나 연기되었다. 그 후로 슬랫처는 살인의 위협을 받았고, 집과 사무소에는 강도가 들었으며, 책은 출판되지 않았다.

일찍이 이렇게 많은 잉크를 사용하게 만든 자살(또는 범죄) 사건은 없었다. 세계에서 2만 5천 건 이상의 기사가 쓰였고, 38권 이상의 책이 십여개국 언어로 발행되었다. 그녀에게 바치는 시도 여러 편 쓰였다. 미국의 방송국은 마릴린의 불행에 관한 드라마를 8편이나 방영했다. 그녀의 생에 관한 시나리오도 몇 편이나 쓰였다. 재떨이, 양복, 넥타이, 그림엽서를 만드는 사람들은 그녀의 얼굴과 전신사진이 들어가는 제품을 만들어 팔았다. 마릴린을 전문으로 그리는 화가도 나타났다. 그들은 주문 즉시 상품을 제작하고, 물건을 건네주는 즉시 계약했던 돈을 받았다. 사람들은 이틀이면 롱 드레스를 입은 마릴린, 춤추는 마릴린, 옆으로 누운 마릴린, 누드의 마릴린 등 자신이 이상적으로 생각하는 마릴린을 가질 수가 있었다. 마릴린의 마지막 사진을 촬영하는 행운을 누렸던 몇 명의 사진작가, 특히 〈아내는 살아 있다〉의 스틸 사진을 찍었던 카메라맨은 수십만 달러의 돈을 벌었다.

이태리에서는 「마릴린을 위한 레퀴엠」이라는 연극이 공연되어 몇 개월 동안 극장이 만원사례였다. 1964년에는 유명한 극작가 아더 밀러가 직접 쓴 마릴린의 이야기가 흥행되어 많은 사람들에게 흥분을 불러일으켰다. 「전락轉落 후에」라는 제목의 연극은 일부 신문과 관객으로부터 비난을 받았다. 많은 비평가들이 직접적으로 비난을 펼치지는 않았지만, 대체로 다음과 같은 뉴욕 신문과 의견을 같이했다.

"끝없이 늘어놓은 짜증스런 잡담. 작가는 2시간 반 동안 무익하고 과장된 말들만을 늘어놓았다. 사실 작가는 그녀를 원고료 때문에 팔아먹은 것이다."

자살에 관한 모든 것

자살과 범죄

—

"만일 인간에게 충분한 재력을 준 후, 어떤 상황에 처하더라도 미리 정해놓은 폐쇄된 환경 속에서만 살게 한다면, 그것은 모든 집의 문을 걸어 잠근 후 집 밖으로 나와서는 안 된다고 명령하는 것과 같다. 그 것은 그 사람을 자살이나 범죄로 끌어들이는 것과 같다. 범죄와 자살은 막다른 곳까지 몰린 사람이 마지막으로 선택하는 것이다." 19세기 의 루코르는 이렇게 말했다.

범죄와 자살의 관계를 밝혀내려고 애썼던 시대가 있다. 어떤 사람들은 범죄자와 자살자는 두개골의 용량이 적으며 전뇌가 비교적 발달하지 않았고, 후뇌가 발달하여 두개골과 얼굴이 불균형을 이룬다는 신체적인 유사점을 찾았다고 주장했다.

라카산뉴는 자살과 범죄의 원인이 사회 환경이라고 말하고, 인류학자인 모르셀리는 그 두 가지가 적대 관계에 있다고 했다. 타르드와 졸리는 대부분의 인종에서 자살이 많을 때는 범죄가 적고, 범죄가 많을 때는 자살이 적다는 것을 밝혀냈다고 주장했다.

프로이트는 이런 의견들에 찬성하면서, 다른 사람을 죽이고 싶다는 막연한 의지를 가져본 적이 없는 사람은 결코 자살하지 않는다고 주장했다. "자살과 범죄는 대부분의 경우, 정신 속에서 긴밀히 혼합되어 있다. 따라서 자살 범죄라는 것이 존재한다. 자살함으로써 제3자에게 위험한 의혹을 불러일으키는 것이다." 정신분석학자인 그는 또 범죄 직후에 자살한 경우에 대해서도 언급하고 있다. "한 가지 생각으로 만들어낸 두 가지 행위, 그 중 하나는 다른 하나의 필연적인 결과이다"라고 설명한다.

그리고 그는 다른 예를 하나 더 들어서 범죄와 자살의 상관관계를 나타내고 있다. "미국과 브라질에서 노예 제도가 있었던 시대의 흑인들은 백인보다 자살률이 높고 범죄율은 낮았다. 노예 제도 폐지 후에는 반대의 결과가 나왔다. 흑인은 자살 경향이 매우 높지만 알고 보면 그것은 범죄라는 것이 극적으로 변화한 것이다. 따라서 자살과 범죄 사이에는 부정할 수 없는 관계가 있는 것으로 생각된다."

또 정치적, 경제적으로 불안정했던 시기에는 범죄와 자살이 동시에 증가한다는 점을 밝힌 연구도 있지만, 오늘날에는 그것이 정확하지는 않다. 범죄와 자살은 유행처럼 발생한다는 것, 또 범죄와 자살은 기온의 영향을 받는다는 것, 범죄와 자살은 남성이나 여성이나 같은 빈도로 발생한다는 것, 또 코르시카 섬의 예에서 볼 수 있듯이 범죄율이 최고에 이르면 자살은 매우 적어진다는 것을 밝힌 연구도 있다.

가장 새로운 연구는 이주가 범죄와 자살에 미치는 영향을 고려한 것이다. 그 연구에 따르면 이민을 보내는 나라에서는 자살과 범죄의 횟수가 줄어드는 경향을 나타낸다. 이민은 잇따른 절망으로 인해 격해질 수 있는 상황에서 안전핀 같은 역할을 한다.

그에 반해 이민을 받아들이는 나라에서는 자살률과 범죄율이 높아진다. 자살과 범죄가 대학 졸업장의 영향을 받는다는 연구도 있다. 자살자와 범죄자 중에서 대졸자가 차지하는 비율은 인구 전체 평균보다 낮다고 한다. 범죄와 자살이 확실히 대립되는 부분도 있다. 특히 독서가 그렇다. 인구 전체에서 독서를 좋아하는 사람의 비율은 19%인 데 반해서 자살자는 29%가 독서를 좋아한다. 범죄자의 경우에는 거의 대부분이 투옥되기 전까지는 독서를 하지 않는다.

또 한가지 불가사의한 대립은 종교다. 자살하려는 사람에게는 종교가 자살 충동을 억제하는 요인이 되는 반면, 범죄자에게는 종교가 별 효과가 없다는 것이 확인되고 있다.

자살에 관한 모든 것

제8부

자살에 대한
다양한 견해들

죽음은 모든 고통의 출구다. _알아르콘

어느 날 그것이 오게 된다면, 사람들에게는 숭고한 지혜를 남겨두고 독한 방울과 함께 죽음과 망각으로 가는 최후의 자유만 남게 된다. 그러면 빛 속에서 눈을 감고 영원한 밤을 향해 미소 지으면서 모든 것들이 비롯되고 모든 것들이 삼켜지는 바로 그곳으로 서서히 미끄러져 들어가는 것이다. _아발레즈

자살, 그것은 국가에 반역하는 과오이다. _아리스토텔레스

만일 내가 자살한다면, 그것은 나를 파괴하기 위한 것이 아니라 나를 완전히 다시 발견하기 위한 것이다. 자살에 의해서 나는 처음으로 내 본성을 다시 통합하게 될 것이며, 내 의지의 형식을 사물들에게 부여할 수 있게 될 것이다. _아르토

생명은 중요하지도 존엄하지도 않은 어떤 것이다. 노예나 짐승들도 그대처럼 생명을 갖고 있다. 용기 있고 현명한 사람도 비참한 사람도 세련된 사람도 죽음을 생각하고 갈망한다. _아탈

자살은 친근하고도 기나긴 운명으로 준비된다. 자살은 문학적으로 가장 잘 준비되고 정교하게 손질된 종합적인 죽음이다. _바슐라르

자살은 애수 어린 한 편의 시이다. 감정을 죽인 채 늙을 때까지 생명을 연장하든가 열정의 순교를 받아들여 젊어서 죽기, 이것이 우리 삶의 숙명이다. _발자크

사람들은 인간의 권리 안에 있는 또 다른 권리를 잊어버린다. 자기모순에 빠지거나 없어질 권리. _보들레르

자살, 이것은 유쾌한 죽음인가 아니면 우아한 종말인가? _알베르 바이에

인간의 특권을 증가시키기 위한 투쟁은 투쟁 고유의 기능을 한다. 이러한 투쟁을 통해 인간에게 최고의 가치는 삶이 아니라는 것이 증명된다. _보부아르

자살행위는 한 번도 자살 시도를 해보지 않은 사람들과 앞으로도 결코 자살을 시도하지 않을 사람들에게만 공포를 준다. _베르나노스

사람들은 미래의 어떤 비밀스러움과 해독 불가능한 죽음의 모호함을 없애기 위해 자살한다. _블랑쇼

모든 자살자는 탈주자, 변절자이다. _나폴레옹

살인에는 언제나 이유가 있다. 그러나 삶에는 정확한 의미를 부여하기가 어렵다. 자살은 위대한 예술 작품처럼 마음의 고요함 속에서 준비된다. 삶의 이유를 말할 수 있는 사람은 확실한 죽음의 이유도 갖고 있다. _카뮈

완벽한 행복이 어떤 것이든 간에, 종종 그가 때마침 할 수만 있다면 자살은 현자들의 권리이다. _카토

자살은 부패한 민족들에게 공통적이다. 자신의 최후의 시간을 기다리는 자연과 합치하는 것이 많은 자는 살아남는 것이 좋고 그렇지 못한 자는 이 세상을 떠나는 것이 좋다. _키케로

내가 살아온 삶은 나에게 자살하지 못하게 한다. _상드라르

인생의 목적은 사는 것인가? 아니다, 죽는 것이다. _클로델

자살 강박증은 살지도 죽지도 못해 이 두 가지를 절대로 분리시키지 않는 집중력을 지닌 사람에게만 나타나는 고유한 증상이다. _치오란

인간은 자살과 노력 사이에서만 선택할 수 있다. _포르

자살하는 것은 자신을 마음대로 처분하는 능력이고 존재하길 원치 않았던 자가 지니는 개인성의 가장 높은 표현이다. _클레망소

자살은 독립의 한 방식이다. 이런 성격 때문에 모든 권력들이 자살을 싫어한다. _콩스탕

범죄를 피하려고 파멸하는 것은 아름답다. 사람이 자신의 영광을 위해 죽을 때, 그는 세인의 존경 속에서 다시 태어나며 이렇게 가장 확실한 방식으로 승리하게 된다. 눈부신 죽음을 통해 불멸을 얻는 것이다. _코르네이유

자살은 살아가는 데 있어서 단 하나밖에 없는 고상한 해결책이다. _크르벨

그들이 엄청난 고통을 느낄 때 그들을 구조하는 방편으로 몇 번이고 죽음이 있었다면, 이것은 잘 논증된 결론이 아니라 그들의 오성의 실수일 것이다. _데카르트

나는 죽고 싶다. 이것은 적어도 가끔은 삶보다도 더 중요한 것들이 존재한다는 것을 증명해주는 것이기도 하다. 그러나 자살하는 모든 사람들은 유죄이다. _디드로

자살은 단지 사회적인 악이고 도덕적 범죄는 아니다. 자살의 형태들은 미덕을 가장한 형식에 불과하다. _뒤르켐

우리가 자살하지 않는 이유는 두 가지가 있다. 저세상에 대한 괴로움과 두려움. 정신적으로 짐승의 차원을 거의 벗어나지 못하는 모든 인간들이 불멸에 대한 믿음을 잃게 되면 자살은 절대적이고 필수 불가결한 것이 되는 것은 확실하다. 나는 내가 어디에도 종속되어 있지 않고 나의 새롭고 엄연한 자유를 확인해 보이기 위해 자살을 하려 한다. 부산하게 행동하는 사람들이 있다. 이들은 거의 생각하지 않는 사람들이다. 그렇지만 합당한 이유 때문에, 그리고 깊은 사고 끝에 자살하는 사람들도 있다. _도스토예프스키

죽음을 삶으로 바꾸길 원치 않는다면 그만큼 강인해야 할 것이다. _들레

만일 세상이 나를 고통스럽게 한다면, 내가 할 수 있는 유일한 일은 세상을 없애버리는 것이다. 더럽고 추한 세상에 손을 뻗치는 노예가 되느니, 차라리 나는 생의 고리를 끊고 이 고통을 떠나버리겠다. _피게라스

젊은 시절, 난 자살을 꿈꿨다. 내 친구들과 나는 광기와 자살 사이에서 이상한 상태로 살았다고 고백해야겠다. 어떤 사람들은 자살했고, 그것은 대단한 일이었다. 나는 태어날 때부터 죽음의 욕구를 갖고 있었다. 나에게 삶보다 더 어리석은 일은 없으며, 그 삶에 집착하는 것만큼 부끄러운 일도 없다. _플로베르

자살은 상상할 수 있는 가장 최후의 방법이다. _푸코

자살한다고? 바캉스가 끝나고 난 뒤에 하지… _앙드레 프레데릭

사랑과 자살은 두 가지 열정이다. 자살은 치환된 살인이고, 대상을 자기 자신에게로 향하는 증오의 행위이다. 자살 충동은 타인에 대한 살해의 충동이 자기 내부로 향해진 것이다. _프로이트

인간들은 삶에 있어서도 죽음에 있어서도 모두 불평등하다. _델핀 게이

글을 쓰지 못했다면 나는 자살했을 것이다. _지드

자살은 마음과 정신이 단순한 사람들의 질병이 아니다. 자살은 오히려 세련되고 철학적인 사람들의 질병이다. _지라르

인간이라면 누구나 사는 동안 베르테르가 자기 자신에게 편지를 썼던 것과 같은 순간을 한번쯤은 가져야 한다. _괴테

자살이라! 자연스럽고, 일반적으로 영웅적인 행동이지. _호메로스

가장 빈번한 자살은 사랑 때문에 일어난다. 그러나 사랑 때문에 목숨을 구한 경우에 대한 통계는 나와 있지 않다. _우드토

가능하면 사랑스럽게 죽자. _쥬베르

고통 받느니 죽는 것이 낫다. _라퐁텐

나에게 있어서 진리는, 내가 항상 하나님께 있고 따라서 자살은 필요 없다는 사실이다. _쥬앙도

자살하는 사람은 뜰에 교수대가 세워지면, 그것이 자신의 것이라고 생각해 밤에 몰래 독방을 빠져나와 교수대에 가서 스스로 목을 매는 죄수와 같다. _카프카

인간에게는 세 가지 사건이 있다. 태어남, 삶, 죽음. 인간은 태어나는 것은 느끼지 못하지만, 죽음으로 고통 받고 삶은 잊어버린다. _부뤼에르

자살에 관한 모든 것

어떤 면에서 자살은 비열하다고는 할 수 없어도, 적어도 안이한 해결 방식임에 틀림없다. 나는 내가 내 자신을 죽일 수 있음을 이미 알고 있다고 생각한다. 내가 나를 파괴하는 것으로부터 아주 풍요로운 원천을 발견한다. 그러나 물론 이것은 내가 자살하지 않을 때에만 유효한 것이다. _칸트

자살하지 않는 사람이 분명히 더 많다. 왜냐하면 이 사람들은 자살한 사람들보다 훨씬 더 나태하기 때문이다. 온갖 종류의 물질적, 윤리적 비참함들을 너무도 많이 양산해내기 때문에 그들에게 죽음의 지배로부터 벗어나는 사람들을 정죄할 권리를 주는 것은 현명한 일이 아니다. _란즈버그

사람은 태양도 죽음도 똑바로 바라볼 수 없다. _로쉬푸코

자살은 열정, 지성, 의지를 지닌 인간에게 속해 있다. _레르미니에

인간에게 숙명이 있다는 것이 사실이라면, 숙명은 죽는 것이 될 수 없다. 또한 자살로 인한 삶의 포기는 제한적이고 비도덕적인 경우이다. _르 센

고통 없이 버튼만 누르면 즉시 죽을 수 있도록 우리를 도울 만한 작은 스위치가 가까이에 있었다면, 세상 사람들은 모두 자살했을 것이다. _로웰

종종 죽음의 두려움은 인간들에게 과도한 절망 속에서 자기 스스로에게 죽음을 부여하도록 하고 빛을 증오하게 만든다. 사실 그들은 고통의 원천이 두려움 그 자체라는 것을 항상 잊어버린다. 만일 당신이 삶에 역겨움을 느낀다면 왜 슬프게 끝나야 하는 날들을 계속 연장하려 하는가? _루크레티우스

심장은 권총을 열망하고 목구멍은 면도날을 꿈꾼다. _마야코프스키

자유로운 정신에 가까이 있는 불안은 살인이 아니다. 자살이다. _메일러

자살은 의기양양하게 영광의 아름다운 깜부기불을 원한다. _말라르메

사람들이 자살에 대해 말하는 것은 항상 나를 놀라게 한다. 자살을 하려는 이상한 필요는 과오 아니면 가치이다. 인간은 자신에게 스스로 죽음을 부여하기 위해 태어난다. _말로

자살을 범죄로 보는 사람은 자신이 자유의 길을 막는 것을 돌보지 않는다. 당신은 존엄성이 침해되었다고 생각하는가? 삶에서 조용히 나오라. _마크 오렐

누가 끔찍한 죽음을 원하며 그 죽음으로 모든 동물들에게 겁을 주고 싶어 할까. 나는 죽음을 가장 바랄 만한 것이라고 본다. 죽음으로 우리의 선이 시작되고 우리의 악은 끝이 난다. _마티유

자살은 자유의 가장 고양된 표현이며, 자아에 대한 최고의 소유 행위이며, 초월의 흥미로운 확인이다. 반대로 이런 완벽한 자유는 그것을 사용하는 순간에 파괴되며, 근본이 되는 방식인 자유의 존재 그 자체를 제거하는 것은 바로 자유의 용법이다. _메이나르

자살은 세 가지 요소로 구성된다. 살해의 욕구, 살해당하려는 욕구, 살려는 욕구. _메닝거

자유는 인간이다. 자기 자신에게 복종시키기 위해서라도 자유로워야 한다. 헌신하기 위해서 자기 자신이 되어야 한다. 먼저 스스로를 포기하려는 사람은 더 이상 인간이 아니고 사물이다. 신이 그렇게 하길 원하지 않을 것이다. _미슐레

나는 내 존재를 믿지 않는다. 인생에 해결책은 없다. _나벨

자살에 관한 모든 것

본성이 우리에게 만들어준 가장 훌륭한 선물은 도망치게 내버려두는 것이다. 죽음은 모든 악의 해결이다. 그것은 결코 두려워할 것이 아니라 종종 찾아야만 하는 항구이다. 자발적인 죽음이 가장 아름답다. 삶은 타인들의 의지에 달려 있으나, 죽음은 자신의 의지에 달려 있다. _몽테뉴

왜 사람들은 내가 더 이상 동의하고 싶어 하지 않는 사회를 위해 일하기를 원하고, 내가 동의하지도 않는 관습을 지키기 바라는 것일까? _몽테스키외

당신도 알고 있듯이, 저 버스가 달려와 나를 으스러뜨려서 해방시켜줄 때까지 기다리고만 있지는 않을 겁니다. 스스로를 죽인다는 것은 내가 신을 믿지 않는 분명한 방식을 모든 사람에게 보여주는 것이지요. _몽테를랑

인간은 자살할 권리가 있을까? 그렇다. 그의 죽음이 누구에게도 해가 되지 않고, 타인이 그에게 너무 고통스럽게 느껴질 때는 자살할 권리가 있다. 그러나 저항하지도 않고 슬픔에 자신을 내맡겨버리는 것, 즉 더 이상 견디지 못해 자살하는 것은 이기기도 전에 전투를 내팽개쳐버리는 것과 같다. 절망의 행위로서의 자살은 나태함일 수 있다. _나폴레옹

절망과 자살은 불멸에 대한 믿음이 없는 사람들에게서 나타나는 특수한 상황들의 결과이다. _네르발

죽음이라, 기다려보라, 짜라투스트라의 가르침이 있다. 나는 여러분들에게 나의 죽음을 추천하고 싶다. 그 죽음은 내가 원하기 때문에 나에게 오는 자발적인 죽음이다. 자살에 대한 생각은 끔찍한 밤을 지나갈 수 있게 나를 도와준다. _니체

진정한 철학적 행위는 바로 자살이다. _노발리스

우리는 너무 좋은 상태에서는 죽을 줄 모른다. 그러나 바로 이 점 때문에 자살해야 한다. _장 폴랑

죽음은 우리의 영역이 아니다. _파스테르나크

여자와의 사랑 때문에 자살하지는 않는다. 어떤 사랑이든 그 사랑이 우리에게 우리의 비참함, 나약함, 공허함, 알몸을 드러내기 때문에 자살하는 것이다. 이유 없는 자살은 없다. _파베스

자살은 이성적인 모든 존재가 시작할 권리가 있는 여행이다. _모르간

죽음은 나의 고상한 친구들에게는 모호한 감옥의 종말이지만 다른 사람들에게는 병이다. 그와 함께 조용히 있을 수 있다는 것을 알았다면 그에게 말하라, 네가 행복한 동안 죽으라. 왜냐하면 제시간에 닥쳐오는 죽음은 고통이 아니라 피난처이기 때문이다. _페트라르크

자살이 해결이라고? 그처럼 부조리한 일은 없다. _피에르 퀸트

자살은 사기로 인한 파산이다. _프루동

사랑이 우리의 삶이라면 사는 것과 죽는 것이 무슨 차이가 있을까? _라디게

죽음과 자살, 이것은 약간의 노력이 필요할 뿐이다. _질 드 레

자살은 자위행위의 결과이다. _이지도르 리타

할 수 있으면 칼로 자기 몸을 찌르려 하는 사람을 말려보라. _자크 리고

선의 가장 근본은 계속 생명을 유지하는 것이다. _슈바이처

자살에 관한 모든 것

불우한 사람들이 쉴 수 있는 유일한 통로를 찾기 위한 죽음의 탐구.
_에밀 로이랑

현재의 비참함이나 타인의 죄를 피하기 위해서든 자신의 희망 때문이든 누구에게도 자살할 권리는 없다. _성 어거스틴

소크라테스의 삶과 죽음이 현자의 것이라면, 예수의 삶과 죽음은 하나님의 것이다… 질책이나 분노, 절망 없이 단지 책임으로 삶을 포기하는 현자들의 예들이 있지 않은가. 일단 이 세상에 발을 들여놓은 이상 당신은 무언가 행동해야 할 일을 찾아야만 한다. 인간은 존재한다는 그 자체만으로 인류에게 도움이 되는 것이다. 자살은 인간의 비행이다. 우리의 인생이 우리 자신과 다른 사람에게 더 이상 선이 아니라면 삶으로부터 자유로워질 수도 있다. 절망으로 자살하는 사람을 비난할 권리가 어디 있겠는가. 죽음은 절망의 유일한 치료제인데 말이다. 자살은 은밀한 죽음이고 인간의 비행이다. _루소

우리 시대 모든 채터턴들의 유일한 희망은 위대한 시인이 되고 죽는 것이다. _생트 뵈브

나는 죽음을 그다지 무서워하지 않는다. 나는 죽기를 희망했고 나는 죽음에 대한 호기심 때문에 죽어봤으면 좋겠다. _상드

어떤 상황에서는 유일한 대안책이 죽음밖에 없는 때가 있다. 사람이 삶을 선택할 수 있도록 주의를 기울여야 한다. _사르트르

죽음이 저절로 우리를 찾아오기 전에 죽음의 비밀스러운 집에 달려 들어가는 것이 죄를 짓는 것이란 말인가? _셰익스피어

몰상식하다. 왜 자살하지 않고, 무엇을 두려워하는가? 어딜 바라보고 있는가? 우리들의 악의 결론은 단 하나뿐이다. 자유로 이끄는 이 나무를 보라. 자유로 가는 길을 구하라. 그대는 그대 몸의 각 부분에서 자유를 발견하게 될 것이다. 죽음을 생각하는 것은 곧 자유를 생각하는 것이다. 삶은 그대를 기쁘게 해주지만 그렇지 못하다면 왔던 길로 되돌아가라. 자살은 곧 인간 의지의 성공이다. _세네카

자살은 현실 세계라는 그림자 너머의 이상 세계로 들어가는 것이다. _소크라테스

죽는다는 것은 형벌의 순간이니 하물며 삶은 어떠하랴! _프레데릭 술리

삶을 증오할 만큼 불행한 사람을 미워해서는 안 된다. 짐이 많아서 자살하는 사람을 칭찬해서도 안 된다. 왜냐하면 이런 사람은 그 짐을 지면서도 인생을 살아나갈 수 있으며, 이렇게 살아나가는 사람의 윤리가 더 위대한 것이기 때문이다. _스탈 부인

스스로에게 죽음을 부여하는 사람은 무능력으로 상처받은 영혼을 갖고 있으며, 완전히 세부 원인들에 굴복한 사람이고, 본성에 반하는 사람이다. 자유로운 인간은 죽음을 전혀 두려워하지 않는다. 자살은 덕스러운 행위가 아니다. 자살은 인간의 정수인 어떤 것의 파괴를 목표로 하기 때문이다. _스피노자

다른 사람의 죽음을 원치 않는 사람이라면 누구도 자살하지 않는다. _스테켈

만일 인생이 가장 좋은 것이라면, 그것을 버리는 데는 용기가 필요하다. _에르윈 스텐겔

자살에 관한 모든 것

자살, 미지의 세계에 대한 신비로운 길. _위고

죽음은 구원이며 침묵이다. 아, 고통과 맞서기 위한 다른 출구는 없다. _톨스토이

자살은 없다. 살해만이 있을 뿐. _트리올레

죽음만이 역경을 이겨내게 해준다. _보브나르그

자살, 어려운 예술이지! _바크리

자살은 종교적이고 사회적인 범죄 행위이다. _알프레드 드 비니

인생에서 완전히 길을 잃고 희망마저 없을 때, 삶은 치욕이고 죽음은 의무가 된다. 최고로 불행한 순간은 집을 뛰쳐나올 수도 집 안에 틀어박혀 있을 수도 없을 때이다. 야만인들은 결코 생각해내지 못하는 자살을 섬세한 영혼의 소유자들은 실천한다. _볼테르

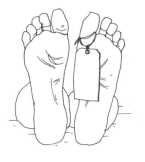